J. W. Kunstmann

Emanuel von Seidl

SCASIMILE
studienausgabe
1

Joanna Waltraud Kunstmann

Emanuel von Seidl (1856–1919)

Die Villen und Landhäuser

scanegVerlag
München 2012

Umschlagabbildungen:
Porträts des Architekten E. von Seidl sowie
Villa Lautenbacher, München 1904–1906
(heutige *Seidlvilla*)

Faksimilierte Ausgabe von 1993

Herstellung: SDL, Berlin
ISBN 978-3-89235-251-8

Vorwort

Die vorliegende Arbeit wurde 1993 von der Ludwig-Maximilians-Universität München als Dissertation angenommen. Mein besonderer Dank gilt Professor Dr. Hermann Bauer, der sie betreut hat.

Bedanken möchte ich mich bei allen, die mir bei meinen Forschungen behilflich waren: insbesondere den heutigen oder ehemaligen Besitzern der Villen, die mir die Häuser zugänglich machten und wertvolle Hinweise zur Baugeschichte gaben. Außerdem danke ich Herrn Matthias Bechly und Herrn Dr.Thomas Raff für die Durchsicht des Manuskripts. Mein Dank geht auch an Herrn Dieter Rex, der sowohl an der Erstkorrektur als auch an der Gestaltung des Buches großen Anteil hatte.

Der Bayerischen Landesbank und Frau Elisabeth Heubach sei für ihre großzügen finanziellen Unterstützungen gedankt.

München, November 1993

Inhalt Seite

Einleitung

Ziel der Arbeit

Im Mittelpunkt der vorliegenden Arbeit stehen die Villenbauten des Architekten Emanuel von Seidl (1856-1919). Die Untersuchung ist ein Beitrag zum Thema der „Villa" als Bauaufgabe, da die Villa als eigenständiger Bautypus innerhalb des großbürgerlichen Wohnbaus der Gründerzeit (der hier bearbeitete Zeitraum umfaßt die Jahre 1887 bis 1914) ihren Höhepunkt findet.
Den Schwerpunkt bildet die Inventarisierung der Villen und Landhäuser. Als Ergebnis der Inventarisierung konnten verschiedene Haustypen und gemeinsame Merkmale herausgearbeitet werden. Die stilistische Entwicklung Seidls läßt sich am Beispiel der Villen exemplarisch belegen.
Da es keine Arbeit über das Gesamtwerk Seidls gibt (das an die 180 Werke umfaßt, davon etwa ein Drittel Villen), wurde der Untersuchung ein knapper Überblick über sein Leben und Werk vorangestellt. Ein chronologisches Werkverzeichnis soll diesen Überblick ergänzen.

Quellen

Der gesamte Nachlaß Seidls fiel Kriegszerstörungenen zum Opfer[1]. Wenige Archivalien, wie Briefe und Karten, gelangten in die Münchener Stadtbibliothek[2]. Sie geben über sein künstlerisches Werk so gut wie keine Auskunft, beleuchten aber sein reges gesellschaftliches Leben. Auch die in der Bayerischen Staatsbibliothek München verwahrten Gästebücher[3] spiegeln sein privates Leben wieder.
Der Familienmeldebogen im Stadtarchiv München und das umfangreiche Testament im Staatsarchiv München[4] geben Einblick in die Vermögensverhältnisse Seidl

Seidl veröffentlichte je eine Dokumentation über sein Land- und sein Stadthaus[5]. 1898 erschien in „Das geistige Deutschland" eine kurze Biographie und knappe Werkübersicht, die er selbst verfaßt hatte. Eine weitere, selbst geschriebene[6] Kurzbiographie mit Werkangaben gab 1913 W. Zils in „Geistiges und künstlerisches München in Selbstbiographien" herau
Einige Vorträge Seidls wurden in zeitgenössischen Zeitschriften veröffentlicht[7].

Forschungstand

Über Emanuel von Seidls Werke erschienen in zeitgenössischen Bau- und Architekturzeitschriften zahlreiche Artikel und Aufsätze. Die meisten seiner Bauten wurden mit Abbildungen und Grundrissen dort veröffentlicht.
Bei Stephan Waetzoldt, Bibliographie zur Architektur im 19. Jahrhundert[8], und bei Hans Wichmann, Bibliographie der Kunst in Bayern[9], sind diese zeitgenössischen Literaturangaben zu finden. Weiterhin geben Künstlerlexika, wie Singer[10] oder

Thieme-Becker[11] knappe Auskunft über viele seiner Werke und Literaturhinweise. Weitere Informationen bieten Ehrungen anläßlich seines 60. Geburtstages und zahlreiche Nachrufe zu seinem Tode, die ebenfalls in Zeitschriften erschienen.

Literatur über den Architekten Emanuel von Seidl, die sein Gesamtwerk zum Gegenstand hat, ist nicht vorhanden. Einzelne Villen wurden in Aufsätzen, im Rahmen von Dissertationen oder unveröffentlichten Seminararbeiten bearbeitet[12].

Eine Reihe von Untersuchungen hatte im letzten Jahrzehnt die Villa als Bauaufgabe der Gründerzeit zum Inhalt. Die Arbeiten über die „Villenarchitektur der Gründerzeit in Innsbruck“ von Patrick Werkner erschien 1979 als eine der ersten. Andreas Ley bearbeitete 1981 einen speziellen Villentypus in „Die Villa als Burg“. Reinhard Dauber nahm 1985 die „Aachener Villenarchitektur“ zum Gegenstand seiner Abhandlung. In ihrer Dissertation über „Unternehmervillen der Kaiserzeit“ untersuchte 1987 Barbara von Germersheim die Villenarchitektur mit Hinblick auf die Bauherrenschicht. Anna Pixner-Pertoll gab 1990 einen Überblick über die Merkmale der Meraner Villenbauten um die Jahrhundertwende. Hinsichtlich der umfangreichen Literatur über die Villa der Gründerzeit soll auf die umfassende Untersuchung von Wolfgang Brönner über „Die bürgerliche Villa in Deutschland“ von 1987 hingewiesen werden.

Bei den Abbildungen wurde die Herkunft in Klammern vermerkt.

Anmerkungen

1 Das Haus an der Marsstraße 28, in dem der Nachlaß gelagert war, wurde im Krieg zerstört, frdl. Hinweis Herr Stadler, Enkel von Gabriel Seidl

2 M 36 a

3 cgm 7927

4 Nachlaßakt, AG Mü NR, 1919/3321

5 Seidl, Emanuel: Mein Landhaus, Darmstadt 1910; Mein Stadt- und Land-Haus, Darmstadt 1919

6 Stadtbibliothek München, M 36 a

7 Chronik der Deutsch-Nationalen Kunstgewerbe-Ausstellung in München 1888, München 1888, S.262-265; SdBZ, 23, 1913, S.125-127; DKD, 37, 1915/16, S.51ff

8 1977, Bd. 8, S. 199

9 1967, Bd. 3, S.390-91

10 Müller-Singer Allgem. Künstler-Lexikon, Bd.4, Frankfurt 1921, S.255

11 Thieme-Becker Künstlerlexikon, Vollmer, Hans (Hrsg.): Allgem. Lexikon der bildenden Künstler, 30, Leipzig 1936, S.457-458

12 Feuchtmayr, Eckhart: Das Monumentalbild, 1980 (Villa Seidl); Voitländer, Dorle: Historische Wohnhaustypen des Staffelseegebietes, 1982 (Villa Brey); Germersheim, Barbara v.: Unternehmervillen der Kaiserzeit, Diss. 1987 (Villa Maffei); Pixner-Pertoll, Anna: Meraner Villenbau um die Jahrhundertwende, Diss. 1990 (Villa Erhard); Nellehesen, Cristof: Emanuel von Seidl, Villen, Landhäuser und Schlösser, Seminararbeit TU München 1991 (9 Villen und Schlösser); Eigler, Gerd: Das Schloß Wolfsbrunn in Stein, Diplomarbeit Halle 1991

1 Emanuel von Seidl (DKD, 45, 1919/20, S.336)

I. Leben und Werk

1. Herkunft, Ausbildung, frühe Werke und Reisen

1.1. Herkunft

Emanuel Seidl (Abb.1) wurde am 22. August 1856 als dritter Sohn des Münchener Bäckers Anton Seidl (1806-1869) und seiner Ehefrau Therese geb. Sedlmayr (gest. 1898) geboren[1]. Emanuel hatte zwei ältere Brüder, Anton (gest. 1898) und Gabriel (1848-1913) sowie drei Schwestern.
Der Vater war ein wohlhabender Münchener Bürger[2] und Magistratsrat[3], der durch seine Heirat mit der Tochter des Bierbrauers Gabriel Sedlmayr in eine weitverzweigte Bürgerfamilie eingeheiratet hatte. Von ihm ist überliefert[4], daß er im großen Stile Altertümer sammelte, um sein Haus damit auszustatteten. Nicht nur bei der Wohnung, auch bei der Gestaltung seines Bäckerladens an der Theatinerstraße nahm er künstlerische Elemente[5] auf. Als Kunstförderer verkehrten in seinem Haus häufig Künstler, wie Franz Seitz, Wilhelm Kaulbach, Moritz von Schwind oder Ferdinand von Miller[6]. Diese Umgebung[7] und die „strenge bürgerliche Erziehung“[8] prägten den künstlerischen Lebensweg des Architekten. Er schreibt später, daß das künstlerische

2 Deutsch-Nationale Kunst-Gewerbe-Ausstellung. 1888 (Bauer, Prinzregentenzeit, 1988, S.64)

Empfinden als Vorbedingung eines Architekten nicht theoretisch erzogen werden könne, sondern „mit der Muttermilch eingesogen und im Elternhaus und in praktischer Anschauung herangebildet werden“[9] muß.
Der älteste Bruder Anton übernahm nach dem Tod des Vaters, 1869, die Bäckerei, erweiterte sie zu einem Großbetrieb und wurde 1876 zum kgl. Hoflieferanten ernannt. Er verkehrte als angesehener Kaufmann in der Gesellschaft des Prinzregenten Luitpold, der ein häufiger Gast der Seidlschen Kegelbahn an der Marsstraße war[10]. Der zweite Bruder, Gabriel, studierte von 1871-74 Architektur an der Technischen Hochschule München[11] und arbeitete ab 1876 als eigenständiger Architekt. Die Schwestern Seidls heirateten in die Kreise des Münchener Großbürger- und Künstlertums ein: Therese heiratete den Handschuhfabrikanten Christian Roeckl[12], Amalie den Maler Carl Mayr-Graz und Maria den Maler Emil Keyser. Die weitverzweigte Verwandtschaft brachte für beide Seidls in beruflicher Hinsicht Vorteile.

1.2. Ausbildung

Emanuel Seidl besuchte das Münchener Realgymnasium und trat um 1875 sein Studium an der Technischen Hochschule[13] in München an.
Nach einem einjährigen Freiwilligen-Jahr beim Zweiten Schwerereiter-Regiment[14] absolvierte er ein Praktikum in der Hochbauabteilung der Generaldirektion der Kgl. Bayerischen Staatseisenbahnen[15].

Da er nicht die Beamtenlaufbahn einschlagen wollte, trat er Ende der 70er Jahre in die Inneneinrichtungsfirma Seitz & Seidl ein[16] und übernahm die Leitung des Ateliers für Innendekoration. Gabriel Seidl und Rudolf Seitz hatten die Firma 1878 gegründet[17], die von Ostini als die „ersten ‘Vereinigten Werkstätten für Kunst im Handwerk’“[18] bezeichnet wurde und die bis 1898[19] bestand. In ihren kunstgewerblichen Gegenständen, die in Werkstätten am Maximiliansplatz[20] hergestellt wurden, vertrat sie einen vom Historismus, besonders der Neurenaissance, beeinflußten Stil. Diesen deutschen Renaissancestil hatte Gabriel Seidl 1876 in der ersten Allgemeinen Deutschen Kunst- und Gewerbeausstellung unter dem Motto „Unserer Väter Werke“ mit großem Erfolg vorgestellt.
Eigenen Aussagen zufolge wollte Emanuel Seidl zu dieser Zeit umsatteln, da er fand, daß er „nicht zum Architekten erzogen sei“[21].

Über seine damalige Tätigkeit als Innenarchitekt ist wenig bekannt. 1884 stattete er die Villa Siegle am Starnberger See aus und lieferte vermutlich auch die Entwürfe für den Umbau des Hauses[22].
Über eine Mitarbeit Emanuel Seidls im Architekturbüro seines Bruders lassen sich für die 80er Jahre keine Hinweise finden.

1.3. Frühe Werke

Im Jahre 1887 trat Seidl erstmals mit Entwürfen für die Bauten der vom Bayerischen Kunstgewerbe-Verein 1888 geplanten Deutsch-Nationalen Kunstgewerbe-Ausstellung[23] als Architekt hervor. Sein Bruder Anton, der ebenso wie Gabriel Seidl dem Ausschuß des Kunstgewerbe-Vereins angehörte, hatte ein geeignetes Ausstellungsgelände am Isarkai zwischen Zweibrückenstraße und Mariannenplatz ausfindig gemacht[24]. Bei einem Architektenwettbewerb wurde Emanuel Seidls Entwurf[25] mit Unterstützung seiner Brüder und mit der von Rudolf Seitz, der ebenfalls im Ausschuß saß, gegen Friedrich Thiersch und Franz Brochier angenommen. Seidl wurde von seinem Bruder Anton wohl zu der Planung gedrängt, da er selbst schreibt, daß er „unnachsichtlich in die Praxis geworfen“[26] wurde und dies seine ersten Bauten waren.
Die temporären, aus Holz und Gips errichteten Ausstellungsbauten (Abb.2) bestanden aus mehreren Baukörpern, die durch eine Galerie miteinander verbunden waren. Rudolf Seitz führte die Brunnenanlage aus und dekorierte die Hallen mit barockisierenden Malereien[27].

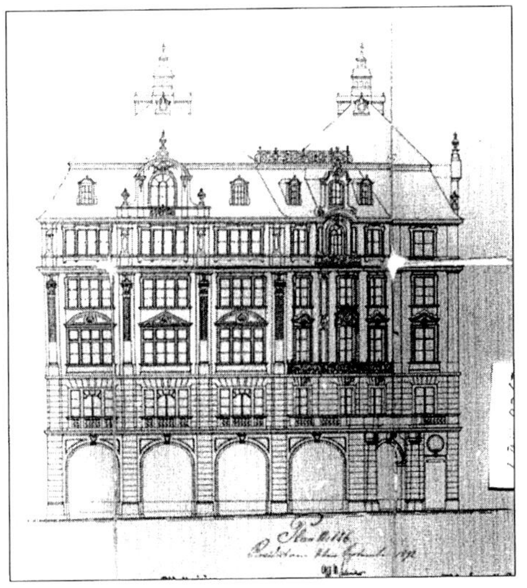

3 Steinsdorfstraße 21 , Café Neptun
(StAM, LBK)

4 Zweibrückenstraße 19
(Mü. Bauk., S.18)

Seidl erstellte die Gebäude im Stil des italienischen Barock und wandte sich damit von der von Gabriel Seidl vertretenen Richtung der deutschen Renaissance ab. In den 80er Jahren wurden nicht zuletzt durch Gurlitts Veröffentlichungen[28] barocke Formen immer beliebter. „Der allgemeine Durchbruch kam dann mit der 'Deutsch-Nationalen Kunstgewerbe-Ausstellung' in München 1888"[29]. Auf der gesamten Ausstellung wurde als Stiltendenz „die Hinwendung zu Barock und Rokoko konstatiert"[30].
Durch den Bau der Ausstellung hatte sich Seidl intensiv mit dem Platz und dessen städtebaulicher Situation beschäftigt. So legte er bei dem darauffolgenden Wettbewerb zur Bebauung des Ausstellungsgeländes einen Bebauungsplan[31] vor, der vom Stadtmagistrat prämiert wurde. 1891/92 errichtete er dann selbst auch mehrere Mietwohnhäuser in neubarocken Formen auf dem Areal: das Eckhaus Zweibrückenstraße-Steinsdorfstraße mit dem Café Neptun[32] (Abb.3), die Häuser Zweibrückenstraße 19[33] (Abb.4) und Ländstraße 5[34].
Im Laufe der 90er Jahre beteiligte er sich mit Villenbauten und Mietwohnhäusern an der Bebauung der neuen Wohnviertel an der Theresienwiese und an der Prinzregentenstraße (Kapitel I.6.).

Seidl hatte sich schon nach wenigen Jahren sowohl durch die Ausstellung von 1888 als auch durch seine Wohnbauten einen Namen als Architekt gemacht. So erwähnt Richard Streiter im ersten Teil der 1898 herausgegebenen „Münchener Bürgerliche Baukunst der Gegenwart" anerkennend, daß Gabriel und Emanuel Seidl in erster Linie das Verdienst gebühre, „führend und Schule machend vorangegangen zu sein"[35] bei der Anknüpfung an heimische Traditionen.

1.4. Reisen

In diese Anfangszeit als Architekt fallen auch die ersten Auslandsreisen.
1891 hielt sich Seidl mehrere Monate[36] in London[37] auf, um dort zusammen mit dem drei Jahre jüngeren Martin Dülfer die Dekoration der Deutschen Ausstellung durchzuführen. Während des Aufenthaltes hatte er ausreichend Zeit, die englische Baukunst zu studieren und Kontakt mit englischen Künstlern aufzunehmen. Ein Einfluß des englischen Baustils läßt sich erstmalig bei dem 1893 gemeinsam mit seinem Bruder Gabriel entworfenen Schloß Ramholz feststellen[38], bei dem englische Schloßbauten als Vorbilder archivalisch verbürgt sind.
Auch bei der 1894 entworfenen Villa Remy (Kat.Nr.10) sind in der Anlage des Grundrisses mit einer großen Halle Einflüsse des englischen Villenbaus erkennbar. Von da an bestimmt das englische Vorbild vor allem seine Villen und deren Innenausstattung[39].
Offensichtlich hat er über diese Englandreise als erster „im Kunstgewerbeverein einen Vortrag über die dortigen Einrichtungen" gehalten, „bei Protest aller Renaissanceler"[40].
Seine erste Italienreise um 1895, die Seidl auch nach Rom führte, machte starken Eindruck auf ihn[41]. Vor allem bei Innendekorationen finden sich seit dieser Zeit immer wieder römisch-antike Motive. So gestaltete er nach eigenen Aussagen seine

Junggesellenwohnung am Bavariaring „römisch-modern“[42]. Einen römischen Wohnraum zeigte er auch auf der Münchener Jahresausstellung von 1898 im Glaspalast[43]. Bei der Weltausstellung in Paris 1900 gestaltete er den Prunkraum (Abb. 6) der deutschen Abteilung ebenfalls in römisch-antiken Formen.
Ob Seidl 1893 nach Chicago zur Columbischen Weltausstellung fuhr, an der er sich beteiligte[44], konnte nicht herausgefunden werden. Eine Reise nach Paris anläßlich der Weltausstellung von 1900 ist wahrscheinlich.

2. Gabriel und Emanuel Seidl

Die beiden Brüder, die in der Firma Seitz & Seidl zusammenarbeiteten, hatten bis 1898 ihre Büros im gleichen Hau Emanuels Arbeitsräume lagen im Erdgeschoß des Rückgebäudes Marsstraße 28[45] und Gabriels Räume im Obergeschoß. Emanuel wohnte bis zum Bau seines eigenen Hauses am Bavariaring 10 bei seiner Mutter[46] im Vordergebäude Marstraße 28. Auch Anton und Gabriel Seidl lebten mit ihren Familien in diesem Haus.
Nicht zuletzt durch die Beziehungen seines Bruders Gabriel, der 1888 bereits ein einflußreicher Architekt war, erhielt der junge Architekt in den ersten Berufsjahren Aufträge. So dürfte 1893 der Auftrag für den Umbau der Starnberger Villa[47] Adolf von Hildebrands, der ein enger Freund Gabriel Seidls war, durch dessen Vermittlung zustande gekommen sein. Auch Fritz Schumacher, der Anfang der 90er Jahre in Gabriels Büro arbeitete, schreibt[48], daß Emanuel Seidl in dieser Zeit „in starker Abhängigkeit“ von seinem Bruder war, „von dem er manchen Auftrag erbte“.

Gabriel Seidl, der als wichtigster Repräsentant der Deutschen Renaissance den Münchener Baustil vor der Jahrhundertwende entscheidend prägte, gehörte zu den angesehensten und mächtigsten Architekten[49] seiner Zeit. Gleichzeitig gilt er als Protagonist einer malerischen, volkstümlichen Richtung der Münchener Architektur. Der immer wieder gerühmte Münchener Stilton[50] entsprach ganz der von Gabriel Seidl entwickelten Formensprache „und wurde im gesamten deutschsprachigen Alpenraum verwendet“[51]. Bei dieser Stilrichtung wurden Elemente der bürgerlichen Renaissance mit Formen des bayerischen und Tiroler Heimatstils vermischt.

Die Brüder arbeiteten nicht nur bei Inneneinrichtungen zusammen, sondern auch bei einigen größeren Bauaufträgen. So unterzeichneten 1893 beide Brüder als Architekten die Pläne für Um- und Anbauten des Sengerschlosses in Tegernsee[52]. Auch bei dem gleichzeitigen Bau von Schloß Ramholz für Baron von Stumm[53] firmierten beide als Architekten[54]. Die malerische Gesamtanlage trägt offensichtlich die Handschrift von Gabriel Seidl, wie ein Vergleich mit dem zeitgleichen Schloß Büdesheim[55] oder dem etwas späteren Bayerischen Nationalmuseum in München zeigt. Dennoch ist anzunehmen, daß der jüngere Bruder gestalterischen Anteil[56] an dem vom englischen Schloßbau beeinflußten Gebäude hatte. War doch Emanuel erst zwei Jahre zuvor anläßlich der Deutschen Ausstellung[57] in England und hatte Gelegenheit, Schloßarchitekturen vor Ort zu studieren. Auch bei der Ausführung des Baues war er sehr engagiert, da Gabriel Seidl zu dieser Zeit mit der Planung des

Bayerischen Nationalmuseums und des Münchener Künstlerhauses sehr in Anspruch genommen war. So lag die Betreuung des Baus vornehmlich in der Hand Emanuels[58].
Eine direkte Zusammenarbeit der beiden Architekten fand 1912 nochmals kurz vor Gabriels Tod bei dem Kurhaus in Tölz[59] statt. Da Gabriel durch Krankheit verhindert war, wurde seinem Bruder die Vollendung des Bauwerks übertragen[60].
Nach dem Tode Gabriels 1913 wurde dann auch Emanuel Seidl mit der Weiterführung des Baus des Deutschen Museums nach Plänen seines Bruders beauftragt[61]. Er selbst gestaltete das Innere des Ehrensaals und des Musiksaales in Rokokoformen und entwarf die Pläne für einen Bibliotheksbau. Der Bibliotheksbau wurde nach Seidls Tod in veränderter Form ab 1928 von German Bestelmeyer ausgeführt.

Die Brüder, die beide von kleiner Gestalt waren und sich sehr ähnlich sahen, besaßen einen recht unterschiedlichen Lebensstil. Der Junggeselle Emanuel, der erst mit 60 Jahren (1916) heiratete, führte seit seiner Übersiedlung[62] in sein neues Heim am Bavariaring, 1898, (Abb.20-27) ein großes, sehr geselliges Haus. Er galt allgemein als der weltmännischere der beiden Brüder. Der Familienvater Gabriel Seidl dagegen hielt am alt-münchener, bürgerlich sparsamen Lebenstil fest. Gäste wurden bei Gabriel nach wie vor durch eine benachbarte Wirtschaft bewirtet[63].
Auch bei seinen Bauten orientierte sich Emanuel mehr an großzügigen, aristokratischen Bauformen als an den bürgerlichen Formen seines Bruders. Die unterschiedliche Art der Innendekoration spiegelt dann auch die gegensätzliche Lebensart der beiden Brüder wieder. Besonders deutlich wird dies bei der Betrachtung der Innenräume ihrer eigenen Häuser. Die festlich theatralische Ausstattung Emanuels am Bavariaring 10 (Abb.24-27) steht im Gegensatz zu der bürgerlich historistischen Einrichtung Gabriel Seidls in der Marsstraße. Ein Vergleich mit dem etwa zeitgleichen Haus Stadler[64] Gabriels oder der Villa Kaulbach[65] läßt dies ebenfalls erkennen. Auch beim Inneren des Künstlerhauses zeigte Gabriel Seidl einen reichen, stark vom Historismus geprägten Dekorationsstil.
Wenn Gabriel Seidl in unserer Zeit der bekanntere Architekt ist, so liegt das vor allem an seinen städtebaulich bedeutsamen Großprojekten: Bayerisches Nationalmuseum, Künstlerhaus, Ruffinihaus, Lenbachvilla oder Deutsches Museum sowie die Kirchenbauten von St. Anna und St. Rupertus. Auf die städtbaulich wichtigen Arbeiten Emanuel Seidls soll in einem späteren Kapitel (s. Kapitel I.6) eingegangen werden. In der Kunstgeschichte wird Gabriel Seidl vor allem als Hauptvertreter des Neostils der deutschen Renaissance Münchener Prägung genannt.
Hinsichtlich der Anzahl der ausgeführten Bauten übertraf Emanuel den Bruder um mehr als das Doppelte[66].

3. Der Mensch Emanuel Seidl

3.1. Persönliche Daten

Der Junggeselle Seidl löste sich sehr spät, mit 42 Jahren, aus dem Familienkreis. 1898, vermutlich nach dem Tod seiner Mutter, zog er aus dem gemeinsam mit Mut-

ter und Brüdern bewohnten Haus an der Marsstraße 28 in das von ihm erbaute Haus Bavariaring 10 (Abb.20-27). Er richtete sich dort im Erdgeschoß nicht nur großzügige, repräsentative Büroräume ein, sondern im Dachgeschoß auch eine illustre Junggesellenwohnung. Der mit ihm befreundete Arzt Schlagintweit beschreibt in seinen Erinnerungen dieses ungewöhnliche Domizil als „italienisch-deutsches Märchenschloß unterm Dache“[67], das den Rahmen für viele Feste bildete.
Vieles spricht dafür, daß Seidl Freimaurer war[68], obgleich sich eine Mitgliedschaft in einer Münchener Loge nicht nachweisen läßt.
Ab 1901 erbaute sich Seidl in Murnau ein großzügiges Landhaus (Kat.Nr.24) mit ausgedehntem Park. Ausgestattet mit großem Speisezimmer, Musiksaal und zahlreichen Gästezimmern war dieses Haus ein Mittelpunkt des geselligen Lebens auf dem Lande. Seidl, der selbst ein ausgezeichneter Geigenspieler war, veranstaltete häufig Konzerte oder Theateraufführungen für seine Freunde. Er schien weder Kosten noch Mühen gescheut zu haben, um seine Gäste zu unterhalten. Die Gästebücher[69] geben einen Einblick in die geselligen Veranstaltungen und zeigen den Umfang seines Freundeskreises. Namen wie F.A. Kaulbach, Lenbach, Stuck, Defregger, Hengeler, J. Diez, F. Naager, Becker-Gundahl, Floßmann, Bradl, F.E. Smith, Halbreiter, Stockmann, Max Obermeyer, C. Mayr-Graz, L. Herterich, M. Dasio, F. Behn, O. Gulbransson, J. Wackerle, H.B. Wieland, A. Niemeyer kehren häufig wieder. Aber auch Musiker wie Richard Strauss oder Architektenkollegen wie Richard Riemerschmid und Hans Grässl waren hier zu Gast. Seidl führte ein offenes Haus, und nicht nur Künstler und Gelehrte, sondern auch Industrielle und Diplomaten oder Vertreter der Fürstenhäuser gingen bei ihm ein und aus. Viele seiner Gäste waren ehemalige oder spätere Auftraggeber und mit vielen seiner Künstlerfreunde hat er bei seinen zahlreichen Bauten oder Ausstellungen zusammengearbeitet.

Als Seidl 1916 seine langjährige[70] Freundin, die Modistin Maria Luberich, heiratete[71] erweiterte er seine Wohnung am Bavariaring sowie sein Murnauer Landhaus. Doch schon drei Jahre später, am 25.12.1919, starb er in der Münchener Schlösserschen Klinik[72]. Seidl, der jahrzehntelang an einer Magenkrankheit gelitten und strengste Diät gehalten hatte[73], starb bei einer Magenoperation an Herzversagen[74].

3.2. Ehrungen

Seidl war seit der Errichtung der Ausstellungsbauten der Deutsch-Nationalen Ausstellung von 1888 ein angesehener und vielbeschäftigter Architekt (s. Werkverzeichnis Kap.IX). Außerdem hatte er sich als Gestalter und Organisator von öffentlichen Feierlichkeiten und Stadtfesten einen Namen gemacht. Im Laufe seines Lebens wurde er wegen seiner Verdienste mit zahlreichen Ehrentiteln ausgezeichnet.
1896 erhielt er den Titel eines Kgl. Professors[75], 1906 wurde ihm das Adelsprädikat eines Ritters des Verdienstordens der Bayerischen Krone verliehen[76]. Im gleichen Jahr nahm ihn die Akademie der bildenden Künste auch als Ehrenmitglied auf[77]. Die Technische Hochschule München verlieh ihm um 1910 die Ehrendoktorwürde[78].
Hinzu kamen zahlreiche Orden und Medaillen von ausländischen und deutschen

Fürstenhäusern: u.a. vor 1898 St. Michaels-Orden IV.Kl., Rother Adlerorden IV.Klasse, 1902 Offizierskreuz des französischen Ordens der Ehrenlegion, 1909 Ehrenkomturkreuz des Fürsten von Hohenzollern, 1910 Kommandaturkreuz des Belgischen Kronenordens, 1911 Verdienstorden St. Michael, II.Kl., 1912 Mitglied des Maximiliansordens[79].

3.3. Gesellschaftliche Stellung

Seidl war durch seine Herkunft aus dem Münchener Großbürgertum und durch die Beziehungen seiner beiden älteren Brüder in gesellschaftlicher Hinsicht von Anfang an Tor und Tür geöffnet. Seine Verwandtschaft mit den sehr wohlhabenden und weit verzweigten Familien Sedlmayr[80], Miller[81] und Roeckl[82] brachte ihm mehrere große Bauaufträge ein. Für die Sedlmayrs baute er an der Marsstraße 48[83] ein Wohn- und Geschäftshaus sowie mehrere Villen[84]. Für die von Millers war er als Innenarchitekt und Villenarchitekt tätig[85] und für Heinrich Roeckl errichtete er an der Widenmayerstraße 25[86] ein repräsentatives Mietwohnhaus in Jugendstilformen.

Seidl hatte sich durch seine zahlreichen Aufträge bereits nach wenigen Jahren ein ansehnliches Vermögen erarbeitet. Sein Vermögen belief sich jedenfalls 1914 auf zwei Millionen Mark und sein jährliches Einkommen lag bei 160.000 Mark[87]. Nur wenige Münchener Architekten verdienten in dieser Größenordnung[88]. Gerade seine Tätigkeit als Villenarchitekt für die reichsten Bürger Bayerns[89], wie Hugo von Maffei oder Gustav Siegle, brachte ihm große Verdienstmöglichkeiten[90]. Zudem war er Teilhaber des Baugeschäftes Seidl & Steinbeis[91], das häufig die von Seidl geplanten Bauten ausführte.
Eine weitere Einnahmequelle dürfte die Spekulation mit Grundstücken und Gebäuden gewesen sein. Aus seinem Familien-Bogen und dem Steuerbogen[92] geht hervor, daß er Gebäude aufkaufte, um sie wenige Jahre später mit Gewinn zu veräußern.
Ab 1892 konnte er jedenfalls mehrere Wohnhäuser[93] und Grundstücke erwerben. An der Theresienwiese kaufte er 1895 zwei große Bauplätze[94] und errichtete darauf ab 1897 sein großzügiges, reich ausgestattetes Wohn- und Mietshaus und 1903 ein

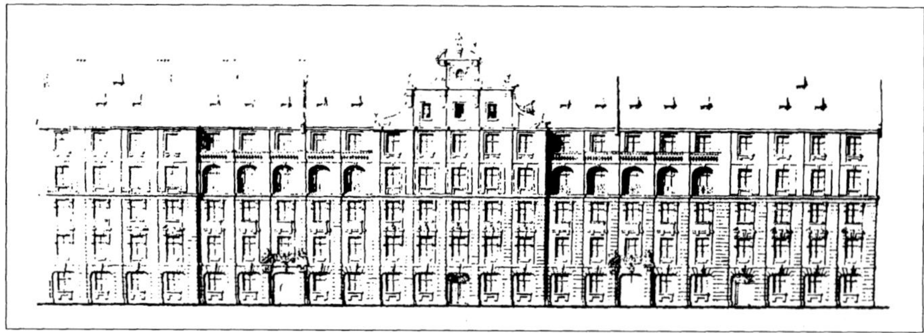

5 Seidlstraße 9-11 (BM, 3, 1905, T.11)

zweites Mietshaus (Bavariaring 11). An der Seidlstraße 7-11[95] (früher Hasenstraße) erbaute er 1901 für sich einen repräsentativen Wohnblock (Abb.5).
Auch der Bau seines Landhauses in Murnau ab 1901 mit einem 50 Tagwerk umfassenden Park zeigt seine Zugehörigkeit zur wohlhabenden Schicht des Wirtschaftsbürgertums der Prinzregentenzeit.

3.4. Mitgliedschaft in Vereinen

München besaß im ausgehenden 19.Jahrhundert als Ort intakter Kunsttraditionen ein internationales Ansehen als Kunststadt[96]. Eine ganze Reihe von Künstlervereinigungen, in denen nicht nur Künstler, sondern auch kunstsinnige Bürger verkehrten, belebten die Kunstszene und das gesellige Leben. Seidl war in vielen dieser traditionellen Künstlervereinigungen Mitglied.
Der Künstlerverein „Allotria" hatte sich 1873 von der Münchener Künstlergenossenschaft abgespalten[97] und bildete in den neunziger Jahren in München den wichtigsten Treffpunkt innerhalb der Künstlerschaft. Neben bedeutenden Malern und Bildhauern gehörten auch die bekanntesten Architekten Münchens dieser Vereinigung an: Friedrich von Thiersch, Theodor Fischer, Richard Riemerschmid, Max Littmann, Carl Hocheder, German Bestelmeyer, Martin Dülfer und die Gebrüder Seidl[98].
Seidl trat besonders als Gestalter und Organisator von Festen hervor[99], außerdem spielte er im Bläserchor der „Allotria"[100].
Diese gesellschaftlichen Aktivitäten und Kontakte brachten ihm immer wieder Aufträge ein. So baute er beispielsweise für den Schauspieler Konrad Dreher ein Mietwohnhaus in der Cuvilliésstraße 6[101] oder auf dessen Vermittlung in Schliersee das Bauerntheater[102]. Ein anderer Künstler, Gabriel Max, beauftragte ihn um 1900 mit dem Umbau seiner Villa in Ammerland[103].

Auch im „Münchener Orchesterverein", der 1880 von Freizeitmusikern gegründet worden war[104], nahm der Violinist Seidl als jahrelanger Vorstand und aktives Mitglied regen Anteil. Diesem Kreis, den Schlaginweit als musikalische Variante der „Allotria" bezeichnete[105], stand auch Richard Strauss, für den Seidl 1907 eine Villa erbaute (Kat.Nr.38), und dessen spätere Frau nahe.

Weiterhin war er Mitglied im „Bayerischen Kunstgewerbeverein", für den er 1901 ein Jubiläumsfest in Schloß Schleißheim gestaltete[106].

Ein anderer geselliger Treffpunkt war der 1900 gegründete „Münchener Künstlerhaus-Verein"[107], der sich im Künstlerhaus am Lenbachplatz traf. Seidl gehörte von Anfang an dem Vorstand an[108]. Im Künstlerhaus kamen ebenfalls nicht nur Künstler, sondern auch Vertreter von Wirtschaft und Politik zusammen. Auch unter den Mitgliedern dieses Vereins befanden sich wieder etliche Bauherren Seidls, wie Georg Theodor Pschorr (Kat.Nr.39) oder Freiherr von Riedel (Kat.Nr.8).
Seidl engagierte sich auch in der Heimatschutzbewegung und gehörte zu den frühen Mitgliedern des „Bayerischen Heimatschutzes"[109]. Der 1902 gegründete Heimat-

pflegeverein befaßte sich mit der Pflege und Erhaltung von traditionellen Werten, wie sie sich im Brauchtum, im Hausbau und im Kunsthandwerk entwickelt hatten.
In dem von Gabriel Seidl 1902 ins Leben gerufenen Isartalverein[110] trat er ebenfalls für die Belange des Heimat- und Naturschutzes ein. Der Verein hatte sich die „Erhaltung der landschaftlichen Schönheiten in der Umgebung Münchens, besonders des Isartals“[111], angenommen. Nach dem Tod seines Bruders übernahm Seidl den Vorsitz des Vereins[112].
1906 wurde er 1. Vorsitzender des Ortsverschönerungsvereins von Murnau[113]. Dem Verein ging es im wesentlichen um die Verschönerung des Murnauer Ortsbildes, das ab 1906 unter der Leitung Seidls neu gestaltet wurde.

Bei der Betrachtung dieser umfangreichen Aktivitäten wird deutlich, daß Seidl, ebenso wie sein Bruder, sehr am öffentlichen Leben Münchens und seiner Umgebung Anteil nahm. Von Natur aus ein geselliger und vielseitig interessierter Mensch, hat er die Geselligkeit aber auch in geschäftlicher Hinsicht zu nutzen gewußt, denn viele seiner Auftraggeber waren ihm durch die ausgedehnten gesellschaftlichen Kontakte bekannt.

4. Das Architekturbüro Seidl

4.1. Technische Mitarbeiter

In den neunziger Jahren, als Seidl sein Büro noch in der Marstraße hatte, scheint er nur wenige Mitarbeiter beschäftigt zu haben. Es tritt 1896 nur der Ingenieur Jakob Wening als Bauführer in Erscheinung[114].
Seidl teilte die Büroräume mit dem Ingenieur Otto Steinbeis, mit dem er etwa ab 1890 gemeinsam ein Baugeschäft betrieb[115], das die meisten seiner Münchener Bauaufträge ausführte. Auch am Bavariaring behielten Steinbeis[116] und Seidl die gemeinsame Firma bei.
Mit dem Umzug in die neuen, geräumigen Büroräume am Bavariaring 10, nahm auch die Zahl der Mitarbeiter zu. Betrachtet man den Grundriß des Büros (Abb.23) mit den vier „Zeichnungs-Zimmern“ und dem großen „Zeichnungs-Saal“, so muß er eine ganze Reihe von Mitarbeitern beschäftigt haben, was bei der Zahl der Aufträge nicht verwunderlich ist.
Ab 1898 war Oskar Helminger als langjähriger Buchhalter im Büro angestellt[117], 1899 bis etwa 1905 arbeitete der Architekt Alfred Pinagl mit. Pinagl hatte 1895 noch mit August Exter zusammengearbeitet[118] und ist erstmalig bei der Villa Feilitzsch (Kat.Nr.22) als Mitarbeiter Seidls nachweisbar[119].
Nachfolger von Pinagl war 1906 der Architekt Ferdinand Schmidt[120], der bis zu Seidls Tode seine rechte Hand blieb[121]. Schmidt übernahm wohl auch 1920 nach Seidls Tod die Abwicklung der letzten Bauaufträge[122]. Um 1907 läßt sich noch der Bautechniker Melchior Trost als Mitarbeiter nachweisen[123].
Ein anderer langjähriger Schüler und Assistent war der Architekt Theo Schäffer[124], der ab 1912 an größeren Projekten beteiligt war[125]. Schäffer führte nach Seidls Tod zusammen mit Oswald Bieber den Bau des Deutschen Museums im Sinne Seidls

weiter. Um 1913 arbeitete neben Schäffer und Schmidt noch der Architekt Josef Mayr an Villenbauten mit[126].
Seidl hatte also immer einen oder mehrere Architekten als Assistenten, die vermutlich durch eine Reihe von Zeichnern unterstützt wurden.

4.2. Künstlerische Mitarbeiter

Zu den technischen Mitarbeitern kamen noch die künstlerischen Mitarbeiter, die bei Seidls Bauten ein große Rolle spielten. Wie schon erwähnt, setzte er immmer wieder befreundete Künstler dazu ein.
Bei den Bildhauern war es Julius Seidler[127], Fritz Behn[128] oder Josef Wackerle[129], die häufig für ihn arbeiteten. Julius Diez, Ludwig Herterich, Franz Naager und Ferdinand Spiegel schmückten viele Gebäude mit Wand- und Deckenmalereien[130]. Auch mit Malern der Künstlervereinigung „Scholle", wie Fritz Erler, Walter Georgi, Adolf Münzer oder Leo Putz arbeitete er bei großen Ausstellungen oder bei der Ausstattung repräsentativer Villen zusammen[131].

4.3. Handwerker

Seidl förderte bei seinen Bauten eine Reihe Münchener Handwerkszweige: Kunstschreiner, Stukkateure, Marmorleger, Intarsienfachleute, Kunstschmiede, Tapezierer und Maler waren an der Gestaltung von Villen oder Miethäusern beteiligt; hinzu kamen Installateure, Elektriker und Glaser. Bei den Inneneinrichtungen arbeitete er des öfteren mit den 1898 in München gegründeten „Vereinigten Werkstätten für Kunst im Handwerk"[132] zusammen, für die er selbst Entwürfe fertigte[133]. Meist vergab er aber Aufträge an andere Handwerksfirmen, mit denen er häufig zusammenarbeitete. Die Malerfirma Urbanisch oder der Schreiner Wenzel Till erhielten von 1904 bis 1913 immer wieder Aufträge[134] von Seidl oder seinen Bauherren. Die Nymphenburger Porzellanmanufaktur wurde als Kachel- oder Brunnenlieferant ebenfalls des öfteren in Anspruch genommen[135].
Auch bei Bauten in anderen Städten zog er nach Möglichkeit Münchener Handwerker hinzu. Beispielweise waren beim Ausbau der Villa Rath in Bonn (Kat.Nr.43) fast nur Münchener Handwerker beteiligt[136].

4.4. Arbeitsweise und Auftraggeber

Seidl kannte keine Abgrenzung zwischen Beruf und Privatleben. Er lebte und arbeitete sowohl in München als auch in Murnau im gleichen Haus. Seine Künstlerfreunde waren bei vielen Bauaufträgen zugleich seine Mitarbeiter. Er pflegte mit seinen Auftraggebern auch privat einen guten Kontakt, musizierte mit ihnen oder lud sie zu Festen nach Murnau[137] ein.
Sein Haus am Bavariaring und sein Landhaus hatten zugleich die Funktion von Musterhäusern. Die Tochter eines Bauherrn beschreibt dies 1916 folgendermaßen:

„Prof. Seidl lud uns für den 2. Mai zu ihm nach Murnau ein, um sein Haus und seinen Garten zu sehen und mit ihm uns zu besprechen, seine Einrichtung zu sehen und ggf. irgendwelche Wünsche darüber zu äußern, nachdem schon Herr Schmidt die meisten Wünsche, Warmwasserheizung, Beleuchtung, Haustelefon usw. aufgezeichnet hatte“[138]. Auch Hermann von Rath, ein Bauherr aus Bonn, erwähnt in einem Schreiben, daß er Seidl besuchte, um sich seine Inneneinrichtung auszusuchen[139].

Seidl fertigte nach eingehender Besichtigung des Bauplatzes für seine Kunden zunächst Skizzen und dann ein Modell des Hauses an[140]. Anfangs war dies ein einfaches Pappmodell, aber später wurde, wie er selbst ausführte, „nach Handskizzen ein gut durchgearbeitetes Modell angefertigt, nach welchem die definitive Planbearbeitung erfolgte“[141]. An diesem Tonmodell, das unter Umständen mehrmals abgeändert wurde, konnte beispielsweise die Allansichtkeit einer Villa zufriedenstellend gelöst werden. Das „Komponieren auf dem Reissbrett allein“[142] lehnte Seidl entschieden ab. Zur besseren Vorstellung der Bauherrn steckte er bisweilen auch noch das Haus ab, „zeichnete die Höhe der Stockwerke, der Terrassen, die Eingänge, Stufen und Treppen daran. Da konnte man sich denn ein Bild machen, wie groß und überhaupt, wie ungefähr das Haus dastehen würde“[143]. Dabei wurde auf topographische Eigenarten und Wünsche der Auftraggeber eingegangen. Erst danach wurden die endgültigen Baupläne erstellt.
Seidl nahm sich in der Planungsphase in Gesprächen mit den Bauherrn oder bei der Besichtigung des Bauplatzes meist sehr viel Zeit. Die Ausarbeitung der Pläne dürfte er seinen Mitarbeitern überlassen haben. Die Bauleitung und Ausführung der Bauten lag dann, soweit sie sich nicht in München oder Umgebung befanden, in den Händen lokaler Architekten oder Bauunternehmer. Seidl kam nur etwa alle drei bis vier Monate angereist, um nach dem Fortgang der Bauarbeiten zu sehen[144].

5. Ausstellungen und Feste

Emanuel Seidl hatte sich besonders als Meister einer emphemeren Kunst hervorgetan, nämlich der Gestaltung von Ausstellungen und Festen. Nicht von ungefähr war seine erste architektonische Leistung 1888 die Errichtung von temporären Ausstellungsbauten.

5.1. Ausstellungen

Ausstellungen boten für die Künstler Gelegenheit, ihr Können einer breiten Öffentlichkeit und Kundenschicht zugänglich zu machen. Gleichzeitig sollte ein Überblick über die Kunstentwicklung gegeben werden. Ein weiteres Ziel war die Erziehung des Volkes zur Kunst[145]. Ab Anfang der 90er Jahre geschah dies dann auch noch durch Kunst- und Bauzeitschriften, in denen die meisten der Bauten Seidls veröffentlicht wurden[146]. Außerdem wurden durch gemeinsame Arbeiten, Eröffnungsfeierlichkeiten und Rahmenprogramme persönliche Kontakte unter den Künstlern geknüpft und Anregungen ausgetauscht.

In Seidls Werk spielen Ausstellungsbeteiligungen und Ausstellungsbauten eine große Rolle. Nahezu jedes Jahr fand er neben seiner umfangreichen Tätigkeit als freier Architekt Zeit, mit mehr oder weniger aufwendigen Beiträgen an Ausstellungen teilzunehmen.

5.1.1. 1888-1899

Seine ersten Ausstellungsbauten errichtete er 1888 für die Deutsch-Nationale Kunstgewerbe-Ausstellung am Isarkai in München (s. Kapitel I.1.3.; Abb. 2).

Im nächsten Jahr gestaltete er auf der Kunstausstellung im Glaspalast den für Lenbachs Portraitgemälde bestimmten Saal. In Formen der italienischen Renaissance stattete er den Raum prunkvoll mit Gobelins und Säulen aus[147].
1891 schuf er in London zusammen mit Martin Dülfer[148] die Dekoration für die „German Exhibition" im Earl's Court. Seidl und Dülfer werden im Katalog als „Architects and Directors of Decorations" bezeichnet. Namhafte Künstler wie Arnold Böcklin, Franz Defregger, Eduard Grüzner, Georg Hauberrisser, August Kaulbach, Hermann Kaulbach, Wilhelm Leibl, Wilhelm Trübner, Fritz Ude, H. Ziebland und Julius Zumbusch[149] beteiligten sich an der Ausstellung. Die rege Teilnahme der Münchener Künstlerschaft belegt die damalige Bedeutung Münchens als Kunststadt.

Auf der 6. Internationalen Kunstausstellung 1892 in München zeigte Seidl den Bebauungsplan der Steinsdorfstraße und die Pläne der Häuser Prinzregentenstraße 12[150]. Neben Seidl beteiligten sich auch Thiersch, Hauberrisser, Dülfer und P.Pfann an der Ausstellung.

Zur Columbischen Weltausstellung in Chicago 1893[151] war Seidls Beitrag zur deutschen kunstgewerblichen Abteilung ein Rokokozimmer. Wie Schlagintweit in seinen Erinnerungen bemerkt, hatte bei der Fertigstellung des Zimmers „das ganze kunstgewerbliche München mitgearbeitet"[152].
Durch diese Ausstellung kamen nun auch amerikanische Anregungen nach Deutschland. In Seidls Werk ist davon um diese Zeit noch nichts zu spüren. Erst bei Villenbauten nach 1900 finden sich bei der Gestaltung von Loggien (Kat.Nr.30) und Veranden vereinzelt amerikanische Einflüsse.

1894 zeigte Seidl sein „Projekt der Bebauung der Steinsdorfstraße"[153] bei der Kunstausstellung in Barcelona, zu der er von der Prinzessin Ludwig Ferdinand von Bayern eingeladen worden war. Mit der Prinzessin hatte Seidl Kontakt, da er ab 1890 die St. Marien-Ludwig-Ferdinand-Anstalt[154] in Neuhausen erbaut hatte, die unter dem Protektorat des Prinzen und der Prinzessin Ludwig Ferdinand stand.

Großes Aufsehen erregte die 7. Internationale Kunstausstellung von 1897 im Glaspalast, die „später eine 'Kinderstube der Moderne' genannt wurde". Sie entstand in Zusammenarbeit der „Münchener Künstlergenossenschaft" mit der Münchener

Sezession[155]. Auf dieser Ausstellung stellte erstmals eine Gruppe moderner Kunstgewerbler und Architekten im Glaspalast aus, was in konservativen Kreisen des Kunstgewerbevereins (zu denen auch Gabriel Seidl zählte) kritisch beurteilt wurde[156].
Emanuel Seidl gehörte dem „Central-Comitee" und der „Bau-Kommission" an[157]. Außerdem stellte er in der Architekturabteilung neben Gabriel Seidl, Theodor Fischer, Carl Hocheder und Martin Dülfer aus. Er erhielt für die Modelle des Augustinerbräus, des Hauses Bavariaring 10 und der Villa Merck sowie einer Federzeichnung des Theresien-Gymnasiums eine der drei Architektur-Medaillen II.Klasse zuerkannt.

Auf der Münchener Jahresausstellung im Glaspalast von 1898 urteilte eine Jury über die auszustellenden Werke, in der neben Gabriel Seidl, Dülfer, Hauberrisser auch Emanuel Seidl saß[158].
Emanuel Seidl entwarf einen römisch-pompejanischen Wohnraum[159], der bei Mosaikfußboden, Wandbrunnen und Wandmalereien Einflüsse eines antikisierenden, geometrisierenden Jugendstils zeigte. Vasen und Schalen von Tiffany, Lesbros und anderen französischen Künstlern wurden zur Dekoration verwendet. Der als modern bezeichnete Raum, erregte große Aufmerksamkeit. Weitere Räume gestalteten u.a. Thiersch, Hocheder, Helbig & Haiger, Littmann, Bertsch und Pfann.

5.1.2. 1900-1909

Für die Weltausstellung 1900 in Paris entwarf Seidl sowohl die Gesamtausstattung für die im Grand Palais untergebrachte deutsche Kunstausstellung als auch einen Prunkraum in der kunstgewerblichen Abteilung der Esplanade des Invalides.
Die reiche Gestaltung der Ausstellungsräume erfolgte in einem an der Antike und der italienischen Renaissance orientierten Stil (Abb.6). Stuckmarmor, Mosaik, plastische Friese und vielfarbiger Stuck zierten die Wände. „Nischen, Statuen, Brunnen, Nachahmungen aus dem alten Rom und aus Pompeji"[160] schmückten die Säle.
Den Prunkraum stattete Seidl im gleichen Stil aus. Vortrefflich paßten „in diese ganz auf starke koloristische Wirkung gestellte Prunkhalle die Möbel von Franz Stuck, Nachbildungen der für sein Haus von ihm gezeichneten Stücke"[161].
Seidl hatte diese Dekorationsweise schon 1898 auf der Münchener Ausstellung gezeigt und auch einzelne Elemente direkt übernommen. Auch Motive seiner eigenen Wohnung am Bavariaring (Abb.24,87), die 1899 dekoriert worden war, kamen hier zur Anwendung.
Er arbeitete in Paris eng mit Franz Stuck zusammen, und der Einfluß Stucks und seiner 1896-97 erbauten Villa darf auch bei der Gestaltung der Seidlschen Wohnung angenommen werden.
Für seine Arbeiten bekam Seidl, ebenso wie Radke, der das „Deutsche Haus" entworfen hatte, einen „Großen Preis" zugesprochen. Goldene Medaillen erhielten u.a. Hocheder, Thiersch, und silberne Medaillen gingen an Littmann und Hauberrisser[162].

Auf der 8. Internationalen Kunstausstellung 1901 im Münchener Glaspalast gestaltete Seidl, der wiederum im Komitee und in der Baukommission saß[163], die Mittel-

6 Ausstellung Paris 1900, Repräsentationssaal (BM, 3, 1905, S.16)

halle mit Pflanzen und architektonischen Motiven[164]. Allerdings war sowohl in der Ausstattung der Räume als auch hinsichtlich der Qualität der ausgestellten Werke der Architektur- und Kunstgewerbeabteilung ein allgemeiner Niveauverlust kritisiert worden, was möglicherweise durch das Engagement und den Aufwand für die Pariser Ausstellung von 1900 erklärbar ist.

An der Weltausstellung in St. Louis 1904 beteiligte sich Seidl mit Zeichnungen für sein Haus am Bavariaring und für das Restaurant Augustinerbräu[165]. Er erhielt neben Wilhelm Kreis, H.v.Schmidt und Hans Grässl dafür eine silberne Medaille[166]. Gabriel Seidl wurde für Zeichnungen vom Bayerischen Nationalmuseum, der Lenbach-Villa und St.Anna-Kirche eine goldene Medaille zuerkannt. Das „Deutsche Haus“, eine vereinfachte Kopie des Charlottenburger Schlosses, hatte der Architekt Bruno Schmitz entworfen.

1905 wird eine Beteiligung Seidls an der Deutschen Kunstausstellung in Venedig erwähnt[167].

1906 stellte er auf der Bayerischen Landesausstellung in Nürnberg einen Innenraum mit einem von ihm entworfenen Flügel aus[168].
Im gleichen Jahr beteiligte sich Seidl auch an einem Wettbewerb der Stadt München zur Gestaltung des Ausstellungsparkes auf der Theresienhöhe[169].
Die Planungen und Grundstückskäufe für diese Ausstellung, die für Münchens Ansehen als Kunst-, Kunstgewerbe- und Handelsstadt sehr wichtig war[170], begannen bereits 1892. 1901-1904 arbeitete Gabriel Seidl mehrere Vorentwürfe zur Gestaltung des Areals an der Theresienwiese aus. Ein Wettbewerb Münchener Architekten sollte das endgültige Aussehen festlegen. Emanuel Seidls Entwurf wurde mit dem zweiten Preis ausgezeichnet. Den ersten Preis erhielt der Beitrag von Wilhelm Bertsch, der dann auch ausgeführt wurde.
Seidls Entwurf sah in der Gestaltung von Platzanlagen und „in einem innigen, schönen Kontakt zwischen Landschaft und Architektur“[171] die Hauptaufgabe. Zur Bewältigung des zu erwartenden Verkehrs beinhaltete die Planung eine Rundbahn, die über dem westlichen Eingang als Hochbahn und unter den Gebäuden und Wegen als Tiefbahn verlaufen sollte. Diese fortschrittliche Lösung wurde als sehr empfehlenswert angesehen, aber nicht ausgeführt.

7 „München 1908", Hauptrestaurant (KuHa, 58, 1908, S.306)

8 Anfahrtsseite des Hauptrestaurants (DBZ, 42, 1908, S.521)

Große Anerkennung erzielte Seidl mit dem Bau des Hauptrestaurants auf dieser Eröffnungsausstellung „München 1908" auf der Theresienhöhe. Namhafte Münchener Architekten erstellten die anderen Gebäude[172]. So errichtete Wilhelm Bertsch die Ausstellungshallen, Max Littmann das Künstlertheater, die Gebrüder Rank die Eingangsbauten. Weitere Architekten waren Richard Riemerschmid, Franz Zell, Paul Pfann, Richard Schachner u.a.[173]. Die Ausschmückung von Park und Gelände durch Skulpturen und Brunnenanlagen wurde von Münchener Künstlern übernommen. Das Hauptrestaurant, ebenso wie die großen Hallen und das Künstlertheater, sollten als ständige Bauten bestehen bleiben[174].

Seidl faßte den Restaurantbau und die davor liegende Kasakadenbrunnenanlage zu einer Einheit zusammen. Das Gebäude gestaltete er als konvex vorgewölbten Mittelbau mit hohem Zeltdach, flankiert von niederen Seitenflügeln (Abb.7-10). Von Pfeilern getragene Wandelgänge, die in ovalen Pavillons endeten, schlossenen sich schräg an die Seitenflügel an und umfaßten eine großzügige Restaurantterrasse.

Eine heitere Farbigkeit und hohe, die Wandflächen auflösende Fenster bestimmten den Putzbau. Die breite Hohlkehle unter dem schiefergrau gedeckten Dach zierte ein blau-weißer Fries mit Masken und Vögeln in Jugenstilmanier. Wandmalereien von Diez in kräftigen Farben schmückten die offenen Wandelgänge.

Zur Ausstattung und künstlerischen Ausschmückung zog Seidl befreundete Künstler wie Ludwig Herterich, Julius Diez, Fritz Erler, Becker-Gundahl und Josef Wackerle heran.
Der hohe Mittelsaal (Abb.9), der auch als Konzertsaal diente, bestach besonders durch seine Farbigkeit. Lila Porzellanfliesen und Reliefs nach Entwürfen von Wackerle[175] bedeckten Wände und Türgewände. Ein großes Deckenfresko von Herterich zeigte eine Gruppe Münchener Künstler beim Feiern.
In den Nebensälen wurde durch Wandmalereien[176] ebenfalls farbige Effekte erzielt.
Die von barocker Schloß- und Gartenarchitektur beeinflußte Anlage (Abb.10) war streng symmetrisch angelegt. Geschwungene Terrassenabschlüsse und Freitreppen nahmen Bezug auf die, ebenfalls von Seidl entworfene, tiefer gelegene Brunnenanlage mit Wasserspielen. Die Skulpturen für die Brunnenanlage schufen Bernhard Bleeker, Karl Ebbinghaus, Fritz Behn, Hermann Hahn und Erwin Kurz.

9 Festsaal, Hauptrestaurant (DK, 11, 1908, S.463)

Seidl vermischte bei der Gestaltung des Restaurants Architektur des süddeutschen Barock mit Jugendstilelementen. Diese Variante des Heimatstils orientierte sich entsprechend den anderen Ausstellungsbauten stark an der Volkskunst und der Heimatschutzbewegung (s. Kapitel V. 3).

Im nächsten Jahr, 1909, zeigte Seidl in der Münchener Möbelfirma M.Ballin zwei Wohnräume[177]. Anläßlich seines neuen Geschäftshauses am Promenadeplatz ließ Ballin einige Räume von führenden Architekten gestalten. Außer Seidl stellten Th. Fischer, B. Becker, L. Hohlwein und P. Troost aus.
Im gleichen Jahr richtete Seidl auch die neuen Ausstellungsräume der Kgl. Nymphenburger Porzellanmanufaktur, mit der er häufig zusammenarbeitete, an der Ecke Brienner Straße-Odeonsplatz ein[178].

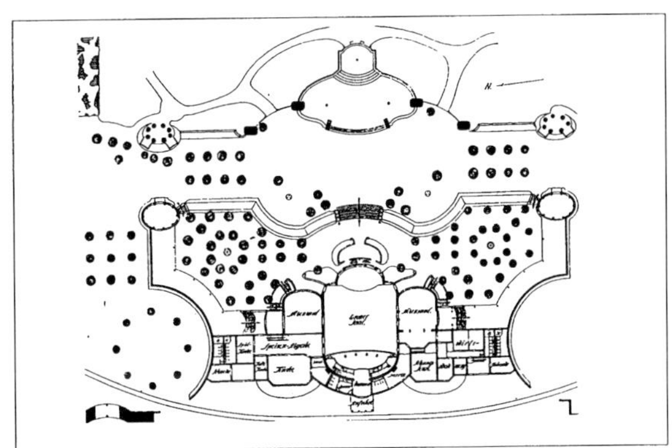

10 Grundriß, Hauptrestaurant (DBZ, 42, 1908, S.519)

5.1.3. 1910-1919

Das nächste große Ausstellungswerk Seidls waren Bauten und bauliche Gesamtkonzeption der deutschen Abteilung (Abb.11-17) auf der Weltausstellung in Brüssel 1910[179].

Deutschland stellte erstmalig auf einer internationalen Ausstellung in eigenen Hallen aus, die selbst wiederum Ausstellungsobjekte waren[180]. Da die Gartenarchitektur auf dieser Ausstellung eine große Rolle spielte, dürfte es dem Villenarchitekt Seidl nicht schwer gefallen sein, den umgebenden Park in seine Planung miteinzubeziehen. So wirkten die Bauten auch „wie eine große mächtige Landhausanlage"[181] auf manche Betrachter.

Das Zentrum der fünf aneinander gereihten Haupthallen (Abb.12), die als Eisenkonstruktionen mit Holzbindern aus gebogenem Holz errichtet wurden, bildete das hoch aufragende „Deutsche Haus". An das „Deutsche Haus" schloß sich, unterbrochen von der Durchfahrt der elektrischen Rundbahn, ein Weinrestaurant an. Die zweite Gaststätte, das „Münchener Haus"[182], lag südwestlich davon im Park, den Skulpturen von Römer und Wackerle schmückten.

11 Weltausstellung Brüssel 1910, „Deutsches Haus" (DK, 18, 1910, S.530)

Die Innenräume[183] aller Hallen waren nach Seidls Konzept farblich aufeinander abgestimmt. Die detaillierte Gestaltung erfolgte, bis auf das „Deutsche Haus" und die beiden Restaurantbauten, durch andere Künstler, wie Bruno Paul, Otto Walter, Peter Behrens und Martin Dülfer.

Das „Deutsche Haus" (Abb.11) mit markantem, quadratischem Mittelturm kennzeichneten vier jugendstilartig geschweifte Giebel. Eine ovale, vorgelegte Säulenhalle akzentuierte den Eingang. Große, dreiteilige Rundbogenfenster und breite Lisenen gliederten die verputzten Wandflächen.

12 Brüssel 1910, Halle (DK, 1910, S.532)

Die Hallen waren als erdgeschossige Bauten mit hohen, teilweise geknickten Dächern ausgeführt. Pavillonartig traten zwei der Hallen mit Eingangsbauten vor (Abb.12). Rundbogige bzw. geknickte Giebel und symmetrische Gliederung bestimmten diese Gebäude. Bodenlange Fenster lösten die Mauerflächen auf.

Das nach drei Seiten freistehende Wein-

restaurant (Abb. 13) wurde durch geschweifte bzw. spitzgiebelige Zwerchhäuser bestimmt. Entsprechend der Anlage des „Deutschen Hauses" war nach Südwesten eine halbrunde Säulenhalle vorgelegt. Grün-weiß gestreifte Fensterläden erinnerten an Seidlsche Landhäuser.
Anklänge an Landhausarchitektur besaß auch das „Münchener Haus" (Abb.14), dem ein stumpfwinkeliger Grundriß zugrunde lag. Ein hohes Satteldach und ein halbrunder, turmartiger Risalit im Winkel gaben der Gaststätte ein barockes Aussehen.
Eine vereinheitlichende Wirkung der unterschiedlichen Bauten wurde durch die grauen Dächer und weißen Putzflächen erreicht. Schwarze Säulen, schlichte, goldene Ornamente und grüne Spaliere trugen außerdem zum einheitlichen Gesamtbild bei. „Mit Fahnen, Dekorationen und sonstigen bunten Glanzlichtern wurde soviel als möglich gespart"[184].

13 Brüssel 1910, Deutsches Weinhaus (DK, 18, 1910, S.539)

14 Brüssel 1910, „Münchener Haus" (DK, 18, 1910, S.543)

Für die Innenräume des „Deutschen Hauses", das ausschließlich der Repräsentation diente, entwarf Seidl eine elegante Ausstattung. Marmorfußböden in unterschiedlichen Farben und schwarze Säulen gaben im Vestibül (Abb.15) den Ton an. Ein Brunnen von Adolf von Hildebrand[185], der 1908 auch in der Münchener Ausstellung gezeigt worden war, und ein breiter Fries mit Szenen von Walter Georgi schmückten diesen Raum. Im Empfangssaal (Abb.16) und dem Damenzimmer, deren Möbel die Firma Ballin ausgeführt hatte, dominierte die kontrastreiche, typisch Seidlsche Farbigkeit: Schwarz, Silber und Hellblau gestaltete Wände dazu damastrote und hellrosa Möbel bzw. lila und violette Töne im Damenzimmer. Im Repräsentationssaal (Abb.17) des Obergeschosses mit hohem Gewölbe und Galerie herrschten schlichte, klassizistisch inspirierte Formen vor. In den Räumen des „Deutschen Hauses" wurden Kunstwerke von Franz von Stuck, Fritz August von Kaulbach, Fritz Erler, Albert von Keller und Hugo von Habermann gezeigt[186].
Eine interessante Farbigkeit herrschte auch im Weinrestaurant, wo Wand und Pfeiler mit schillernden Kacheln in Lila- und Grüntönen verkleidet waren. Bunte Papageienskulpturen aus Porzellan von Wackerle[187] schmückten die Wände.
Die rustikale Gestaltung des „Münchener Hauses" wurde durch volkstümliche Wandmalereien von Ferdinand Spiegel belebt.

15..Brüssel 1910, Vestibül (RK, 1911, S.5)

16 Brüssel 1910, Empfangssaal (RK, 1911, S.8)

Vorbild für die Gestaltung dürfte die Ausstellung „München 1908" für Seidl gewesen sein. Nicht nur die Formen der Hallen erinnerten an München, auch die Ausschmückung von Weinrestaurant und „Münchener Haus" entsprachen Dekorationsformen im Hauptrestaurant.

Im Gegensatz zu der sehr modern gestalteten Innenausstattung der Ausstellungshallen durch die oben erwähnten Künstler, wurden die Seidlschen Bauten als „etwas allzu vorsichtige und lokal gefärbte Münchener Putzarchitektur"[188] empfunden; eine Kritik, die auch schon zwei Jahre zuvor bei der Münchener Ausstellung ausgesprochen worden war. 1910 kam zu dem von verspäteten Jugendstilelementen und barocker Architektur beeinflußten Stil noch eine Rückwendung zum Klassizismus.

Im gleichen Jahr stellte Seidl auf dem Pariser Herbstsalon im Grand Palais einen Musikraum mit Orgelempore[189] aus, ausgeführt durch die „Vereinigten Werkstätten für Kunst im Handwerk"[190].

Auch bei kleineren Ausstellungen zeigte Seidl seine Einrichtungskunst. So bei der Ausstellung des Süddeutschen Malerverbandes[191] im Münchener Augustinerstock, wo er mit der Malerfirma Urbanisch zusammenarbeitete.

1912 stellte er in der neuen Ausstellung der „Vereinigten Werkstätten für Kunst im Handwerk" am Odeonsplatz ein Schlaf- und ein Damenzimmer im Biedermeier- und Louis-Seize-Charakter aus[192].

Im Rahmen der Ausstellung der Münchener Ostpreussenhilfe wurde ein ebenfalls biedermeierliches Schlafzimmer von Seidl gezeigt[193].

Aber sein letztes größeres Ausstellungswerk sollte infolge des Krieges und seines frühen Todes die Brüsseler Weltausstellung bleiben.

5.2. Feste

17 Brüssel 1910, Repräsentationssaal (RK, 1911, S.3)

Stadtfeste aus aktuellem Anlaß haben in München eine große Tradition und lassen sich bis ins Mittelalter zurückverfolgen. Festumzüge, üppige Festbankette und Preisschießen sowie Festlichkeiten anläßlich von Geburt oder Vermählung im Fürstenhaus wurden spektakulär veranstaltet. Besonders in der Zeit des Barock gab es in München häufig Anlässe für solche Feste. Dabei wurden Hausfassaden von den Bürgern mit Teppichen und Stoffbahnen dekoriert, freistehende Säulen, Pyramiden und Ehrenpforten oder Triumphbogen errichtet[194]. Auch im 19. Jahrhundert wurde diese Tradition mit dem 25jährigem Regierungsjubiläum Max I. Josephs 1824, dem Bavariafest für Ludwig I. von 1850, dem 700. Stadtjubiläum 1858 oder dem „Deutschen Bundesschießen" von 1881 fortgeführt.
Auch während der Prinzregentenzeit gab es im öffentlichen wie im privaten Bereich zahlreiche Anlässe für Festlichkeit, die häufig von Franz von Lenbach gestaltet wurden. Etwa ab Mitte der 90er Jahre übernahm Emanuel Seidl Organisation und Entwurf vieler dieser Feste.
Seidl galt als Meister in der Dekoration von Festen und dem Errichten von Festarchitekturen. Nicht nur offizielle Feiern, wie Kaiserbesuche, Gedenkfeiern oder Grundsteinlegungen richtete er aus, sondern auch originelle, prunkvolle Feste der Münchener Künstlerschaft.

5.2.1. Private Feste

Auch im privaten Bereich scheute Seidl weder Kosten noch Mühe, glanzvolle Feste zu geben. Vor allem in seinem Landhaus in Murnau fanden zahlreiche Feste und auch Konzerte statt, die zu den Höhepunkten des künstlerischen und gesellschaftlichen Lebens zählten[195]. 1906 veranstaltete er im Park seines Murnauer Hauses ein Schützenfest, an dem auch der Prinzregent Luitpold teilnahm.
Einer dieser Höhepunkte war 1910 die Aufführung von Shakespeares „Sommernachtstraum" im Park des Murnauer Landhauses. Zum auserwählten Publikum zählten auch zwei Königinnen[196]. Max Reinhardt, der mit diesem Stück und seinem Ensemble am Münchener Künstlertheater gastierte, inszenierte die Aufführung zusammen mit Seidl in Murnau[197].

5.2.2. Künstlerfeste

Bei Künstlerfesten, wie dem 1898 im Residenz- und im Nationaltheater veranstalteten Fest „In Arkadien“, schuf Seidl den architektonischen Aufbau und die Ausschmückung der Räume[198].
1901 inszenierte er zum 50jährigen Jubiläum des Bayerischen Kunstgewerbevereins ein Theaterstück in Schloß Schleißheim[199].
Beim Don-Juan-Fest 1902 im Künstlerhaus und 1908 bei den Feierlichkeiten zu Gabriel Seidls 60. Geburtstag, ebenfalls im Künstlerhaus[200], hatte Seidl entscheidenden Anteil an der Gestaltung.

5.2.3. Offizielle Feiern

Anläßlich des 80. Geburtstages Otto von Bismarcks 1895 entwarf Seidl[201] die von der Münchener Künstlerschaft ausgeführte Festdekoration auf dem Königsplatz.
Die Grundsteinlegung des Deutschen Museum, zu der das deutsche Kaiserpaar anwesend war, bot 1906 einen Anlaß, die Stadt nach Seidls Entwürfen farbenprächtig zu schmücken[202].
1909 wurde an Kaiser Wilhelm II., der sich für die Beibehaltung der Schackschen Gemäldegalerie in München eingesetzt hatte, die Goldene Bürgermedaille übergeben[203]. Für die Feier im Alten Rathaussaal konzipierte Seidl das Festprogramm mit Ehrenjungfrauen und Pagen.
Nach seinem Entwurf wurde auch die Dekoration zur nächtlichen Trauerfeier vor der Akademie anläßlich des Todes des Prinzregenten im Dezember 1912 ausgeführt[204]. Die Feier war von Illuminationen und Musik begleitet.
Zur Jahrhundertfeier von Kelheim übernahm Seidl 1913 ebenfalls die Leitung und Dekoration der aufwendigen Feierlichkeiten, bei denen der deutsche Kaiser und der Prinzregent Rupprecht anwesend waren[205]. Eine Dekoration aus grünen Zweigen und Gold sowie lila Teppiche gaben den farblichen Hintergrund ab. Posaunen, Kanonendonner und Glockengeläut umrahmten die nationale Feier.
Grüne Kränze, Feuerschalen und Fahnen bildeten die Festdekoration der Hinden-

18 Bundesschiessen 1906, Torbau (SdBZ, 16, 1906, S.257)

19 Bundesschiessen 1906, Wirtsbude (SdBZ, 16, 1906, S.266)

burgfeier von 1917, die Seidl zusammen mit Bauamtmann Blössner anläßlich des 70. Geburtstags Hindenburgs auf dem Münchener Königsplatz ausrichtete[206].

5.2.4. Volksfeste

Nicht nur bei feierlichen oder künstlerischen Anlässen war Seidls Dekorationskunst gefragt, sondern auch bei volkstümlichen Festen. So errichtete er 1906 im südlichen Teil der Theresienwiese die Festbauten für das 15. Deutsche Bundesschießen[207]. Seidl hatte bei dem vorausgegangenen Architektenwettbewerb 1905 den ersten Preis errungen[208].

Für den Festzug der zahlreichen Schützengesellschaften wurde unter der Gesamtplanung Seidls die ganze Innenstadt von der Münchener Künstlerschaft dekoriert[209]. Die Holzbauten (Abb.18,19) auf dem Festplatz ordnete er um einen kreisförmigen Platz, in dessen Zentrum der Gabentempel stand. Föhrenwäldchen rahmten den Platz ein. Die eigentliche Schießhalle befand sich außerhalb des Kreises im Süden, im Westen schloß sich eine Schützendult an.

Der Torbau (Abb.18) lag in der Achse von Bavaria und Ruhmeshalle, auf die der Blick beim Betreten des Festplatzes gerichtet war und die Seidl somit in die Festarchitektur einbezog. Ein breiter Mittelbau mit Korbbogentor und zwei, schräg ausgreifende Seitenflügel kennzeichneten diesen Bau.

Den festlichen Mittelpunkt bildete die große Halle. An einen polygonalen Baukörper mit hohem Korbbogenportal und kuppelartigem Dach waren schräg, symmetrische Flügelbauten gesetzt worden. Spitzgiebelige Zwerchhäuser am Mittelbau entsprachen Giebelbauten am Ende der beiden niederen Flügel.

Der Gabentempel im Zentrum über polygonalem Grundriß war durch eine hohe, goldene Rippenkuppel ausgezeichnet und von einer Bavaria-Statue[210] bekrönt. Die vier Wirtshäuser der großen Brauereien, die den Festplatz umstanden, erinnerten an barocke Parkschlößchen (Abb.19) oder Villen.

Alle Festbauten besaßen barocke und biedermeierliche Anklänge. Die weiß getünchten Bauwerke wurden entsprechend dem volkstümlichen Anlaß farbig dekoriert und bemalt. Die Festhalle erhielt durch die grüne Farbe des Daches, das aus

20 Bavariaring 10 (Mü. Bauk. S.45)

imprägniertem Zelttuch bestand, und grüne Rankenbemalung einen besonderen farblichen Akzent. Hirschgeweihe und Hirschskulpturen bildeten jagdbezogenen Schmuck. An der malerischen Gestaltung waren u.a. Ferdinand Spiegel und Friedrich August von Kaulbach beteiligt.

In der gleichen Art gestaltete Seidl auch 1909 die Oktoberfestbauten[211] der Spaten- und der Löwenbrauerei.

Seidl gelang es bei seinen Stadtdekorationen und Festen immer wieder, die Münchener Bürgerschaft und die Künstler miteinander zu vereinen. So meinte er auch, daß Volksfeste wie das Deutschen Bundesschießen gleichzeitig Künstlerfeste geworden seien, „wie sie eben nur München allein machen könne“[212].

6. Städtebaulich relevante Arbeiten

Seidl schuf zwar keine städtebaulich so imposanten Monumentalbauten wie sein Bruder Gabriel, aber er war durch eine Reihe anderer Werke doch an der städtebaulichen Gestaltung Münchens beteiligt. Wie bei seinen Landhäusern auf die Natur, so nahm er bei seinen städtischen Bauten Bezug auf die umgebende architektonische Situation.

6.1. Wiesenviertel

Er trug wesentlich zur Gestaltung des nach dem Stadterweiterungsplan von 1882 konzipierten Wiesenviertels bei. Vor allem das Gesamtbild des nordöstlichen Teils des Bavariaringes wird durch seine Bauten bestimmt.
Schon bei seinen ersten Bauwerken 1887, die gleichzeitig auch zu den ersten Bauten an der Theresienwiese gehörten, gestaltete er mit der Villengruppe an der Ecke zur Uhlandstraße (Kat.Nr.1-3) ein harmonisches Ensemble. Er setzt die drei Häuser nicht nur zueinander in Bezug, sondern auch zu den bestehenden Bauten. Durch Querstellung der mittleren Villa (Bavariaring 19) erweitert er die platzartige Straßenabzweigung.
Auch mit den nebeneinander stehenden Häusern Bavariaring 10, 11, 12, 14 schuf er

21 Bavariaring 10, Vorgarten (Mü. Bauk. S.134)

22 Bavariaring 10, Einfriedung (Mü. Bauk. S.133)

ein Ensemble, das in stilistischer Hinsicht aufeinander abgestimmt war. So nimmt er bei der Fassadengestaltung des Hauses Nr.12 (Kat.Nr.27) den Neurenaissancestil der Nachbarhäuser auf; einen Stil, den Seidl um diese Zeit, 1902, ansonsten kaum noch angewandte.
Bei seinem Wohnhaus am Bavariaring 10 (Abb.20), das er ebenfalls im Stil der Deutschen Renaissance ausführte, geht er in Materialwahl und Lage auf die dahinter liegende St. Pauls Kirche ein. Dadurch daß er das Gebäude hinter die Baulinie einrückte und einen Gebäudeflügel nochmals zurücksetzte, erreichte er von der Theresienwiese aus einen freien Ausblick auf die Kirche.
Seidl errichtete das dreigeschossige Eckgebäude, das „zu den Höhepunkten des großbürgerlichen, historistischen Wohnbaus“[213] gehörte, als grau-braunen Putzbau mit hellen Hausteinnelementen. Rundtürme mit spitzen Kegeldächern besetzen die Ecken des nach drei Seiten freistehenden Baus.
Die Erker und der reiche plastische Schmuck waren ursprünglich durch farbige Marmoreinlagen und Vergoldungen akzentuiert[214]. Metallgitter in floralen Jugendstilformen zieren Altanbrüstung, Fenster und Einfriedung.
Durch Einrücken des Gebäudes hinter die Baulinie erhielt Seidl zudem einen Vorgarten[215], den er mit Lauben, Sitzplätzen und antikisierenden Skulpturen malerisch gestaltete (Abb.21,22).
Dem Grundriß (Abb.23) lag eine Disposition zugrunde, die auch bei seinen Villenbauten häufig wiederkehrt. Das dominierende Vorderhaus und das Rück- oder Nebengebäude wurden schräg zueinander gesetzt. Ein kreisrundes, geräumiges Treppenhaus im inneren Winkel erschloß die zwei Wohnungen in jedem Stockwerk.

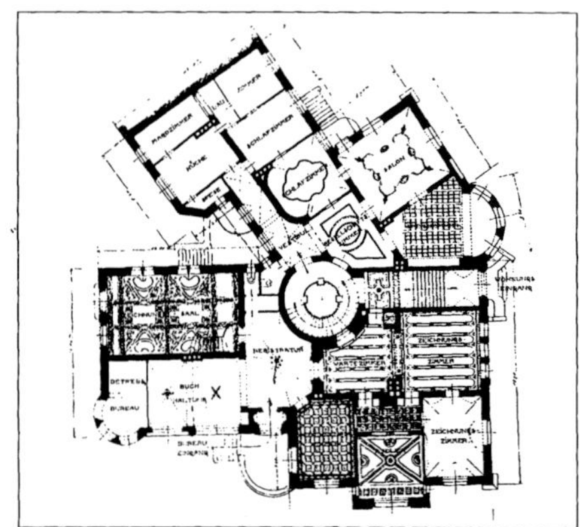

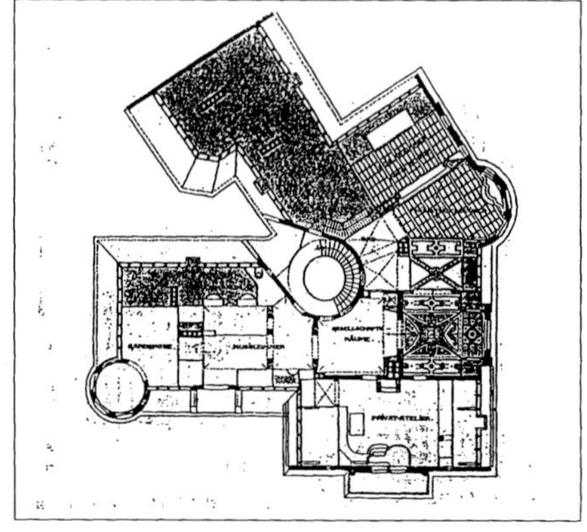

23 Bavariaring 10, Grundriß Erdgeschoß und Dachgeschoß (DBZ, 54, 1920, S.46)

24 Bavariaring 10, Vorzimmer (Mü. Bauk. S.266)

Nach eigenen Angaben Seidls „waren für die Raum-Anordnung im allgemeinen die Himmelsrichtung und die Aussicht auf das ...Bavaria-Denkmal und das Gebirge bestimmend“[216].

Seidl richtete im zur Theresienwiese orientierten Südwesttrakt im Erdgeschoß sein Büro ein, das durch einen eigenen Eingang erschlossen wurde und durch einen Aufzug mit seiner Wohnung im Dachgeschoß verbunden war. Der Eingang zu den Mietwohnungen befand sich an der Hermann-Lingg-Straße[217]. Die vier großen Zeichenräume, Atelier und Buchhaltung der Büroetage waren reich mit stuckierten Decken ausgestattet[218]. Besonders prächtig waren die Seidlschen Wohnräume im ausgebauten Dachgeschoß gestaltet (Abb.24-27,86,87). Sie waren in erster Linie Gesellschaftsräume, da sich Küche und Wirtschaftsräume im Kellergeschoß befanden. Selbst das Schlafzimmer des Junggesellen konnte bei Gesellschaften in eine kleine Bühne umgewandelt werden[219]. Die festliche, elegante Künstlerresidenz steht in der Tradition anderer Münchener Künstlerhäuser wie der Lenbachs oder Stucks. „Glänzende, bunte Gesellschaften, musikalische und theatralische Aufführungen lassen sich hier ohne große Vorbereitung veranstalten“[220]. Marmor, Messing und Seide bildeten zusammen mit dekorativen Deckenmalereien und modernen Teppichen eine starke Farbigkeit, die ein Kennzeichen Seidlscher Inneneinrichtungen ist.

25 Bavariaring 10, Empfangszimmer (Bü. Bauk. S.268)

26 Empfangszimmer (Mü. Bauk. S..269)

27 Gesellschaftszimmer (Mü. Bauk. S.270)

Seidl mischte gerade bei diesem Bau „in unbefangenster Weise“[221] Stile aus unterschiedlichen Perioden miteinander. Dies galt auch für die Innenausstattung, wo antike Motive neben Renaissance- und Jugendstilmotiven standen.
Die römisch-antiken Räume seiner Wohnung und die Gartenanlage zeigten Übereinstimmungen mit der Villa Stuck, die sich der mit Seidl befreundete[222] Franz von Stuck etwa gleichzeitig errichtete.

Bei dem Mietwohnhaus Nr.11 (Abb.28), das er 1903 im Hinblick auf die benachbarte, neugotische St.Pauls Kirche in gotisierenden Jugendstilformen ausführte[223], wird der Bezug zur Umgebung ebenso deutlich. Seidl ging, wie auch bei der Nr.10, hinter die Baulinie zurück, damit der Ausblick auf die St.Pauls Kirche von der Theresienwiese aus nicht zu sehr beeinträchtigt wurde[224]. Ein starker Vertikalzug prägt dann auch die beiden Giebel des Eckhauses, der durch einen turmartigen Aufbau in der Mitte des Gebäudes noch verstärkt wird. In der zurückhaltenden grau-brauen Farbigkeit und plastischem Schmuck von Julius Seidler ging Seidl ebenfalls auf den neugotischen Kirchenbau ein.

Auch die Gestaltung des Kaiser-Ludwig-Platzes im Wiesenviertel wird durch zwei seiner Bauten entscheidend bestimmt. Der den Platz dominierende Bau des Theresien-Gymnasiums[225] (Abb.29) erhielt ab 1895 durch Seidl eine neubarocke, schloß-

28 Bavariaring 11 (BM, 8, 1910, S.61)

29 Theresiengymnasium (Mü. Bauk. S.108)

artige Fassade. Auch das südöstliche Nachbarhaus Kaiser-Ludwig-Platz 5[226] (Abb.30) errichtete Seidl 1895 in neubarocken Formen. Durch vergleichbare Gliederungselemente, wie Rustizierung des Erdgeschosses und Lisenen, wird bei beiden Putzbauten eine einheitliche Tonart angeschlagen. Quadratische Belvederetürmchen mit geschweiften Dächern und Steinbalustraden sind außerdem verbindende Elemente.

Auf die Gestaltung eines weiteren Platzes des Wiesenviertels nahm Seidl ebenfalls Einfluß. Die beiden Ecken des halbkreisförmigen Beethovenplatzes besetzen von ihm entworfene Bauten. 1896 errichtete er für den Kammersänger Franz Josef Brakl in neubarocken Formen ein Wohn- und Miethaus[227] an der Goethestraße 64 (Abb.102), dessen Ecksituation durch einen massiven Rundturm betont wird. Fünfzehn Jahre später erbaute er für Brakl, dessen „Moderne Kunsthandlung" inzwischen mehrfach erweitert wurde, ein Kunstausstellungsgebäude an der gegenüberliegenden Ecke am Beethovenplatz 1 .Dieses Ausstellungsgebäude war mit dem Wohnhaus Brakls[228] an der Lessingsstrasse 2, das Seidl bereits 1909-10 in barockisierenden Jugendstilformen errichtet hatte, durch einen Loggienbau verbunden. Das Wohnhaus (Abb.31) erinnerte mit seinen grünweißen Läden, dem grau-weißen Putz und hohem Schieferdach an Seidlsche Landhausbauten. Im Inneren hatten namhafte Künstler, die bei Brakl ausstellten und meist der Künstlervereinigung „Scholle" angehörten, das Haus durch Wandmalereiens und Bilder mitgestaltet. Die Jugendstilausstattung (Abb.89,96) wurde ebenfalls nach Entwürfen Seidls ausgeführt.

1912 fügte nun Seidl an dieses Wohnhaus einen Erweiterungsbau[229] (Abb.31) an, der sich bis zum Beethovenplatz erstreckte. Die schwierige Aufgabe, einen Ausstellungsbau auf dem spitzwinkeligen Grundstück unterzubringen, löste Seidl mit einem Grundriß in dreieckiger Form. Zum Beethovenplatz hin schließt das Gebäude mit

30 Kaiser-Ludwig-Platz 5 (Mü. Bauk. S.16)

einem abgerundeten Anbau ab, dessen Wandflächen durch hohe Fenster aufgelöst sind. Die Haupteingangsseite an der Goethestraße akzentuierte Seidl durch eine halbrunde Säulenvorhalle, die von segmentbogigen Erkerbauten flankiert wird. Ein hoher Glasaufsatz auf dem Dach belichtet die Ausstellungsräume von oben. Im Innern war das als modern gerühmte Kunsthaus durch einfarbige Wandbespannungen in unterschiedlichen Farben und schlichtes Mobiliar gestaltet (Abb.75,76).

Seidl verlieh dem Verkaufsgebäude, das in einem vornehmen Villenviertel lag, durch Elemente des Landhausbaus, wie Vorgarten, Erker und Altane sowie farbige Fensterläden und Spaliere, den Charakter eines Privathauses und paßte es damit der Umgebung an.

31 Galerie und Wohnhaus Brakl, Lessingstraße 2 (SdBZ, 23, 1913, S.357)

6.2. Wohnviertel an der Isar

Auch bei der Neubebauung von Wohngebieten an der Isar war Seidl beteiligt.
So war der Bebauungsplan des Ausstellungsgeländes von 1888, der im Zusammenhang mit seinem ersten größeren Architekturwerk stand, ein städtebaulich bedeutsames Projekt und zeigte Seidls städteplanerischen Fähigkeiten. Dieser Bebauungsplan[230] für das Gelände zwischen Zweibrücken- und Steinsdorfstraße wurde nach 1891 auch im wesentlichen verwirklicht. Seidl selbst gestaltete die Ecke gegenüber der Ludwigsbrücke mit neubarocken Miethausbauten[231], die durch Arkadenreihen im Erdgeschoß sowie einheitliche Gliederungselemente, wie Rustika und Pilaster, zusammengefaßt wurden (Abb.3, 4).

Unweit der Steinsdorfstraße trat er auch bei der Bebauung der Prinzregentenstraße mit zwei markanten Eckbauten auf.
Die Prinzregentenstraße war ab 1891 als vierte Monumentalstraße Münchens angelegt worden. Seidls Bruder Gabriel hatte mit der Errichtung des Bayerischen Nationalmuseums und anderer repräsentativer Wohnhausbauten[232] großen Anteil an der Gestaltung dieser Prachtstraße.
Am Anfang der Prinzregentenstraße setzte das vom Wiener Barock beeinflußte Mietwohnhaus (Abb.32) von 1892[233] durch einen kräftigen Eckturm mit Tambourkuppel und monumentale Pilaster- und Säulengliederung Akzente.
Schräg gegenüber dem Bayerischen Nationalmuseum an der Ecke Wagmüller-, Prinzregentenstraße prägte ab 1898 ein großzügiger Wohnhausbau in barockisierenden Jugendstilformen das Straßenbild (Abb.33). Seidl hatte das Eckhaus an das ein Jahr zuvor von ihm in gleichen Formen errichtete Wohnhaus Wagmüllerstraße 20[234] angeschlossen. Breite, mit Vasen und Skulpturen geschmückte Schweifgiebel und ein quadratischer Turmaufsatz an der Ecke bestimmten den Bau an der Prinzregentenstraße 26[235].
An der Widenmayerstraße 25[236] entstand 1911 ein herrschaftliches Mietwohnhaus in klassizistischen Jugendstilformen.

32 Prinzregentenstraße 12 (Mü. Bauk. S.19)

33 Prinzregentenstraße 26 (Mü.Bauk. S.130)

6.3 Lenbachplatz

An der Gestaltung des Lenbachplatzes, den Habel als die „qualitätvollste und repräsentativste städtebauliche Schöpfung Münchens in der Zeit des späten Historismus“[237] bezeichnet, war Seidl neben Thiersch, Dülfer und Gabriel Seidl maßgebend beteiligt.

34 Lenbachplatz 5, 6 (Der Profanbau, 1906, S.287)

35 Galerie Heinemann, Ausstellung (AR, 22, 1906, T.91)

Die 1903-05 entstandenen Bauten der Galerie Heinemann[238] und der München und Aachener Feuer-Mobiliar-Versicherungs-Gesellschaft[239] bilden zusammen mit der 1901 errichteten Bayerischen Bank[240] den nördlichen Abschluß des Platzes (Abb.34). Seidl bezog sich bei der Gliederung der Fassaden auf die neubarocken Bauten des Bernheimer Hauses und der Bayerischen Bank. Außerdem war die Nähe des Wittelsbacherbrunnens, dessen optischen Hintergrund die Gebäude bilden, für die Gestaltung mitbestimmend. Seidl nahm bei dem Mittelbau, der Galerie Heinemann (Abb.107), die monumentale Pilastergliederung des bereits bestehenden Gebäudes der Bayerischen Bank auf. Durch Erhöhung des Daches und einen Stufengiebel betonte er die Mitte des gesamten Baublockes. Ein quadratischer Eckturm am Versicherungsgebäude (Abb.34) bildet ein markantes Gegengewicht zum Eckrisalit der Bayerischen Bank. Durchgehende Arkaden und Rustizierung des Erdgeschosses sowie Natursteinverblendung bei dem gesamten Baublock dienen der Vereinheitlichung. Seidl ließ zwar historistische Elemente anklingen, aber er stilisierte sie und vermischte sie mit Jugendstilformen. Farbige Akzente wurden durch schwarze Mosaiken als Hintergrund für die Skulpturen am Heinemann-Haus und hellblauer Grund am Nebengebäude sowie goldene Steinnägel[241] gesetzt.

Das Innere[242] der Galerie Heinemann (Abb.35) gestaltete Seidl schlicht mit verschiedenfarbigen Stoffbespannungen und stuckierten weißen Decken. „Weder durch nebensächliches Beiwerk, noch durch überladene pomphafte Raumarchitektur wird hier die Aufmerksamkeit des Besuchers von den ausgestellten Kunstwerken abge-

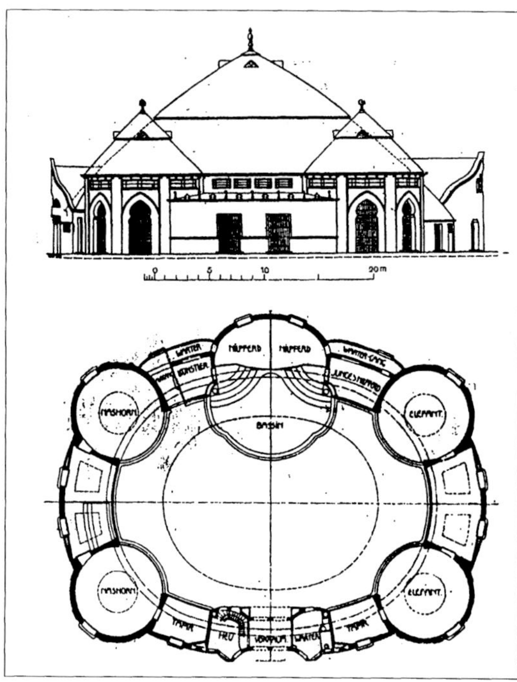

36 Hellabrunn, Dickhäuterhaus
(ZB, 1916, S.519)

lenkt"[243]. Ein Oberlichtsaal im Rückgebäude ermöglichte die optimale Belichtung von Kunstwerken.
Die in den oberen Stockwerken untergebrachten Wohnungen waren in beiden Gebäuden durch Personenaufzüge bequem zu erreichen.
Mit diesen Bauten, die von zeitgenössischen Publikationen sehr gelobt wurden, manifestierte Seidl seinen Ruf als neuzeitlicher Architekt. Vor allem die Fassadengestaltung der Galerie Heinemann entsprach dem modernen Bauen. Die Wandfläche wurde durch die Monumentalgliederung aufgelöst und bei der Fenstergestaltung das Funktionale betont.

6.4. Schwabing

Unausgeführtes Projekt sollte ein Entwurf für eine Wohnanlage der Terrain-Aktien-Gesellschaft Schwabing zwischen Isolden- und Leopoldstraße[244] um 1900 bleiben. Seidl plante eine Anlage von fünf Gebäudekomplexen rund um den Parzivalplatz. Er sah nach englischem Vorbild eine abwechslungsreiche Gruppierung mit zurückgesetzten Bauteilen und der Anlage von Terrassen vor. Nachdem der Magistrat eine Änderung des bestehenden Baulinienplanes ablehnte, wurde das Projekt 1901 nicht weiterverfolgt.

6.5. Tierpark Hellabrunn

Nicht nur städtebaulich bemerkenswerte Bauten schuf Seidl, sondern er wurde 1910 auch mit der Gestaltung der Gesamtanlage des Tierparks Hellabrunn beauftragt[245]. Parkanlage, Tiergehege und Unterkunftsbauten des Tierparks Hellabrunn gehen auf seine Entwürfe zurück. Er brachte für diese Aufgabe ideale Voraussetzungen mit, da er sich in Verbindung mit Landhäusern auch mit Gartenarchitektur befaßt und sich auf diesem Gebiet einen Namen gemacht hatte.
Mit dem Münchener Tierpark, der im Verhältnis zu anderen zoologischen Gärten relativ spät entstand, hat Seidl erstmalig auf vorbildliche Art den von Hagenbeck

37 Hellabrunn, Löwenterrasse (DKu, 28, 1913, S.19)

38 Hellabrunn, Waldrestaurant (DKu, 28, 1913, S.1)

entwickelten Tiergartentyp aufgegriffen. Die Lage des Geländes in den Isarauen zwischen Thalkirchen und Harlaching kam der Idealvorstellung Hagenbecks entgegen. Seidl gestaltete den von der Isar im Westen begrenzten Naturgarten, der vom Harlachinger Mühlbach durchflossen wird, durch Wege, Plätze, Terrassen und künstliche Felsanlagen. Der alte Baumbestand und freie Wiesen blieben vor allem im westlichen Bereich größtenteils erhalten. Die Zooanlage machte somit den Eindruck einer natürlichen Parklandschaft mit Wald, Wiesen, Teichen und Wasserläufen und wurde zu einem „Musterbeispiel des modernen Zoologischen Gartens“[246].
Der Haupteingang an der Thalkirchener Brücke umfaßt zwei in den Farben weiß und grün gestrichene Pavillonbauten. Die Torpfeiler schmückten[247] farbige Papageienfiguren der Nymphenburger Porzellanmanufaktur, wie sie Seidl noch häufiger verwendete[248].
Die Tierbauten waren als stroh- oder schindelgedeckte Hütten oder Pavillons in Holzkonstruktionen funktionsgerecht errichtet. Durch gewölbte Dachformen erhielten sie eine heitere Note.
Nur Raubtierhaus mit Löwenterrasse und Dickhäuterhaus fielen aus dieser funktionalen Bauweise heraus. Das Raubtierhaus von 1911 war als länglicher Holzbau konzipiert, an den sich ein dreiteiliges Freigehege (Abb.37) anschloß. Den mittleren Teil

des Freigeheges, die Löwenterrasse, legte Seidl als steinerne Ruinenarchitektur mit antikisierenden Säulen an. Flankiert wird diese „Tempelruine" von oktogonalen, von Rundpfeilern gestützten, Gitterkäfigen. Bei dieser Anlage dominierte wohl eher die dekorative Gestaltung als die Funktionalität[249] von Tierbauten.

39 Mädchenschule Murnau (Schloßmuseum Murnau, Reiser)

Das 1914 gebaute Dickhäuterhaus[250] ist als orientalisch-barockisierender Zentralbau über ovalem Grundriß erstellt (Abb. 36). Vier runde Pavillons mit Ringpultdächern umgeben das Oval des Hauptraumes, den eine Stahlbetonkuppel überwölbt. Türöffnungen in Form von maurischen Bogen und ägyptische Säulen sollten an die Herkunft der Tiere erinnern.

Im Waldrestaurant[251] (Abb.38) besaßen die Besucher durch die erhöhte Lage einen freien Blick auf das Zoogelände. Das Restaurant war als ovaler Saalbau mit Wirtschaftsanbau errichtet. Ein von Säulen gestützter Wandelgang umzog das Oval. Dachform und Grundriß nahm die Formen des Dickhäuterhauses auf. Seidl brachte bei der Form und Farbgebung Gestaltungselemente des Hauptrestaurants der Münchener Ausstellung von 1908 in diesen Bau ein.
Gebirgstiere, Hirsche, Eisbären und Seelöwen wurden in Anlehnung an die natürliche Umgebung der Tiere in künstlichen Felsanlagen untergebracht.

Seidl, der keine Erfahrung in der Errichtung von derartigen Tierbauten hatte, schuf eine musterhafte, zoologische Anlage. Das orientalische Dickhäuterhaus steht jedenfalls heute noch als dominantes Gebäude im Tierpark. Seidls Fähigkeit, Natur und Architektur in Einklang zu bringen, kam hier in ausgezeichneter Weise zum Zuge.

6.6. Murnau

Nicht nur in München nahm Seidl Einfluß auf das Ortsbild, sondern auch in seinem zweiten Heimatort Murnau. Dort wurde ab 1906 nach seinen Plänen die Hauptstraße durch Fassadenmalereien neu gestalte[252]. Zusammen mit seinen Künstlerfreunden, wie Hengeler, Spiegel, Mayr-Graz, Stockmann etc., wurden die Fassaden durch dekorative Malereien, farbige Fassungen des Holzwerkes und Anbringen von Handwerkszeichen im Sinne einer malerischen Gesamtwirkung erneuert.

Die durch ihre erhöhte Lage über dem Ort weithin sichtbare Mädchenschule (Abb.39) mit Lehrerinnenheim (heute Grundschule) ist ebenfalls ein Werk Seidls. 1909-11 errichtete er das dreigeschossige Schulgebäude[253] als L-förmigen Bau nahe der St. Nikolaus Kirche. Gestaffelte Dachhöhen und spitzgiebelige Zwerchhäuschen gliedern den barockisierenden Jugendstilbau.
Das für Murnau geplante Krankenhaus[254], dessen Pläne Seidl 1912-13 erstellte, kam wegen Ausbruch des Krieges nicht zur Ausführung.
Weiterhin wurde das Ortsbild durch zahlreiche Villenbauten Seidls bereichert. Der seine eigene Villa umgebende Park, der heute öffentlich zugänglich ist, ist immer noch ein Schmuck des Ortes.

7. Sonstige Bauaufgaben

Seidl arbeitet bis zum Ausbruch des 1. Weltkriegs als Architekt. In den Jahren 1914-18 beschränkte sich seine Tätigkeit auf Wettbewerbsprojekte, Grabmalsentwürfe oder Kriegerdenkmäler[255]. In dem Jahr nach Kriegsende bis zu seinem Tod stellte er noch einige Bauten fertig (Kat.Nr.52 und Schloß Wolfsbrunn), aber Neubauten wurden in dieser Zeit nicht mehr entworfen.

7.1. Kurhäuser, Vereinshäuser

Einige größere Bauwerke, die auch städtebauliche Relevanz besitzen, sollen an dieser Stelle noch erwähnt werden.

In Nürnberg errichtete Seidl 1907-08 in der Johannisvorstadt das Vereinshaus für die Colleg-Gesellschaft[256]. Das schloßartige Gebäude (Abb.40,41), dem die Stuttgarter Solitude als Vorbild diente, bezog sich mit einem ovalen Kuppelbau auf die Ecksituation. Schräg angesetzte Flügel entsprachen der topographischen Lage und grenzten an der Parkseite eine geschweifte Terrasse mit breiter Freitreppe aus. Die Anlage mit dem zentralen Kuppelbau hatte Seidl in ähnlicher Weise gestaltet wie das etwa zeitgleich entworfene

40 Gesellschaftshaus „Colleg", Nürnberg (BlAK, 22,1909, T.92)

41 Gesellschaftshaus „Colleg", Nürnberg, Anfahrtsseite (BM, 8, 1910, S.64)

42 Kurhaus Bad Kreuznach (DBH, 1914, S.385)

Hauptrestaurant der Ausstellung „München 1908" (Abb.7,8). Die Gliederung durch Louis-Seize-Formen entsprach dem Wunsch der Bauherren, die den Stil des Vorgängerbaus beibehalten wollten.

Für einen Wettbewerbsentwurf für die Festhalle in Hannover[257] wandelte Seidl 1911 die Anlage mit Rundbau nochmals in monumentalisierter Form ab (Abb.108).

1911 beteiligte sich Seidl an einem Wettbewerb für das Kurhaus in Karlsbad und erhielt einen zweiten Preis[258]. Gleichzeitig vollendete er in Bad Tölz das Kurhaus nach Plänen seines Bruders Gabriel[259].

1911-12 erstellte er das Kurhaus in Bad Kreuznach[260] als großzügige Vierflügelanlage mit Innenhof, deren Hauptschauseite zum Park orientiert ist (Abb.42). Ein vorgewölbter, überhöhter Mittelrisalit mit Flügelbauten und Pavillons mit Zeltdächern charakterisieren die Parkseite. Die Wandflächen des Risalits werden durch monumentale Säulen, hinter denen offene Loggien liegen, aufgelöst. Eine ebenfalls durch Säulen gegliederte, erdgeschossige Loggia ist dieser Seite vorgeblendet. Der Bau ist nach der Art Seidlscher Landhäuser durch die helle Farbe des Putzes und durch das Grün der Fensterläden bestimmt.

44 Schloß Wolfsbrunn, Anfahrtsseite (ID, 32, 1921, S.7)

Im Inneren[261] des in technischer Hinsicht fortschrittlichen Gebäudes, liegt im Risalit die großzügige Halle, um die sich Speisesaal und Restaurant gruppieren. Auch bei dieser vom barocken Schloßbau inspirierten Anlage bezog sich Seidl innen wie außen wieder auf das Hauptrestaurant der Ausstellung von 1908. Gleichzeitig steht das Gebäude mit seinen Großformen aber auch in der Tradition der monumentalen Palasthotels[262]. Diese Baugattung orientierte sich als Kulisse der gesellschaftlichen Selbstdarstellung ebenfalls am Palast- bzw. Schloßbau. Als Kurhotel bewahrte der Bau bis heute sein repräsentatives Aussehen,

7.2. Schlösser

Eine andere Bauaufgabe, bei der sich Seidl einen Namen gemacht hatte, war der Schloßbau. Die Schlösser lassen sich oft nur schwer von schloßartigen Villen, die in den nächsten Kapiteln behandelt werden, abgrenzen.

Bereits in den neunziger Jahren bekam er Aufträge für Schloßumbauten. 1891/92, baute er für den Grafen Dürckheim-Montmartin Schloß Fröschwiller im Elsaß[263] um. 1893 gestaltete er mit seinem Bruder das Sengerschloß in Tegernsee um und arbeitete gleichzeitig am Neubau des Schlosses Ramholz mit[264].
1898 veränderte er für Graf August von Bismarck das barocke Schloß Lilienhof bei Ihringen[265] und stattete es im Inneren neu aus.
Für die Fürsten von Hohenzollern erfolgte 1900-1906 ebenfalls ein Umbau auf Schloß Sigmaringen[266]. Seidl fügte Erweiterungsbauten an und erneuerte die neugotische Haube des Hauptturmes. Daß das Schloß heute in seiner Vielfalt so geschlossen wirkt, ist die Leistung Emanuel Seidls[267]. Im Inneren gestaltete er die Eingangshalle und die Portugiesische Galerie neu.

45 Schloß Wolfsbrunn, Gartenseite (ID, 32, 1921, S.6)

46 Schloß Wolfsbrunn, Speisesaal (Foto um 1918)

Ein anderer adliger Bauherr, Graf von Bodman, ließ 1907-09 an seinem Schloß in Bodman am Bodensee nach Seidls Entwürfen Umbaumaßnahmen durchführen[268]. Süd- und Ostflügel sowie Veränderungen an der Ostseite gehen auf Seidl zurück.

Komplette Schloßneubauten stellte Seidl dagegen nur für nichtadelige Besitzer her. So baute er 1906-08 für den Kommerzienrat Hugo Oppenheim bei Soldin (Polen) Schloß Rehnitz als großzügige Schloßanlage[269] mit Herrenhaus, Wirtschaftsbau (Abb.43) und Park.
Das barockisierende Herrenhaus war als zweiflügeliger Bau über stumpfwinkeligem Grundriß errichtet. Schweifgiebel, im Winkel eingestellter Rundturm und Säulenvorhalle kennzeichnen die Anfahrtsseite. Die Gartenseite mit vorgelegten Terrassen akzentuiert ebenfalls ein Tur mit geschweifter Haube. Das Innere stattete Seidl in barocken und biedermeierlichen Formen aus, die er mit Jugendstilelementen mischte.

Ein anderes großzügiges Schloß, Schloß Wolfsbrunn (Abb.44-47) im Erzgebirge[270], führte er für den Montanindustriellen Dr. Georg Wolf aus. Die 1911 begonnene Gesamtanlage, die vor allem hinsichtlich der Innenausstattung zu den prächtigsten und reichsten Privatbauten Seidls gehörte, wurde aufgrund seines Todes nicht ganz vollendet[271], da der geplante Torbau nicht zur Ausführung kam. Das Ensemble ist auch heute noch samt Innenausstattung nahezu ursprünglich erhalten.
Das Herrenhaus über L-förmigem Grundriß liegt auf einer Anhöhe mit weitem Panoramablick. Hohe Dächer mit gestaffelten Firsten, ein barock geschwungener, eingestellter Turm und ein erdgeschossiger Anbau mit „Salettl“ charakterisieren den

geschlossenen Baukörper. Eine heitere Farbigkeit wird vor allem durch die Verwendung unterschiedlicher Materialien erreicht: weißer Putz, hellrosa sächsischer Porphyr, graues Schieferdach und grüne Fensterläden. An der Eingangsvorhalle wird diese Farbigkeit durch violette und grüne Kacheln ergänzt.
Im Inneren nehmen die Repräsentationsräume, wie zweigeschossige Halle, Musiksaal, Salon, Speisesaal mit angrenzendem Freisitz und Herrenzimmer, das Erdgeschoß ein. Schlafzimmer liegen im Obergeschoß und Gästezimmer im Dachgeschoß. Die Wirtschaftsräume[272] sind im Südwestflügel untergebracht.
Seidl gestaltete das Innere in Zusammenarbeit mit Künstlern und Kunsthandwerkern farbenprächtig in gotischen, barocken und Louis-Seize Formen, die mit Jugendstilelementen vermischt wurden. Den blau-goldenen Musiksaal (Abb.47) ziert ein Deckengemälde von Julius Diez, das Diana am nächtlichen Himmel darstellt. Ludwig Herterich malte ein monumentales Wandbild mit einem Festmahl (Abb.46) für den Speisesaal und Fritz Erlers Kriegs- und Arbeitszyklus[273] ist in die Wandvertäfelung des Herrenzimmers eingepaßt. Farbige Akzente setzten außerdem Keramikarbeiten der Nymphenburger Porzellanmanufaktur nach Entwürfen Josef Wackerles. Als weitere Mitwirkende werden Hengeler, Rieth, Obermayer, Naager, Wrba und Jank genannt[274].
Im Außenbereich und im Park bildeten Skulpturen von Julius Seidler[275] und der Wolfsbrunnen von Fritz Behn den Schmuck.

Seidl hatte hier zusammen mit seinen Künstlerfreunden zum letzten Mal einen Bau als Gesamtkunstwerk vollenden können. Das Unternehmen wurde durch den Krieg bis 1919 verzögert. Stil und Ausstattung, die in dieser Art erstmals auf der Ausstellung „München 1908“ von Seidl gezeigt wurden, muten zehn Jahre später eher anachronistisch an.

47 Schloß Wolfsbrunn, Musiksaal (ID, 32, 1921, S,109)

8. Anmerkungen

1 Familienbogen, StAM
2 Hofmann, A.: Emanuel von Seidl, in: DBZ, 54, 1920, S.6
3 Engels, Eduard, Gabriel v. Seidl, in: Velhagen & Klasings Monatshefte, 27, II.Bd., 1902/03, S.201; Die Prinzregentenzeit, Ausstellungskatalog, München 1989, S.125
4 Zils, W.: Geistiges und künstlerisches München, 1913, S.330; Engels, 1902/03, S.201
5 Ostini, DKu, 16, 1907, S.97
6 Engels, 1902/03, S.202; Bößl, H.: Gabriel von Seidl, Diss. München 1962, S.31
7 E. Seidl: Das Haus Hugo Schöller in Düren, in: DKD, 37, 1915/16, S.52
8 Seidl, in: Zils, 1913, S.330
9 Seidl, 1919, S.1
10 Fester, August, Die Seidl-Kegelbahn, München 1920; Die Prinzregentenzeit, Katalog, 1989, S.54; Schumacher, F.: Stufen des Lebens, Stuttgart/Berlin 1935, S.143
11 Bößl, 1962; Thieme-Becker, Künstlerlexikon, 30, 1936, S.458
12 Die Prinzregentenzeit, Katalog, 1989, S.119, in zweiter Ehe war sie mit dem Kunstmaler Konrad Reinherz verheiratet
13 Seidl, in: Zils, 1913, S.330; Studentenakte TU München nicht auffindbar
14 Wolf, G. J.: Zu Emanuel von Seidls Gedächtnis, in: München-Augsburger Abendzeitung, 8.1.1920, S.1
15 Seidl, in: Zils, 1913, S.330
16 Wolf, München-Augsburger Abendzeitung, 8.1.1920, S.1
17 Thieme-Becker, Künstlerlexikon, 30, 1936, S.458; Ostini, F.: Emanuel Seidl-München, in: DKu, 16, 1907, S.97
18 Ostini, 1907, S.97
19 Im Münchener Adreßbuch bis 1898 vertreten
20 Maximiliansplatz 6, RG, Münchener Adreßbuch 1895
21 Seidl, 1915/16, S.52
22 Seidl, in: Zils, 1913, S.332; frdl. Hinweis von Baron Schrenck-Notzing, Enkel des Bauherrn
23 Chronik der Deutsch-Nationalen Kunstgewerbe-Ausstellung in München 1888, München 1888, S.15ff
24 Gmelin, L.: Die Deutsch-Nationale Kunstgewerbe-Ausstellung in München, in: DBZ, 22, 1888, S.282ff
25 Hofmann, DBZ, 54, 1920, S.7
26 Seidl, 1915/16, S.52
27 Nerdinger, W.: Friedrich von Thiersch - der Architekt, in: Friedrich von Thiersch, München 1977, S.18;
28 Gurlitt, C., Geschichte des Barockstils in Italien, 1887; Geschichte des Barockstils in Belgien, Holland, Frankreich und England, 1888; Geschichte des Barockstils in Deutschland, 1889
29 Nerdinger, Thiersch, 1977, S.18
30 Götz, N.: Die traditionellen Kräfte des Kunstgewerbes, in: Prinz/ Krauss, München-Musenstadt, 1988, S.236
31 StAM, Städt. Grundbesitz 1744
32 An Stelle der heutigen Steinsdorfstaße 22, Pläne, StAM, LBK 9367 und Städt. Grundbesitz 1744, Abb. AR, 11, 1895, 12. Heft
33 StAM, Städt. Grundbesitz 1744; Münchener Bürgerliche Baukunst der Gegenwart, S.18, T.10
34 Dehio, G., Handbuch der Deutschen Kunstdenkmäler, IV, München 1990, S.820
35 Münchener Bürgerliche Baukunst der Gegenwart, S.8
36 Klein, D., Martin Dülfer, München 1981, S.8
37 Catalogue of the German Exhibition, London 1891
38 Vgl. Dissertation über Schloß Ramholz von Christina Enders, die 1993 an der Universität Marburg erscheint
39 Vgl. Kapitel VI.2.
40 DKD, 35, 1914/15, S.45
41 Schlagintweit, F., Verliebtes Leben, München 1967, S.184
42 Seidl, 1919, S.1
43 Abb. DKD, 1898, S.44
44 DKD, 45, 1919/20, S.336
45 Schumacher,F.: Stufen des Lebens, Stuttgart 1935, S.143
46 Familien-Bogen, StAM
47 Starnberg, Weilheimer Straße 6; Schober, 1989, S.316
48 Schumacher, 1935, S.403
49 Nerdinger, W.: Richard Riemerschmid, 1982, S.15
50 Schumacher, F., Münchner Architekten, in: DK, 2, 1898, S.188
51 Klein, Dieter, Bürgerliches Bauen in der Prinzregentenzeit, in: Prinz/Krauss, München-Musenstadt, 1988, S.92
52 Neureuthstraße 23; Pläne, StaAM, Baupl. Tegernsee, 1893/42
53 Biehn, H.: Schloßbauten der Romanik in Hessen und der Historismus, 1975, S.114
54 Dissertation von Christina Enders, 1993, Universität Marburg
55 Abb. Engels, 1902/03, S.200
56 Eine Abgrenzung der Tätigkeiten der beiden Architekten, ist durch die Archivalien nicht zu leisten, Hinweis Christina Enders
57 Klein, Dülfer, S.8, siehe Kapitel I.1.4
58 Korrespondenz, Archiv Schloß Ramholz, Hinweis Christina Enders
59 Pläne, StaAM, Plansammlg. 3255
60 ZB, 1916, S.508
61 DBZ, 45, 1918, S.49-52; ZB, 45, 1925,

S.217-222; BM, 23, 1925, S.41-43;
62 Familien-Bogen, StAM
63 Fuchs, G., Sturm und Drang, München 1936, S.246, 247
64 Abb. Münchener Bürgerliche Baukunst der Gegenwart, S.282-285
65 Abb. Münchener Bürgerliche Baukunst der Gegenwart, S.273-274
66 Bößl, 1962, S.61, nennt bei Gabriel Seidl um die siebzig Werke;
67 Schlagintweit, 1967, S.194
68 Das Freimaurersymbol eines Dreiecks findet sich als Bestandteil seines Wappens, Firmenzeichens oder auf Visitenkarten, vgl. Valmy, Marcel: Die Freimaurer, München 1988, S.12, 42; 1899 schmückte er die Villa (Kat.18) von Ernst Faber, der Freimaurer war (Hinweis Herr von Bary, Enkel Fabers), mit Freimaurersymbolen
69 4 Bände, Bayer. Staatsbibliothek München, cgm 7927
70 Seidl kannte Maria Luberich seit 23 Jahren, Brief an Ludwig Ganghofer, undatiert, Stadtbibliothek München, Nachl. Ganghofer
71 12.4.1916, Maria Luberich geb. 1871, StAM, Familien-Bogen; gestorben 10.8.1935 in Murnau, StaAM, Nachlaß, AG Mü NR, 1919/3321,
72 Wolf, 1920, S.1
73 Fuchs, 1936, S.249
74 Nachruf München-Augsburger Abendzeitung, 28.12.1919
75 Seidl, in: Das geistige Deutschland, 1898, S. 647; eine Lehrtätigkeit Seidls konnte nicht nachgewiesen werden
76 StAM, Familien-Bogen
77 StAM, Familien-Bogen
78 Steinlein, Nachruf, SdBZ, 30, 1920, S.8
79 StAM, Familien-Bogen, Auflistung der Orden
80 Mutter Seidls war geborene Sedlmayr; Martin, Rudolf: Jahrbuch des Vermögens und Einkommens der Millionäre in Bayern, Berlin 1914, S.16,17
81 über die Familie Sedlmayr mit den Millers verwandt; Martin, 1914, S.45
82 Seine Schwester Therese war mit Christian Roeckl verheiratet; Martin, 1914, S.65
83 Früher Marsstraße 17
84 Villa Lautenbacher, Kat.Nr.35, Villa Sedlmayr, Kat.Nr.25
85 Wohnung für Wilhelm von Miller, s. Münchener Bürgerliche Baukunst der Gegenwart, S.265, Villa in Garmisch-Partenkirchen, Kat.Nr.15
86 Doppelhaus, 1911; Pläne, StAM, LBK 19370; Habel/ Himen, Denkmäler, 1985, S.304
87 Martin, 1914, S.62
88 Martin, 1914, S.47
89 Martin, 1914, S.123, 145
90 Für die Villa Rath, Bonn, Kat.Nr.43, ist die Architektenrechnung erhalten, Seidl erhielt 5,28 % von der Bausumme als Honorar, zudem war er prozentual auch an den Handwerkerrechnungen beteiligt, sein Honorar belief sich bei diesem Haus auf 22.000.- Mark, Stadtarchiv Bonn, Alt-Bonn 343, Bd.1
91 Die Firma hatte ihren Sitz zunächst in der Marsstraße 28 und ab 1898 am Bavariaring 10, wie aus Briefköpfen und Stempeln hervorgeht
92 STAM
93 Winthirstraße 29, 1892; Winthirstraße 25, 1896; Maximiliansplatz 14, 1910; Rochusberg 4, 1910, StAM, Steuerbogen, Familien-Bogen
94 Bavariaring 10, 11, StAM, Städt. Grundbesitz 1574/2
95 BM, 3, 1904/05, T.11; Habel, u.a., Münchener Fassaden, 1974, S.316; Habel/ Himen, Denkmäler, 1985, S.285
96 Schuster, Peter-Klaus, München - die Kunststadt, in: Prinz/Krauss, München Musenstadt, 1988, S.229
97 Ostini, F., Die Münchner „Allotria", in: Allotria, Ein halbes Jahrhundert Münchner Kulturgeschichte, München 1959 S.12
98 Schleich, E., Das Münchner Stadtbild und die Künstler der Allotria, in: Allotria, 1959,S.75; auch Anton Seidl war Mitglied
99 Wolf, Georg Jacob, Münchner Künstlerfeste, München 1925, S.139
100 Sälzle,K.: Die Musiker der Allotria, in: Allotria, 1959, S.206
101 1899, Habel, u.a., Münchener Fassaden, 1974, S.280
102 1892, Schliersee, Xaver-Terofal-Platz 2; Neu/ Liedke, Denkmäler in Bayern, 1986, S.394; Kratzsch, K., Denkmäler in Bayern, Bd. I, 15, Landkreis Miesbach, München 1987,S.342f
103 Ammerland a.Starnberger See, Südl. Seestraße 29; Dehio, 1990, S.40
104 Gottwald, J., 100 Jahre Orchesterverein, Festschrift 1980
105 Schlagintweit, 1967, S.97
106 s. Kapitel „Künstlerfeste", I.5.2.2
107 Sailer, Anton, Das Münchener Künstlerhaus und der Künstlerhausverein, München 1959
108 Roth, Hermann, Das Münchener Künstlerhaus und der Künstlerhausverein, 1900-1938, München 1938, S.9
109 Gebhard, H., Wohnungbau zwischen Heimatschutz und neuer Sachlichkeit, in: Bayer. Landesamt für Denkmalpflege (Hrsg.), Bauen in München 1890-1950, München 1980, S.67
110 Andersen, A./Falter, R., „Lebensreform" und „Heimatschutz", in: Prinz/Krauss,

München-Musenstadt, 1988, S.297
111 Andersen/Falter, 1988, S.297
112 SdBZ, 26, 1916, S.102
113 Groeschl, J., Bemalung in Murnau, in: Volkskunst und Volkskunde, 7, 1909, S.63
114 StAM, LBK 1608, Haus Brienner Straße 28
115 1890 beim Bau der St. Marien- Anstalt in Neuhausen als Firma auftretend, Briefbögen der Firma Seidl & Steinbeis; SdBZ, 23, 1913, S.358, erwähnt das „Baugeschäft Seidl & Steinbeis“
116 Steinbeis erbaute 1910/12 die Zahnradbahn auf den Wendelstein, er war Besitzer des freien Gutes Brannenburg/Obb. und saß in mehreren Aufsichtsräten, s. Hesselmann, 1985, S.278
117 Gästebücher, Bd. 3, Bayer. Staatsbibliothek München, cgm 7927
118 Münchener Bürgerliche Baukunst der Gegenwart, S.139
119 StAM, LBK 16098; Pinagl arbeitet 1905 noch an Villa Lautenbacher mit
120 Erstmals nachweisbar Romanstraße 23, 1906, StAM, LBK 16098
121 Buller, Hedwig, geb. Höfler, Die Geschichte unseres Hauses in Bad Tölz, in: Kur-Journal, 7, Bad Tölz/Benediktbeuern 1990, S.17
122 StAM, LBK 1604, Brienner Straße 19; Schmidt unterschreibt im Januar 1920 unter Seidls Stempel
123 Villa Pschorr, StAM LBK 6665
124 BM, 1925, S.43
125 Kurhaus Bad Kreuznach, ID, 25, 1914, S.214; Wettbewerb für Deutsche Lebensversicherungsbank „Arminia“, SdBZ, 24, 1914, S.149
126 Villa Hertle, Villa Feuchtmayr
127 Bavariaring 11, Haus Rath, Bonn; Haus Giesecke, Bad Harzburg; Schloß Wolfsbrunn, Erzgebirge; Villa Knorr, Garmisch
128 Ausstellung München 1908; Villa Rath, Bonn; Schloß Wolfsbrunn, Erzgebirge
129 Ausstellung „München 1908“; Weltausstellung Brüssel; Haus Siegle; Villa Seidl; Haus Schoeller, Düren; Schloß Wolfsbrunn, Erzgebirge; Haus Prym, Stolberg;
130 Ausstellung „München 1908“, Brüssel 1910, Schloß Wolfsbrunn u.a.
131 „München 1908“, Brüssel 1910, Villa Brakl, München, Schloß Wolfsbrunn, s. Eigler, Gerd: Das Schloß Wolfsbrunn in Stein, Halle 1991
132 Günther, Sonja: Interieurs um 1900, München 19713S.10, 21ff
133 Archiv der „Vereinigten Werkstätten“, Künstlerkartei
134 Lenbachplatz 5,6; bei Ausstellungen „München 1908“, Brüssel 1910; Haus Rath, Bonn; Haus Brakl Beethovenplatz 1, München
135 Ausstellungen, Haus Rath, Haus Prym, Schloß Wolfsbrunn
136 Stadtarchiv Bonn, Alt-Bonn 343, Bd.1
137 Murnauer Gästebücher, Bayer. Staatsbibliothek München, cgm 7927
138 Buller, S.17
139 Stadtarchiv Bonn, Alt-Bonn 343, Bd.1
140 Buller, 1916, S.17
141 SdBZ, 23, 1913, S.125, 126
142 SdBZ, 24, 1914, S.127
143 Buller, S.17
144 Vgl. Stadtarchiv Bonn, Alt-Bonn, 343, Bd.1, Reisekostenabrechnung
145 DBH, 5, 1901, S.217
146 Waetzoldt, Bibiographie, 8, 1977, S.199
147 BM, 3, 1904/05, S.17
148 Klein, Dülfer, S.9
149 German Exhibition, Catalogue, London 1891
150 ZB, 12, 1892, S.431f.
151 DKD, 45, 1919/20, S.336; ZB, 1920, S.43
152 Schlagintweit, 1967, S.105
153 StAM, Städt. Grundbesitz 1744, Schreiben Seidls an von Borscht
154 München-Neuhausen, Romanstraße 12, die Anlage wurde 1890-91 von Seidl erbaut, AR, 10, 1894, T.76; Lipp, Joseph, Die Vorstadt Neuhausen, München 1909, S.39,40; Habel/ Himen, Denkmäler, 1985, S.274
155 Katalog der Ausstellung, München 1897, 5.Aufl.
156 Götz, in: Prinz/Krauss, München-Musenstadt, 1988, S.239
157 Katalog der Ausstellung, München 1897, 5.Aufl., S.9,10
158 Katalog der Ausstellung, München 1898, 2.Aufl.
159 Fuchs, G., Angewandte Kunst im Glaspalast 1898, DKD, 3, 1898, S.21ff; ID, 11, 1900, S.180; SdBZ, 8, 1898, S.372
160 DBZ, 35, 1901, S.105, Abb. S.117, 121
161 DKD, 6, 1900, S.467; Abb. DBZ, 35, 1901, S.113
162 SdBZ, 10, 1900, S.296
163 Offizieller Katalog der Ausstellung, München 1901, S.9,10
164 DBH, 5, 1901, S.217
165 Weltausstellung in St. Louis 1904, Amtl. Katalog der Ausstellung des Deutschen Reiches, Berlin 1904, S.409, 411
166 SdBZ, 14, 1904, S.424; Klein, Dülfer, S.12
167 ZB, 1920, S.43; DKD, 45, S.336
168 ID, 17, 1906, S.247
169 DBZ, 41, 1907, Abb. S.17, S.20
170 Vom Ausstellungspark zum internationalen Messeplatz 1904-1984, München 1984, S.19; DBZ, 41, 1907, S.17; DBZ, 42, 1908, S.397
171 DBZ, 41, 1907, S.17, 20
172 KuHa, 58, 1908, S.289ff; DBH, 12, 1908, S.326ff; SdBZ, 18, 1908, S.237ff; DKD, 16, 1908, S.425ff; ID, 19, 1908, S.299ff.

173 Amtlicher Führer durch die Ausstellung „München 1908“, S.100
174 Hauptrestaurant und Künstlertheater wurden 1944 zerstört, Halle I, II, III sind erhalten
175 Ausführung Nymphenburger Porzellanfabrik, s. Die Ausstellung „München 1908“, Denkschrift, „München 1908“, S.14
176 Ausführung Fa. Urbanisch, s. Denkschrift, 1908, S.14
177 Michel, W., Das neue Geschäfts- und Ausstellungshaus von M.Ballin in München, ID, 21, 1910, S. 191ff, Abb. S.202, 203
178 ID, 17, 1909, S.419ff
179 RK, 1910, S.199ff; RK, 1911, S.2-10; KuHa, 61, 1910/11, S.113ff
180 Zell, F., Die Gebäudeanlagen der Deutschen Abteilung.., SdBZ, 20, 1910, S.209
181 ZB, 30, 1910, S.286
182 Der Bau wurde von den vereinigten Münchener Brauereien finanziert, ZB, 30, 1910, S.288
183 MBF, 9, 1910, S.301; Grundriß, ZB, 30, 1910, S.286
184 DK, 18, 1910, S.536
185 Brunnen mit dem Trinkenden, ZB, 30, 1910, S.287
186 SdBZ, 20, 1910, S.211
187 Ausführung Nymphenburger Porzellanmanufaktur, SdBZ, 20, 1910, S.211
188 AR, 1911, S.2
189 ID, 22, 1911, S.86, Abb. S.88,89; KuHa, 61, 1910/11, S.146ff
190 Entwürfe im Archiv der „Vereinigten Werkstätten“ München, Sig. 9266-9276
191 AR, 1911, S.6-8, T.7
192 DK, 20, 1912, S.185, Abb. S.186,188; Entwürfe Archiv der „Vereinigten Werkstätten“ München, Sig. 9840-45, 9812-18
193 DKD, 36, 1915, S.432, Abb. S.441; DK, 23, 1915, S.346
194 Bauer, Prinzregentenzeit, 1988, S.143
195 Schleich, Allotria, 1959, S.77
196 Wolf, Künstlerfeste, 1925, S.225, 226; Fuchs, 1936, S.247, 248
197 Fuchs, 1936, S.247
198 Wolf, Künstlerfeste, 1925, S.214; Sälzle, K., Das Leben im Fest, in: Allotria, 1959, S.171, 178
199 DKD, 8, 1901, S.537; Götz, in: Prinz/ Krauss, München- Musenstadt, 1988, S.238
200 Sälzle, 1959 S.195; Die Prinzregentenzeit, Katalog, 1989, S. 329
201 Bauer, Prinzregentenzeit,, 1988, S.144, 146
202 Bauer, Prinzregentenzeit, S.148, 151
203 Die Prinzregentenzeit, Katalog, 1989, S.59,60
204 Die Prinzregentenzeit, Katalog, 1989, S.488, 499, Abb. S.499
205 Männche, F., Die Festdekoration zur Jahrhundertfeier in Kelheim, SdBZ, 23, 1913, S.325-328
206 SdBZ, 27, 1917, S.117f
207 Festzeitung des 15. Deutschen Bundesschießens München 1906, München 1906, S.5 ff.; ID, 17, 1906, S.261ff; BM, 5, 1906/07, S.8ff; KuHa, 57, 1907, S.167ff; Sälzle, 1959 S.161-164
208 SdBZ, 15, 1905, S.188, 300
209 Bauer, Prinzregentenzeit, 1988, S. 146, 147
210 Nachbildung der Krumperschen Bavaria, SdBZ, 16, 1906, S.266
211 SdBZ, 19, 1909, S.314, Abb. S.314, 315
212 Sälze, 1959, S.161
213 Die Prinzregentenzeit, Katalog, 1989, S.204
214 Durch Kriegsbeschädigungen vor allem im Dachbereich stark verändert; farbige Fassadenbehandlung vgl. Palais Matuschka, Kat.Nr.12
215 StAM, LBK 1231
216 BlAK, 14, 1901, Text zu T.35-37
217 Früher Kleestraße
218 s.Pläne von 1897, StAM, LBK 1231
219 Bredt, E.W.: Emanuel Seidl und sein Wohn-Haus, in: ID, 11, 1900, S.171
220 Bredt, 1900, S.170
221 Hofmann, DBZ, 34, S.9
222 Gästebücher, Bayer. Staatsbibliothek München cgm 7927
223 BM, 8, 1910, S.62f, Abb. S.61 und T.41; Habel, u.a., Münchener Fassaden, 1974, S.276, Nr.56
224 StAM, Städt. Grundbesitz 1574/2
225 SdBZ, 7, 1897, S.97ff; Bayer. Architekten- und Ingenieur-Verein (Hrsg.): München und seine Bauten, München 1912, S.493; Dehio, IV, 1990, S.792
226 BM, 3, 1904, S.19; Habel/Himen, Denkmäler, 1985, S.224
227 BlAK, 10, 1897, T.86; Habel, u.a., Münchener Fassaden, 1974, S. 287; Habel/ Himen, Denkmäler, 1985, S.208; 1905 richtete Brakl dort seine „Moderne Kunsthandlung“ ein, für die Seidl 1912 ein weiteres Gebäude am Beethovenplatz erbaute, Münchner Illustrierte Zeitung, 3, 1910, S.8,9, Beschreibung der Innenräume
228 Heute im Dachbereich verändert; SdBZ, 20, 1910, S.273ff; DK, 18, 1910, S.358ff; DKD, 26, 1910, S.86ff; BM, 9, 1911, S.60; München 1912, S.410; Habel, u.a., Münchener Fassaden, 1974, S.20, 299, Nr.200; Habel/ Himen, Denkmäler, 1985, S.237
229 MBF, 12, 1913, S.461ff; SdBZ, 23, 1913, S.357ff; DK, 21, 1913, S.566ff; Der Profanbau, 1913, S.613f; DKD, 28, 1913/14, S.151; ZB, 34, 1914, S.2f; Habel, u.a., Münchener Fassaden, 1974, S.299; Habel/ Himen, Denkmäler, 1985, S.237
230 StAM, Städt. Grundbesitz 1744
231 Steinsdorfstraße 22 (früher 21), erbaut 1892, 1958 abgebrochen, Pläne, StAM, LBK

9367, Abb. AR, 11, 1895, T.96, 12.Heft; und Zweibrückenstraße 19, erbaut 1892, Habel/ Himen, Denkmäler, 1985, S.309
232 Prinzregentenstraße 24, 48,50
233 Prinzregentenstraße 12; AR, 10, 1894, 4.Heft, T.25; Pläne, StAM, LBK 7686; abgegangen
234 Zils, 1913, S.332; AR, 15, 1899, H.10, T.75; Habel, u.a., Münchener Fassaden, 1974, S.322, Nr.356; Habel/ Himen, Denkmäler, 1985, S.301; heute stark vereinfacht
235 AR, 26, 1910, T.67, H.9; Habel/ Himen, Denkmäler, 1985, S.269; heute stark vereinfacht, Giebel und Turmaufsatz entfernt
236 Pläne, StAM, LBK 19370
237 Münchener Fassaden, 1974, S.20
238 Für die Kunsthändler Theobald und Hermann Heinemann, Die Prinzregentenzeit, Katalog, 1989, S.297; Bayer. Architekten- und Ingenieur-Verein, München 1912, S.346; Pläne, StAM, LBK 19203; heute Giebel entfernt
239 Lenbachplatz 5,6, früher Maximiliansplatz 3,4; MBF, 4, 1905, S.120f; DBZ, 40, 1906, S.594ff; Bayer. Architekten- und Ingenieur-Verein, München 1912, S.347; Pläne, StAM, LBK 19204; heute verändert durch Fenstererneuerungen
240 Erbaut 1901 durch Albert Schmidt, DBZ, 40, 1906, S.567
241 Der Profanbau, 1906, S.288, 289
242 ID, 15, 1904, S.167ff
243 BM, 3, 1904/05, S.21
244 Die Prinzregentenzeit, Katalog, 1989, S. 210,211
245 Heinsdorff, Hellmut, Bauten und Anlagen Zoologischer Gärten, Diss. München 1968, Baugeschichte und Literaturhinweise, S.123; Habel/ Himen, Denkmäler, 1985, S.286; Roth, Hermann, Offizieller Führer, München 1912
246 Heinsdorff, 1968, S.133
247 SdBZ, 22, 1912, S.405; Kalkschmidt, E., Münchens Tierpark Hellabrunn, in: DKu, 28, 1913, S.8, Abb. S.1
248 Vgl. Weinrestaurant, Brüssel Weltausstellung 1910,
249 Heinsdorff, 1968, S.129f
250 ZB, 36, 1916, S.518-521, Abb.15,16,19; Heinsdorff, 1968, S.130; heute noch erhalten
251 SdBZ, 22, 1912, S.406; AR, 1915, S.31; ZB, 36, 1916, S.520; abgegangen
252 Zell, F., SdBZ, 17, 1907, S.193-197 und SdBZ, 20, 1910, S.145-149; Köhler, G., Volkskunst und Volkskunde, 9, 1911, S.63-75; Dehio, IV, 1990, S.842
253 Pläne, StaAM, LRA 5232, 5233
254 StaAM, LRA 5758
255 DKD, 36, 1915, S.70; KuHa, 66, 1915/16;
256 Ecke Bucher-, Archivstraße, abgegangen; BlAK, 22, 1909, S.33, T.88-92, BM, 8, 1910, S.63, Abb. S.62, 63, 64, 65, T.43,44; AR, H.8, 1909, T.58f
257 Deutsche Konkurrenzen, 25, S.1ff
258 Deutsche Konkurrenzen, 26, S.1ff, Abb. S.15f.; Der Architekt, 17, 1911, S.27, T.32
259 s. Kapitel I.2
260 Kurhausstraße 28, heute vereinfacht; Ruser, E./ Dellwing, H., Kunstdenkmäler in Rheinland-Pfalz, 5.1, Düsseldorf 1987; ZB, 36, 1916, S.508f.; DBH, 1914, S.384, 385
261 Inneres s. ID, 25, 1914, S.213ff,;
262 Schmitt, Michael: Palast-Hotels, Architektur und Anspruch eines Bautyps 1870-1920, Berlin 1982, S.116,117, Abb. 100
263 Fröschwiller bei Woerth; Zils, 1913, S.331; vermutlich war auch Gabriel Seidl an diesem Umbau beteiligt, s. Blumstein, Felix: Le Chateau de Froeschwiller, in: La Vie en Alsace, 1925, S.131
264 s. Kapitel I.2.
265 Bei Freiburg im Breisgau; SdBZ, 13, 1903, Das Schloß Lilienhof des Grafen August Bismarck, S.121ff, BM, 3, 1904/05, S.23
266 Merten, Klaus, Schlösser in Baden-Württemberg, München 1987, S.138, Abb. S.138-142; Kaufhold, W.,/Seigel, R., Schloss Sigmaringen, Stuttgart 1966
267 Merten, Schlösser, 1987, S.138
268 Berner, Herbert, Bodmann, Sigmaringen 1985, S.247
269 ID, 20, 1909, S.4 ff, mit Abb.; BM, 8, 1909/10, S.1-6, mit Abb.
270 Hartenstein, Ortsteil Stein, bei Zwickau; das Schloß ist innen und außen im Originalzustand erhalten; ID, 32, 1921, S.3ff, mit zahlr. Abb.; DKD, 45, 1919/20, Abb. S.339ff; Eigler, Gerd, Schloß Wolfsbrunn, 1991
271 Torbau im Südwesten wurde nicht errichtet, Abb. der Gesamtanlage, DKD, 43, 1918/19, S.58, Modell
272 Küche mit Kühlhaus und Speiseaufzug nahezu original erhalten, Küchenwände mit rosa changierenden Kacheln verkleidet
273 Schroeter, Christina: Fritz Erler, Hamburg 1992, S.262, „Landkrieg“, „Seekrieg“, „Bergbau“, „Maschinenbau“, „Ackerbau“
274 ID, 32, 1921, S.11
275 Wolf, Georg Jacob, Julius Seidler, München o.J., S.12ff

II. Villen und Landhäuser

1. Arbeitsmethode

Für diese Untersuchung, deren Schwerpunkte die Katalogisierung der Villen und die Erarbeitung bestimmter Haustypen bilden, wurden alle Villenbauten Seidls in der Zeit von 1887 bis 1919 herangezogen.
Die Vorarbeit zur Inventarisierung der Villen bestand in der Auffindung der genauen Adressen, da in Seidls eigenen Veröffentlichungen[1] zwar die meisten der Bauten mit Ort und Bauherrn erwähnt wurden, aber häufig keine Straßennamen genannt wurden. Adreßbücher, Stadt- und Heimatpfleger, Stadtarchive, Denkmalbehörden und ortshistorisch interessierte Privatleute halfen da oftmals weiter. Die Auswertung der umfangreichen, zeitgenössischen Veröffentlichungen über die Seidlschen Bauten[2] ergab bisweilen ebenfalls Hinweise auf die Adresse bzw. konnten anhand des Bildmaterials von zuständigen Stellen, wie Landratsämtern, Stadtbauämtern und Denkmalbehörden, Häuser identifiziert werden[3].

Planmaterial für einen Großteil der Villen fand sich im Staatsarchiv München (StaAM), im Münchener Stadtarchiv (StAM), in den Archiven der Stadt- und Landbauämter und in Privatbesitz. Fehlten die Originalbaupläne, wurde, falls vorhanden, auf spätere Umbaupläne zurückgegriffen. Baurechnungen und Korrespondenz waren nur in seltenen Fällen[4] auffindbar. Wertvolle Hinweise zur Baugeschichte und zum ursprünglichen Aussehen lieferten außer den zeitgenössischen Architekturzeitschriften, die Verwandten, meist die Enkel, der Bauherren und die derzeitigen Villenbesitzer.

2. Die Villa im 19. Jahrhundert

2.1. Begriffsdefinition der „Villa"

Mit dem Begriff „Villa" bezeichnet man seit der Antike das herrschaftliche Haus auf dem Lande meist als Zentrum eines landwirtschaftlichen Betriebes[5]. Der in der Stadt lebende Besitzer bewohnte die Villa nur während der Sommerzeit und „bei allem Gegensatz zur Stadt wird sie nicht verleugnen können, daß ihr Herr von dort kommt, daß er seine Urbanität in die Villa verpflanzt"[6]. Sie war ein Ort der Erholung und diente zugleich dem Rückzug in das Private.
Eine Vermittlerfunktion ins 19. Jahrhundert erfüllten sowohl hinsichtlich der Lebensform als auch des Haustypes die Villen im Veneto, besonders die Palladios. Dieser Villentypus wurde im 17. und 18. Jahrhundert in englischen Landsitz fortgeführt[7] und bildete ein Vorbild für die Villa des 19. Jahrhunderts.

Nach 1840 entwickelte sich aus den Landsitzen des Großbürgertums und Adels und den Gartenhäusern des Bürgertums am Stadtrand ein eigener Bautypus, der als „Villa" bezeichnet wurde[8]. Es handelte sich dabei um ein herrschaftliches, freistehendes Wohnhaus, das sowohl im vorstädtischen Bereich als auch auf dem Lande stehen

konnte[9] und dauernd oder auch nur zeitweise bewohnt war. Umgeben von einem parkähnlichen Garten, gehörten zum Wohnhaus noch Nebengebäude für Remise, Stallungen und Wohnräume für Bedienstete. Gewächs- und Teehäuser sowie kleine Pavillons besetzten die Gärten.
Gleichzeitig entstand im Zuge der englischen Cottage-Bewegung aus dem einfachen Cottage, dem kleinen Wohnhaus und dem einheimischen Bauernhaus ein weiterer Bautypus, das „Landhaus". Es stellte den Typ einer schlichten Villa auf dem Lande dar und war in der Regel nur als Sommerwohnsitz gedacht. Dieser Haustyp war im Vergleich zur Villa wesentlich schlichter und weniger aufwendig gestaltet.

In der vorliegenden Arbeit wurden entsprechend dem klassischen Begriff freistehende, von Gärten umgebene Villen in der Stadt, auf dem Lande oder in stadtnahen Vororten untersucht. Sie besaßen die Funktion eines Familienhauses und wurden somit auch nur von einer Familie bewohnt. Sogenannte Doppelvillen oder in die Häuserreihe eingebundene Familienhäuser wurden nicht in den Katalog aufgenommen.
Bei den Sommerwohnsitzen bildete sich ein Typus heraus, der sich aufgrund der Größe und Großzügigkeit nur schwer von Schlössern abgrenzen läßt. Ausgeklammert und in Kapitel I.7.2 vorgestellt werden die Schloßanlagen, die entweder aufgrund ihrer Vorgeschichte und adeligen Bauherren diese Bezeichnung verdienen oder Größendimensionen besitzen, die weit über die der übrigen Villen hinausgehen.

2.2. Die Villa als Bauaufgabe

Die zahlreichen Villenneubauten im 19. Jahrhundert belegen, daß der Villa als Bautyp um diese Zeit eine neue Bedeutung zukommt[10]. Bedingt durch eine gesellschaftliche Strukturveränderung wurde sie ab der Jahrhundermitte zur wichtigsten Bauaufgabe. So nahm „in der sozialen Hierarchie bürgerlicher Baukunst" die „Villa, das herrschaftliche Einzelwohnhaus, den ersten Platz ein"[11]. Veröffentlichungen der Architekten- und Ingenieurvereine und Bauzeitschriften räumten den Villenbauten breiten Raum ein und unterstreichen somit die Bedeutung des Bautypes.

Die Epoche der Gründerzeit war durch eine Emanzipation des reich gewordenen Bürgertums und eine Verbürgerlichung des Adels charakterisiert. Das emporstrebende Großbürgertum, bei dem es sich meist um Vertreter der Wirtschaft handelte, nahm sich Lebens- und Wohnstil sowie Bauformen des Adels zum Vorbild. „Hatte der Fabrikant früher ein relativ bescheidenes Haus unmittelbar neben dem Betrieb besessen, so bauten sich jetzt reich gewordene Wirtschaftsbürger prachtvolle Wohn- und Geschäftshäuser, die vielfach aristokratischem Vorbild entsprachen, oder erwarben gar ausgedehnte Ländereien mit feudalen Herrenhäusern. Repräsentative Villen, umgeben von großzügig angelegten Gärten oder Parkanlagen, entstanden an den Stadträndern"[12]. Auf der anderen Seite herrschten im privaten Leben der adeligen Kreise zunehmend bürgerliche Gewohnheiten[13] vor, wie das Leben am bayerischen Hofe unter Prinzregent Luitpold zeigt.
In diesem „Anpassungsprozess des Besitz- und Bildungsbürgertums an die alte feu-

dale Führungssschicht"[14], der politische und wirtschaftliche Hintergründe besaß, kam es zu einer Vereinheitlichung und auch Verschmelzung der beiden Schichten[15] und ihrer Lebensgewohnheiten.
Am Beispiel der Villa ist die sich wandelnde Lebensart des Adels und des Bürgertums gut zu erkennen. Die Bauaufgabe der Villa bildete ein Berührungsfeld für die Vorstellungen von bürgerlichem und adeligem Wohnen. In keinem anderen Bautyp fand diese Angleichung eine annähernd so klare Ausprägung[16].

Zu dem Wunsch nach standesgemäßem Wohnen und Selbstdarstellung einer bestimmten Schicht kam noch das Streben nach gehobenen Wohnkomfort und Bequemlichkeit. Diese Bequemlichkeit setzte die Entwicklung einer umfassenden Haustechnik voraus. Man wollte das Haus gleichmäßig heizen können, ohne durch die Anwesenheit von Bediensteten gestört zu werden[17]. Zentralheizungen durften deshalb in großbürgerlichen Villen nicht fehlen. Ebenso wurden die Häuser mit Elektrizität für Beleuchtung versehen. Außerdem erleichterten Speiseaufzüge, elektrische Klingeln und Haustelefon[18] den häuslichen Ablauf.
So fanden sich bei den meisten der Vorortvillen Seidls Zentralheizung und elektrische Beleuchtung. Nur bei ausgesprochnen Sommersitzen wurde auf Zentralheizung verzichtet, elektrische Beleuchtung dagegen war nahezu überall vorhanden[19]. Aber auch bei nur wenige Monate im Jahr bewohnten Sommervillen (Kat.Nr.40, 46) waren Heizungsanlagen eingebaut. Speiseaufzüge, die die bisweilen immer noch im Souterrain liegende Küche mit der Anrichte oder dem Frühstückszimmer im Obergeschoß verbanden, besaßen alle größeren Villen.
Auf englischen Einfluß zurückzuführen war das zunehmende Gesundheitsstreben[20] und ein neu erwachtes Naturbewußtsein des Bürgertums. In der Sehnsucht nach Ruhe, ländlicher Umgebung und gesunder Luft sowie dem Wunsch nach Befreiung von gesellschaftlichen Konventionen sah Muthesius wichtige Gründe für die zunehmende Errichtung von Landhäusern[21].
Mit den Reformen im Wohnhausbau ging ein verändertes Hygienebewußtsein des Bürgertums[22] einher. Bäder lagen nicht mehr im Keller, sondern in enger Verbindung zu den Schlafräumen. Bei Seidls eigener Landvilla in Murnau (Kat.Nr.24) nahm das geräumige Bad eine bevorzugte, nach Süden gerichtete Stelle ein. Andere Villen besaßen mehrere Bäder und zusätzlich auch Bäder für das Personal (Kat.Nr.37, 39, 47, 56). Waschgelegenheiten waren nicht nur in den Bädern, sondern auch im Boudoir oder den Garderoberäumen vorhanden.

2.3. Veränderungen des Villenbegriffs

Handelte es sich bei „Villen" Mitte des 19. Jahrhunderts noch vorwiegend um herrschaftliche, großbürgerliche Wohnhäuser, so wurden gegen Ende des Jahrhunderts auch kleinere, meist vorstädtische Häuser als „Villen" bezeichnet.
Gleichzeitig wurden in den Bauzeitschriften auch die Wohnhäuser in Villenvierteln oder Vororten als „Landhäuser" benannt[23], wie die Häuser an der Theresienwiese[24] (Kat.Nr.1-3) oder das Haus Feilitzsch (Kat.Nr.22) im Münchener Vorort Neuhausen[25].

Die Begriffe „Villa", „Landhaus", „Landsitz", „Haus" oder „Familienhaus" wurden synonym verwendet. So werden von Lasser in der Zeitschrift „Moderne Bauformen"[26] die Seidl-Häuser Krüzner (Kat.Nr.6), Maffei (Kat.Nr.26) und Bischoff (Kat.Nr.23) am Starnberger See als „Villen" betitelt. In den Bildunterschriften werden sie auf den gleichen Seiten mit „Landhaus" benannt.

Größe und aufwendige Baugestaltung rückte die „Villa" zugleich in die Nähe des Schloßbaus. Diestel sprach von „palastähnlichem Villenbau"[27] und Langenberger bezeichnete ein von Seidl erbautes Sommerhaus (Haus Sedlmayr Kat.Nr.24) in Tirol sowohl als „Jagdschlösschen" als auch als „Landhaus"[28]. Auch das von Seidl „Schloß Seeleiten" genannte Haus am Staffelsee[29], wird in der Bauzeitschrift „Der Baumeister"[30] als „Landhaus" beschrieben. Seidl selbst sprach in der Publikation über sein Landhaus in Murnau auch von „Herrenhaus"[31].
Die Begriffe der einzelnen Wohnhaustypen ließen sich also um die Jahrhundertwende nicht eindeutig abgrenzen. Begriffe wie auch Stile waren beliebig, auswechselbar geworden.

Um Unklarheiten zu vermeiden, soll im folgenden für das Stadthaus der Begriff „Villa" oder „Palais" gelten. Die Vororthäuser und Häuser auf dem Land sollen entsprechend der zeitgenössigen Literatur sowohl als „Villen" wie auch als „Landhäuser" bezeichnet werden.

3. Der Villen- und Landhausbegriff bei Seidl

Seidl selbst versah auf Bauplänen die meisten seiner Wohnhausbauten mit neutralen Bezeichnungen, wie „Haus", „Familienhaus", „Wohnhaus" oder „Einfamilienhaus". Die Villen bzw. Landhäuser Seidls lassen sich in Wohnhäuser in stadtnahen Vororten und in reine Sommerhäuser unterteilen. Die Vororthäuser waren das ganze Jahr bewohnt, die ländlichen Sommersitze mit wenigen Ausnahmen[32] nur während der Sommermonate. Ausgesprochene Stadtvillen in der Nähe der Innenstadt finden sich in Seidls Oeuvre nur wenige (Kat.Nr.7, 12, 31, 43).
Eine Unterscheidung hinsichtlich des Bautypus' in vornehme Villen und schlichtere Landhäuser ist bei Seidls Bauten nicht erkennbar. Bis auf zwei Ausnahmen eleganter Stadtpalais' (Kat.Nr.7, 12) in München, stellen sowohl Sommervillen als auch Stadt- und Vorstadthäuser einen modernen Landhaustyp im Sinne von Muthesius[33] dar. Die „Neudeutsche Bauzeitung" schildert bei der Besprechung der Stadtvilla Nauhardt in Leipzig (Kat.Nr.31) ein Seidl-Haus so: „Es verbindet mit dem Charakter eines städtischen Hauses zugleich den Reiz eines traulichen Landhauses"[34].

4. Geographische Verbreitung der Villen

Seidls Bautätigkeit erstreckte sich von Meran über Wien bis zum Bodensee. Mehrere Villen entstanden im Rheinland, vereinzelt baute er im Harz (Haus Giesecke, Bad Harzburg), in Sachsen (Haus Nauhardt, Haus Lampe, Leipzig) und in Oberfranken

(Haus Benker, Dörflas/Marktredwitz). Schloßbauten führten ihn bis in die Mark Brandenburg (Schloß Rehnitz) und Soldin (Schloß Falkenau).
Die überwiegende Zahl der Sommervillen liegen im oberbayerischen und österreichischen Raum[35]. Besonders in der näheren Umgebung von München, an den oberbayerischen Seen oder am Alpenrand erbaute Seidl viele Feriensitze.

5. Die Bauherren

Seidl, der selbst aus dem Münchener Großbürgertum stammte und 1906 den persönlichen Adel verliehen bekam[36], baute Villen und Landhäuser vor allem für die Schicht des wohlhabenden Großbürgertums und Adels[37].
Vermögende, hohe Staatsbeamte und Angehörige des Wirtschaftsbürgertums, das durch die Unternehmer geprägt wurde[38], gehörten genauso zu seiner Klientel wie Künstler oder Gelehrte. Seine Auftraggeber entstammten in erster Linie dem bürgerlichen Milieu: 40 der untersuchten 56 Villen besaßen bürgerliche Bauherren, 16 wurden von Adeligen in Auftrag gegeben.

Die überwiegende Mehrheit der Auftraggeber waren Vertreter von Industrie und Wirtschaft: 36 Villen für Fabrikanten, Brauereibesitzer, Werkdirektoren, Kaufleute und Bankiers lassen sich feststellen.
Es fällt auf, daß bei den siebzehn Wohnhäusern, die Seidl im ersten Jahrzehnt (1888-1898) seiner Tätigkeit als Villenarchitekt baute, die Gruppe der Auftraggeber sich aus Angehörigen verschiedener Schichten und Berufen zusammensetzte. Vier Künstlervillen (für die Maler Julius Theuer, Cuno von Bodenhausen und Thure von Cederström (Kat.Nr.1-3) sowie Carl Mayr-Graz (Kat.Nr.16)), fünf Beamtenhäuser, eine Arztvilla (Kat.Nr.4) und sieben Unternehmervillen entstanden in dieser Zeit.
Ab der Jahrhundertwende dagegen bestand Seidls Kundenkreis nahezu nur noch aus Vertretern von Wirtschaft und Industrie. Künstlervillen entstanden nach 1900 bis auf die Villa von Richard Strauss in Garmisch (Kat.Nr.38) keine mehr.
Aus der Untersuchung Rudolf Martins über die Millionäre in Bayern[39] geht hervor, daß ein Großteil der Auftraggeber Seidls sehr vermögend war. Etliche dieser Bauherren gehörten gar zu den reichsten Männern Bayerns, wie der Reichsrat Hugo von Maffei (Kat.Nr.26), der Mitbesitzer der Spatenbrauerei Carl Sedlmayr (Kat.Nr.25) und Alexander von Martius (Kat.Nr.37).
Bei Martin sind nicht nur Unternehmer, sondern auch Künstler, (unter anderem Seidl selbst) und Beamte, als Millionäre aufgelistet. So finden sich dort achtzehn der in Bayern ansässigen Bauherren[40] Seidls.
Zu den Auftraggebern im Rheinland gehörten Fabrikbesitzer, wie August Prym (Kat.Nr.47), der Papierfabrikant Schoeller (Kat.Nr.51), der Glashüttenbesitzer Peill (Kat.Nr.52) und der Inhaber der Vorwerk-Werke August Mittelsten Scheid (Kat.Nr.41) sowie die Textilfabrikanten Engländer (Kat.Nr.30) und Benker (Kat.Nr.42) in Oberfranken. In Darmstadt saß der Chemie-Industrielle Willy Merck als Auftraggeber (Kat.Nr.14). Ein weiterer vermögender und einflußreicher Bauherr war der österreichische Schwerindustrielle und Waffenfabrikant Karl von Skoda.
Namen aus der deutschen Wirtschaft, die auch heute noch ein Begriff sind.

Seidl besaß als Mitglied dieser Oberschicht durch verwandtschaftliche und gesellschaftliche Beziehungen ausgezeichnete Kontakte (s. Kapitel I.3.). Zudem hatte er sich bei dem Großbürgertum Deutschlands offensichtlich ab der Jahrhundertwende als Villenarchitekt einen Namen erworben. Deshalb war er auch bei der nach Ansehen und Geltung strebenden Unternehmerschicht als teurer[41] Architekt sehr begehrt.

Die Verbindungen zu Münchener und oberbayerischen Bauherren (mehr als die Hälfte der Auftraggeber war in Bayern ansässig) dürften meist durch persönliche Kontakte entstanden sein.
Die Beziehungen zu Auftraggebern in Hessen und am Rhein (zehn Bauherren stammen aus dem Rheinland) könnten durch Seidls Bruder Gabriel hergestellt worden sein, der 1883 für die Familie Heyl in Hernsheim bei Worms gebaut hatte[42]. Die Familie von Heyl war wiederum mit der Familie Remy verwandt[43] und Emanuel Seidl baute 1894 erstmals für einen Rheinländer, den aus Bendorf am Rhein stammenden Eduard Remy, in Konstanz eine Villa (Kat.Nr.10). Nach der Jahrhundertwende folgten Villen in Wuppertal für die miteinander befreundeten Familien Keetmann (Kat.Nr.29), Engländer (Kat.Nr.30) und Mittelsten Scheid (Kat.Nr.41). Hermann von Rath in Bonn (Kat.Nr.43) wiederum war mit diesen Wuppertaler Bauherrn bekannt[44]. Die Auftraggeber im Aachener Raum, Prym (Kat.Nr.47) und Hasenclever (Kat.Nr.48), waren eng miteinander verwandt. Auch Bauherren in Düren, Schoeller (Kat.Nr.51) und Peill (Kat.Nr.52) waren miteinander verschwägert und standen mit den Familien Prym und Hasenclever in gesellschaftlichem Kontakt. Die meisten Aufträge dürften also über persönliche Empfehlungen des stark miteinander verflochtenen Wirtschaftsbürgertums zustande gekommen sein. Außerdem konnte sich die Kundenschicht in zahlreichen und ausführlichen Veröffentlichungen der zeitgenössischen Architekturzeitschriften über Seidlsche Villen eingehend informieren.

48 Villa Merck, Gartenseite (ID, 11, 1900, S.183)

Nicht nur familiäre Verflechtungen spielten in diesen Kreisen eine Rolle, sondern auch die vielfältigen wirtschaftlichen Beziehungen, etwa durch Sitze in unterschiedlichen Aufsichtsräten. So gehörte beispielsweise Otto Steinbeis, der Kompagnon Seidls im Baugeschäft Seidl & Steinbeis[45], mindestens acht Aufsichtsräten an[46], in denen auch Auftraggeber Seidls saßen[47].
Repräsentations- und Geltungsstreben der Bauherren schlug sich in der Gestaltung der oft schloßartigen

Villen nieder. Sie waren der Ort, wo große Soireen oder Konzerte gegeben wurden. Mathilde Merck beschrieb anschaulich die Geselligkeiten, die in ihrer Villa (Abb.48) stattfanden: Es „wurde hier eine Gastlichkeit gepflegt, die im idealen Sinn alle geistigen, künstlerischen und wirtschaftlichen Kräfte zusammenfaßte und im Einklang stand mit den gehaltvollen Festen des die Kunst fördernden Großherzogs Ernst Ludwig von Hessen...Einen glanzvollen Höhepunkt der mannigfaltigen Veranstaltungen bedeutete das Lichtfest, bei dem auf dem Podium der Hallentreppe eine von dem Komponisten Hans Hermann vertonte Lichtode in sieben Bildern aufgeführt wurde“[48]. Auch in anderen Villen Seidls fanden Konzerte und Theateraufführungen statt. So war Seidl ein häufiger Gast bei diesen Veranstaltungen nicht nur im Hause Merck, sondern auch bei Kommerzienrat Benker in Dörflas (Kat.Nr.42). In seinem eigenen Landhaus in Murnau wurde ebenfalls eine aufwendige Gastlich- und Geselligkeit gepflegt[49].

49 Villa Knorr, Straßenseite (Mü. Bauk. S.17)

Dieses Bemühen um sozialen Aufstieg und Anpassung an die adelige Oberschicht kam auch im Streben „nach Titeln und Orden und insbesondere nach Nobilitierung“[50] zum Ausdruck. So erhielten einige der nichtadeligen Auftraggeber Seidls den persönlichen Adel[51], nahezu alle anderen besaßen den Titel eines „Kommerzienrates“.

6. Lage der Villen

6.1. Stadtlage

Nur vier von Seidls Villenbauten liegen nahe einem Stadtzentrum und lassen sich somit als Stadtvillen bezeichnen. Die Häuser stehen frei in relativ schmalen Grundstücken mit geringem Abstand zu den Nachbarhäusern. Nur durch rückwärtige oder seitliche Nebengebäude sind sie mit den Nachbarhäusern verbunden.

In München befinden sich zwei Stadthäuser in vornehmer Lage an der Brienner Straße. Beide Villen (Abb.49, Haus Knorr, Kat.Nr.7 und Palais Matuschka, Kat.Nr.12) stehen nahe an die Straße gerückt[52] in schmalen Vorgärten. Auch die gegenüber dem neuen Rathaus gelegene Stadtvilla Nauhardt in Leipzig (Kat.Nr.31) und das Haus Rath in Bonn (Kat.Nr.43) sind nur durch schmale Vorgärten von der Straße abgegrenzt.

Nach rückwärts besitzen diese Stadthäuser nicht sehr große Gärten oder auch nur einen Hof, wie bei dem Palais Matuschka.

Aufgrund der geringen Grundstücksbreite, die von den Gebäuden nahezu vollständig ausgenutzt wird, ist die Hauptansicht dieser Häuser die symmetrisch gegliederte Straßenfassade.
Im Gegensatz zur offiziellen Straßenseite haben alle diese Häuser (bis auf Palais Matuschka) eine private Gartenseite, die durch Terrassen, Loggien und Balkone charakterisiert ist.
Auch hinsichtlich des Raumprogramms sind diese Stadthäuser mehr nach der Straßenseite orientiert. Bei allen vier Häusern liegen die Repräsentationsräume zur Straße hin.

6.2. Vororte

In München entwickelten sich, wie in anderen größeren Städten, ab den 1880er Jahren vornehme Villenviertel. Diese Villenquartiere waren durch eine offene Bauweise, also freistehende Häuser, gekennzeichnet[53]. Umgeben von Gärten, wurden die Villen von einer Familie das ganze Jahr über bewohnt.
Seidl baute 19 solcher Vororthäuser, davon 11 in München. Die ersten entstanden in München ab 1887 im Wiesenviertel[54] (Kat.Nr.1-3,9,27), weitere folgten im Villenviertel von Bogenhausen (Kat.Nr.17,39), in Neuhausen/ Neu-Wittelsbach (Kat.Nr.22, 34), in Schwabing und dem Schönfeldviertel (Kat.Nr.35, 28).
Alle diese Münchener Vorortvillen stehen, mit Ausnahme des Hauses Lauterbach (Kat.Nr.35), in Grundstücken mit schmalen Vorgärten und rückwärtigen, größeren Gärten. Entsprechend sind auch das Haus Lampe im Leipziger Konzertviertel (Kat.Nr.36) und die Darmstädter Villa Merck (Kat.Nr.14) auf dem Grundstück plaziert worden. Aber Vorortvillen konnten auch ohne Vorgarten direkt an die Straße gesetzt sein (Kat.Nr.28, 42). Entsprechend den Stadthäusern sind sie durch die Grundrißeinteilung auf die Straße orientiert: bei nahezu allen der untersuchten Villen liegen die Hauptwohnräume an der Straßenseite[55]. Remisen und Nebengebäude sind selbst bei den kleinsten Grundstücken vorhanden und seitlich oder hinter dem Haus untergebracht.
Bei den meisten Vorortvillen Seidls ging es im Gegensatz zu den Landvillen nicht so sehr um die

50 Haus Keetmann, Straßenseite (DK, 1907, S.98)

außergewöhnliche Lage der Häuser, sondern um repräsentative Wohnhäuser in stadtnahen, leicht erreichbaren Orten. „Das Geschäft blieb in der Stadt, während der Wohnsitz als Sitz der Familie und Repräsentation an den Stadtrand verlegt wurde“[56].

Nicht in das Schema der Vororthäuser passen die drei Häuser in Wuppertal, im Elberfelder Briller Viertel (Abb.50, Kat.Nr.29, 30) und in Barmen (Kat.Nr.41), da sie sich durch eine reizvolle Hanglage mit weitem Panoramablick auszeichnen. Ebenso liegt das Haus Prym (Kat.Nr.47) in einem weiten Park auf einer Anhöhe oberhalb der Prymschen Fabrikanlagen. Auch das Haus Schoeller in Düren (Kat.Nr.51) ist allseitig von einem großen Park umgeben.
Für das Schwabinger Haus Lautenbacher (Kat.Nr.35), die Wuppertaler Villen, Haus Prym und Schoeller waren aufgrund der Lage ihrer Grundstücke Kriterien maßgebend, die auch für ländliche Villen galten. Himmelsrichtung, reizvolle Ausblicke und Bezug zum Garten bestimmten die Gestaltung dieser Häuser.

Was das Äußere aller Vorortvillen betrifft, so besteht kein Unterschied zu den Landvillen. Wie ja auch im Sprachgebrauch zwischen Landhaus und Vorortvilla nicht mehr unterschieden wurde[57]. Ein Vergleich der Vorortvilla Feilitzsch (Kat.Nr.22) mit dem Landhaus Bischoff (Kat.Nr.23) zeigt einen ganz ähnlichen Haustyp (Typ 3.2).

6.3. Villen auf dem Lande

6.3.1. Das Haus in der Landschaft

Ab Mitte des 19. Jahrhunderts setzte eine regelrechte Stadtflucht des Bürgertums ein, die gegen Ende des Jahrhunderts noch zunahm[58]. Nicht nur die wohlhabende Oberschicht, auch Künstler wollten dem Betrieb und Tourismus in der Stadt immer häufiger entfliehen[59] und suchten Ruhe und Erholung auf dem Lande. Wer es sich leisten konnte, ließ sich eine Villa inmitten eines großen Gartens als sommerliches Refugium errichten. Seidl, der sich auf großzügige Landvillen spezialisiert hatte, erbaute von 1890 bis 1915 33 dieser nur während weniger Sommermonate bewohnten Landsitze.
War die Vorort- und Stadtvilla ein Ort der Repräsentation und häufig auch des Geschäftes, so stand bei dem Haus auf dem Lande die Familie und private Sphäre im Vordergrund. Dies läßt sich an den veränderten Grundrissen und Raumprogrammen ablesen[60]. Natürlich gab es auch eine Vermischung von privaten und geschäftlichen Interessen, wie das Beispiel Seidl selbst zeigte. Er besaß in seinem Landhaus in Murnau ebenfalls ein Atelier und lud außerdem häufig seine Auftraggeber aus geschäftlichem Anlaß zu sich aufs Land ein.

Besonders die im Umkreis der Städte gelegenen Landschaften waren das Ziel der Sommerfrischler. Für ihre Ferienhäuser suchten sie sich bevorzugte landschaftliche Plätze aus. Dabei war wichtig, daß sich den Bewohnern ein außergewöhnlicher Blick mit Point-de-vues bot[61]. Diese Blickpunkte konnten ein Tal, beispielsweise das Rheinthal, eine Burg oder ein See sein. Seidl beschrieb die Lage und die Ausblicke seines Hauses in Murnau folgendermaßen: „Ein malerisches Dorf bildet einen reizenden Vordergrund, während eine Kette von Bergen, die sich immer weiter kulissenförmig bis zum Wettersteingebirge in wundervoller Gruppierung vertiefen, das ganze Bild umrahmt. Abseits stehen große hundertjährige Eichen am Rande einer tiefen Schlucht“[62]. Auch Seidl ging es um malerische Ausblicke, die im Zusammenklang von Natur und Architektur entstanden. Für ihn galt es, „Landschaftsbilder zu erdichten und architektonisch zu schmücken“[63]. Alle von Seidl erbauten Landhäuser wurden denn auch in bevorzugten Lagen errichtet, am Ufer eines Sees oder in Hanglagen mit Fernblick.

51 Haus Klöpfer, Seeseite (Foto: Privatbesitz, vor 1940)

Vor allem die in der Nähe von München gelegenen Seen, wie Starnberger See (Kat.Nr. 4, 5, 6, 8, 11, 13, 23, 26, 54), Tegernsee (Kat.Nr.18), Simsee bei Rosenheim (Kat.Nr.19) oder Staffelsee bei Murnau (Kat.Nr.33) waren beliebte Orte für Ferienhäuser. Aber auch am Bodensee oder am österreichischen Wolfgangsee (Kat.Nr.40) und Zeller See (Kat.Nr.20) entstanden Seidl-Villen als Zweitwohnsitze. Auch idyllische Marktflecken oder Dörfer waren Anziehungspunkte für Sommeraufenthalte. Gabriel Seidl z.B. baute Landhäuser in Kreuth oder Bad Tölz und Emanuel errichtete im Markt Murnau (Kat.Nr. 16, 24, 32, 44, 49, 55) Villen.

Aber nicht nur die Schönheit der Natur, auch die Erholung und ungestörte Pflege der Gesundheit spielte bei der Auswahl der Sommerfrischen eine Rolle[64]. Deshalb wurden öfter auch Kurorte als Standort gewählt. So ließen sich in Meran (Kat.Nr.21), Garmisch-Partenkirchen (Kat.Nr. 15, 38, 50), Bad Reichenhall (Kat.Nr.37) und Bad Harzburg (Kat.Nr.56) Bauherren große Landsitze errichten.

Entscheidend beeinflußte die Wahl des Ortes die Entwicklung der Eisenbahn, die eine schnelle Anbindung an den Ferienort ermöglichte. So entwickelten sich Gegenden, die von der Bahn erschlossen wurden, wie die Ufer des Starnberger Sees, viel schneller zu Villenorten als Gebiete ohne Bahnanbindung, wie beispielsweise die Gegend rund um den Ammersee. Die Lage direkt an der Bahn wurde keineswegs als störend empfunden, wie die herrschaftlichen Villen Klöpfer (Abb.51, Kat.Nr.19) oder Seidl (Kat.Nr.24) zeigen.

6.3.2. Lage der Häuser auf dem Grundstück

Nicht nur die Lage in der Landschaft spielte eine Rolle, sondern auch das „Verhältnis von Haus und Garten und dessen Lage im Grundstück“[65]. In der Regel wurde der Garten immer zwischen Haus und Point-de-vue angelegt. Dabei rückte die Villa an die höchste Stelle des Grundstücks und der Garten oder Park breitete sich, ähnlich wie bei der barocken Schloßarchitektur, terrassenförmig oder sanft abfallend zwischen Haus und landschaftlichen Ausblicken aus. „Das Landschaftserlebnis entwickelte sich also in einer Richtung über Veranda und Terrasse durch den Park in die Landschaft hinein“[66].

Dies traf auch für alle Landvillen Seidls zu, die nahzu immer Hanglage besitzen. Da es sich bei den Grundstücken meist um sehr große Areale handelte[67], war zwischen Haus und Straße genügend Raum, um großzügige Anfahrtshöfe oder Wirtschafts- und Vorgärten auszugrenzen. Selbst bei den wenigen etwas kleineren Grundstücken (Kat.Nr. 21, 44, 46, 49, 54), die allerdings immer noch in der Größenordnung von mehr als 2000 m^2 lagen, wurde die Villa von der Straße eingerückt, um einen angemessenen Anfahrts- und Eingangsbereich zu ermöglichen und um Distanz zu gewinnen. Die Allansichtigkeit, ein wichtiges Kriterium Seidlscher Villen (s. Kapitel III.1.1.), war in keinem Fall durch eine Randlage beeinträchtigt.

Das Natur- und Landschaftserlebnis besaß bisweilen auch Priorität gegenüber anderen Gestaltungskriterien, wie Ausrichtung des Hauses nach den Himmelrichtungen oder nach der Besonnung. Das Haus Kestranek (Kat.Nr.40) beispielweise ist mit seinen Haupträumen nach Osten zum Wolfgangsee orientiert. Allerdings besitzt es auch nach den klimatisch günstigeren Richtungen Loggien, doch die Hauptrichtung ist durch den Ausblick auf den See bestimmt.

7. Gärten und Parks

Wie schon zur antiken Villa gehörten auch im 19. Jahrhundert Garten- oder Parkanlagen untrennbar zu Villen. Ebenso wie die Häuser waren sie zur Selbstdarstellung und Repräsentation ihrer Besitzer angelegt.

Bei der Gestaltung dieser größtenteils sehr weitläufigen Anlagen[68] wird nach englischem Vorbild[69] im 19. Jahrhundert eine Mischform zwischen Landschaftsgarten und regelmäßigem Garten angewandt[70]. In der Nähe des Hauses werden in Anlehnung an Gärten der Renaissance und des Barock gleichmäßig gegliederte Blumenrabatten mit Skulpturen und Brunnen angelegt. Von diesem Blumengarten, der im Bereich der Terrassen liegt, führen Wege in den Landschaftsgarten mit Wiesenflächen, malerischen Baumgruppen oder ungewöhnlichen Solitärbäumen. Niveauunterschiede, Mäuerchen, Hecken oder Laubengänge aus Spalieren gliedern die größeren Gärten[71]. Die verschlungenen Wege haben Pavillons, Aussichtpunkte mit Bänken oder Teiche zum Ziel. Um künstlich angelegte Wasserbecken gruppieren sich Blumenbeete, Plastiken oder Parapluies. Entsprechend den Landschaftsgärten des 18. und frühen 19. Jahrhunderts sollten aus „Naturbestandteilen Bilder der Natur“[72] gestaltet werden. Auch Seidl beabsichtigt bei der Anlage seiner Gärten, „Landschaftsbilder zu erdichten“[73].

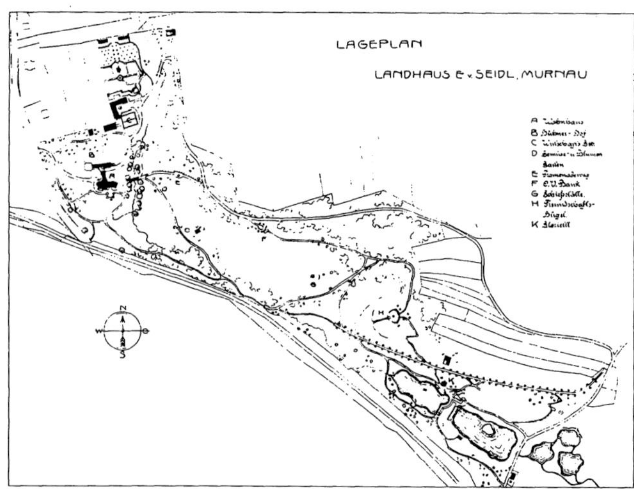

52 Villa Seidl, Gartenplan (Seidl, 1910, S.55)

Ausgestattet wurden diese parkähnlichen Gärten mit Teepavillons, Lauben oder anderen Sitzplätzen. Bei Seegrundstücken gehörte noch eine Bootshütte oder Badehaus dazu.
Muthesius[74] betonte in seinen Abhandlungen über das moderne Landhaus außerdem die Wichtigkeit eines Nutzgartens. Obst- und Gemüsegärten sollten ebenfalls durch Wege und Laubengänge gegliedert werden. Auch der Lawn-Tennisplatz sollte in den Garten integriert werden. Weiterhin empfahl Muthesius, einen Wirtschaftshof und einen repräsentativen Vor- oder Anfahrtshof abzugrenzen[75].
In kleineren Hausgärten, wie sie in den Vororten zu finden waren, werden nur regelmäßige Gärten angelegt[76]. Aber selbst in diesen kleinen Gärten, wie beim Haus Kloepfer in der Münchener Kaulbachstraße (Kat.Nr.28), durfte ein Pavillon nicht fehlen.

Um eine Einheit von Garten und Haus zu erreichen, fordert Muthesius, daß die Anlage des Gartens durch den gleichen Architekten zu erfolgen habe[77]. Dies geschah auch bei den meisten von Seidls Villen[78].

Ein Paradebeispiel für die Gartenkunst um die Jahrhundertwende ist der Garten des Murnauer Landhauses (Abb.52). Auf dem 50 Tagwerk großen Wiesengelände, auf dem bis auf einige alte Eichen keine Bäume standen, hatte Seidl „die Landschaft komponiert“[79]. Durch umfangreiche Erdbewegungen, Pflanzen von jahrzehnte alten Bäumen und Anlegen von zwei Weihern wurde ein Park nach Vorbild des englischen Landschaftsgartens geschaffen. Verschlungene Wege führen durch Alleen und über Hügel zum „Gloriettl“, Musikpavillon, „Promenadeterrasse“ oder „Freundschaftshügel“. Hirsch- und große Vogelskulpturen sowie Hermen schmücken den Park. In der Nähe des Hauses ist ein regelmäßiger Blumen- und Gemüsegarten angelegt. „Von Mauern umgeben, mit wechselnden Ausblicken, Bänken unter Lauben, vertieftem efeuumwachsenem Bassin mit Buxbäumen, einem tiefblau geblümten 'Paradou', ist man hier in einem abgeschlossenen Gartenteil"[80]. Ein Anfahrtshof, der von Gebäudeflügeln ausgegrenzt wird, empfängt den Besucher einladend. Auch andere große Parks, deren Pläne erhalten sind, wie die von Hugo von Maffei (Kat.Nr.26), Richard Strauss (Kat.Nr.38), Wilhelm Kestranek (Kat.Nr.40), Eugenie Knorr (Abb.53, Kat.Nr.50) oder Carl Giesecke (Kat. Nr.56), gestaltete Seidl auf ähnliche Weise. Regelmäßige, teilweise auch streng symmetrische und von geraden Wegen durchzogene Blumenbeete (Kat.Nr. 26, 50, 56) liegen in der Nähe der Häuser. Das Haus Giesecke besitzt noch einen tiefer gelegten „Holländischen Garten"[81]. Vom Haus und dem Blumengarten führen Wege das Gelände ab- oder aufwärts zu Pavillons mit meist wundervollen Ausblicken auf See oder Gebirge. Diese Pavillons oder „Salettl" sind als säulengeschmückte Gartenarchitekturen über runden, polygonalen oder geschweiften Grundrissen an barocke Vorbilder angelehnt.

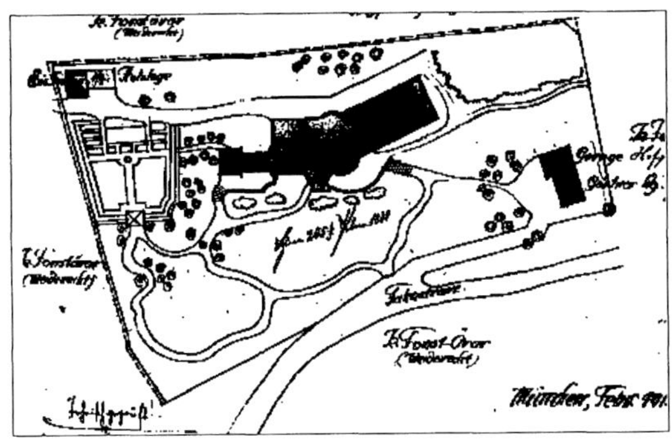
53 Villa Knorr, Gartenplan (Bauamt Garmisch)

Gewächshäuser und Nutzgärten finden sich ebenfalls bei allen größeren Anlagen. Auch Tennisplätze gehören zum Repertoire Seidlscher Gärten (Kat.Nr. 39, 48). Selbst in dem verhältnis-mäßig kleinen Garten des Hauses Pschorr (Kat.Nr.39) in München-Bogenhausen lag hinter dem Haus ein Lawn-Tennisplatz.

8. Nebengebäude

Ein wesentlicher Bestandteil der Villenanlagen sind die Nebengebäude. Tor- und Pförtnerbauten, Kutschenremisen, Ställe, Eiskeller, Gärtner- oder Hausmeisterwohnhäuser bilden zusammen mit dem Haupthaus ein malerisches Erscheinungsbild. In Stil und Gestalt entsprechen diese Nebengebäude den Villen. Oft handelt es sich direkt um Miniaturformen des dazugehörenden Herrenhauses (Kat.Nr.18, 52) oder anderer Seidlscher Villen und Bauten (Kat.Nr.27, 39, 46). Die Nebengebäude liegen je nach Größe des Grundstückes mehr oder weniger entfernt vom Wohnhaus.

Tor- und Pförtnerbauten finden sich besonders bei größeren Villenanlagen (Kat.Nr.10, 18, 33, 35, 40, 45, 51, 56). Breite, korbbogige Durchfahrten, Dachreiter oder dreieckige Dachhäuschen (Abb.54) kennzeichnen oftmals diese Gebäude (Kat.Nr.18, 33, 35, 45, 56). Der Raum zwischen Herrenhaus und Torhaus wird meist als Anfahrtshof gestaltet[82]. Auch Remisen oder Hausmeisterhäuser sind oft so plaziert, daß sie zusammen mit dem Haupthaus einen Anfahrts- oder Eingangshof ausbilden (Kat.Nr.6, 19, 24, 32, 38, 39, 52, 54, 55).

54
Schloß Seeleiten, Nebengebäude (Wasmuths Monatshefte, 5, 1910, S,234)

Bei kleineren Grundstücken rückt das Nebengebäude an die seitliche oder hintere Gartengrenze (Kat.Nr.17, 27, 28). Gelegentlich können Nebengebäude auch direkt an das Haupthaus angebaut sein (Kat.Nr.16, 25, 32).

Seidl orientierte sich bei der Gestaltung dieser Bauten oftmals an Neben- und Wirtschaftsgebäuden barocker Schlösser.

9. Anmerkungen

1 Seidl, in: Das geistige Deutschland, 1898, S. 646, 647; Seidl, in: Zils, 1913, S.331, 332;

2 s. Waetzoldt, Bibliographie, 1977, 8, S. 199; Wichmann, Bibliographie, 1967, III, S.390-91

3 Ein in der Literatur erwähnter (SdBZ, 23, 1913, S.126) Villenbau konnte nicht identifiziert werden: Landhaus Clemm in Landau/Pfalz. Über das bei Zils, 1913, S.331, erwähnte und in der 1960er Jahren abgebrochene Landhaus Franz, Berchtesgaden-Bischofswiesen, Pointlehen, konnte weder Bild- noch Planmaterial aufgefunden werden. Für die Seidl zugeschriebene (Schober, 1989, S.392) Villa Sack in Tutzing, Traubinger Straße, waren ebenfalls keinerlei archivalische Hinweise auf Seidl zu finden. Der bei Schober erwähnte Erweiterungsbau der Villa von 1912 ist jedenfalls nicht von Seidl (Pläne, StaAM, Bpl. Starnberg, Tutzing 1912/297). Auch für die Villa Bonsels, Ambach a. Starnberger See, Seeuferstraße 25, für die Seidl als Erbauer gilt (Dehio, IV, 1990, S.37), konnte kein Hinweis auf Seidl festgestellt werden.

4 Ausführlich nur für Haus Rath in Bonn, Kat.Nr.43

5 Brönner, W.: Die bürgerliche Villa in Deutschland,1987, S.66

6 Rupprecht, B.: Villa. Zur Geschichte eines Ideals, 1966, S.220

7 Brönner, 1987, S.67

8 Merten, K.: Die großbürgerliche Villa im Frankfurter Westend, 1974, S.261

9 Dauber, R.: Aachener Villenarchitektur, 1985, S.192

10 Schumacher, F.: Strömungen in deutscher Baukunst seit 1800, Leipzig, S.84

11 Brönner, W.: Schichtenspezifische Wohnkultur - die bürgerliche Wohnung des Historismus, 1982, S.361

12 Hesselmann, H.: Das Wirtschaftsbürgertum in Bayern, 1890-1914, Wiesbaden 1985, S.62

13 Brönner, 1987, S.61; Hesselmann, 1985, S.60ff

14 Hesselmann, 1985, S.60

15 Hesselmann, 1985, S.60ff

16 Dauber, 1985, S.65

17 Brönner, 1987, S.22

18 Muthesius, H.: Das moderne Landhaus, München 1905, S.VIII

19 Ausnahme Kat.Nr.10, 20

20 Muthesius, S.: Das englische Vorbild, Mün-

chen 1974, S.64, 66
21 Muthesius, 1905, S.I
22 Muthesius, H.: Landhaus und Garten, München 1907, S.36
23 Muthesius, 1907, S.IX ff
24 BlAK, 5, 1892, S.62
25 Langenberger, S.: Die Kunst im Landhausbau, 1906, S.584
26 Lasser, M.O.: Emanuel Seidl und seine Kunst, 1905, S.126, 128
27 Diestel, K.: Deutsche Baukunst zu Ende des 19. Jahrhunderts, Dresden 1907, S.15
28 BM, 3, 1904/05, S.23
29 Zils, 1913, S.331
30 BM, 3, 1904/05, S.24, T.13,14
31 Seidl, 1910, S.53
32 Haus Feuchtmayr (Kat.Nr.55), Gut Merberich (Kat.Nr.48)
33 Muthesius, 1905, S. VII ff
34 Neudeutsche Bauzeitung, 6, 1910, Heft 38
35 Mit Ausnahme von Haus Erhard, Meran, Haus Peill in Nörvenich bei Düren und dem Herrenhaus des Gutes Merberich, Langerwehe/Rhld.
36 Kapitel I.1.1. und I.3.2.
37 Vgl. Kapitel II.2.2.
38 Dauber, 1985, S.62; Hesselmann, 1985, S.60,61
39 Martin, 1914
40 Thure von Cederström (Kat.Nr.2), Gustav von Siegle (Kat.Nr.5), Thomas und Eugenie Knorr (Kat.Nr.7 und 50), Professor von Baeyer (Kat.Nr.11), Helene und Wilhelm von Miller (Kat.Nr.15), Ernst Faber (Kat.Nr.18), Johann Christian Klöpfer (Kat.Nr.19), Emilie und Georg Erhard (Kat.Nr.21), August Meisenbach (Kat.Nr.27), ‚Hermann Klöpfer (Kat.Nr.28), Ludwig Brey (Kat.Nr.32), Fanny Lautenbacher (Kat.Nr.35), Georg Theodor Pschorr (Kat.Nr.39).
41 Einer der Bauherrn, H. von Rath, beschwerte sich über die Höhe des Architektenhonorars, Stadtarchiv Bonn, Alt-Bonn 343,1
42 Bößl, 1962, S.226
43 Hesselmann, 1985, S.202, 197
44 Stadtarchiv Bonn, Alt-Bonn 343, Bd.I
45 s. Kapitel I.4.1.
46 Hesselmann, 1985, S.278, Anm. 26
47 z.B. August von Clemm (Hesselmann, S.265), für dessen Familie Seidl nach eigenen Angaben eine Villa entwarf (SdBZ, 23, 1913, S.126), die aber nicht identifiziert werden konnte
48 Mathilde Merck, Text zu Mappe mit neun farbigen Zeichnungen von Franz Huth, 1939
49 Gästebücher des Murnauer Hauses, Bayer. Staatsbibliothek München, cgm 7927
50 Hesselmann, 1985, S.63
51 Wilhelm von Miller, Adolf von Baeyer, Gustav von Siegle, Seidl selbst
52 Bei beiden Villen handelt es sich um Umbauten
53 Habel, Sozialgeschichte, in: Münchener Fassaden, 1974, S.20 und Habel/Himen, Denkmäler, 1985, S.164
54 Vgl. Kapitel I.6.1
55 Ausnahmen waren die Wuppertaler Villen, Kat.Nr.29,30,41 und Haus Lauterbacher, Kat.Nr.35
56 Brönner, 1987, S.72
57 s. Kapitel II.2.3
58 Schober, G.: Villen und Landhäuser, 1982, S.96,97; Muthesius, 1905, S.I
59 Schuster, München-Kunststadt, 1988, S.231
60 Vereinzelt traten Billardzimmer auf (Kat.Nr.33,37,19) und eine ganze Reihe von Fremdenzimmern, dagegen fehlten häufig Musikzimmer oder mehrere Salons, die ausschließlich der Repräsentation dienten
61 Brönner, 1987, S.69ff
62 Seidl, 1910, S.45
63 Seidl, 1910, S.48
64 Pixner-Pertoll, Meraner Villen, 1990, S.16
65 Brönner, 1987, S.70
66 Brönner, 1987, S.71
67 Zur Villa Seidl gehörten 50 Tagwerk Grund, zur Villa Kestranek (Kat.Nr.40) 45000 m^2; zur Villa von Baeyer (Kat.Nr.11), Maffei (Kat.Nr.26) oder Haus Hasenclever (Kat.Nr.48) gehörten größere Gehöfte. Inmitten von ausgedehnten Landschaftsparks liegen Haus Feuchtmayr (Kat.Nr.55), Seeleiten (Kat.Nr.33) und Brey (Kat.Nr.32), v. Skoda (Kat.Nr.45) etc.
68 s. Kapitel II.6.3.
69 Dohme, R.: Das englische Haus, 1888, S.407ff
70 Thacker, Ch.: Die Geschichte der Gärten, Zürich 1979, S.240ff
71 Muthesius, 1907, S.XXVII
72 Sedlmayr, H.: Verlust der Mitte, Salzburg 1983, S.20; s. auch Hennebo/Hoffmann, Geschichte der deutschen Gartenkunst, III, Hamburg 1963, S.279
73 Seidl, 1910, S.48
74 Muthesius, 1907, S.XXVIII
75 Muthesius, 1907, S.XXVIII
76 Muthesius, 1907, S.XXV
77 Muthesius, 1907, S.XXV
78 Vgl. Seidlsche Gartenpläne der Villen Strauss oder Maffei
79 Seidl, 1910, S.49
80 Seidl, 1910, S.53
81 DKD,39, 1916/17, S.47
82 Nicht bei Kat.Nr.40, 45

III. Ergebnisse der Inventarisierung

1. Charakteristika der Außenbauten

Bei den von Seidl während eines Zeitraumes von etwa 25 Jahren (1888-1914) geschaffenen Villen läßt sich eine Reihe gemeinsamer gestalterischer Merkmale feststellen, die unabhängig von Villentypus, Zeit und Stil immer wieder verwendet werden. Bei Villen, die etwa zur gleichen Zeit entworfen werden, greift Seidl auch häufig gleiche Baumotive, wie Giebelformen (Kat.Nr.39, 41) oder Bauschmuck (Kat.Nr.30, 35) auf.
In der äußeren Gestalt besteht dabei kein Unterschied zwischen Vororthaus oder Landhaus. Auch zwei der Stadthäuser (Kat.Nr.31, 43) heben sich äußerlich nicht von den anderen Villen ab.

1.1. Baukörper

Mit wenigen Ausnahmen (Kat.Nr.13 dreigeschossig; Nr. 16, 29, 30, 44, 53, 54, 55 eingeschossig) besitzen die Häuser zwei Geschosse und eine Mansarde. Das mehr oder weniger erhöhte Sockelgeschoß, Gegenstand der zeitgenössischen Kritik[1], gibt Seidl erst spät völlig auf. Um 1903, etwa bei Schloß Seeleiten (Kat.Nr.33), oder 1907, bei Haus Benker (Kat.Nr.42), ist es stark reduziert. Aber erst bei dem 1913 entstandenen Haus Giesecke (Kat.Nr.56) verschwindet es völlig. Vortretende, halbrunde oder gebogene Terrassen oder Loggien sind mit dem Garten durch geschweifte Freitreppen oder zweiarmige Treppenanlagen verbunden. Wiederkehrende Motive sind die übereck geführte Loggia (Kat.Nr.13, 21, 24, 25, 29, 30, 38, 39) und die Eingangsloggia (Kat.Nr.4, 5, 8, 13, 16, 18, 55). Geschwungene Freitreppen führen immer zum erhöht liegenden Eingang.
Sich durchdringende Baukörper lassen vor- und zurückspringende Fassadenteile entstehen. Halbrunde Treppentürme, Risalite mit Dreiecksgiebeln und ausbauchende Erkeranbauten sowie Loggien und Balkone verstärken die Bewegtheit und Plastizität der Fassaden. Eine symmetrische Gliederung der Fassade zeigen nur wenige, vor allem spätere Villenbauten (Kat.Nr.41, 48, 51, 52, 56) bzw. Stadtvillen (Kat.Nr.7, 12, 31). Der größte Teil der Bauten fällt durch eine asymmetrische Gliederung der Baukörper auf.

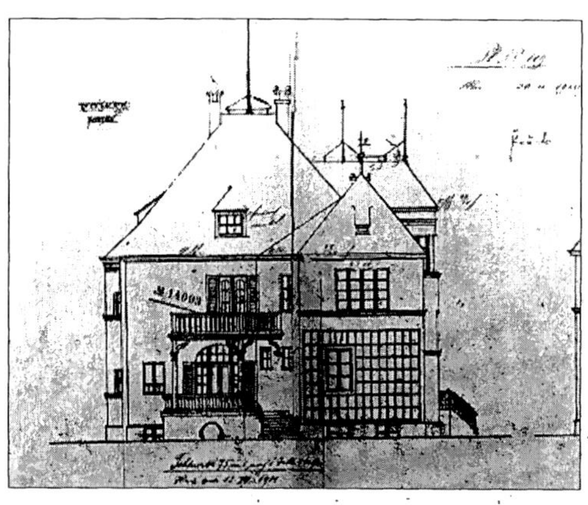

55 Villa Feilitzsch, Nordseite (StAM, LBK 16098)

Ein wichtiges Kriterium Seidlscher Häuser, die Allansichtigkeit, ergibt sich von selbst durch die Entwick-

56 Villa Knorr, Garmisch, Südseite (ID, 26, 1915, S.2)

57 Villa Lautenbacher, Eingangsseite (Mü. Bauk. S.505)

lung der Grundrisse von innen nach außen und die Anhäufung von unterschiedlichen Gestaltungselementen, die jede Hausseite anders erscheinen lassen. Keine Fassade ist als Hauptschauseite ausgebildet.

Eine prägnante Rolle spielen die hohen Dächer, die als Stimmungsträger eingesetzt werden[2] und auch von Muthesius[3], dem bekanntesten zeitgenössischen Theoretiker hinsichtlich Villenarchitektur, für wichtig erachtet werden. Unterschiedliche Dachformen, wie Zeltdächer, Mansardwalm-, Walm- oder Schopfwalmdächer, mit gestaffelten Firsthöhen lassen eine bewegte Silhouette entstehen. Oft kommen Treppentürme und Turmerker mit konvexen oder konkaven Kegeldächern zum Hauptdach hinzu. Hochgezogene Schornsteine, die durch Aufsätze als Dachreiter gestaltet sind (Kat. Nr.10, 32, 50) oder Metallstangen und Knaufe unterstreichen den bewegten Umriß (Abb.55).
Markante Türme, ausgebildet als Belvedere oder Treppenturm, sind nicht nur bei großen, vom Schloßbau beeinflußten Villen von Bedeutung, sondern praktisch jede Villa besitzt mindestens einen mehr oder weniger imposanten Turmanbau.
Differenziert gestaltete Fenster spiegeln die innere Raumstruktur wieder. Repräsentative Räume besitzen in der Regel breite Korbbogenfenster oder mehrteilige Fensterbänder (Abb.56) mit verzierten Pfosten (Kat.Nr.14, 15, 26, 43, 50, 56), untergeordnete Räume oder Nebenräume sind durch kleinere und schlichtere Fenster zu erkennen.

In der zeitgenössischen Literatur wird der Zusammenhang zwischen Haus und Natur der Seidlschen Bauten besonders hervorgehoben[4]. Seidl nimmt bei der Anlage des

Grundrisses und Gestaltung des Außenbaus Bezug auf Landschaft und Garten. Türme, Risalite, Loggien und Terrassen werden so angelegt, daß sie Ausblicke besitzen oder sich der Umgebung anpassen. Es entsteht eine Wechselbeziehung zwischen Raum und Natur.

Die Gestaltungsweise der Häuser zeigen hervorragend die Villen Lautenbacher in Schwabing (Kat.Nr.35; Abb.57) und Kestranek am Wolfgangsee (Kat.Nr.40). Dort sind exemplarisch alle vorher genannten Merkmale Seidlscher Bauten vorhanden.

Durch die Gruppierung der Baumassen und die Häufung von architektonischen Motiven entstehen malerische Architekturen. In ihrer Vielfalt spiegeln sie nicht nur den Repräsentationsanspruch und Reichtum der Bauherren wieder, sondern sollen durch Türme auch an Schlösser und Burgen adeliger Familien erinnern. Die verschiedenartigen Dachformen und Anbauten lassen zudem den Eindruck des über Generationen Gewachsenen entstehen, ein von den aufstrebenden Auftraggebern durchaus gewünschter Eindruck.

1.2. Materialien, Farbe und Bauschmuck

Die Villen sind bis auf das Haus Lampe (mit Backsteinverblendung, Kat.Nr.36) als Ziegelbauten mit rauhem Verputz errichtet. Die Farbe des Verputzes ist meist hell bzw. weiß oder grau-braun. Zu den hellen Putzflächen kontrastieren Verblendungen mit farbigem Werkstein, die das Sockelgeschoß oder einzelne Fassadenteile (Kat.Nr.7, 14, 29, 30, 35, 40, 56) umfassen. Die Putzflächen nehmen bei mehreren Objekten auch die Farbe der Werksteine an, indem sie grau bis gelb-braun (Kat.Nr. 14, 28, 30, 31, 34, 35, 39, 42) gestrichen und mit farbigen Akzenten versehen werden.

58 Jagdhaus Brey, Eingangsseite (Muthesius, 1910, S.5)

Unterschiedliche Behandlung der Werkstoffe lassen eine bewegte Oberflächenstruktur entstehen. So wirkt das Sockelgeschoß durch stärkere Rustizierung dunkler als die flacher bearbeiteten oberen Wandflächen. Bei einigen frühen Villen ahmt bisweilen Stuck den Werksteincharakter nach (Kat.Nr. 8, 17, 18). Die Fassaden erhalten also ihre Struktur und tektonische Gliederung auch aus der Hell-Dunkel-Wirkung der

Werkstoffe und des Putzes. Eine differenzierte Farbigkeit erzielt Seidl vor allem durch Verwendung unterschiedlicher Verblendmaterialien und Werkstoffe. Am Haus Kestranek (Kat.Nr.40) beispielsweise wird als Kontrast zum hellen Putz roter Marmor, grauer Granit und grau-weißes Konglomerat gesetzt.
Als Verblendmaterial kommt auch grauer Schiefer (Kat. Nr.29, 30, 41) oder Holzschindeln (Kat.Nr. 50, 23, 40) in Frage. Eine aparte Farbigkeit erreicht Seidl bei dem Haus Mittelsten Scheid in Barmen (Kat. Nr.41), wo er grauen Naturstein, rotblaue Ziegel und grauen Schiefer mit hellem Putz kombiniert.

59 Haus Brücke, Seeseite (BM, 3, 1904/05, S.21)

Als Werkstoffe verwendet er mit Vorliebe Materalien aus der regionalen Umgebung des Baus. Bei der Verarbeitung dieser Werkstoffe wird auf materialgerechte Bearbeitung geachtet.
Eine bewegte Oberflächenstruktur kann nicht nur durch die Verwendung unterschiedlicher Materialien entstehen, sondern auch durch flache, geometrisierende Putzornamente, (Abb.58) wie Rauten, Vierecke oder Putzbänder (Kat.Nr.32, 38, 39, 51).

Farbige Akzente erhalten die Villen durch Bemalung der Holzteile, wie Fensterrahmen, Fensterläden und Holzspaliere. Die Fensterläden sind dabei meist mit grün und weißen Rauten- oder Streifenornamenten bemalt.
Aber auch Holzschindeln oder Dachverschalungen (Abb.59) sind zum Teil farbig gestrichen oder mit Ornamenten bemalt (Kat.Nr.18, 20, 23, 40). Bei dem Haus Faber (Kat.Nr.18) sind außerdem noch Putzquader farbig behandelt und anstelle des Gesimses ein Mäanderfries aufgemalt. Weiterhin werden Fenstergitter in Form von Ranken, Blüten und Vögeln (Kat.Nr.14, 15, 20, 35, 40 u.a.) mit farbigen Anstrichen versehen.

Die Dächer tragen ebenfalls zur malerischen Gesamtwirkung bei. Hellrote bzw. dunkelrote Biberschwanzziegel oder graue Schieferdeckung sind als Kontrast zum hellen Putz oder zur Hausteinverblendung angelegt.

Als weiteres dekoratives Element kommt an den Bauten noch der Bauschmuck hinzu. Hirschgeweihe oder auch vergoldete, sitzende Hirschskulpturen sind nicht nur an ländlichen Villen oder Jagdhäusern zu finden, sondern auch an Vororthäusern, wie den Künstlervillen am Bavariaring (Kat.Nr.1-3) oder dem noblen Haus Merck in Darmstadt (Kat.Nr.14).
Auch Madonnenfiguren an Hausecken, meist über schräggesetzten Pfeilern, zieren sowohl die Seidl-Villa in Murnau (Kat.Nr.24) als auch zahlreiche andere Häuser (Kat.Nr.8, 10, 13, 25, 33). Farbig gefaßte Heiligenfiguren (hl. Florian bei Kat.Nr.10, 20, 21, hl. Georg beim Haus Miller, Kat.Nr.15) beleben ebenfalls die Fassaden. Kleine Tierskulpturen in Form von Hähnen, Papageien, Affen, Elchköpfen, Katzen (Kat.Nr.5, 15, 22, 27, 35) sind an Giebeln und Dachfirsten angebracht. Vasenschmuck (Kat.Nr.7, 12, 14, 31, 41, 42, 48, 51, 52), Kartuschen, oft in Verbindung mit Festons, oder Masken (Kat.Nr.51, 56) bilden an herrschaftlichen Villen die Dekorationselemente. Ebenso schmücken reliefierte, ornamentale Bänder und Friese (Kat.Nr.14, 15, 30, 35) oder Reliefs (Kat.Nr.3, 17, 27) die Fassaden. Schrifttafeln mit Baudatum und Sinnsprüchen finden sich an einigen ländlichen Bauten (Kat.Nr.23, 24, 26).

Die Fassaden erhalten also durch differenzierte Bildhauer- und Steinmetzarbeiten eine bewegte Oberfläche. Zur Plastizität der Fassaden kommt die farbige Akzentuierung hinzu.

Durch die Anreicherung mit Stimmungswerten aus dem bäuerlichen Bereich, wie grüne Fensterläden, farbige Fassadenmalereien, Holzschindeln und Giebelverbretterung sowie regionale Baustoffe, kommt zur Anlehnung an aristokratische Bauformen eine volkstümliche Komponente hinzu (s. Kapitel V.3, Heimatstil). Hirschgeweihe im Anklang an Jagdschlößchen oder Jagdhäuser assoziieren eine gehobene Lebensform.

Seidl erhält durch eine ausgewogene Mischung dieser assoziativen Stimmungselemente die gewünschten „malerischen“ und „behaglichen“, dabei repräsentativen Villenarchitekturen.

2. Haustypen

Hinsichtlich Aufbau und Grundriß lassen sich vier verschiedene Villentypen bei Seidl feststellen:
1. Der kompakte Typ wird durch einen ruhigen Umriß bei geschlossenem Grundriß bestimmt.
2. Den additiven Typ kennzeichnen eine Aneinanderfügung bzw. Durchdringung von Baukörpern. Durch Anhäufung von Architekturmotiven entstehen auf Allansichtigkeit konzipierte Häuser über unregelmäßigen Grundrissen.
3. Bei dem Anbautyp wird an ein dominierendes Haupthaus ein untergeordneter Anbau gefügt. Der Anbau kann im rechten Winkel oder schräg angesetzt sein. Die Grundrisse zeigen dementsprechend rechtwinkelige oder stumpfwinkelige Formen.

4. Der zweiflügelige Haustyp besitzt zwei gleichwertige Flügel, die schräg zueinander gestellt sind.

Nicht alle Villen lassen sich eindeutig einem Typ zuordnen, da sie Merkmale verschiedener Typen besitzen. Es treten oft Mischformen auf.

Ein bestimmter Stil ist mit den einzelnen Haustypen in der Regel nicht verbunden, da Seidl, um eine malerische Gesamtwirkung zu erreichen, auf Elemente unterschiedlicher Stile zurückgreift und sie an einem Bau vereinigt.

2.1. Der kompakte Typ

Dieser Landhaustyp orientiert sich sowohl an Bauten des ländlich-bäuerlichen als auch des herrschaftlichen Bereichs. Ein kompakter, oft kubischer Baukörper mit relativ geschlossenem Umriß über rechteckigem Grundriß bestimmt diesen Typ.

2.1.1. Blockhaft, ruhiger Umriß

Eine dem heimischen Bauernhaus angenäherte Hausform verwirklichte Seidl bei seinen ersten Landvillen am Starnberger See. Die Häuser Riedel und Sandner sind als einfache Satteldachhäuser (Kat.Nr.4, 8) konstruiert. Giebelverbretterung oder Verschindelung, Eckerker und Eingang durch eine korbbogige Loggia ist beiden Bauten eigen. Diesen Haustyp hat Seidl später auch bei einem anderen Gebäude, das nicht dem Villenbereich zuzuordnen ist, verwendet, nämlich 1908 bei einem Gästehaus von Schloß Leutstetten[5] für Prinz Ludwig von Bayern. Zusätzlich reichert er den Typ auch mit Elementen des österreichischen und schweizerischen Bauernhauses an. Nach außen geknickte Schopfwalm- oder Mansardwalmdächer und halbrunde Giebelverschalungen des Berner Oberlandes werden mit Balkonen und Aussägearbeiten

60 Haus Faber, Seeseite (BM, 3,1904/05, S.22)

an Holzteilen ausgestattet. Mit dem Landhaus von Baeyer (Kat.Nr.11) entsteht 1895 das erste Haus dieser Art. Bei drei Landhäusern in Murnau (Kat.Nr.16, 44, 55)[6] werden diese Elemente ebenfalls aufgenommen. Im Haus Faber am Tegernsee (Kat.Nr.18; Abb.60) findet sich ein phantasievoller Vertreter der Bauform. Eine leichte Abwandlung zeigt das Haus Brücke am Zeller See (Kat.Nr.20), da es durch Risalit und Erker keinen so geschlossenen Umriß besitzt.

2.1.2. Bewegter Umriß

Eine eigene Variante des kompakten Typus stellen fünf Villenbauten (Kat.Nr.6, 10, 13, 31, 37) mit bewegterem Umriß dar, die sich mehr oder weniger an das Vorbild barocker Kavaliershäuser anlehnen (Abb.61). Hohe Zelt- bzw. Mansardwalmdächer mit quadratischen Laternenaufsätzen, Risaliten oder halbrunden Treppentürmen sind diesen Häusern gemeinsam. Die späteste der Villen, Haus Martius (1905, Kat.Nr.37), verbindet mit dem herrschaftlichen Haus typ Elemente des Schweizerhauses.

61 Villa Krüzner (MBF, 4, 1905, S.22)

Weiterhin können die Vorortvillen Theuer, Bodenhausen, Cederström, Tappeiner und Falkenhausen (Kat.Nr.1, 2, 3, 9, 17) sowie das Haus Kloepfer (Abb.62) in Schwabing (Kat.Nr.28) zu den kompakten Villen mit bewegter Dachsilhoutte gerechnet werden. Ihr Umriß wird durch einzelne Risalite und Türme aufgelöst, aber in der Anlage handelt es sich um kompakte Baukörper.

Hinsichtlich ihrer Bauformen gehören das vom Jugendstil beeinflußte Haus Lacher (Kat.Nr.34) und der klassizistisch inspirierte Backsteinbau Lampe (Kat.Nr.36) in diese Gruppe. Auch drei späte Häuser im Rheinland (Kat.Nr.43, 51, 52), die in Grundrißdisposition und Gliederung miteinander verwandt sind, entsprechen hinsichtlich ihrer ruhigen Umrisse und kompakten Baukörper diesem Typ.

62 Haus Kloepfer, Straßenseite (Mü. Bauk. S.428)

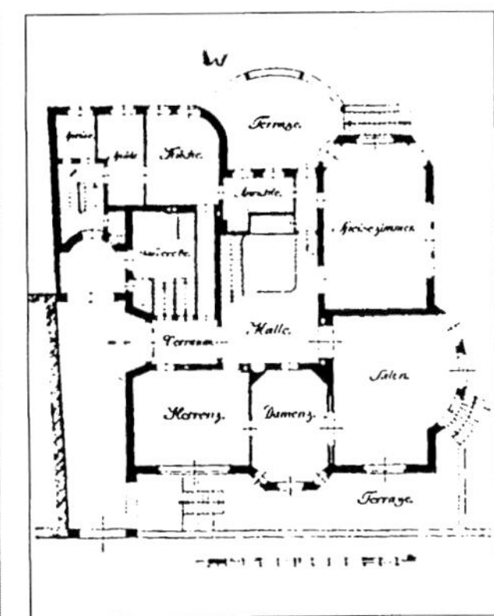

63 Haus Rath, Bonn, Straßenseite, Grundriß Erdgeschoß (ID, 22, 1911, S.51)

Dem geschlossenen Grundriß dieses Typs liegt bei beiden Varianten immer das gleiche Konzept zugrunde. Der Eingang befindet sich, vor allem bei den zur Straße orientierten Vorortvillen, an der Seite, bei den ländlichen Häusern auf der dem Besucher zugewandten Anfahrtsseite. Durch einen schmalen Vorraum tritt man in die zentrale Diele, von der das Treppenhaus mit meist gegenläufiger Treppe abgeht. Der überwölbte Dielenraum trennt die in einer Ecke des Hauses liegenden Wirtschaftsräume bzw. Nebentreppenhäuser von den Hauptwohnräumen ab. Bei einigen Häusern ist der Eingangsvorraum durch eine offenen Loggia ersetzt (Kat. Nr.4, 8, 16, 18, 55; Nr.1, 13 und 37 besitzen Loggia und Vorraum). Drei repräsentative Wohnräume liegen nebeneinander, bisweilen auch übereck, an den Straßenseiten bei stadtnahen Villen, zum Garten gerichtet bei den ländlichen Häusern.

Eine miteinander sehr verwandte Grundrißauffassung zeigen drei große Villen mit äußerlich ähnlicher Gliederung und Stil: die von 1903 bis 1912 entstanden Häuser Nauhardt (Kat.Nr.31), Rath (Kat.Nr.43, Abb.63) und Schoeller (Kat.Nr.51). Der Eingang liegt an der linken Seitenfasssade, die repräsentativen Räume sind in der gleichen Anordung um die geräumige, zentrale Diele gelegt. Der direkte Übergang von Speisezimmer zur Terrasse ist ebenfalls bei allen dreien gegeben.

Seidl hat diesen Haustyp im Laufe seiner Bautätigkeit am häufigsten angewandt (26 Häuser). Die Mehrheit dieser Bauten entstand bis 1900. Aber auch in seiner mittleren und späten Schaffensperiode greift er mit variierenden Grundrissen und Stilen immer wieder auf diese relativ einfache Hausform zurück.

2.2. Der additive Typ

Durchdringung von mehreren Bauköpern, Türme und Risalite sowie überdachte Loggien und Terrassen kennzeichnen gerade diesen Haustyp. Verschiedenartige

64 Villa Kestranek, St. Gilgen, Ostseite, (Oberhammer, S.87)

Dachformen mit gestaffelten Höhen führen zu einer Auflösung des Umrisses. Durch eine Vielzahl unterschiedlicher Architekturmotive erhalten diese Häuser eine malerische Wirkung. Die bewegten Grundrisse werden entsprechend den Himmelsrichtungen und der Ausblicke[7] von innen heraus entwickelt.
Die geräumige Diele mit dem halbrunden Treppenhaus, das am Außenbau als Rundturm erkennbar ist, liegt in der Regel in einem der durch die Verschiebung von Baukörpern entstandenen Gebäudewinkel[8]. Sie grenzt die in einem eigenen Gebäudeteil liegenden Wirtschaftsräume von den Gesellschaftsräumen ab, die sich an zwei Seiten um die Diele gruppieren. Eckloggien, oft im Winkel gegenüber den Treppenhäusern, leiten vom Wohnbereich zu Terrassen und Garten über.

Erstmals läßt sich dieser Haustyp bei Seidl gewissermaßen in einer Vorstufe 1892 bei der Villa Siegle (Kat.Nr.5) feststellen. Elemente des Schweizerhauses gliedern die durch eine Aneinandereihung von einzelnen Baukörpern geprägte Villa. Vorstufen dieses Haustyps sind auch das Haus Miller (Kat.Nr.15) und die ähnlich konzipierte Villa Erhard (Kat.Nr.21).
Zwischen 1902 und 1908 häufen sich dann die großzügigen Landhäuser dieses Typus. In München entsteht 1902 das Haus Meisenbach (Kat.Nr.27), dessen Rückseite bewegt gestaltet wird. Höhepunkte im Schaffen Seidls bilden die Häuser Keetmann (Kat.Nr.29), Engländer (Kat.Nr.30), Lautenbacher (Kat.Nr.35) Strauss (Kat.Nr.38), Pschorr (Kat.Nr.39) und Kestranek (Abb.64, Kat.Nr.40). Diese qualitätvollen, an Details reichen Bauten zeigen trotz Häufung von architektonischen Motiven eine ausgewogene Gliederung. Durch Wiederholung und Variation von Motiven (Dreiecksgiebel bei Haus Keetmann, Rundturm in Kombination mit Drei-

ecksgiebel bei Haus Engländer, kubische Anbauten bei Haus Lautenbacher) kommen beruhigende Elemente in den Aufbau. Gegensätzliche Formen, wie Turmhauben mit konvexen bzw. konkaven Kegeldächern (Haus Lautenbacher) oder der Wechsel von flachen und plastisch vorgewölbten Bogenformen (Häuser Pschorr, Strauss) bringen Spannung in die Gestaltung der Baumassen.
Als einfachere Varianten oder Mischtypen zählen die Häuser Schmidt-Gerstung (Kat.Nr.46) und Hertle (Kat.Nr.54) noch zu dieser Gruppe.

Seidl hat diesen Haustyp nach 1908 nur noch in Form von gemäßigten, kompakten Varianten bei den beiden Häusern Schmidt-Gerstung und Hertle verwirklicht.
Mit zwölf Villen ist dieser zweithäufigste Typ also vor allem in seiner mittleren Schaffensperiode (ab 1902) vertreten.

2.3. Häuser mit Anbauten

Dieser Haustyp ist durch einen dominierenden Hauptbau, an den ein niederer Bau angefügt wird, charakterisiert. Der Anbau kann rechtwinkelig oder im stumpfen Winkel an das Haupthaus stoßen. Rundtürme oder halbrunde Terrassen vermitteln oft an den Nahtstellen von Haupt- und Nebenbau.
Die kubischen Baukörper der Hauptbauten sind durch Erker und Loggien gegliedert. Die schlichter gehaltenen Anbauten können eine beträchtliche Länge über mehrere Achsen besitzen oder auch nur als kurze Flügel ausgebildet sein.
Ruhige, dem Zeltdach angenäherte Dachformen, die durch Laternen, Kaminaufsätze oder Knaufstangen betont werden, bedecken die Hauptbauten. Die etwas niederen Dächer der Anbauten sind als Walm- oder Satteldächer ausgeführt. Der Eingang liegt meist im abgeschrägten Winkel.
Seidl realisierte erstmals 1896 mit der Villa Merck (Kat.Nr.14) diesen Haustyp.

65 Schloß Seeleiten, (Neudeutsche Bauzeitung, 6, 1910, S.453)

2.3.1. L- oder winkelförmiger Grundriß

Diese Gruppe (Kat.Nr.22, 23, 24, 25, 32, 33, 41, 42), als deren Hauptvertreter das eigene Landhaus Seidls (Kat.Nr.24) gelten kann, zeigt sehr überzeugend die gemeinsamen Merkmale. Hohe Zeltdächer mit Dachhäuschen und ausbauchenden Erkern, die unter die vorkragenden Dächer gezogen sind, bestimmen die blockhaften Baukörper.

Langgestreckte Anbauten, wie bei der Villa Seidl oder Schloß Seeleiten (Abb.65; Kat.Nr.33), finden sich ebenso wie kurze Varianten bei den Häusern Feilitzsch oder Bischoff (Kat.Nr.22, 23).

Die Grundrisse weisen bei den Häusern Feilitzsch, Bischoff, Seidl, Sedlmayr und Seeleiten (Kat.Nr.22, 23, 24, 25, 33) eine übereinstimmende Disposition auf (Abb.66). Der Eingang im inneren Winkel[9] führt über eine Terrasse oder Loggia in die geräumige Diele. Diese liegt an der Nahtstelle zwischen Wirtschaftsräumen im Anbau und den übereck geführten Gesellschaftsräumen. Die im Hauptbau untergebrachten Wohnräume werden durch Erker nach außen geöffnet. Die Anlage dieser ausgreifenden Erker zwischen die eine Eckloggia gesetzt ist, ist bei den Häuser Seidl und Sedlmayr (Kat.Nr.24, 25) nahezu identisch.

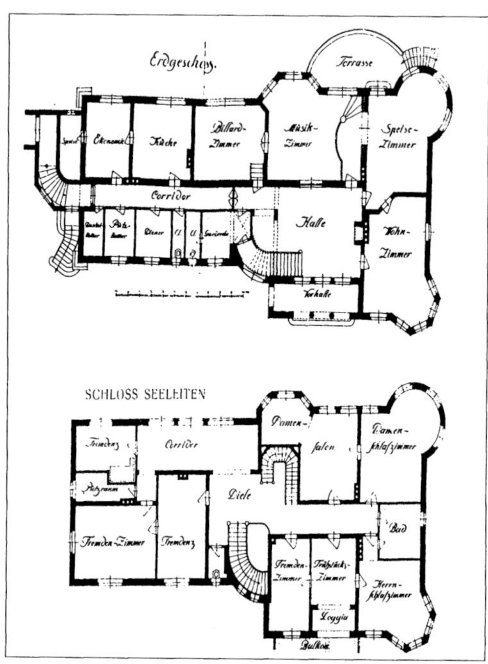

66 Schloß Seeleiten, Grundrisse (BM, 8, 1910, T.44)

67 Haus Mittelsten Scheid, Eingangsseite (ID, 22, 1911, S.384)

68 Villa Maffei, Seeseite (MBF, 4, 1905, S.124)

Die sechs Villen dieser Gruppe (Kat.Nr.22, 23, 24, 25, 32, 33) sind alle innerhalb weniger Jahre, von 1900 bis 1905, entstanden. Zwei spätere Bauten, die Häuser Mittelsten Scheid (Abb.67) und Benker (Kat.Nr.41, 42), die etwas von dem Schema abweichen[10], errichtete Seidl beide im gleichen Jahr, 1907. Das Haus Mittelsten Scheid besitzt dabei mit seinem massiven Rundturm ein Merkmal der stumpfwinkeligen Variante.

69 Schloß Skoda (ID, 22, 1911, S.41)

2.3.2. Stumpfwinkeliger Grundriß

Fünf schloßartige Landhäuser (Kat.Nr.14, 26, 45, 49, 50) zeigen eine Variante des Typus. Der mehr oder weniger langgestreckte Anbau wird schräg an das Haupthaus angefügt. Markante Rundtürme sind im Sinne eines Belvedere in den Winkel eingestellt (Abb.68).

Dieser vom Schloßbau beeinflußte Typ wird von den Häusern Maffei, Skoda und Knorr (Kat.Nr.26, 45, 50) sehr ausgeprägt verkörpert. Die Häuser Skoda und Knorr besitzen noch einen zweiten, rechtwinkeligen Anbau, an dessen Ende ein Pavillon liegt[11].

Wie bei der ersten Variante des Typs nimmt die großzüge Diele die Stelle am Übergang zwischen Haupt- und Nebenbau ein. Im Anbau sind auch hier die Wirtschafts- und Nebenräume untergebracht[12].

Daß es sich um herrschaftliche Häuser handelt, zeigen nicht nur die Großzügigkeit der Anlagen, sondern auch das Raumprogramm. Wintergarten (Kat.Nr.14, 45), Musikzimmer (Kat.Nr.50), Billardzimmer (Kat.Nr.14) sind bei diesen Villen als selbstverständliche Attribute vertreten.

Von 1896 (Kat.Nr.14) bis 1911 setzte Seidl diesen Villentypus immer wieder ein (Maffei, 1901; Skoda, 1908; Ysselstein, 1911; Knorr 1912). Die Häuser Skoda (Abb.69) und Knorr (Kat.Nr.45, 50) gehören nicht nur durch ihre vergleichbare

70 Haus Prym, Anfahrtsseite (ID, 24, 1913, S.33)

Grundrißanlage zusammen, sondern auch durch äußere Merkmale, wie Form des Turmes und Verschindelung des Obergeschosses.

2.4. Zweiflügelige Anlagen

Weitere fünf vom Schloßbau inspirierte Villenbauten (Kat.Nr.19, 47, 48, 53, 56) lassen sich zu einem Typus zusammenfassen, der eine Weiterentwicklung des vorigen Typs (3.2.) darstellt. Zwei gleich hohe Baukörper werden schräg zueinander gesetzt, so daß eine stumpfwinkelige Grundrißform entsteht (Abb.70). Rundtürme sind im inneren Winkel eingestellt. Am äußeren Winkel vermitteln Loggien oder Rundbauten zwischen den Baukörpern.
Durch die beiden Flügel, die symmetrische Gliederungselemente aufweisen können (Kat.Nr.53, 56), wird ein Anfahrtshof ausgegrenzt. Der Eingang im Winkel ist bei Haus Prym (Kat.Nr.47) zusätzlich zum Turm[13] durch eine Säulenhalle akzentuiert.
Der Grundriß mit der Diele im Winkel weicht im wesentlichen nicht von den vorigen Haustypen ab. In der dem Anfahrtshof zugekehrten Seite liegen in einem Flügel untergeordnete Räume, wie Küche (Kat.Nr.19, 53), Büroräume (Kat.Nr.48) oder Schlafräume (Kat.Nr.47). Im Haus Prym (Kat.Nr.47) erstreckt sich die Diele nahezu über die ganze Breite eines Flügels.
Eine Zwischenstellung nimmt bei diesem Typ schon auf Grund seiner relativ geringen Größe das Haus Alff (Kat.Nr.53) ein. Hinzuzählen ist die Villa Giesecke (Kat.Nr.56), die ebenfalls diagonal angesetzte Flügel besitzt und aufgrund ihrer sachlichen Bauweise eine Weiterentwicklung des Typus bedeutet (Abb.71).

Diesen vom Schloßbau der deutschen Renaissance und des Barock sowie der englischen Villenarchitektur[14] (s. Kapitel VI.2.) beeinflußten Haustyp entwirft Seidl erstmals 1899 mit dem Haus Klöpfer (Abb.51). Nur wenige Jahre zuvor hatte 1891 in England Norman Shaw in Chesters[15] diese Grundrißform, den „Schmetterlingsplan“, entwickelt. Seidl wendet die Hausform um 1910 nicht nur bei einigen seiner späten Villen an, sondern auch für einen Restaurantbau auf der Brüsseler Weltausstellung (Abb.14).

71 Haus Giesecke, Anfahrtsseite (DKD, 20, 1916/17, S.48)

2.5. Zusammenfassung

Der 1. Bautypus, den Seidl bis zur Jahrhundertwende fast ausschließlich anwendet[16], lehnt sich in der äußeren Gestalt an die traditionellen Villenbauten der 2. Hälfte des 19. Jahrhunderts an. Die Außenbauten sind in stilistischer Hinsicht noch weitgehend vom Historismus geprägt. Bezüglich der Grundrißdisposition zeigt sich aber schon eine andere Auffassung. Die Dielen sind zwar noch relativ schmal, aber die Hauptwohnräume orientieren sich zum Garten bzw. auf besondere Ausblicke. Nur bei einigen Vorortvillen ist der Bezug der Wohnräume zur Straße noch erhalten. Himmelsrichtungen spielen bei der Ausrichtung der Wohnräume ebenfalls eine Rolle sowie die enge Verbindung von Haus und Garten. Die Küche und Wirtschaftsräume bringt Seidl nur noch in Ausnahmefällen (Kat.Nr.17) im Souterrain unter.
Bei den Häusern des Typs, die Seidl nach 1900 verwirklicht, handelt es sich um Mischformen oder Weiterentwicklungen der Grundform. Das Äußere wird zunehmend blockhafter und schlichter gestaltet, nahezu ohne historistische Zutaten, aber die Grundrißdisposition bleibt abgesehen von einigen Veränderungen, wie Vergrößerung der Dielenräume und vermehrte Anbringung von Loggien, bestehen.

Mischformen bilden auch die um die Jahrhundertwende entstandenen Bauten des 2. Haustyps aus. Sie zeigen in der kompakten Anlage der Baukörper noch eine enge Verbindung zum 1. Typus (Kat.Nr.15, 21, 27).
Ab 1902 vertritt Seidl mit den Häusern des 2. Typs, die alle während weniger Jahre entstanden und die stark vom englischen Landhausbau beeinflußt sind, eine fortschrittliche Wohnauffassung. Die Villen werden von innen nach außen konzipiert, d.h. das Äußere der Häuser wurde vom Grundriß her entwickelt. Umgebung, Terrain, Himmelsrichtungen und Ausblicke sowie unmittelbare Verbindungen zwischen Haus und Garten sind bestimmende Faktoren bei der Gestaltung.

Parallel zu dieser Hausform realisiert Seidl ab der Jahrhundertwende den 3. Haustyp. Diese Bauweise eignet sich vor allem für sehr großzügige Villen, die er in zunehmendem Maße errichtet. Zudem konnte in der Grundrißdisposition eine weitgehende Trennung von gesellschaftlichem, privatem und wirtschaftlichem Bereich erreicht werden.
Eine kleine Zahl von Häusern umfaßt der 4. Typus, der in fünfzehn Jahren für sehr große, schloßartige Villen verwirklicht wird. In seiner Grundrißform wird dieser Typ ebenfalls von England beeinflußt. Die an die Enfilade erinnerende Reihung der Räume oder die große Dielenhallen entsprechen dem Schloßbau.

3. Raumprogramme

Obgleich das Äußere der Häuser sehr unterschiedlich gestaltet sein kann, bestimmt hinsichtlich der Raumkonzeption alle Villen eine vergleichbare Einteilung.
Im Erdgeschoß befinden sich die Gesellschaftsräume, Küche, Speisekammer und Nebentreppenhäuser. Das Obergeschoß, als der Privatbereich, nimmt die Schlafräume, Bad und Kinderzimmer auf. Im ausgebauten Dachgeschoß liegen Fremdenzimmer und Dienstbotenräume. Das Kellergeschoß, in dem in einigen Fällen die Küchen untergebracht sind (Kat.Nr.14, 17, 28, 31, 35, 36, 47, 48, 51), nehmen Wirtschafts-, Vorratsräume und Hausmeisterwohnung sowie Heizungskeller und Waschküchen ein. Zum Haupttreppenhaus, das nach englischem Vorbild offen von der Halle aus zugänglich ist und in die Privat- und Schlafräume führt, besitzen die Villen noch geräumige Nebentreppenhäuser für Personal und Wirtschaftsverkehr, die durch einen eigenen Eingang erschlossen werden.
Seidl übernimmt die im 19. Jahrhundert übliche geschoßweise Trennung der repräsentativen Wohnräume im Erdgeschoß und der privaten Räume im Obergeschoß. Dabei erfolgt eine strikte Trennung von Wirtschafts- und Gesellschaftsbereich. Dies erreicht er durch Ausgrenzung eigener Bauteile, wie er sie mit Haustyp 2, 3 und 4 realisiert (s. Kapitel III.2.).
Der repräsentative Lebensstil der Bewohner beeinflußte weitgehend das Raumprogramm der Villen (Abb.72). Großzügige Empfangshallen (Kat.Nr.14, 45, 47, 50, 51), häufig zweigeschossig mit Galerie oder mit Gewölbe ausgezeichnet, schließen sich an Vorräume oder Vestibüle an. Die Garderoben, teilweise für Damen und Herren separiert (Kat.Nr.31, 43, 51), an die sich ein Boudoir anschließen kann (Kat.Nr.14), sind oft als kleine Aufenthaltsräume, ausgestattet mit Sesselchen und Waschgelegenheiten, angelegt.

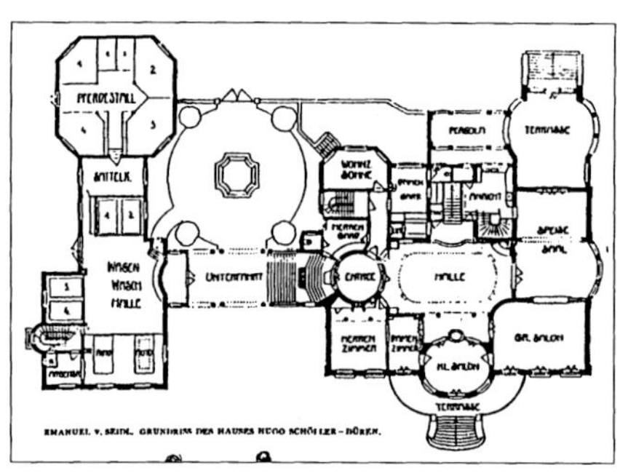

72 Haus Schoeller (DKD, 37, 1915, S.54)

Entsprechend dem Repräsentationsanspruch des Hausherren sind häufig mehrere Salons (Kat.Nr.12, 35, 47, 51, 56)

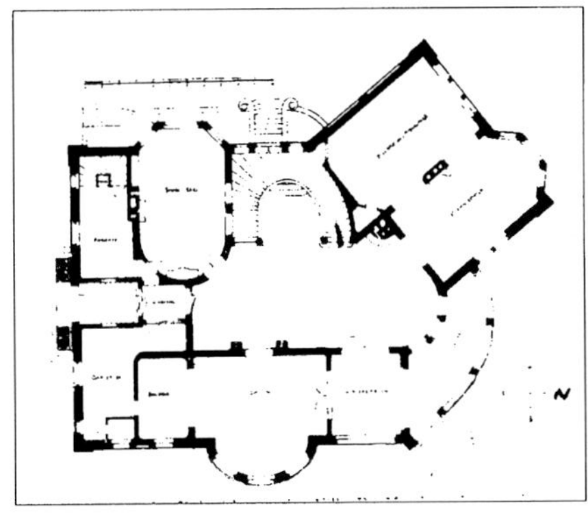

73 Villa Merck, Grundriß (AR,13,1897,T.73)

nötig, um die Gäste standesgemäß zu empfangen. Sie liegen in bevorzugter Lage mit Panoramablicken, ausgezeichnet durch Erker oder ovale Grundrisse. Sie sind mit den anderen Gesellschaftsräumen durch breite Schiebetüren oder auch nur durch Säulen (Kat.Nr.50, 51) verbunden. Regelrechte Enfiladen dagegen finden sich selten (Kat.Nr. 14, 45, 53, 56).
Den langgestreckten Speisezimmern, denen im Raumprogramm als wichtigstem Gesellschaftsraum eine bedeutende Funktion zukommt, sind meist Loggien oder Veranden mit direktem Zugang zum Garten vorgelagert. Als größte Räume des Erdgeschosses gleichen sie Speisesälen (Kat.Nr.12, 14, 19, 30, 31, 33, 35, 37, 39, 40, 47, 56) und besitzen bisweilen zwei Tische (Kat.Nr.47, 51), um eine intimere Atmosphäre zu schaffen.

An das Herrenzimmer, das nur bei ausgesprochenen Ferienvillen fehlt (Kat.Nr.4, 21, 23, 24, 25, 26, 32), grenzt die Bibliothek (Kat.Nr.1, 12, 14, 56) oder das Billardzimmer (Kat.Nr.12, 14, 19, 28, 36, 37). Auch Kneipzimmer oder Bauernstuben (Kat.Nr.2, 18, 12, 42) dienten dem geselligen Leben des Hausherren. Für Konzerte werden großzügige Musikzimmer zum Teil mit eigener Bühne (Kat.Nr.7, 14, 24, 29, 33, 39, 48, 50, 51) oder eingebauter Orgel (Kat.Nr.42) angelegt. Große Bedeutung im Raumprogramm der herrschaftlichen Villa (Abb.73) besitzen die Wintergärten (Kat.Nr.2, 7, 13, 14, 30, 42, 45, 53, 55), da es sich dabei um ein „Privileg“ handelt, das bis dahin der Aristokratie vorbehalten war[17].
Nur in wenigen Fällen ist das Obergeschoß im Sinne einer Beletage als repräsentativer Wohnbereich ausgebildet (Kat.Nr.2, 3, 12, 13, 37, 47).
Neben den Schlafräumen finden sich auch Wohnzimmer, Frühstückszimmer (Kat.Nr.26, 33, 38, 39, 48, 50, 54, 56) oder zweites Speisezimmer im Obergeschoß. Zum Standard der Villen gehört ein Bad, das im Bereich der Schlafräume liegt. Einige große Villen besitzen zwei (Kat.Nr. 37, 39, 47) oder auch drei Bäder (Kat.Nr.56). Schrank- und Ankleidezimmer sind ebenfalls in vielen Villen vorhanden.
Bei dem Haus Wilhelm von Millers ist im Obergeschoß noch eine Hauskapelle untergebracht (Kat.Nr.15).

Im wesentlichen entspricht diese Einteilung der Grundrisse den Forderungen von Muthesius, die dieser 1907 veröffentlichte[18]. Hatte Seidl doch bereits kurz vor der Jahrhundertwende Villentypen vorweggenommen und weiterentwickelt (Typ 2, 3, 4), mit denen er diese Raumprogramme problemlos verwirklichen konnte. Auch die von Muthesius geforderte Ausrichtung der Wohnräume nach Himmelsrichtungen und der enge Zusammenhang zwischen Haus und Garten (s. Kapitel III.2. Haustypen) erfolgte bei Seidl schon vor 1900.

4. Anmerkungen

1 Muthesius, 1905, S.XIII
2 Pfeifer, H.: Stimmungwerte der Dachformen, AR, 21, 1905, S.89ff
3 Muthesius, 1905, S.VIII
4 s. Michel, W.: Neue Wohnhausbauten von Emanuel v. Seidl, in: DKD, 32, 1913, S.185;
5 Samerhof, Leutstetten, Wangener Straße 48, 1907-08, Abb. Schober, 1989, S.337; Hauspläne von 1908, LRA Starnberg, Bauamt
6 Nr.16 stellt mit rechtwinkeligem Anbau eine Mischform zwischen 2. und 3. Typ dar
7 Seidl, 1910, S.53
8 Nicht bei Kat.Nr.15, 21, 27
9 Bei Nr.22 ist der Gartenzugang an diese Stelle gerückt
10 Haus Mittelsten Scheid zeigt nicht die hohe Zeltform des Hauptdaches, aber die Grundrißanlage ist vergleichbar. Bei Haus Benker handelt es sich um den Ergänzungsbau eines bestehenden Gebäudes
11 Dieses Anfügen eines Anbaus mit Pavillon hat Seidl auch bei der Schloßanlage von Wolfsbrunn verwirklicht
12 Beim Haus Merck, Nr.14, dessen Wirtschaftsräume im Souterrain liegen, befindet sich im Anbau das Herrenzimmer und Bibliothek, bei Haus Maffei, Nr.26, die zahlreichen Schlaf- und Gästezimmer
13 Haus Alff, Nr.53, besitzt nur einen bis ins Dach mit einer Altane geführten Runderker
14 s. Muthesius, Stefan, 1974, S.180
15 Muthsius, S., 1974, S.180
16 Häuser dieser Periode, die anderen Haustypen zugeordnet werden, sind Umbauten (Nr.5,15) oder besitzen durch eine gewisse Kompaktheit der Baukörper (Nr.14) dennoch Merkmale des 1.Typs
17 Dauber, 1985, S.210
18 Muthesius, 1907, S.XXIX ff

74 Villa Knorr, München, Galerieraum (DKu, 16, 1907, S.107)

IV. Seidl als Innenarchitekt

1. Innenarchitektur und Ausstattung

Seidl, der zunächst in der Firma Seitz & Seidl als Innenarchitekt gearbeitet hatte, ehe er sich dem Hochbau zuwandte, war nicht nur als Architekt sondern auch als Innenarchitekt hoch angesehen. Seine umfangreiche Ausstellungstätigkeit auf diesem Gebiet[1], häufig durch Medaillen prämiert, macht dies deutlich. Die Aufträge für Inneneinrichtungen reichten vom Wohnhaus und Schloß über Geschäftshaus bis zum Restaurant und Hotel.

Bekannt durch zeitgenössische Zeitschriften wurden seine Entwürfe für Galerieräume. 1903 gestaltete er die Verkaufsräume der Galerie Heinemann[2] (Abb.35), 1904 ließ sich der Kunstsammler Thomas Knorr die Räume für seine Bildergalerie ausschmücken (Abb.74; Kat.Nr.7). Für Brakls Moderne Kunsthandlung entwarf er 1910 an der Goethestraße 64 neue Galerieräume[3] sowie 1912, die Räumlichkeiten am Beethovenplatz 1[4] (Abb.75,76). Allen diesen Räumen ist eine schlichte Wandgestaltung bei heller Oberlichtführung eigen. Farbliche Akzente werden durch Wandbespannungen und einzelne Möbel gesetzt. Kräftige Farbigkeit, die ein Kennzeichen Seidlscher Innenräume ist, wird z.B. bei der Galerie Brakl durch einfarbige Stoffbespannung in Schwarz, Rosa, Lila, Gelbgrau oder Dunkelrot[5] erzielt.

Hinsichtlich der Gestaltung von Wohnräumen besitzen einige der von ihm ausgestatteten Wohnungen Vorbildcharakter. So ist seine eigene Wohnung am Bavariaring 10[6] (Abb.24-27) von Bedeutung, die er prunkvoll als Künstlerresidenz gestaltete[7] und in der ein Dualismus zwischen „alter Tonart“ und „moderner“[8] Einrichtungskunst herrschte.

75 Galerie Brakl, Ausstellung (MBF, 12, 1913, S.464)

76 Galerie Brakl, Oberlichtsaal (MBF,12,1913, S.464)

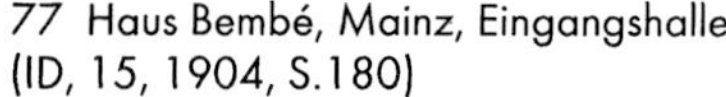

77 Haus Bembé, Mainz, Eingangshalle
(ID, 15, 1904, S.180)

78 Haus Schoeller, Düren, Damenzimmer
(DKD, 37, 1915/16, S.68)

Die Einrichtung für den Maler Carl Bembé (Abb.77,88) in Mainz[9] erregte großes Aufsehen und wurde u.a. in der Londoner Zeitschrift „The Studio“[10] eingehend dokumentiert. Aber auch sein eigenes Landhaus in Murnau war Vorbild für seine Villeninterieurs.

Bei der Erbauung von Villen war Seidl bekannt dafür, daß er auch die Einrichtung und Ausstattung bis ins kleinste Detail[11] plante und ausführte. Der Kunde konnte bis zum Hausrat und Wäsche alles bei Seidl bestellen.
Seidl gestaltete die Innenräume im Einklang mit der Architektur, so daß ein Bezug zwischen Außenbau und Innenraum entstand. Bei den Häusern Lautenbacher, Strauss, Pschorr, Kestranek oder Mittelsten Scheid (Kat.Nr.35, 38, 39, 40, 41), ist das sehr gut zu erkennen[12]. Am Außenbau verwendete Werkstoffe und Ornamente werden im Inneren wieder aufgenommen. Blaurote Ziegelverblendung des Äußeren dient beispielsweise bei Haus Mittelsten Scheid zur Verblendung des Kamins und Wandsockels, bei Haus Kestranek wird der Naturstein des Sockels zur Kamingestaltung und Türgewände verwendet. Würfelfriese des Äußeren kehren an Kaminsimsen, Stuckdecken oder als Möbeldekor bei Haus Lautenbacher wieder oder bei Haus Strauss wiederholen sich die Putzrauten als Möbelornamente. Auch Malereien schaffen eine Korrespondenz von Innen und Außen. Gemalte Ornamente und Rosenblüten an der Dachverschalung von Haus Faber (Kat.Nr.18) werden auch in der Dekoration der Bauernstube wiederaufgenommen.
Die repräsentativen Räume und Raumfolgen werden unabhängig vom Stil als ganzheitliche Räume gestaltet. Häufig sind die Räume ohne Türen untereinander zu

Raumkompositionen verbunden (Abb.79). Verzierte Stützen (Kat.Nr. 50, 51, 39) oder geschwungene Durchgänge in Schulterbogen- (Kat.Nr. 14, 47, 51) oder Dreipaßform (Haus Bembé; Kat.Nr. 39, 40) leiten zum nächsten Raum über.

79 Villa Knorr, Garmisch, Salon (ID, 26, 1915, S.9)

Eine Gesamtwirkung wird durch Zusammenklang von Wandgestaltung, in die Teile der Einrichtung integriert werden, Deckenschmuck und Bodenbeläge erreicht. In halbhohe Wandpaneele werden Sofas (Kat.Nr. 14, 51), Eckbänke (Kat.Nr.35, 40) Bücherschränke (Kat. Nr.40), Büffets (Kat.Nr.24, 38, 40, 43) oder Wandschränke (Kat.Nr.56) eingebaut. Türen, Paneele und Möbel werden einheitlich gestaltet, indem sie Holzart, Holzton oder Ornamentmotive wiederholen (Abb. 78). Geometrische Formen wie Rechtecke (Kat.Nr. 56), Rauten, Sternformen (Kat. Nr.20, 31), Ovale (Kat. Nr. 51) oder Blüten (Kat. Nr. 18) sowie Säulenschmuck treten häufig als Motive auf. In die Wandfläche werden auch die Kamine eingebunden (Kat. Nr. 45). Farbige Keramikfliesen (Kat.Nr.31, 35, 40), Backstein- oder Natursteinverkleidungen der Kamine (Abb.80) setzen sich an den Wänden, Fußboden oder als Sockelleiste fort und binden somit die Raumteile zusammen. Die Werkstoffe werden dabei dem Material entsprechend, also in materialgerechter Form, verwendet.

80 Schloß Skoda, Herrenzimmer (ID, 22, 1911, S.47)

Die Musterung des Parketts, das häufig in hellem Holz mit schwarzen Rechtecken (Abb.86 und Kat.Nr.40,) ausgeführt ist, oder des Teppichs nimmt wiederum Ornamente der Wandgliederung oder des Deckenstucks auf.

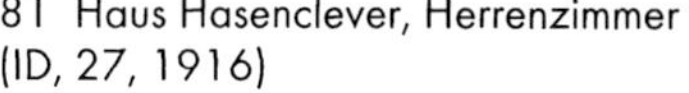

81 Haus Hasenclever, Herrenzimmer
(ID, 27, 1916)

82 Haus Schoeller, Salon
(ID, 27, 1916, S.376)

Schablonenmalereien der Wände können zur Vereinheitlichung des Raumes ebenfalls Dekorformen des Stucks oder der Einrichtung aufnehmen (Kat.Nr. 23, 24, 31, 43). Die Stuckierung, mit der Seidl vor allem Speisezimmer und Salons auszeichnet, beschränkt sich etwa ab 1900 auf breite, regelmäßige Profilierungen, geometrische Muster oder Rosetten. Funktionale Balken werden durch Stuckornamente betont (Kat.Nr.35, 39, 18). In die Stuckierung können Glühbirnen eingesetzt sein, die den Raum hell ausleuchten (Kat.Nr.39, 40, auch Schloß Wolfsbrunn).

Zur Gesamtwirkung gehören auch Vorhänge und Teppiche, die in Bordüren und oft üppigen Blumenmustern die Ornamente des Stucks, der Wand oder der Möbel aufnehmen. Farbige Blüten oder Rosettenmuster bei Teppichen (Abb.81) beziehen sich ebenfalls auf andere Ausstattungsteile.
Ein wichtiges Kriterium Seidlscher Innenräume ist die Farbe, die ihren Teil zur Vereinheitlichung der Räume beiträgt. Möbel, Wandfarbe und Fußboden können Ton-in-Ton (Abb.82) oder farblich aufeinander abgestimmt sein. Aber auch leichte Dissonanzen und unharmonische Farbklänge kommen vor.
Brunnen (Kat.Nr.20, 43) und keramische Arbeiten an Türgewänden oder Säulen (Abb.83 und Kat.Nr.47, Hauptrestaurant der Ausstellung „München 1908"), bilden farbliche Kontraste zur Einrichtung. Keramische Fliesen mit geometrisierenden Friesen setzen im Eingangsbereich farbige Akzente (Kat.Nr.31, 35, 53). Die Fliesen weisen dabei oft eine aparte Farbigkeit in schillernden Tönen, wie Lila, Graubraun, Türkis, auf.

Zur Ausstattung der Räume gehören trotz eingebauter Zentralheizung nahezu immer hohe Kachelöfen, die im Stil und Farbe den Räumen angepaßt sind.

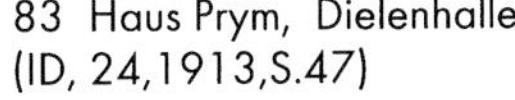

83 Haus Prym, Dielenhalle
(ID, 24,1913,S.47)

84 Villa Seidl, Speisezimmer
(Seidl,1910,S.89)

Seidl wiederholte oftmals bei der Ausstattung aufeinanderfolgender Bauten bestimmte Motive und Einrichtungsgegenstände. Die Einbaubüffets für sein Murnauer Haus, die Häuser Kestranek, Rath und Benker (Kat.Nr. 40, 42 43), die er für die „Vereinigten Werkstätten" entwarf[13], sind nahezu identisch (Abb.84). Auch eine Standuhr[14], die sich heute noch im Hause Kestranek befindet, ist in derselben Ausführung in Schloß Skoda und Haus Schmidt-Gerstung (Abb.85) zu sehen (Kat.Nr.45, 46). Dies gilt auch für Tische und Stühle, die in gleichen Ausführungen nur in unterschiedlichen Holzarten die herrschaftlichen Häuser schmükken (Kat.Nr.51, 43).

85 Haus Schmidt-Gerstung, (DKD, 32, 1913, S.189)

Es gibt auch bauliche Motive, die er im Laufe der Jahre immer wieder aufnahm. So kehren dreipaßförmige Türgewände bei seiner Wohnung am Bavariaring (1897), in reich ornamentierter Form bei den Häusern Bembé (Abb.77) und Kestranek (Kat.Nr.40) wieder. Oder der hohe Natursteinkamin mit Würfelfries,

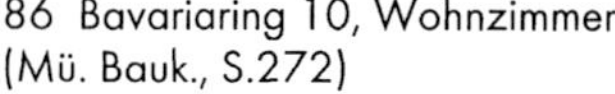

86 Bavariaring 10, Wohnzimmer
(Mü. Bauk., S.272)

87 Bavariaring 10, Musikzimmer
(Mü. Bauk. S.267)

den er vorzugsweise in den Dielenhallen anbrachte, war um 1905 in allen Häuser zu finden.

Es ist also ein ganz bestimmtes, von ihm entworfenes Formenrepertoire, das sich die Bauherren in seiner gewissermaßen als Musterhaus fungierenden Wohnung am Bavariaring oder in Murnau aussuchen konnten, oder das durch Veröffentlichungen in Zeitschriften bekannt war. Dabei spielte es für die Auftraggeber keine Rolle, daß die gleichen Gegenstände und Schmuckformen auch in anderen Häusern der Umgebung zu finden waren, wie die vergleichbare Einrichtung der Häuser Prym, Merberich und Schoeller (Kat.Nr.47, 48, 51) zeigt. Seidl besaß bei seinen Einrichtungen ein ausgesprochenes Gespür für die Wünsche und Bedürfnisse seiner Kundenschicht, so daß er Repräsentation mit stimmungsvoller Privatsphäre verband.

2. Stil der Interieurs

Entsprechend dem von Gabriel Seidl entwickelten Einrichtungsstil, der von den Werkstätten Seitz & Seidl ausgeführt wurde, stattete auch Emanuel Seidl in den 80er und 90er Jahren des 19. Jahrhunderts seine Villen im Stil der Neurenaissance aus (Kat.Nr.1-3, 5). Bei Einrichtungen, wie die der Villa Merck (Kat.Nr.14) und teilweise in seiner eigenen Wohnung am Bavariaring (Abb.86), sind Räume, wie Salon, Bibliothek, Wohn- und Empfangszimmer, in Renaissanceformen ausgeführt. Gewölbe und Stuckierung bzw. Kassettendecken und Mobiliar werden als ganzheitliche Räume in diesem Stil gestaltet.
Im großen und ganzen sind die Innenräume etwa bis 1900 stark vom Historismus

88 Haus Bembé, Damenzimmer (DK, 12, 1904, S.97)

89 Haus Brakl, Herrenzimmer (DKD, 26, 1910, S.108)

geprägt. Vereinzelt treten aber auch nach der Jahrhundertwende noch historistische Innenräume auf. Dielen oder Treppenhäuser in neubarocken Formen (Kat. Nr. 6, 14, 31), Rokokosalons (Kat.Nr.13, 18, 19) oder Gartenzimmer im Rokokostil (Kat. Nr. 42) schließen sich an Speisezimmer in Renaissanceformen (Kat.Nr.14, 18, 23, 37) und gotische Herrenzimmer (Kat.Nr.19, 23) an. Wichtig ist der Gesamteindruck der Räume, gestaltet mit Kachelofen, Beleuchtungskörpern, bis hin zu Tischdecken und Sofakissen.

Einen von der römischen Antike beeinflußten Klassizismus realisierte Seidl um 1898 in seiner eigenen Wohnung (Abb.87) und in Ausstellungen (s. Kapitel I.5.1.1.). Diesen Stil, der auf Einflüsse Lenbachs bzw. dessen Villa zurückgehen mag, entwickelte er wohl gemeinsam mit Franz Stuck. Stuck richtete zeitgleich mit Seidl seine Villa an der Prinzregentenstraße in diesem Stil ein. Bei einem gemeinsamen Ausstellungsprojekt auf der Pariser Weltausstellung von 1900 entwarf Seidl den Raum in pompejanischen Formen und Stuck das dazugehörige Mobiliar.

Um die Jahrhundertwende trat mit der Einrichtung des Hauses Bembé ein Umschwung bei Seidlschen Interieurs auf. Unter dem Einfluß und Mitwirkung des mit Kunstgewerbe und Innendekoration befaßten Bauherren Carl Bembé entstand ein vom Jugendstil und englischen Kunstgewerbe bestimmtes Interieur. Schlichte Konstruktionsformen ohne historistische Anklänge und vegetabile Ornamente bestimmen die Räume. Die Gesamtentwurf für die Raumausstattung lag wohl bei Bembé, aber die bauliche Gestaltung wurde von Seidl entworfen, wie Gewölbe- und funktionale Balkenformen zeigen. Das von Seidl gestaltete Damenzimmer[15]

90 Damenzimmer (Archiv „Vereinigte Werkstätten", München, Sig.9800ff)

91 Villa Strauss, Wohnzimmer (ID, 21, 1910, S.15)

(Abb.88) mit weiß lackierten Einbaumöbeln und tiefblauem Teppich fügte sich harmonisch in die Gesamtkonzeption ein. Auch Elemente, wie dreipaßförmige Türen oder einzelne Dekorformen, hatte Seidl bereits zuvor am Bavariaring ausgeführt. Die schwanenhalsartige S-Form am Antrittspfosten des Treppengeländers ist häufig als Seidlsches Merkmal zu finden (Abb.77).
Bei der Einrichtung der Galerie Heinemann in München griff Seidl 1903 auf Elemente des Hauses Bembé zurück. Jugendstildekor, Schlichtheit und Materialgerechtheit bestimmten auch diesen Bau.

Jugendstilräume mit schablonierten oder durch Reisstrohmatten verkleideten Wänden, eingebauten Bänken und Schränken, die bisweilen farbig gestrichen werden, sowie farbigen Rattanstühlen entwarf Seidl in der Folgezeit häufiger (Kat.Nr.23, 24, 35, 43, Haus Brakl, Kaufmanns-Kasino im Hotel Vier-Jahreszeiten[16] (Abb.89).
Bei der Gestaltung des Hauptrestaurants der Ausstellung „München 1908" (Abb.9) bediente sich Seidl einer vom Barock inspirierten Jugendstildekoration. Keramische Arbeiten an Türgewände und Wandverkleidung sowie Deckenmalereien akzentuieren die Farbigkeit der Räume.
Selten allerdings werden bei Villen repräsentative Wohnräume ganz in reinem Jugendstil gestaltet (Kat.Nr.23). Oft werden Deckenstuck, Wandverkleidungen und Schränke mit Jugendstildekor geschmückt, bei dem freistehenden Mobiliar dagegen treten barocksierende oder biedermeierliche Mischformen auf (Abb.90). Nur Privaträume, wie Schlaf- und Kinderzimmer, Gäste- oder Mädchenzimmer, werden häufig jugendstilartig mit farbig schablonierten Wänden und schlichten, lackierten Einbaumöbeln eingerichtet (Kat.Nr.24, 43, 48).

In der Form lehnen sich die Jugendstilmöbel Seidls (Abb.91), vor allem die Schränke, an Wiener Vorbilder, etwa Joseph Hoffmanns, an. Aber auch Einrichtungen, wie sie Richard Riemerschmid auf der Brüsseler Weltausstellung zeigte[17], sind vergleichbar. Strenge, geometrische Formen, wie verglaste Rechteckfelder, Rauten oder Ovale, und Messingbeschläge gliedern die Schränke (Kat.Nr. 24, 35, 40, 42, 43, 56). Gleichzeitig erinnern sie durch Holzmaserung, Säulenschmuck und schwarze Einlegearbeiten oder Leisten aber auch an biedermeierliche Möbel (Kat.Nr.40, 48, 56).
Kombiniert werden diese Einbauschränke mit Stühlen und Tischen (Abb.93), die eindeutig vom Biedermeier inspiriert sind (u.a. Kat. Nr. 43, 46, 56).
Zur gleichen Zeit wie der Jugendstil entfaltete bei Seidl auch die englische

92 Villa Seidl, Murnau, Wohnzimmer (Seidl, 1910, S.81)

93 Haus Rath, Bonn, Speisezimmer (ID, 22, 1911, S.57)

Innenarchitektur eine ausgeprägte Wirkung. Nicht nur bei der Grundrißdisposition oder den hohen Wohndielen mit großen Kaminen wird dies deutlich, sondern auch bei der Gestaltung der Möbel. Besonders Sitzmöbel, wie Chesterfieldsofas, breite Clubsessel mit Lederbezug oder Sessel mit hohen Lehnen im Stil der Queen-Anne-Zeit sowie Tische mit geraden Beinen bevorzugte Seidl bei der Ausstattung von Wohnzimmern (Abb. 92). Sein Wohnzimmer im Haus in Murnau (Kat. Nr.24) ist hierfür ein aufschlußreiches Beispiel.

94 Haus Brakl, Frühstückszimmer (DKD, 26, 1910, S.105)

Bisweilen werden die englischen Sitzmöbel mit im Sinne des Jugendstils behandelten Wandgestaltungen kombiniert (Kat. Nr.51).

Im Jahrzehnt nach 1900 findet sich bei den Interieurs nahezu immer ein Mischstil aus Jugendstil in Verbindung mit anderen Stilrichtungen.

95 Landhaus Faber, Bauernstube (Foto: 1991)

Ab 1905 verstärkte sich bei Seidl, wie bei seinen Zeitgenossen[18], die Neigung zum Neoklassizismus. In Empire- und Biedermeierstil präsentieren sich nun die Räume (Abb.94). Streifentapeten oder mit Streifen schablonierte Wände (Kat.Nr. 24, 31, 48) geschwungene Sofas, Sitzmöbel und Tische mit geschwungenen oder sich nach unten verjüngenden Beinen passen zu polierten Wandschränken und Kristallüstern (Kat.Nr. 24, 38, 48, 51, 56). Vom Jugendstil übriggeblieben ist vor allem die kräftige Farbigkeit, die alle Räume prägt.
Die klassizistischen Tendenzen kommen bei dem monumentalen Repräsentationssaal der Brüsseler Weltausstellung 1910 ebenfalls zum Tragen (Abb.17).

In dieser Periode ist ein großer Einfluß der Interieurs von Bruno Paul feststellbar. Beide Künstler arbeiteten für die „Vereinigten Werkstätten" in München. Büffets mit vortretendem Mittelteil[19], Tisch-, Sofa- und Stuhlformen übernahm Seidl von Paul[20]. Auch in der Farbigkeit fanden sich Anklänge an Pauls Innenräume[21].

Parallel zu diesen Stilrichtungen finden sich durchgehend auch bäuerliche Interieurs. Für Eßzimmer einfacher Landhäuser (Kat.Nr.4, 20, Haus Hertz in Ammerland) oder Bauern- bzw. Kneipstuben (Kat.Nr.18, 42, 56) entwarf er am Bauernhaus orientierte Räume (Abb.95). Schlichte, hölzerne Wandverkleidungen, Balkendecken und Eckbänke werden mit volkstümlichen Motiven farbig bemalt.

Ungeachtet des Stils, ist bei allen Räumen eine ganzheitliche Raumgestaltung realisiert. Nicht das prunkvolle Einzelmöbel sollte wirken, sondern der Raum als malerisches Bild[22]. Bei diesem Raumbild spielt auch die Lichtführung und die umgebende Natur, die durch große Fenster oder Türen als Hintergrundkulisse wirkt, eine nicht unerhebliche Rolle. Zweckmäßigkeit und Bequemlichkeit sollte in „Komfort mit bodenständiger Behaglichkeit"[23] vereint werden.

Seidl griff die neuen Formen des Jugendstils und der englischen Möbel wohl auf, aber setzte sie nicht in reiner Form ein, sondern mischte sie mit barocken und klassizistischen Zitaten.
Nur vereinzelt nehmen Innenräume schlichte Formen der Neuen Sachlichkeit vorweg (Abb. 96).

96 Haus Brakl, Empfangsraum (BM, 9, 1911, S.60)

3. Anmerkungen

1 s. Kapitel I.5.
2 s. Kapitel I.6.3.
3 Münchener Illustrierte Zeitung, 3, 1910, S.8, 9
4 s. Kapitel I.6.1.
5 SdBZ, 23, 1913, S.358
6 s. Kapitel I.6.1.
7 Schlichtere Wohnräume entstanden für das Nürnberger Stadthaus Ernst Fabers, ID, 17, 1906, S.72-74; oder das Landhaus des Dichters Wilhelm Hertz am Starnberger See,1893, Ammerland, Nördl. Seestraße 10; Schreiben an Wilhelm Hertz, Deutsches Literaturarchiv Marbach, Nr. 23779
8 Seidl bezeichnet die Einrichtung als „römisch-modern", Seidl, 1919, S.1
9 Ausgeführt durch die gleichnamige Firma Bembé, mit deren Besitzer Carl Bembé verwandt war, frdl. Hinweis Frau Marion Bembé
10 The Studio, 35, 1905, S.12-17
11 Schlagintweit, 1967, S.188
12 Im Original haben sich meist nur einzelne Räume erhalten. Das ist der Fall bei den Häusern Nr. 4, 5, 13, 19, 20, 23, 31,32, 35, 38, 39, 40, 42, 47, 48, 55, 56. In relativ originalem Gesamtzustand befinden sich die Häuser Brücke (20), Bischoff (23), teilweise Kestranek (40), Giesecke (56). Von etlichen Bauten gibt es detaillierte Beschreibungen in zeitgenössischen Zeitschriften
13 Archiv der „Vereinigten Werkstätten" München, Sig. 9833
14 Entwurf „Vereinigte Werkstätten" München Sig. 9881
15 DK, 7, 1903, S.97
16 ID, 17, 1906, S.219
17 Vgl. Nerdinger, Riemerschmid, 1982, S.232, 234ff, 240
18 Himmelheber, G., Die Kunst des deutschen Möbels, 1973, S.211ff
19 Ziffer, Alfred: Bruno Paul, München 1992, Abb. 288, S.173
20 Vgl. Ziffer, Bruno Paul, S. 196, 216, 218, 204, 206 etc.
21 Vgl. Abb.84 und Ziffer, S.216 oder Raum im Haus Schoeller, farbige Abb. DKD, 37, 1915, S.59 und Ziffer, S.218
22 Seidl, 1910, S.53
23 Seidl, 1910, S.47

97 Kontumazgarten 9, Nürnberg (BlAK, 19, 1906, T.31)

V. Seidls Baustil

1. Bauliche Situation in München (s. auch Kapitel VI)

Seidls Bautätigkeit fällt in etwa mit der Ära des Prinzregenten Luitpold (1886-1912) zusammen, deren Architektur durch einen vielschichtigen Stilpluralismus geprägt ist. Nicht mehr strenge historische Korrektheit hinsichtlich der eklektischen Stilübernahme kennzeichnet diese Spätphase des Historismus, sondern eine freie Synthese verschiedener Stilzitate unterschiedlicher zeitlicher und örtlicher Provenienz. Der Münchener Historismus bemüht sich dabei „verstärkt um eine heimatgebundene Ausdrucksform" der einzelnen Stile, kann „jedoch im großen gesehen kaum spezifisch münchnerische Merkmale aufgreifen", sondern bezieht sich „auf Vorbilder des süddeutsch-alpenländisch-österreichischen Kulturkreis"[1].

Die vorherrschende Stilrichtung ist ab den siebziger Jahren die der deutschen Renaissance. Diese Richtung bezieht sich in München vor allem auf die Augsburger und Nürnberger Renaissance, greift aber auch norddeutsche Renaissanceformen auf. Gabriel Seidl gilt als Hauptvertreter dieses Stils (s. Kapitel I.2.).
Ende der 80er Jahre erlebt, vorbereitet nicht zuletzt durch die Schriften von Jacob Burckhardt und Cornelius Gurlitt[2], der Barock eine neue Blüte. Das städtebaulich bedeutendste Werk dieser Periode ist der ab 1887 von Friedrich Thiersch geplante und 1890-97 ausgeführte Justizpalast.
In den 80er Jahren tritt auch eine Richtung auf, die Elemente der regionalen, volkstümlich-bäuerlichen Bauweise miteinbezieht. Dieser sogenannte Heimatstil erfährt bei Gabriel Seidl, der diesen Stil häufig verwendet, eine Mischung aus bodenständigen bayrischen und Tiroler Formen mit Renaissancemotiven. Andere Architekten, wie Carl Hocheder, dagegen vermischen volkstümliche Motive mit barockisierenden Formen.

Kurz vor der Jahrhundertwende entwickelt sich in München eine vom Barock und Klassizismus beeinflußte Mischform des Jugendstils. Dabei wird das Äußere durch Asymmetrien, bewegte Wandgestaltung, gebauchte Erkerformen, geschweifte Giebel oder Jugendstildekor verändert, „aber im Grunde handelt es sich nur um eine Verschmelzung der neuen Motive mit dem barocken und klassizistischen Formenapparat"[3]. An den Grundrissen der Wohnbauten dagegen ändert sich wenig. Dieser Mischstil wird von nahezu allen Architekten der Jahrhundertwende angewandt. Die Architekten Martin Dülfer, Theodor Fischer, Carl Hocheder oder Richard Riemerschmid sind herausragende Vertreter dieser Richtung.
Um 1905 taucht parallel zum Jugendstil eine zunehmende Tendenz zum Neoklassizismus auf. Diese Rückwendung zu klassizistischen Bauformen entspricht einer stilistischen Bewegung, die nicht nur Ausdruck wilhelminischen Anspruchsdenken ist, „sondern als internationale Erscheinung alle Bereiche der Kunst der Vorkriegszeit mit prägt"[4]. In München wird diese Stilrichtung, die Franz Stuck als einer der ersten mit seiner Villa 1898 verwirklichte[5], von Architekten wie Gabriel Seidl, Friedrich Thiersch, German Bestelmeyer oder Oswald Bieber vertreten.
Der Klassizismus wird aber auch in reduzierter Form eingesetzt. Bei diesem

„Reduktionsstil“[6] werden nicht nur klassizistische Restformen verwendet, sondern wird auch die Fassadengliederung von ähnlich klarem Aufbau und Monumentalität beherrscht wie zur Zeit des Klassizismus[7]. In ihrer Tendenz zur Schlichtheit leitet diese Stilrichtung zur Neuen Sachlichkeit über.

2. Mittelalter und Renaissance

Mittelalterliche Stilelemente, die Mitte des 19. Jahrhunderts noch die Architektur bestimmt hatten, finden sich bei Seidl nur selten. Gelegentlich treten bei Villen in den 80er und 90er Jahren zur Verstärkung des malerischen Gesamtbildes gotische Fenster- oder Dekorformen auf, die mit anderen Stilen kombiniert werden (Kat.Nr.14, 15, 27). Beispielsweise werden Fenster- oder Altanbrüstungen aus Naturstein mit gotisierenden Ornamenten geschmückt.
Um 1904 tauchen an Mietwohnhäusern (Abb.28,97), außerdem in Nürnberg, Neutorgraben 15) gotisierende Treppengiebel auf, die nach Jugendstilmanier stilisiert werden.

Der Stil der deutschen Renaisssance kommt bei Seidl an Bauten der späten 80er und 90er Jahre zur Ausführung.
Entsprechend anderer Münchener Bierkeller und Bräuwirtschaften[8] entsteht die Gaststätte Augustinerbräu[9] (Abb. 98) in den Formen der deutschen Renaissance. Die Zweiteilung in Restaurant und Schwemme tritt schon am Außenbau hervor: der vornehmere Restaurantbau zeichnet sich durch einen Erkerturm in der Mittelachse und reichen, plastischen Schmuck aus, die Schwemme dagegen ist schlichter gegliedert. Die Innenräume gestaltet Seidl farbenprächtig in Formen der deutschen Renaissance, des Barock und Rokoko[10]. Hinzu kommen römisch-antike Motive bei Brunnen und Wandverkleidungen[11].
Diese mit Stimmungswerten gefärbte Architektur soll durch Stil- und Motivwahl traditionelle Sitten und Gebräuche sowie Gemütlichkeit und Fröhlichkeit vermitteln.
Im Wohnbau findet durch Übernahme dieser ausgesprochen bürgerlichen Stilrichtung eine Identifizierung mit den bürgerlichen Werten und Vorstellungen von Häuslichkeit statt.
So baut auch Seidl sein eigenes Wohn- und Bürohaus am Bavariaring 10[12] (Abb.20) ab 1897 im Stil der deutschen Renaissance.

98 Gaststätte Augustinerbräu, München (Mü. Bauk.S.231)

99 Haus Meisenbach, Straßenseite (ID, 15, 1904, S.192)

100 Haus Riedel, Eingangsseite (Foto: 1991)

Villenbauten in diesem Stil werden von Seidl in München am Bavariaring (Kat.Nr.1-3, 9, 27) und in Bogenhausen (Kat.Nr.17) sowie in einem vornehmen Darmstädter Villenviertel (Kat.Nr.14) errichtet. Dabei handelt es sich aber nicht um historisch genaue Stilübernahmen, sondern um Stilmischungen: abgetreppte Volutengiebel werden mit barocken Dach- und Erkerformen sowie Bauschmuck in Renaissance- oder Jugendstilformen kombiniert (Abb.99).

Daß gerade am Bavariaring Häuser dieser historisierenden Stilrichtung entstanden sind, hängt u.a. mit der Bauweise der übrigen Wohnhäuser zusammen, auf die Seidl Bezug nahm. Aber auch der Wunsch der Bauherren (s. Kat.Nr.1) nach bürgerlich-gediegenen Formen spielte wohl eine Rolle.

Bei schloßartigen Villen (Typ 4) mit markantem Turm im Winkel nimmt Seidl später Bezug auf Schloßanlagen der deutschen Renaissance.

Diese Bauten, allen voran sein eigenes Wohnhaus, deuten auf die bei Seidl in den 90er Jahren noch vorherrschende Tendenz zu bürgerlich-traditionellen Formen hin. Auch die Anlehnung an Stilrichtungen seines Bruders Gabriel ist in diesen Jahren noch deutlich spürbar.

3. Heimatstil

Ebenfalls in den 90er Jahren entstehen eine Reihe von Gebäuden, vor allem Villenbauten, die traditionelle, bäuerliche Häuser zum Vorbild haben. Schlichte Bauten

mit flachen Satteldächern, Erkern und Balkonen (Kat.Nr.4, 8) und bisweilen farbigen Wandmalereien erinnern an das heimische Bauernhaus (Abb.100). Auch das Schlierseer Bauerntheater[13] oder ein Gästehaus für Schloß Leutstetten[14] werden in diesen Formen errichtet.
Andere Wohnhäuser sind von Häusern des Berner und des österreichischen Oberlandes beeinflußt (Abb.101). Schopfwalmgiebel, bogenförmige Giebelverschalungen, Lauben, Balkone und Loggien, die mit Aussägearbeiten geschmückt werden, sind hier Gestaltungsmerkmale (Kat.Nr.5, 11, 15, 16, 18, 20).

101 Haus Feuchtmayr, Gartenseite (Schloßmuseum Murnau, Reiser)

Nach 1900 werden nur noch vereinzelt Elemente des Schweizerstils, wie bogenförmig geschweifte Giebelverkleidung oder Aussägearbeiten, zur Ergänzung der malerischen Gestaltung bei Villenbauten eingesetzt (Kat.Nr. 19, 37, 44, 55).

Für temporäre Festarchitektur zog Seidl ebenfalls diesen volkstümlichen Stil heran. Wirtsbuden auf der Theresienwiese anläßlich des XV. Deutschen Schützenfestes 1906[15] oder des Oktoberfestes 1909[16] werden als farbig geschmückte Satteldachbauten errichtet.

Eine andere Variante des Seidlschen Heimatstils taucht bei den Festbauten noch auf. Eine Mischform aus bäuerlichen Architekturelementen und süddeutschem Barock wird ebenfalls im Bereich der Fest- und der Ausstellungsarchitektur realisiert. Barockisierende Architekturformen, wie Kuppelbauten, Türme oder Dächer mit Laternenaufsätzen, werden auf volkstümliche Weise stark farbig bemalt. Auch die Gestaltung des Restaurantbaus der Ausstellung „München 1908“ (Abb.7) trägt mit farbigen Wanddekorationen Züge dieses Heimatstils.
1910 bei der Brüsseler Weltausstellung wird die Dekoration des Restaurants „Münchener Haus“ (Abb.14) ebenfalls von bäuerlichen Motiven geprägt.
Dieser an der Volkskunst orientierte Stil ist stark mit Stimmungwerten besetzt. Die folkloristischen Elemente sollen entsprechend dem Anlaß Humor, Fröhlichkeit und Gemütlichkeit für die Masse vermitteln. Die Wahl des Stils wird also durch die gesellschaftliche Erwartungshaltung bestimmt.

Vor allem von der nach 1900 auftretenden Heimatschutzbewegung und dem damit verbundenen Interesse an Volkskunst wird diese Stilrichtung getragen.

Bei den Landvillen entsteht mit Übernahme des bäuerlichen Stils eine Assoziation zum einfachen Leben auf dem Lande, im Gegensatz zu dem von Repräsentation geprägten Leben in der Stadt. Bei Bauherren, die umfangreichen Repräsentationspflichten nachkommen mußten, wie Finanzminster Freiherr von Riedel, Professor von Tappeiner[17] oder der Industrielle Ernst Faber (Kat.Nr.8, 44, 18), die sich Villen im Heimatstil erbauen ließen, mag das durchaus zutreffen.

4. Neubarock

Für Seidl bedeutet die Übernahme des Neubarock Ende der 80er Jahre eine stilistische Neuorientierung, denn als Innenarchitekt war er bis dahin mehr der deutschen Renaissance verpflichtet gewesen.

Der größte Teil von Seidls Oeuvre trägt in der Folge dann auch barocke Züge. Sowohl die ersten Bauten auf der Deutsch-Nationalen Kunstgewerbe-Ausstellung von 1888 (Kapitel I.1.3) als auch eines seiner letzten größeren Projekte, ein Entwurf für die Gebäude der Arminia-Lebensversicherungsbank[18], sind diesem Stil verpflichtet. Die Idee des barocken Gesamtkunstwerkes beherrscht zahlreiche Bauten Seidls. Auch die von ihm inszenierten Festumzüge stehen in der Tradition des Barock.

102 Goethestraße 64 (Mü. Bauk. S.166)

Zunächst zeigen sich die Häuser, wie die Ausstellungsbauten 1888 am Isarkai

103 St.Marien-Ludwig-Ferdinand-Anstalt, München, Romanstraße 12 (AR, 1894, T.76)

(Abb.2), vom italienischen Barock beeinflußt, den er auf eigenständige Weise mit süddeutschen Barockmotiven verbindet. Auch bei Villenbauten, wie den um 1895 entstandenen Häusern Knorr und Merck (Kat.Nr.7, 14) sowie der Fassade des Theresiengymnasiums (Abb.29) treten Mitte der 90er Jahre Elemente des italienischen Barock auf.

In den 90er Jahren entstehen große, elegante Mietwohnhäuser an der Steinsdorfstraße 21, Zweibrückenstraße 19, Kaiser-Ludwig-Platz 5, Goethestraße 64 (Abb.102)), Prinzregentenstraße 12 und 26 (Abb.3,4,30,32,33) sowie Wagmüllerstraße 20 als neubarocke Putzbauten in der süddeutschen oder österreichischen Tradition. Großzügige Schweifgiebel, Ecktürme mit geschweiften Dächern und monumentale Pilaster- bzw. Säulenordnungen bestimmen diese Bauten.
Von süddeutscher Barockarchitektur inspiriert ist auch die Anlage der St.Marien-Ludwig-Ferdinand-Anstalt[19] in München- Neuhausen (Abb.103). Seidl realisierte dort mit der Anstaltskirche seinen einzigen, größeren Kirchenbau.

Entsprechend dem vornehmen Mietwohnhausbau lassen sich zur gleichen Zeit, also vor der Jahrhundertwende, barockisierende, herrschaftliche Landvillen feststellen (Abb.104). An den Stil aristokratischer Kavaliershäuser angelehnt, tragen sie dem repräsentativen Anspruch der Bauherren Rechnung (Kat.Nr.6, 10, 13).

Von 1900 bis 1910 ist bei den Bauten, vor allem den Villen, wohl barocker Einfluß spürbar, aber im großen und ganzen sind sie durch andere Stile, wie Jugendstil und Neoklassizismus, geprägt.

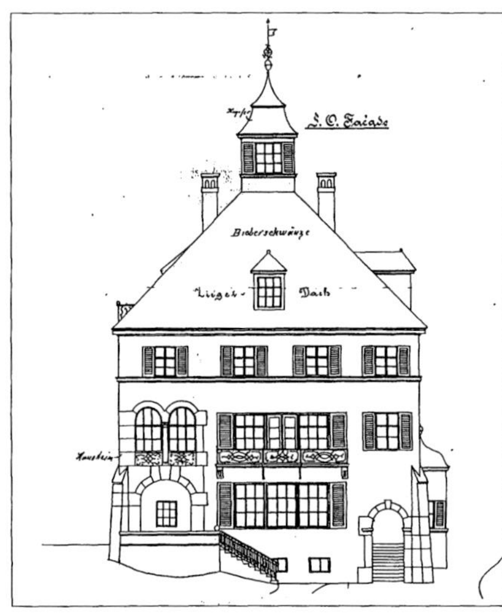

104 Villa Mayer, Seeseite
(LRA Starnberg)

Ein erneutes Aufleben von historisierenden, barocken Tendenzen setzte bei Seidl um 1910 nochmals mit einigen Villen (Kat.Nr.48, 51-55) ein. Betonung der Fassadenmitte durch Risalite und symmetrische, axiale Gliederung weist auf Schloßbauten als Vorbilder hin.
Der barocke Schloßbau steht auch bei Entwürfen für das Gebäude der deutschen Botschaft in Washington[20] und für einen Verwaltungbau der Arminia-Lebensversicherungsbank[21] im Mittelpunkt.

Daß elegante Mietwohnhäuser und repräsentative Verwaltungsbauten gerade in diesem herrschaftlichen Stil errichtet wurden, entsprach der Selbstdarstellung und dem Anspruchsdenken der Klientel Seidls. Auch bei den Villenbauten (Abb.105) identifizierten sich die großbürgerlichen Bauherren nicht mehr mit den bürgerlichen Werten der deutschen Renaissance, sondern mit dem Lebensstil und Lebensform des Adels (s. Kapitel II.5. und 2.2.). Die Übernahme der aristokratischen Wohnform führte zur Orientierung an der barocken Palast- und Schloßarchitektur, eine Folge der gesellschaftlichen Umstrukturierung der späten Gründerzeit.

105 Haus Hasenclever, Hofeinfahrt (Sielmann, S.273)

5. Jugendstil

Jugendstilbauten im Sinne etwa des belgischen Jugendstils oder der Bauten von Olbrich auf der Darmstädter Mathildenhöhe erstellte Seidl nicht. Dagegen treten entsprechend der Münchener Ausprägung dieses Stils Mischformen von barockisierendem und klassizistischem Jugendstil auf[22].

Ab 1900 zeigt sich ein neuer Abschnitt in Seidls Bauen. Nicht nur Elemente des Jugendstils kommen verstärkt vor, sondern auch der Einfluß der englischen Landhausarchitektur nimmt bei den Villen zu.

5.1. Barockisierender Jugendstil

Die weitaus größte Zahl der ab 1900 entstandenen Bauten Seidls werden von einem barockisierenden Jugendstil geprägt. Gebogene oder geknickte Dachformen (Kat.Nr.24, 33, 40, 41, 47), geschweifte Giebel oder Giebelverschalungen (Kat.Nr.18, 39, 41) und Rund- oder Polygonaltürme mit spitzen, konvex bzw. konkav gewölbten Turmhauben (Kat.Nr.19, 22, 26, 27, 28, 32, 35, 38, 39, 40, 45, 48, 50) bestimmen bei Villenbauten das Erscheinungsbild (Abb.106).
Besonders im Bauschmuck treten Jugendstilformen auf (s. Kapitel III.1.2.). Stilisierte Festons oder Kartuschen bzw. geometrisierender Dekor, wie Mäander, Rosetten, Rauten, Quadrate oder Sterne sind vorherrschende Ornamentformen. Florale Jugendstilformen zeigen sich an Fenstergittern oder Balkonbrüstungen. Die farbige Behandlung der Bauten beschränkt sich auf die Holzteile und einige dekorative Details.

Nahezu alle Villen[23] und Wohnbauten (Haus Brakl, Lessingstraße 2, Häuser Oberföhringer Straße 12, Menzelstraße 1,3) von 1900 bis 1913 zeigen diese Stilrichtung.

106 Villa Pschorr, Straßenseite(München und seine Bauten, 1912, S.403)

107 Galerie Heinemann, München, Lenbachplatz (Mü. Bauk. S.427)

Bei dem Aufbau und den Grundrissen der Gebäude orientierte sich Seidl weniger am Jugendstil, sondern am englischen Villenbau des 19. Jahrhunderts. Dem Terrain und Himmelsrichtungen angepaßte, funktionsbedingte Grundrisse kennzeichnen die Bauten (s. Kapitel VI.2.).

Bei allen vier Villentypen ist dieser Baustil feststellbar. Besonders aber Häuser des 3. und 4. Types (s. Kapitel III.2.3 und 2.4.) vertreten diese Jugendstilrichtung.

Die Übernahme von barockisierenden Jugendstilformen bleibt nicht auf den Wohnungsbau beschränkt. Auch bei Großprojekten bediente sich Seidl dieser Mischform. Das zeigen das „Deutsche Haus“ auf der Brüsseler Weltausstellung (Abb.11) und ein Entwurf für das Karlsbader Kurhaus[24]. Die meisten der in diesem Stil errichteten Großbauten lassen sich als zentrale Rund- oder Ovalbauten mit pavillonartigen Flügelbauten direkt vom barocken Schloßbau herleiten. Geschweifte Dachformen, Ornamente und farbige Behandlung dagegen werden vom Jugendstil entlehnt.

Die Einheit zwischen dem Außenbau und den Innenräumen, eine wichtige Forderung der Jugendstilkunst, besteht bei den meisten Bauten Seidls (s. Kapitel IV). Eine enge Zusammenarbeit zwischen ihm als Hochbau- und Innenarchitekt, den Handwerkern und Künstlern gewährleistete eine einheitliche Durchgestaltung im Sinne eines Gesamtkunstwerks. Der Bau auf der Ausstellung „München 1908“ (Abb. 7-9) oder die Villen Nauhardt und Prym (Kat.Nr.31,47) sind dafür anschauliche Beispiele.

108 Festhalle Hannover, Projekt (Deutsche Konkurrenzen, 25, S.7)

5.2. Klassizistischer Jugendstil

Gleichzeitig mit der barockisierenden Mischform tauchte bei Seidl kurz nach der Jahrhundertwende auch eine vom Klassizismus beeinflußte Form des Jugendstils auf. Mit dem Galeriebau Heinemann (Abb.107) am Lenbachplatz (s. Kapitel I.6.3) gelang Seidl 1903 ein „moderner" Bau. Die von der Funktion bestimmte Fassade zeigt bei Gliederung durch monumentale, klassizierende Pilaster eine Einheit von Konstruktion und Ornament. Auch die Grundrißdisposition ist rein funktional angelegt. In Einheit mit der durch farbige Mosaiken und Plastiken geschmückten Fassade erfolgt auch die Raumgestaltung in klassizierenden, farbigen Jugendstilformen .

Bei dem angrenzenden Gebäude der München-Aachener-Feuerversicherung von 1904, das durch Gliederung und Form in Bezug zu der bereits bestehenden Bayerischen Bank[25] und der Galerie Heinemann gesetzt wird, herrschen stilisierte Louis-Seize-Formen und farbiger Dekor vor (Abb.34).
Klassizistische Restformen, die mit Jugendstil- oder Barockelementen vermischt werden, tauchen um 1910 verstärkt auf. Säulenvorhallen oder monumentale Säulen- bzw. Pilasterodnungen treten als Gliederungselemente auf.
Auf der Brüsseler Weltausstellung von 1910 ebenso wie bei dem Galeriegebäude Brakl oder dem Mietwohnhaus Roeckl in München läßt sich diese neoklassizistische Tendenz feststellen. Ein Projekt für die Festhalle in Hannover von 1911 (Abb.108) zeigt mit einem Rundbau und von Pylonen flankiertem Portikus Elemente des klassizistischen Jugendstils Otto Wagners[26].
Auch der Entwurf für den Bibliotheksbau des Deutschen Museums[27] trägt nach 1914 in Anlehnung an den Ausstellungsbau von Gabriel Seidl monumentale, klassizistische Züge. Auch eines seiner letzten Werke, eine Gedenkstätte in München[28], besitzt durch Säulen- und Pfeilergliederung einen strengen Aufbau.

Beim Villenbau machte sich die klassizistische Tendenz weniger bemerkbar. Vereinzelt treten antikisierende Säulen als Gliederungs- oder Schmuckelemente (Kat.Nr.37, 47) auf. Nur bei einer bereits 1905 entworfenen Villa in Leipzig (Kat.Nr.36) entsteht in Form eines kubischen Baus ein vom Neoklassizismus beeinflußtes Haus, das symmetrisch durch Lisenen und ionische Säulen gegliedert wird (Abb.109).

109 Haus Lampe, Leipzig, Straßenseite(BM, 8, 1910 S.70)

Ebenso wie der Barock hat sich auch der Neoklassizismus, der bei Seidl nahezu immer als Misch- oder Reduktionsstil auftritt, aufgrund seiner monumentalen Gliederungsformen besonders für Großprojekte geeignet.

6. Zusammenfassung

Während der 90er Jahre ist Seidl noch ganz dem historistischen Bauen verbunden. Deutsche Renaissance und Neubarock bestimmen seine Bauten. Hinzu kommt in dieser frühen Bauperiode ein vom Bauernhaus inspirierter Heimatstil.
Erst um die Jahrhundertwende löst er sich von den historistischen Formen und wendet sich kurzzeitig einer von der englischen Architektur beinflußten Bauweise zu, die er mit Jugendstilelementen kombiniert. Gleichzeitig entwickelt sich eine barockisierende Jugendstilmischform, die er bis zu seinem Tode beibehält. Insgesamt gesehen betrifft der Einfluß des Jugendstils nur einzelne Bauformen und den Bauschmuck.

Um 1910 ist eine Rückwendung zum Neoklassizismus und zum Neobarock bemerkbar. Es werden verstärkt wieder historische Restformen aufgegriffen. Die von Nerdinger als „Reduktionsstil" bezeichnete Richtung[29] ist auch bei Seidls Bauten faßbar.

Bei einem seiner letzten Villenbauten vertritt er 1913 eine sachliche Bauweise (Kat.Nr.56). Englischer Einfluß und eine flächige Wandbehandlung prägen diesen seinen in stilistischer Hinsicht „modernsten" Bau (Abb.71).

Seidl löst sich, wie auch die anderen Architekten seiner Generation (s. Kapitel VI), trotz einiger fortschrittlicher Bauten ohne historistische Anklänge, bei der Mehrzahl seiner Bauwerke nie ganz vom Historismus.

7. Anmerkungen

1 Habel, Heinrich: Späte Phasen und Nachwirken des Historismus, in: Bauen in München 1890-1951, München 1980, S.27

2 s. Kapitel I.1.3.

3 Nerdinger, Neue Strömungen, 1980, S.44

4 Nerdinger, Neue Strömungen, 1980, S.46

5 Seidl gestaltet 1898 nur Innenräume in diesem Stil

6 Nerdinger, Neue Strömungen, 1980, S.45

7 Klein, Dülfer, S.42

8 Vgl. Münchener Bürgerliche Baukunst der Gegenwart, S.239ff

9 Abb. Münchener Bürgerliche Baukunst der Gegenwart, S.231-238, 258; KuHa, 49, 1898/99, S.45ff; DBZ, 33, 1899, S.85ff; BM, 3, 1904/05, S.15f; Habel, u.a., Münchner Fassaden, 1974, S.304; Habel/ Himen, Denkmäler, 1985, S. 253; Dehio, IV, 1990, S.818

10 Langenberger, S., Emanuel Seidl, BM, 3, 1904/05, S.16

11 Münchener Bürgerliche Baukunst der Gegenwart, S.233, 237

12 Pläne, StAM, LBK 1231; StAM, Städt. Grundbesitz 1574/2; Münchener Bürgerliche Baukunst der Gegenwart, S.45,52,69,70; SdBZ, 9, 1899, S.307; KuHa, 50, 1899/1900, S.7-18; ID, 11, 1900, S.169-184; DBZ, 34, 1900, S.1ff; AR, 17, 1901, T.4ff; BM, 3, 1904/05, S.17ff; BlAK, 14, 1901, T.35-37; Habel/ Himen, Denkmäler, 1985, S.180; Dehio, IV, 1990, S.817

13 1892, Schliersee, Xaver-Terofal-Platz 2, Kratzsch, K., Denkmäler, 1987, S.342 mit Abb.

14 1908, Leutstetten, Wangener Straße 48, für Prinz Ludwig von Bayern, Abb. Schober, 1989, S.337; Pläne, LRA Starnberg, Bauamt

15 SdBZ, 16, 1906, S.257ff;

16 SdBZ, 19, 1909, S.313ff, Abb. S.314, 315, 320

17 Für Tappeiner baute Seidl ein Stadthaus in deutschen Renaissanceformen (Kat.Nr.9)

18 1914, München, Barerstraße, Wettbewerbsentwurf, SdBZ, 24, 1914, S.149

19 1891

20 SdBZ, 23, 1913, S.391ff

21 SdBZ, 24, 1914, S.137ff

22 Nerdinger, Neue Strömungen, 1980, S.41, 44

23 Ausnahmen: Kat.Nr.28, 29, 30, 36, 46, 56

24 1911; Deutsche Konkurrenzen, 26, H.9, S.1ff; weitere Objekte in diesem Stil sind das Hauptrestaurant auf der Ausstellung „München 1908“ (Abb.16, 17) sowie das Vereinshaus für die Colleg-Gesellschaft (Abb.64, 65), das Kurhaus in Bad Kreuznach (Abb.69), das Waldrestaurant im Tierpark Hellabrunn (Abb.61)

25 1901 von Albert Schmidt erbaut

26 Vgl. Kirche am Steinhof; die Rückseite der Festhalle in Hannover erinnert an das Hauptrestaurant „München 1908“

27 SdBZ, 52, 1918, S.49ff

28 Für die Familie Neuschotz, München, Harthauser Straße 25; DKD, 29, 1921, S.105f; BM, 20, 1922, S.37ff; Habel/Himen, Denkmäler, 1985, S.212

29 Nerdinger, Neue Strömungen, 1980, S.45

VI. Einflüsse und Vorbilder im Villenbau

1. Gabriel Seidl

Die ersten eigenständigen Bauten (Kat.Nr.1-3) Emanuels, die 1887 an der Theresienwiese geplant werden, lehnen sich in stilistischer und gestalterischer Hinsicht noch ganz an benachbarte Villen Gabriel Seidls an. So zeigen Dach- und Erkerformen sowie Gliederung des Hauses Theuer (Kat.Nr.1) vergleichbare Elemente der zeitgleichen Villa Erhard am Bavariaring 24[1] oder des Hauses Nr.17.
Auch eine in den 90er Jahren am Bavariaring entstandene Villa (1894, Kat.Nr.9) und Seidls eigenes Wohn- und Bürohaus (1897, Abb.20) übernehmen die Formen der deutschen Renaissance. Bei seinem Wohnhaus zeigen sich Einflüsse des 1900 von Gabriel Seidl[2] erbauten Künstlerhauses am Lenbachplatz. Das Künstlerhaus besitzt eine vergleichbare Gliederung der großzügigen Stufengiebelfassaden durch ionische Säulen im Giebeldreieck, Eckrustizierung und reichen, plastischen Dekor. Obgleich das Haus am Bavariaring in stilistischer Hinsicht noch die Beeinflußung von Gabriel Seidl zeigt, entwickelt Emanuel in Aufbau und Grundriß ein ganz eigenständiges Werk. Die winkelförmige Grundrißform, die hier der Straßenführung entspricht, und der Rundturm im inneren Winkel tauchen bei seinen Villenbauten ebenfalls auf.

Bei der Gestaltung der beiden Stadtvillen Knorr und Matuschka (Abb.110 ;Kat.Nr.7, 12) übernimmt Seidl Mitte der 90er Jahre den von italienischen Renaissance- und Barockformen geprägten Stil, den sein Bruder häufig bei Wohnbauten vertritt. Die Villa Knorr (1893) erinnert mit ihrer Pilastergliederung, Mittelrisalit und Attika sowie niederen, zweiflügeligen Anbauten an die Villa Kaulbach[3] Gabriel Seidls (1889). Bei dem Palais Matuschka (1895) lassen sich in Aufbau und Gliederung Übereinstimmungen mit Palaisbauten Gabriels feststellen. So ist bei dem etwa gleichzeitig erbauten Palais an der Gabelsberger Straße 10[4] ebenfalls symmetrische, axiale Gliederung und Betonung des Attikageschosses durch plastischen Schmuck vorhanden. Dieser Palaistyp wird von Gabriel Seidl im Gegensatz zu Emanuel in der Folgezeit noch häufiger verwendet[5].
Auch die von Gabriel ab 1887 erbaute Villa Lenbach wirkt sich auf die Gestaltung von Emanuels Landhäusern aus. Die Landvilla Mayer (1896, Abb.104) zeigt in ihrer kubischen Form mit Walmdach und Laterne

110 Palais Matuschka, Straßenseite (Mü. Bauk. S.47)

sowie hinsichtlich der Gliederung Anklänge an die Künstlervilla Lenbachs. Dieser Haustyp wird bei der Villa Martius (Abb.111; Kat.Nr.37) später wiederholt.
In den 90er Jahren sind also besonders beim städtischen Villenbau, Einflüsse Gabriel Seidls auf seinen Bruder zu erkennen. Dies ändert sich um die Jahrhundertwende, da sich dann umgekehrt Merkmale von Emanuels Villenbauten in Landhäusern Gabriels finden.
Einfluß auf das von Gabriel erbaute Schloß Steinach[6] (1905-08) dürfte der Schloßbau von Seeleiten (1903, Kat.Nr.33) gehabt haben. Turmform und Gliederung der Gartenseite oder des Stallgebäudes sind vereinfacht schon bei Emanuels Bauten vorhanden.

111 Villa Martius, Südostseite (Broschüre Stauffenhof)

Auch bei der für Lenbach 1903 am Starnberger See erbauten Landvilla[7] und dem 1913 geplanten Landhaus Höck[8] bezieht sich Gabriel Seidl auf eine Villa Emanuels, nämlich die Villa Krüzner (Kat.Nr.6). Vergleichbar der Villa Krüzner von 1892 ist die Gliederung der Lenbach-Villa durch einen markanten Rundturm. Außerdem nimmt die Villa Krüzner sowohl bei der blockhaften Gestalt mit Zeltdach und Laterne als auch des Grundrisses[9] Elemente des Hauses Höck vorweg.

Gabriel Seidl greift bei seinen Landvillen, die alle erst nach 1898 entstanden sind, viel mehr als sein Bruder Motive des bayerischen und österreichischen Bauernhauses auf. Spitzgiebelige Sattel- oder Schopfwalmdächer, holzverschalte Giebel und polygonale Eckerker bestimmen die Landhäuser[10]. Hölzerne, farbig gestrichene Veranden, Balkone und Lauben bilden Gliederungselemente. Farbige Wandmalereien in Form von Medaillons, Festons , bisweilen auch Lüftlmalerei, sowie geschweifte Faschen, schmücken die Bauten. Hinzu kommt axiale, oft symmetrische Gliederung und Rundtürme mit barocken Zwiebelhauben. Sie treten als eingestellte Treppentürme auf (Haus Thielmann, Haus Höck) oder flankieren schloßartig die Fassaden (Landhaus Lehenhof, Haus Levi).
Zu den Bauernhauselementen gesellen sich also noch Elemente des heimischen, barocken Schloßbaus.
Auch Emanuel Seidls Villen sind vom bäuerlichen Haus und vom barocken Schloßbau inspiriert (s. Kapitel V.3. und 4.) aber er vereinfacht und stilisiert diese histori-

stischen Motive weitgehend. Zudem macht sich der Einfluß der englischen Landhausarchitektur bei Emanuel wesentlich stärker geltend. Seine Dekorformen an Wohnhäusern sind denn auch mehr vom Jugendstil beeinflußt und erinnern nur entfernt an volkstümliche Motive.

Es fand zwischen den beiden angesehenen Architekten offenbar ein gegenseitig befruchtender Austausch statt, der bis zum Tode Gabriel Seidl 1913 bestand (s. Kapitel I.2.).
Ein Beispiel[11] dafür ist die Ortsbildverschönerung von Murnau, bei der die Häuserfronten der Hauptstraße ab 1906 unter der Leitung von Emanuel Seidl farbig gestaltet[12] wurden. Vorbild dafür ist die Erneuerung von Tölz, die Gabriel ab 1903[13] realisierte. Auch hier läßt sich hinsichtlich des Dekorationsstils wieder sagen, daß die Motive in Murnau mehr von einem biedermeierlichen Jugendstil beeinflußt sind, wohingegen die Vorbilder für die Tölzer Häuser eher der Lüftlmalerei des oberbayerischen Bauernhauses entnommen sind.

Faßt man zusammen, so ist in den ersten zehn Jahren der Bautätigkeit Emanuel Seidls noch eine gewisse Abhängigkeit von Bauten des Bruders hinsichtlich der Stilwahl zu spüren. Das ändert sich jedoch ab der Jahrhundertwende als sich Emanuel einer vom barockisierenden Jugendstil und Klassizismus beeinflußten Stilrichtung zuwendet. Gabriel Seidl dagegen behält seinen stärker vom Historismus geprägten Stil bis an sein Lebensende bei, wie seine Palaisbauten[14], das Historische Museum in Speyer (1907-08) oder das Stadthaus in Bremen (1909-13) zeigen.
Auch auf dem Gebiet des ländlichen Villenbaus geht Emanuel Seidl einen Schritt weiter als sein Bruder Gabriel, der einem traditionellen Heimatstil mit barocken Elementen verpflichtet bleibt.

2. Englische Einflüsse

2.1. Die englische Landhausarchitektur

In England entwickelte sich im Umkreis von William Morris, einem Schüler von Ruskin, ab den 60er Jahren die Reformbewegung des „Domestic Revival". Morris, der sich vor allem mit Kunstgewerbe befaßte, war der wichtigste Theoretiker der neuen Bewegung, die den Wohnbau und das Kunstgewerbe betraf. Sein 1859 von dem Architekten Philip Webb erbautes „Red House" steht am Beginn der „Domestic Revival", die dann in den 80er Jahren zur „Arts and Crafts"-Bewegung führt[15]. Zu den Vertretern des „Domestic Revival" gehörten auch die Architekten Richard Norman Shaw, Eden Nesfield und später E.L.Lutyens und C.F.A.Voysey.
Bestimmend für die äußere Gestalt des Hauses wird nun der Grundriß. Durch die funktional bedingten Grundrisse entstehen malerische, asymmetrische Häuser mit bewegten Umrissen (Abb.112). So springen einzelne Räume aus dem Baukörper hervor, um eine bessere Sonnenbestrahlung zu erhalten. Dachhäuschen und Zwerchhäuser ermöglichen eine Nutzung des Dachgeschosses und ergänzen die bewegte Dachlandschaft.

112 Happisburgh Manor (Muthesius, S., 1974, S.126)

Intensivierung der material- und werkgerechten Gestaltung sowie „die Wandfläche ohne Dekoration, die durch die bloße Oberfläche des Materials wirkt“[16], werden zu bestimmenden Kriterien der Architekturgestaltung. Die Fenster erhalten je nach Raumnutzung unterschiedliche Formen und werden aus den Achsen gerückt. Eine besondere, häufig wiederkehrende Fensterform ist das nach außen gewölbte „Bay-Window“.

Die additiv zusammengesetzten Grundrisse bilden häufig Winkelformen aus[17], wobei im Hauptflügel die Familienwohnräume liegen und im zweiten Flügel die Wirtschafts- und Dienstbotenräume. Auch schräg zueinander stehende Flügel kommen ab 1891 bei Norman Shaw[18] oder Detmar Blow[19] (Abb.112) vor.

Bei der Grundrißdisposition werden die Wohnräume untereinander nicht verbunden. Jeder Raum steht für sich selbst und wird von der Diele her erschlossen. Ein enger Zusammenhang besteht zwischen den Wohnräumen und dem Garten, der meist ebenerdig betreten werden kann.

113 Haus Dohme (Muthesius, S., 1974, S.106)

Der Einfluß der englischen Architektur wirkte in Deutschland bereits seit den 80er Jahren. Schriften von Jacob von Falke[20] von 1879 oder Robert Dohme, 1888, über das englische Haus[21] veröffentlichten Abhandlungen über den englischen Wohnbau und seine Entwicklung. Dohme, der detaillierte Beschreibungen der formalen Elemente des englischen Hauses bringt, betont die vorbildhafte Fortschrittlichkeit der englischen Auffassung hinsichtlich Komfort und Wohnlichkeit[22].

In Deutschland entsteht in Anlehnung an englische Vorbilder als eines der ersten

114 Villa erbaut von Otto March (Muthesius, S., 1974, S.109)

ab 1889 das Schloß Friedrichshof[23] im Taunus durch den Architekten Ernst Eberhardt Ihne. 1891 baut Ihne für Robert Dohme ein Wohnhaus[24], bei dem er Dohmes Anleitungen über das englische Haus befolgt (Abb.113). Dreieckige, gegeneinander versetzte Giebel und Erker sowie differenzierte Fensterformen bestimmen diesen Villenbau.
Ab den 90er Jahren kommt allgemein im Wohnbau der englische Einfluß zum Tragen. Ein früher Vertreter ist der Architekt Otto March, der in Berlin und Köln Villen[25] nach englischen Vorbildern errichtet (Abb.114).

Seidl kannte die englische Architektur aus eigener Anschauung[26], da er 1891 einige Monate in England weilte (s. Kapitel I.1.4). Schon 1893 werden bei dem Bau von Schloß Ramholz, den er zusammen mit seinem Bruder ausführt, englische Elemente mit einbezogen. Der Grundriß bestimmt auch dort den malerischen Außenbau. 1894 weist der Grundriß der Villa Remy (Kat.Nr.10) mit einer großen, zentralen Dielenhalle und offenem Treppenhaus ebenfalls englische Einflüsse auf. Diese zentrale Wohndiele sollte auch in Zukunft die Seidlschen Villengrundrisse bestimmen.

115 Haus Engländer, Gartenseite (DK, 16, 1907, S.100)

Verstärkt treten englische Elemente um 1900 auf, als Seidl sich zeitweise ganz vom historistischen Bauen abkehrt. Unter dem Einfluß der englischen Architektur der „Arts and Crafts“-Bewegung entstehen Bauten mit bewegten Dachformen, spitzen Dreiecksgiebel und weit herabgezogenen Dächern (Abb.115).

Unregelmäßige Gliederung der Wände durch Natursteinverblendung, die nur durch die Oberfläche des Materials wirkt, und Reduzierung des ornamentalen Bauschmucks sind bei diesen Bauten zu bemerken. Bay-Windows und mehrteilige Fensterformen sowie ein ebenerdiger Gartenzugang sind ebenfalls auf die englische Bauweise zurückzuführen. Durch die Entwicklung der Grundrisse von innen nach außen werden Villenbauten mit bewegten Umrissen geschaffen.
Seidl weist 1910 auf diesen englischen Einfluß an seinen Bauten hin, wenn er schreibt: „Die Wohnräume müssen sich zunächst nach der Himmelsrichtung und den schönen Ausblicken richten, unbekümmert um den Aufriß. Diese bewegten Grundrisse haben uns die Engländer in reizenden Beispielen vorgezeichnet“[27].

Die Mainzer Stadthäuser Bembé und Bamberger (Abb.116,117) leiten 1899 diesen Umschwung ein. Ohne historisierende Elemente tragen die aneinander grenzenden Fassaden eine schlichte, nichtaxiale Gliederung. Englische Einflüsse zeigen sich in Giebel-, Erker- und Fensterformen, ebenso wie bei der Wandgestaltung mit unterschiedlichen Steinmaterialien und

116 Haus Bembé, Straßenfront (ID, 15, 1904, S.179)

117 Haus Bamberger, Mainz (AR, 21, 1905, T.21)

materialgerechter Verarbeitung. Dem Stil des Außenbaus entsprechen auch die Innenräume des Hauses Bembé (Abb.77,88).
Seidl hat in den darauffolgenden Jahren (1902-03) auch zwei Villen (Kat.Nr.29, 30) in enger Anlehnung an englische Vorbilder errichtet. Durch spitze Dreiecksgiebel, Risalite und Türme entstehen belebte Sihouetten. Loggien, die unter das weitherabgezogene Dach genommen werden, greifen auch eine Form des amerikanischen Villenbaus mit auf.

Elemente der englischen Bauweise, wie der bewegte, vom Inneren her entwickelte Gundriß, der enge Zusammenhang zwischen Innenräumen und Garten oder die materialgerechte Wandbehandlung, bestimmen von da an stets die Gestaltung der Villen. Haus Kloepfer (Kat.Nr.28) von 1902 mit dreieckigen Giebelformen bei schlichter Wandgliederung oder die Villa Lautenbacher (Kat.Nr.35) sind zwei Beispiele dafür.

Vor allem Häuser des 2. Typus (s. Kapitel III.2.2.) mit seiner additiven Gestaltungsweise zeigen häufig Elemente des englischen Landhausbaus. Aber auch die winkelförmigen Grundrisse des 3. Typs (s. Kapitel III.2.3) weisen auf englischen Einfluß hin, wie ein Vergleich mit Bauten von Philip Webb oder Eden Nesfield[28] verdeutlicht. Die schräg zueinander stehenden Flügel des 3.2. und 4. Typs, den Seidl ab 1896 mit der Villa Merck (Kat.Nr.14) bzw. 1899 mit dem Haus Klöpfer (Kat.Nr.19) entwickelt, sind ebenfalls im englischen Landhaus angelegt. Dohme veröffentlicht 1888[29] ein Haus des Architekten E. Christian mit stumpfwinkelig anstoßendem Anbau. Auch Norman Shaw verwirklicht 1891 in Chesters diese Grundrißform[30].

2. Hermann Muthesius

Hermann Muthesius (1861-1927) machte die englische Landhausarchitektur nach 1900 in Deutschland allgemein bekannt. Er war von 1896 bis 1903 Attaché für Bauwesen an der Deutschen Botschaft in London und hatte dort die englische Bauweise eingehend studiert. Ein Ergebnis seines Aufenthaltes war 1904/05 das dreibändige Werk „Das englische Haus“. Es zeigt einen Überblick über die englische Bauweise und Innenraumgestaltung vor allem der zweiten Hälfte des 19. Jahrhunderts. 1904 erscheint von ihm auch die erste Auflage von „Das moderne Landhaus“[31], in dem Seidlsche Innenräume des Hauses Bembé veröffentlicht werden[32]. Ein Jahr später in der zweiten

118 Haus Mittelsten Scheid, Gartenseite (ID, 22, 1911, S.382)

Auflage führt er die Bedingungen für die Anlage eines modernen Landhauses ausführlicher aus. Drei Villen von Seidl (Kat.Nr.18, 25, 26) und Innenräume des Hauses Bembé werden darin publiziert. In späteren Abhandlungen über das Landhaus, wie „Landhaus und Garten“ von 1910, werden weitere Seidl-Villen (Kat.Nr.32,38) abgebildet. 1919 erscheinen in „Landhaus und Garten“ zwei Murnauer Villen (Kat.Nr.16, 55).

Die ab 1898 entstandenen Villen Seidls (ab Kat.Nr.16) nehmen die von Muthesius in den Abhandlungen propagierten Bedingungen vorweg: sowohl hinsichtlich der äußeren Gestalt, für die Muthesius eine sachliche Gestalt ohne historistischen „Architekturaufputz“[33] fordert, als auch der Grundrißdisposition, Anlage und Gartengestaltung. Die Forderung nach „inniger Beziehung zur Natur“[34] ist bei Seidl ebenso verwirklicht worden, wie die Ausrichtung der Grundrisse nach Himmelsrichtungen und Terrain.

Die Villen Seidls, die dieser noch vor Veröffentlichung der Schriften Muthesius errichtete, sind also für Landhäuser im Sinne Muthesius vorbildlich, wie die zahlreichen Abbildungen in diesen Schriften zeigen.

Die Villen Muthesius, der ab 1904 selbst Landhäuser erbaute, sind zwar vom englischen Haus inspiriert, aber doch entsprechend den deutschen Verhältnissen und Bedingungen abgeändert[35]. Ein großer Teil des Raumaufwandes eines englischen Hauses auf dem Lande fällt bei diesen meist für Vororte errichteten Häusern weg. Muthesius hat vielmehr das Raumprogramm der deutschen, bürgerlichen Villa übernommen, da die Bauherren nicht auf den Repräsentationsanspruch verzichten wollten. Das gleiche gilt für die Villen Seidls, die zwar nach englischem Vorbild entwickelt werden, aber untereinander verbundene Repräsentationsräume nach traditionellem Muster besitzen.

Auch wenn sich Seidl meist direkt vom englischen Hausbau beeinflussen läßt, so nimmt er dennoch 1907 und 1913 zwei von Muthesius Villen zum Vorbild. Das Haus Mittelsten Scheid (Abb.118; 1907, Kat.Nr.41) greift in Giebelform und symmetrischer Gliederung der Gartenseite durch vorbauchende Erker und durchgehende Balkone Formen von Muthesius Haus Bernhard von 1904 in Berlin auf (Abb.119,240). Auch der rechtwinkelige Grundriß mit eingestelltem Treppenturm und Halle im Winkel ist bei Muthesius vorgegeben.

Bei einem späten Landhaus in Bad Harzburg (1913, Kat.Nr.56) bezieht sich Seidl möglicherweise auf

119 Haus Bernhard, Berlin, von Hermann Muthesius (Muthesius, Katalog 1977, S.61)

Muthesius Haus Freudenberg von 1907. Die Grundrißform mit symmetrischen, schräggestellten Flügeln hat ihr englisches Vorbild in „The Barn“ von E.S.Prior. Seidl versachlicht den Entwurf Muthesius durch schlichte Fenster und große Mauerflächen. Die ovale Hallenform wird zu einem Runderker reduziert. Das Spitzgiebelmotiv nimmt Seidl auch auf und bringt es quasi als Zitat an der Gartenseite an. Der wesentlich spätere Entwurf Seidls geht in seiner blockhaften äußeren Gestaltungsweise weiter in Richtung auf das sachliche Bauen als Muthesius Entwurf.
Seidl wie auch Muthesius kommen bei ihrer Umsetzung der englischen Landhausarchitektur auf ganz ähnliche Grundrißformen. Additive und L-förmige Grundrisse (Typ 2 und 3.1.) finden sich bei Muthesius an seinen ersten Bauten 1904/05[36], bei Seidl werden diese Formen bereits in den 90er Jahren entwickelt. Vergleichbar Grundrißformen mit Rund- und Polygonalerkern sowie Eckloggien treten bei Muthesius Bauten dann ebenfalls auf[37].
Schräg zueinander stehende Gebäudeflügel (Kat.Nr.14, 19) werden von Muthesius 1907 (zehn Jahr nach Seidl) erstmals mit dem Haus Freudenberg entworfen.
Entsprechend dem engen Zusammenhang von Haus und Garten übernehmen beide Architekten die Gestaltung von Architektur und Gartenanlage. Bei Muthesius Entwürfen und Schriften[38], wird wie bei Seidl die Gartenplanung miteinbezogen.

Der englische Einfluß bei Seidl geht im großen und ganzen nicht auf Muthesius zurück, sondern war eine direkte Umsetzung der englischen Architektur bzw. der Architektur anderer deutscher Architekten.

3. Villenbauten anderer Münchener Architekten

3.1. Martin Dülfer

Martin Dülfer (1859-1942) und Emanuel Seidl kannten sich seit ihrer gemeinsamen Arbeit für die Londoner Ausstellung von 1891 (s. Kapitel I.5.1.1.) sowie von anderen gemeinsamen Ausstellungen.
Die ersten Villen Dülfers um 1895 entsprechen in Stil, Aufbau und Grundrißanlage zeitgleichen Villen Seidls (Kat.Nr.9, 10). Historisierende Giebelformen und gegeneinander verschobene Baukörper bestimmen diese Bauten.

Die ein Jahr später erbaute Villa Bechtolsheim (1896) Dülfers wird von Klein „als erstes Beispiel deutscher Jugendstilarchitektur gesehen“[39]. Vergleicht man diese Villa mit der gleichzeitigen Villa Merck (Kat.Nr.14) so finden sich bei beiden eine kompakte Gestalt, axiale Gliederung, Erker und Eckloggia sowie hohes Dach. Der von der englischen Architektur beeinflußte Grundriß zeigt beide Male eine große, zentrale Dielenhalle, um die sich die Wohnräume gruppieren, und eine im Souterrain liegende Küche.
Dülfer bezieht aber im Gegensatz zu Seidl auch am Außenbau englische Formen und Gliederungselemente, wie Bay-Window oder unterschiedliche Fensterformen, mit ein. Die Grundstruktur, auf die der Jugendstildekor appliziert wird, dagegen bleibt vom Neubarock beeinflußt.

Seidl ist bei der Villa Merck nicht nur hinsichtlich des historisierenden Stils, sondern auch der symmetrischen Gliederung noch der traditionellen Bauweise verpflichtet. Dies wird auch bei der Einrichtung der Innenräume deutlich.

Mit Dülfers Villa Bechtolsheim hinsichtlich Stil und Gliederung vergleichbare Bauten errichtet Seidl erst 1904 mit der Villa Lautenbacher (Kat.Nr.35).

120 Haus Gminder, Theodor Fischer (Nerdinger, Fischer, 1988, S.231)

Auch bei den um 1900[40] entstandenen Villen ist Dülfer mit seiner Umsetzung des englischen Baustils Seidl um zwei Jahre voraus (vgl. Kat.Nr. 29, 30). Seidl wendet diesen Stil zur gleichen Zeit nur bei zwei Stadthäusern an (Bembé und Bamberger, Abb. 116, 117). Ab 1902 benutzt Seidl auch bei seinen Villen (Kat.Nr.29, 30, 35, 39, 40) die von Dülfer verwendeten Elemente der englischen Architektur und des Jugendstils (asymmetrische Gliederung, Annexe mit spitzgiebeligen Dächern, differenzierte Fensterformen etc. sowie farbige Behandlung einzelner Gliederungselemente).

Die wenigen später (1905-08) entstandenen Villen Dülfers[41] sind im wesentlichen stilistisch mit Seidls Villen dieser Zeit vergleichbar.

Es läßt sich nicht ausschließen, daß Dülfers frühe Villen Anregungen für Seidl gebracht haben, ein direkter Vorbildcharakter läßt sich jedoch nicht nachweisen.

3.2. Theodor Fischer

Theodor Fischer (1862-1938), ein bedeutender Vertreter der Heimatschutzbewegung, unternahm den Versuch, „volkstümliche Formen und alte handwerkliche Bautradition mit neuen Funktionen und Materialien zu vereinen“[42]. Es ging ihm, ähnlich wie Seidl, um die Einbindung der Architektur in die Natur und den Bezug zum Ort[43]. So ordnete er Elemente der englischen „Arts and Crafts“-Bewegung und des Jugendstils „den Vorbildern aus Natur und regionaler Überlieferung unter“[44]. Mit seinen Villen kommt er um die Jahrhundertwende zu vergleichbaren Ergebnissen wie Seidl. Die Villa Seifert[45] von 1898 zeigt gleiche Stil- und Gliederungselemente wie Seidls Haus Erhard von 1900 (Kat.Nr.21). Bogenloggia und barockisie-

121 Haus Martius, Eingang, (DKD, 25, 1909/10, S.38)

render Turm prägen die Straßenseite.
Auch die gleichzeitig, 1905, entworfenen Häuser Harries[46] und Lampe (Kat. Nr.36) sind vergleichbar: Die beiden Backsteinbauten besitzen in der blockhaften Gestalt mit hohem Walmdach, symmetrischer Gliederung und Akzentuierung der Mitte durch Erker und Säulen klassizistische Anklänge. Seidls 1913 erbautes Haus Giesecke (Kat. Nr.56) weist an der Gartenseite mit einem Runderker und Anbau im Winkel sehr ähnliche Züge wie Haus Harries auf.
Mit der Villa Martius (Abb.121) nimmt Seidl 1905 Gestaltungsmerkmale des Hauses Gminder, 1906, (Abb.120) vorweg. Hohes Dach mit quadratischem Belvedere und Dreieckgiebel gliedern beide Häuser.
Die jugendstilartig geschweifte Giebelform des Hauses Wilbrandt von 1908 (Abb.122) entwirft Seidl ein Jahr zuvor für zwei Villen (Kat.Nr.39, 41). 1910 greift er die Form nochmals bei Haus Prym (Abb.260; Kat.Nr.47) auf und verwendet sie ebenso symmetrisch und durch eine Säulenloggia gegliedert wie Fischer.
Auch Einzelformen anderer Bauten Fischers, wie die geschweiften Giebel und die Form der Turmhaube der Schule am Elisabethplatz, tauchen an Villen (Kat.Nr.33) auf.

122 Haus Wilbrandt, Theodor Fischer (Nerdinger, Fischer, 1988, S.248)

Es gibt bei den Villen in stilistischer Hinsicht und auch was die Grundrisse betrifft eine ganze Reihe gemeinsamer Merkmale. Die im gleichen Zeitraum entstanden Villen können jedoch nicht zwingend aufeinander bezogen werden, sondern zeigen wohl eher Elemente des Zeitstils. Zudem war auch Seidl von der Idee des Heimatschutzes beeinflußt (s. Kapitel I.3.4) und verwendete wie Fischer stilisierte, traditionelle Formen.

3.3. Richard Riemerschmid

123 Haus Riemerschmid (Muthesius, 1904, S.3)

Richard Riemerschmid (1868-1957), ein weiterer Erbauer großbürgerlicher Villen im süddeutschen Raum, arbeitete zunächst als Maler ehe er sich dem Kunstgewerbe und der Architektur zuwandte.
Mit Seidl, mit dem er seit 1891 im Münchener Orchesterverein musizierte[47], verband ihn eine langjährige Freundschaft[48].

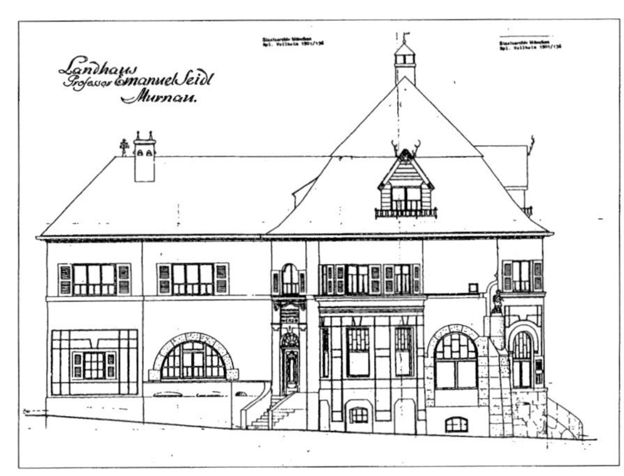

124 Villa Seidl, Eingang (StaAM, Bpl.Weiheim,1901/136)

Riemerschmids Wohnhaus (Abb.123), das er 1898 als ersten Villenbau errichtet, ist als blockhafter Baukörper mit leicht geschweiftem Zeltdach ausgebildet. An den Kubus fügt sich ein zweiter, etwas niederer Baukörper mit Schopfwalmgiebel an. In dem Gebäudewinkel vermittelt eine gerundete Terrasse zwischen den Bauteilen. Erker, Rundbogenloggia an der Ecke und Zwerchhaus mit Schopfwalmgiebel sind weitere Gliederungselemente. Der Haustyp erinnert stark an das 1902 entworfene Wohnhaus Seidls in Murnau (Abb.124, Kat.Nr.24). Dort treten all diese Gestaltungselemente in leicht abgeänderten Formen auf. Auch beim gleichzeitigen Haus Sedlmayr (Kat.Nr.25) wird dieser Aufbau übernommen. Seidl, der Riemerschmids Pasinger Haus kannte[49], wandelt den sehr blockhaften Baukörper durch ausbauchende Erkeranbauten und Verlängerung des Anbaus ab, erhält aber die Grundstruktur.
Die Konzeption von dominantem Hauptbau und untergeordnetem Wirtschaftstrakt (Haustyp 3.1.) mit Eingang im Winkel findet sich bei den Villen der beiden Architekten häufig[50].
Bei den späteren Villen Riemerschmids verstärkt sich der massive, kubische Aufbau mit hohen Dächern und starkem Vertikalzug noch. Selbst bei großen, schloßartigen

Villen, die bei Seidl immer als zweiflügelige Anlagen erstellt werden, kommt Riemerschmid durch die blockhafte Gestalt zu ganz anderen Lösungen.

125 Haus Schoeller (DKD, 37, 1915/16, S.50)

Es ist anzunehmen, daß Seidl durch Riemerschmids Haus Anregungen für seine Villen, vor allen die des 3. Typus, erhielt. Bereits 1900 führte er mit den Villen Feilitzsch und Bischoff (Kat.Nr.22,23) ganz ähnlich gegliederte Häuser mit kurzen Anbauten aus.

3.4. Carl Hocheder

Carl Hocheder (1854-1917) war als Münchener Stadtbauamtmann (seit 1889) um 1900 einer der führenden Münchener Architekten für staatliche und städtische Bauten[51]. Er vertrat sowohl bei seinen das Stadtbild prägenden Großbauten[52] als auch bei den Villen einen neubarocken Baustil. Um die Jahrhundertwende entwickelte er, wie Seidl, barockisierende Jugendstilmischformen.

Bei seinen Villenbauten[53] greift er auf Vorbilder der barocken Herrensitze und Schlösser zurück. Hohe Mansard- oder Walmdächer bestimmen die kubischen oder längsgestreckten Bauten. Mittelrisalite betonen die symmetrischen und axial gegliederten Fassaden. Barockisierend geschweifte Faschen und Fensterverdachungen sowie Stuckdekor bilden den Schmuck. Farbige Fensterläden und Pflanzspaliere werden zur Gliederung eingesetzt.

Auch Seidl bezieht seine Vorbilder, vor allem bei den Typen 1, 3.2 und 4 aus dem Bereich des barocken Schlosses. Vergleicht man Seidls barockisierende Villen mit denen von Hocheder, so gibt es hinsichtlich Dachformen und Gliederung eine Reihe Gemeinsamkeiten. Doch Seidl zitiert die barocken Vorbilder nicht so konsequent wie Hocheder[54]. Türme und Turmhauben erhalten bei Seidl schlichtere Formen, die Symmetrie und Axialität wird nicht an allen Hausseiten beibehalten. Barocke Schmuckformen wie Pilaster, Fensterumrahmungen oder Putzdekor[55] werden in reduzierten Formen verwendet oder verschwinden völlig (Kat.Nr.48, 53-55).
Bei den ausgesprochen neubarocken Häusern Seidls (s. Kapitel V.4) sind am ehesten Parallelen zu Villen Hocheders erkennbar (vgl. Abb.125, Haus Schoeller, Kat.Nr.51, und Haus Lynen von Hocheder).
Der Rückgriff auf die süddeutsche Bautradition wird von beiden Architekten entsprechend der Zeit unabhängig voneinander und bisweilen auch mit vergleichbaren Lösungen vorgenommen.

4. Anmerkungen

1 Abb. SdBZ, 23, 1913, S.210
2 An Entwürfen wurde seit 1893 im Büro Gabriel Seidls gearbeitet, Schumacher, 1935, S.148; Sailer, A.: Das Münchener Künstlerhaus und der Künstlerhausverein, München 1959, S.13ff
3 Abb, Bößl, 1962; Hoh-Slodczyk, 1985, S.68ff
4 Abb. Münchener Bürgerliche Baukunst der Gegenwart, S.15
5 Vgl. Palais Berchem, 1897, Abb. Münchener Bürgerliche Baukunst, S.137; Palais Stadler, 1899, Abb. Bößl, 1966; Haus Freundlich, 1911, Bößl, 1966
6 Schloß Steinach bei Straubing, Bößl, 1962, S.226; SdBZ, 19, 1909, S.225ff; Doering, Oskar: Gabriel von Seidl, München 1924, S.19
7 Schober, 1989, S.XXIX, 356f.
8 Haus Höck, Bad Heilbrunn; Bößl, 1966, Abb.
9 Abb. Bößl, 1966,
10 Landhaus Thielmann, Kreuth, 1899, Abb. Bößl, 1966, Pläne: StaAM, Baupl. Tegernsee, 1898/56; Landhaus Levi,Garmisch-Partenkirchen, Dr. Wigger-Str. 18, Neu/Liedke, Denkmäler, 1986, S.331; Landhaus Seidl, Bad Tölz, um 1900, Abb. Bößl, 1966; Haus Oberhof, Bad Tölz, 1900-01; Villa Thorstein, Bad Tölz, um 1900, SdBZ, 15, 1905, S.281; Landhaus Lehenhof, Kufstein, 1903, Achleitner,I,1980,S.319; Landhaus Bruneck, Kreuth, 1907, Pläne: StaAM, Baupl. Tegernsee, 1907/103, SdBZ, 23, 1913, S.210; Landhaus Höck, Bad Heilbrunn, 1913-14, Bößl, 1966
11 Ein anderes Beispiel ist das zwei Jahre vor der Villa Brey (Kat.Nr.32) entstandene Haus Oberhof Gabriels in Tölz, das die Gliederung und den Aufbau der beiden Eingangsseiten vorwegnimmt, SdBZ, 13, 1903, S.161ff.
12 Zell, F., SdBZ, 17, 1907, S.193-197 und SdBZ, 20, 1910, S.145-149; Köhler, G., Volkskunst und Volkskunde, 9, 1911, S.63-75; Dehio, IV, 1990, S.842
13 SdBZ, 15, 1905, S.277ff
14 s. Bößl, 1966, S.76ff
15 Muthesius, S., 1974, S.124ff
16 Muthesius, S., 1974, S. 126
17 s. Red House, Abb. in Hermann, Muthesius: The English House, Nachdruck London 1987, S.18
18 In Chesters, Muthesius, S., 1974, S.180
19 Muthesius, 1910, S.171; Muthesius, S., 1974, S.180, Abb. S.126
20 Falke, Jacob v.: Zur Cultur und Kunst, Wien 1878, S.4-67
21 Dohme, Das englische Haus, 1888, S.210ff
22 Dohme, 1888, S.257, 247
23 Muthesius, S., 1974, S.104, Abb. S.104, 105
24 Muthesius, S., 1974, S.106, Abb. 74
25 Muthesius, S. 1974, Abb. S.108, 109
26 Er hielt nach dieser Reise einen Vortrag über englische Inneneinrichtung im Kunstgewerbeverein, DKD, 35, 1914/15, S.45
27 Seidl, 1910, S.53
28 Muthesius, 1987, S.18, 21, 22, 44, 46
29 Dohme, 1888, S.256
30 Muthesius, S., 1974, S.127, 180
31 Muthesius, 1904
32 S.26, 54
33 Muthesius, 1905, S. III, VII
34 Muthesius, 1905, S.VIII
35 Posener, Ausstellungskatalog, 1977, S.9
36 Abb. Posener, Ausstellungskatalog, 1977, S.58, 60
37 Posener, Ausstellungskatalog, 1977, S.58, 75
38 Das englische Haus, 1904/05; Landhaus und Garten, 1907, S.XXVff
39 Klein, Dülfer, S.109
40 Klein, Dülfer, S.112, 113
41 Klein, Dülfer, S.120ff
42 Nerdinger, Strömungen, 1980, S.52
43 Nerdinger, Fischer, 1988, S.55
44 Nerdinger, Fischer, 1988, S.49
45 Nerdinger, Fischer, 1988, S.188, Abb. 49
46 Nerdinger, Fischer, 1988, S.226, Abb. S.227, Nr. 114
47 Korrespondenz, Stadtbibliothek München, Nachl. R. Riemerschmid, M 36 a
48 s. Gästebücher von Seidls Murnauer Haus, Bayer. Staatsbibliothek München, cgm 7927
49 Brief an Riemerschmid über Pasinger Hausbau, Stadtbibliothek München, Nachl. R. Riemerschmid, M 36 a
50 s. Nerdinger, Riemerschmid, 1982, S.391, 396,408, 421
51 Nerdinger, Neue Strömungen, 1980, S.45
52 u.a. Müller'sches-Volksbad, 1897-1901; Verkehrsministerium, 1905-12
53 13 Wohnhäuser, Hinweis Barbara Hartmann, Werkkatalog Hocheder
54 Ausnahme Haus Peill, Kat.Nr.52
55 Ausnahme Haus Schoeller, Kat.Nr.51

VII. Bedeutung Seidls als Villenarchitekt

Bei der Bewertung der Seidlschen Villenarchitektur ist zu bedenken, daß sie ausschließlich für die großbürgerliche Schicht gebaut wurden (s. Kapitel II.5.). Schon die besondere Lage der Villen an ausgesucht schönen Plätzen und ihre Größe macht das auf den ersten Blick deutlich.
Ebenso wurden städtische Wohnhausbauten und Schlösser für das Großbürgertum und den Adel erstellt. Großaufträge wie das Vereinshaus der Colleg-Gesellschaft (Abb.40,41) oder das Kurhaus in Bad Kreuznach (Abb.42) entsprechen ebenfalls diesem großbürgerlichen Denken, das Seidl vertraut war, da er durch Herkunft und Lebensstil selbst dieser Oberschicht angehörte.
Seidl war kein Reformer. Soziales Engagement, wie es in der Gartenstadtbewegung oder der Errichtung von Arbeitersiedlungen zutage tritt, findet sich bei ihm nicht. Kleinwohnhäuser oder Siedlungshäuser, wie sie etwa Riemerschmid und Muthesius in Hellerau oder Fischer in Gmindersdorf erichteten, kommen in seinem Oeuvre nicht vor. Bauten für die Mittel- und Arbeiterschicht entstehen allenfalls im Vergnügungsbereich, wie Restaurants oder Architektur für die Theresienwiese.
Auch im Deutschen Werkbund, einer Reformbewegung im Bereich des Kunsthandwerkes, zu dessen Gründungsmitgliedern 1907 Architekten wie Riemerschmid, Fischer oder Muthesius gehörten, tritt Seidl in keiner Weise hervor. Erst Jahre nach der Gründung taucht 1912 sein Name in den Mitgliederlisten auf[1], obgleich er die Ziele[2] des Werkbundes nach Einfachheit der Formen, Sachgerechtigkeit und Funktionalität durchaus teilte und bei seinen Bauten und Inneneinrichtungen verwirklichte.
Seine Leistung entfaltet sich eindeutig im herrschaftlichen Villenbau. Hinsichtlich der stilistischen Entwicklung übernimmt er die herrschenden Tendenzen der Zeit. Zugleich entwickelt er ab der Jahrhundertwende einen für ihn typischen Baustil. Diese vom englischen „Modern Movement“, dem Jugendstil und barocken Bauformen beeinflußte Gestaltung nimmt in der schlichten Wandbehandlung und strengen Gliederung vereinzelt bereits Elemente der Neuen Sachlichkeit vorweg.

Die neue Bauweise, die entsprechend der englischen Bewegung „in der rationalistischen Beschränkung des Design auf das funktionell und konstruktiv Notwendige“[3] besteht, wird von Seidl auch bei vielen Bauten aufgegriffen. Die rationale Planung und die Funktionalität stehen im Vordergrund. Die Wirkung der verwendeten Materialien und die Gestaltung funktional notwendiger Teile wird anstelle tektonischer und ornamentaler Dekoration eingesetzt.
Auch in haustechnischer Hinsicht sind alle seine Bauten vorbildlich modern ausgestattet.

Der Stil spielt bei der Gestaltungsweise eine untergeordnete Rolle. Die historischen Restformen werden in der Art des „Reduktionsstils“[4] ab der Jahrhundertwende häufig nur noch angedeutet. Auch der ornamentale Schmuck wird relativ sparsam eingesetzt, da die Architekturen durch ihre differenziert gestalteten Baumassen wirken. Doch Seidl verzichtet, wohl auch in Hinblick auf seine konservativen Auftraggeber, nicht auf Stimmungwerte. Türme, hohe Dächer und zweiflügelige Anlagen assoziieren aristokratische Wohnformen; Ländlichkeit, Einfachheit und Behaglichkeit dagegen vermitteln volkstümlich-bäuerliche Elemente. Diese Mischung, für die gerade Seidls großbürgerliche Klientel empfänglich war, machte den Erfolg der Villen aus, die in zeitgenössischen Veröffentlichungen immer positiv bewertet wurden.

Als vielbeschäftigter Architekt entwickelt er bei den Wohnhäusern gewisse Grundtypen (s. Kapitel III.2.), eine Vorgehensweise, die auch andere Architekten wie Hermann Muthesius oder Adolf Loos[5] anwandten. Obgleich er auf die Bedürfnisse seiner Auftraggeber sowie die Gegebenheiten des Terrains und der Umgebung Rücksicht nimmt, kann er bestimmte Hausformen und Grundrißanordnungen immer wieder einsetzen. Trotz der Typisierung werden die einzelnen Bauten doch ganz unterschiedlich gestaltet. Kein Bau gleicht dem anderen. Dabei hat Seidl bei Bauten, die im gleichen Zeitraum entstanden sind, aber unterschiedliche Typen repräsentieren, oft Baumotive, wie Giebel- oder Turmformen, wiederholt (Kat.Nr.39, 41). Durch den anderen Zusammenhang und unterschiedliche Anordungen der Motive entstehen jedesmal ganz eigenständige Lösungen.
Zu den einzelnen Haustypen treten auch Mischformen auf, die sich sowohl dem einen als auch dem anderen Typ zuordnen lassen.

Die Typen 1, 2, und 3.1 werden auch von anderen Architekten der Zeit verwendet. Ab 1900 entwickelt Seidl aber einen ganz eigenen Villentyp (Typ 3.2. und 4), den er zehn Häusern zugrunde legt. Die schräg zueinander gestellten Flügel, die auf englischen Einfluß hinweisen (s. Kapitel VI.2.), benutzt er als einer der ersten[6] Architekten in Deutschland. Er verknüpft die Form mit der Zweiflügelanlage der Schloß- und Burgenarchitektur der Renaissance und des Barock. Durch die Lage des Eingangs im inneren Winkel entsteht eine einladende, repräsentative Empfangssituation mit einer Art Ehrenhof. Die Grundrißform ermöglicht die gewünschte Großzügigkeit und die Trennung von Wirtschafts- und Wohnteil, zwei wichtige Kriterien einer herrschaftlichen Villa.

Bei der Gestaltung der Villen spielt auch die Idee des Gesamtkunstwerkes im Sinne des Jugendstils eine Rolle. Durch die Einheit von Außenbau und Innenräumen, die in ihrer Gestaltung aufeinander Bezug nehmen, schafft Seidl Gesamtkunstwerke.
In seiner frühen Periode wird das vor allem durch Übernahme des gleichen Stils (Kat.Nr.1-3, 14) innen und außen erreicht, nach 1900 übernehmen Werkstoffe und Ornamentformen diese Funktion.
Zur Erzielung eines Gesamtkunstwerkes bezieht Seidl auch die Umgebung und Natur mit ein. Die Lage des Hauses wird von besonderen Ausblicken oder Naturschönheiten bestimmt. Die durch große Fenster, Wintergärten oder Loggien sichtbare Natur wird quasi als Hintergrundkulisse in die Raumausstattung miteingebunden. Ein wichtiges Kriterium für den Gesamteindruck stellt die Gartenanlage dar, die ebenfalls von Seidl mit Bezug zum Haus entworfen wird. Auf die Führung des Besuchers vom Garteneingang zum Haus und auf die Trennung von Wirtschaftshof, Gemüse- und Blumengarten wird Wert gelegt. Die Beziehung der Räume zu den ihnen zugeodneten Gartenbereichen ist ebenfalls sorgfältig berechnet.
Dieser Zusammenhang zwischen innen und außen, zwischen Haus und Umgebung

war ein wichtiges Anliegen von Seidl. Für ihn „galt es, Landschaftsbilder zu erdichten und architektonisch zu schmücken“[7].

Für die Auftraggeber war außer dem Renommee Seidls, der als führender Villenarchitekt Süddeutschlands galt[8], die Umsetzung ihrer individuellen Wünsche hinsichtlich Grundriß, Wohnlichkeit und Komfort von Bedeutung. Seidl gelang es, die Wohnqualität englischer Landhäuser und den Repräsentationsanspruch adeliger Herrensitze zu vereinen und traf damit den Zeitgeschmack seiner Kunden.

Inwieweit Seidl andere Architekten beeinflußte, ist bis auf wenige Beispiele im oberbayerischen Raum[9] nicht erkennbar. Da die Vorbilder für seine Bauten allgemein bekannt waren und auch andere führende Architekten, wie Fischer, Muthesius oder Riemerschmied zu ganz ähnlichen Lösungen kamen, können Nachfolgebauten nicht klar abgegrenzt werden. Der von ihm entwickelte stumpfwinkelige Haustyp wird in Deutschland erst ab 1910 häufiger für Villen aufgegriffen[10] und kann somit auch auf Muthesius zurückgehen.

Seidl selbst hat zwar keine theoretischen Abhandlungen über Architektur geschrieben, aber alle seine Villen wurden in den zeitgenössischen Bau- und Kunstzeitschriften zum Teil mehrmals veröffentlicht. Deshalb ist ein Einfluß auf Villenbauten anderer Architekten durchaus denkbar.

Anmerkungen

1 1912, Jahrbuch des Deutschen Werkbundes, Jena 1912, Mitgliederverzeichnis
2 Mai, E.: Vom Werkbund zur Kölner Werkschule, in: Nerdinger, Riemerschmid, 1982, S.48f
3 Muthesius, S. 1974, S.181
4 Nerdinger, Neue Strömungen, 1980, S.45
5 Posener, Ausstellungskatalog, 1977, S.56
6 Muthesius Bauten dieser Form sind später, Haus Freudenberg 1907
7 Seidl, 1910, S.48
8 Thieme-Becker, 30, 1936, S.457
9 Der Bauunternehmer Reiser in Murnau errichtete mehrere Villen im Stil Seidls, s. Fotomappe „Ausgeführte Bauten und Entwürfe der Bauunternehmung Reiser, Inhaber Gabriel Reiser, Baumeister, Murnau am Staffelsee, 1851-1926“; Seidls Neffe Ludwig Seidl erbaute in Bad Tölz, am Kurpark, in den 20er Jahren ein am Haus Mayr-Graz, Kat.Nr.16, orientiertes Landhaus (Haus Höfler)
10 AR, 1913, T. 155, 160, 162; Schober, 1989, S. 77, 284, 285

VIII. Katalog der bearbeiteten Villen und Landhäuser

1. Vorbemerkung

Der Katalog behandelt alle freistehenden Villenbauten Seidls in der chronologischen Reihenfolge ihrer Bauzeit. Villen, an denen Seidl nur kleinere Umbauten vernahm, werden nicht aufgenommen, größere Umbauten dagegen erscheinen im Katalog.

Die Häusertexte gliedern sich in der Regel wie folgt:
Lage und charakteristische Merkmale
Bauherren und Baugeschichte
Baubeschreibung des Äußeren und der Innenräume
Stilistische Einordnung und Vergleich mit anderen Bauten Seidls
Nebengebäude und Gartenanlage
Heutiger Zustand
Literatur, Pläne und Quellen

Wenn keine Planangabe erfolgt, so konnten die Originalpläne nicht gefunden werden, weil einige Bauarchive, wie Wuppertal oder Düren, Kriegsverluste hatten.
Der Baubeschreibung wurde die Terminologie von Hans Koepf, Bildwörterbuch der Architektur, 1974, zugrunde gelegt.

2. Villenverzeichnis

3. Objekte

Nr. 1 Villa Theuer, München, Bavariaring 19, 1887-1888, mit Gartenhaus, Abb.126-127

Schweifgiebel, Erker und Altane bestimmen die historisierende Villa, die zu einer einer Gruppe[1] von drei Häusern gehört (Kat.Nr.1-3). Das Haus Bavariaring 19, das die Mitte einnimmt, ist auf die Straßenecke bzw. die platzartige Erweiterung des Bavariaringes ausgerichtet, die beiden flankierenden Häuser auf die Uhlandstraße bzw. Bavariaring (Abb.127). Eine einheitliche Einfriedung umgibt die drei Grundstücke. Im Bereich des Hauses Theuer schmückten einst zwei Skulpturen von liegenden Hirschen[2] die Einfriedungspfeiler.

126 Haus Theuer, (Mü. Bauk.S.50)

Seidl entwarf 1887 die Häusergruppe als eine seiner ersten selbständigen Arbeiten für drei befreundete Kunstmaler, Julius Theuer, Cuno von Bodenhausen und Thure von Cederström. Die Villen waren als Familienhäuser mit großen, zum Garten gerichteten Ateliers in den Dachgeschossen geplant. Der Wunsch der Bauherren, die Hauptfenster der Ateliers nach Norden auszurichten[3], bedingte die schräggestellte Lage der Häuser zueinander. Ursprünglich waren die Häuser von Seidl im neubarocken Stil geplant, aber „das Vorhandensein von alten Renaissance-Möbeln und Kunstgegenständen veranlaßten eine Umbildung des Aeusseren...Das Hauptgewicht wurde bei allen drei Häusern auf die Ausgestaltung des Innern gelegt; nicht durch Schaffung prunkvoller Räume, sondern durch die Herstellung guter Raumverbindungen, Gewinnung malerischer Durchblicke und eine einfache, künstlerisch abgewogene und behagliche Durchbildung der Einzelheiten“[4].

Ein hohes Schopfwalmdach mit Dachreiter und ein dreiachsiger Mittelrisalit mit Schweifgiebel kennzeichnen den Bau. Erker und ein der Straßenseite entsprechender Risalit gliedern Schmal- und Rückseiten. Sockelgeschoß und profilierte Stockwerk- und Kranzgesimse betonen die Horizontale des blockhaften Putzbaues (Abb.126). Durch reichen Schmuck ist das Giebelfeld des Risalits hervorgehoben. Aedikula mit Segmentgiebel, farbig gestaltete[5] Sonnenuhr, Mondsicheln, Muschel und Pyramiden bilden die Schmuckelemente. Hausteingliederung akzentuiert Eingangsloggia und Erker.

Der Eingang zu den Wohnräumen liegt in der durch Bogenöffnungen bestimmten Eckloggia im Westen, die ein Fächergewölbe überfängt. Der Ateliereingang zum separaten Treppenhaus befindet sich ebenfalls an der Westseite. Ein mit Kreuzgraten überwölbter, zentraler Dielenraum mit dem Haupttreppenhaus trennt die Wohnräume an der Straßenseite von den rückwärtigen Küchen- und Wirtschaftsräumen. Bei den in einer Flucht zur Straße hin liegenden Wohnräumen nimmt das mittlere Speisezimmer den größten Raum ein, flankiert von Bibliothek und Salon. Im Obergeschoß sind Schlaf- und Kinderzimmer ebenfalls zur Straße orientiert, Dienstbotenräume und Fremdenzimmer zum Garten. Das großzügige Atelier des Hausherrn ist im Dachgeschoß untergebracht.
Bei dem größten der drei Wohnhäuser[6] vermischt Seidl Elemente der Neurenaissance und des Barock miteinander. Stilistisch nimmt er Anleihen bei benachbarten Häusern[7] seines Bruders Gabriel Seidl.
In dem Gebäude ist heute ein Institut der Universität München untergebracht. Das Äußere ist im wesentlichen original überliefert, obgleich die Eingangsloggia zugemauert ist. Im Inneren wurde um 1950[8] die Ateliertreppe entfernt und eine Wohnung im Dachgeschoß eingebaut. Die Umnutzung machte zahlreiche Umbauten notwendig. Von der Seidlschen Ausstattung ist bis auf ein Türgewände im Renaissancestil nichts mehr erhalten.

Lit.: BlKA, 5, 1892, S.62-63, T.113,114; Münchener Bürgerliche Baukunst der Gegenwart, S.50, T.8; AR, 15, 1899, Heft 4, T.32; SdBZ, 9, 1899, S.307; Zils, 1913, S.332; Habel, u.a., Münchener Fassaden, 1974, S.276; Habel/ Himen, Denkmäler, 1985, S.180; Hoh-Slodcyzck, 1985, Abb. S.32.

Pläne: Hauspläne, 1887, Einfriedung 1888, Gartenhaus 1888, LBK München, Hausakte.

1 Bavariaring 18, 19, Uhlandstraße 8
2 Einfriedungspläne von 1888, LBK, Hausakte Bavariaring 19
3 BlKA, 5, 1892, S.62
4 BlKA, 5, 1892, S.63
5 Farbige Ansichten bei Plänen vom August 1887, LBK, Hausakte
6 315 m^2 Wohnfläche, Uhlandstraße 8 306 m^2, Bavariaring 18 288 m^2, BLKA, 5, 1892, S.63
7 Bavariaring 17 und 24, 1888, Habel/Himen, Denkmäler in Bayern, I.1, S.180
8 LBK, Hausakte

Nr. 2 Villa Cederström, München, Bavariaring 18, 1887-1888, Abb.127

Ein Risalit mit Schweifgiebel und ein polygonaler Eckturm mit spitzem Zeltdach charakterisieren die kleinste Villa der Häusergruppe[1]. Bei der Dachgestaltung und Gliederung nimmt Seidl Bezug auf die beiden Nachbarhäuser (Kat.Nr.1,3).

Seidl entwarf 1887 das Wohnhaus in Neurenaissanceformen für den Kunstmaler Thure von Cederström (s. Kat.Nr.1).

In der rechteckigen Grundrißform mit polygonalem Anbau (Abb.127) variiert Seidl den Grundriß des Hauses an der Uhlandstraße (Kat.Nr.3). Das Haupttreppenhaus wird zwar ins Zentrum gerückt, aber ansonsten bleibt die Aufteilung vergleichbar. Schlaf- und Wohnräume sind zur Straße orientiert, Küche und Nebenräume zum Garten. Ein Wintergarten im Anbau, an den sich eine Terrasse anschließt, leitet zum Garten über. Im Obergeschoß nimmt der große Salon den bevorzugten Raum mit dem Turmerker ein. Das Atelier des Hausherrn liegt ebenfalls im Obergeschoß und nicht wie bei den beiden anderen Villen im Dachgeschoß. Es wird durch eine eigene Ateliertreppe erschlossen.

Das Haus wurde nach Kriegsbeschädigungen um ein Stockwerk erhöht und somit vor allem im Dachbereich stark verändert. Auch im Inneren Umbauten durch Umnutzung.

Lit.: BLKA, 5, 1892, S.62-63, T.113,114; Münchener Bürgerliche Baukunst der Gegenwart, S.49, T.7; AR, 15, 1899, Heft 4, T.32; SdBZ, 9, 1899, S.307; Zils, 1913, S.332; Habel, u.a., Münchener Fassaden, 1974 S.276; Habel/ Himen, Denkmäler, 1985; S.180; Hoh-Slodcyzck, 1985, S.68, 165.

Pläne: Hauspläne 1887, LBK München, Hausakte.

1 Bavariaring 19, Kat.Nr.1, Uhlandstraße 8, Kat.Nr.2

127 Häuser Theuer, Bodenhausen, Cederström (AR, 15, 1899, T.32)

Nr. 3 Villa Bodenhausen, München, Uhlandstraße 8, 1888-1889, Abb. 127, 128

Für den Kunstmaler Cuno von Bodenhausen errichtete Seidl 1889 die nahe der Theresienwiese gelegene Villa im Neurenaissancestil. Sie bildet zusammen mit Bavariaring 18 und 19 eine Gruppe[1] von drei Wohnhäusern, die zueinander durch Lage, Stil und Gliederung in Bezug gesetzt sind.

Mittelrisalit mit Schweifgiebel, Polygonalerker, Altane und Dachreiter bestimmen den zweigeschossigen Bau. Bei dem nach zwei Seiten als Schopf ausgebildeten Mansarddach und dem Mittelrisalit mit polygonalem Erker greift Seidl Elemente des Nachbarhauses auf (Kat.Nr.1). Relief- und Skulpturenschmuck sowie Hausteingliederung akzentuieren den Risalit. Bossierte Gebäudekanten betonen die Vertikale des hellen Putzbaues.

In der geschlossenen Form des rechteckigen Grundrisses mit polygonalem Anbau nach Norden bezieht Seidl sich auf das spiegelbildlich angeordnete Haus Bavariaring 18 (Kat.Nr.2). Das Erdgeschoß des Hauses nehmen die zur Straße orientierten Schlaf- und Wohnräume sowie Küche, Anrichte mit Speiseaufzug und Wirtschaftsräume ein. Die Gesellschaftsräume, wie Salon, Musikzimmer und Bibliothek, liegen in der ersten Etage. Sie werden durch ein großzügiges, im rückwärtigen Anbau gelegenes Treppenhaus erschlossen. Das im Dachgeschoß sich befindende große Atelier ist durch eine eigene Wendeltreppe zugänglich.
Eine halbrunde Terrasse, die durch das Haupttreppenhaus zu erreichen ist, schließt sich nach Norden an das Haus an und stellt die Verbindung zum Garten her.

Die Villa wurde 1969 abgebrochen[2] und an ihrer Stelle ein Bürohaus errichtet.

Lit.: BIKA, 5, 1892, S.62-63, T.113,114; Münchener Bürgerliche Baukunst der Gegenwart, S.51, T.9; AR, 15, 1899, Heft 4, T.32; SdBZ, 9, 1899, S.307; Zils, 1913, S.332; Hoh-Slodczyck, 1985, S.68.

Pläne: Hauspläne 1887, Einzäunung 1888, Tekturpläne 1889, StAM, LBK 12515.

1 s. Bavariaring 19, Kat.Nr.1
2 Abbruchanzeige, LBK, Hausakte

128 Haus Bodenhausen (Mü. Bauk. S.51)

Nr. 4 Villa Sandner, Leoni a. Starnberger See, Assenbucher Straße 29, 1890-1891, Villa mit Innenausstattung, Gartenanlage und Bootshaus, Abb. 129

Das im Heimatstil errichtete, zweigeschossige Landhaus liegt zurückgesetzt in einem parkartigen Hanggrundstück am Ostufer des Starnberger Sees. Ein flaches Satteldach, Giebelverbretterung, geschweifte Faschen und farbige Fensterläden kennzeichnen den Bau. Ein zweigeschossiger, runder Eckerker, eine Loggia mit Korbbogenöffnung und Flacherker gliedern den kubischen Baukörper. Grüne Fensterläden, Pflanzspaliere, Hirschgeweih und Heiligenfigur bilden den Bauschmuck.

Seidl entwarf 1890 die schlichte Villa für den Arzt Carl Sandner. Sie gehört zu seinen ersten selbständigen Villenbauten und ist nach den drei Häusern am Bavariaring[1], die stark vom Historismus beeinflußt sind, ein frühes Beispiel für den in den 90er Jahren häufiger von ihm angewandten Heimatstil[2]. Mit bodenständigen Formen und Materialien gelang ihm ein reizvoller Villenbau.

Eingang und Freisitz zugleich ist die zur Seeseite orientierte Loggia, über die man in die mittig gelegene Diele mit dem Treppenhaus gelangt. Die beiden großen Wohnräume des Erdgeschosses sind nach Süden zum Garten gerichtet. Küche und Treppenhaus liegen an der Nordseite. Das Obergeschoß nehmen Schlafräume ein.
Die schlichte Seidlsche Ausstattung wie Türen, Wandverkleidungen und Kachelöfen ist bei diesem Haus noch erhalten. Das Wohnzimmer mit dem Runderker besitzt einfache Holzverkleidung mit bäuerlichen Malereien[3].
Das Haus ist innen und außen im Originalzustand überliefert.

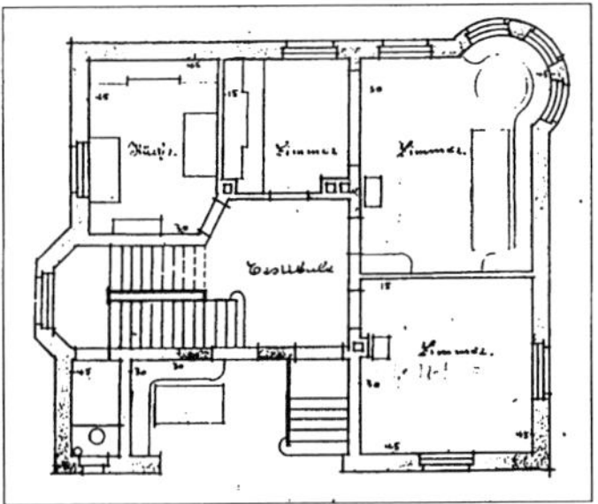

129 Villa Sandner, Seeseite, Grundriß (StaAM, Bpl. Starnberg-Feldafing ,1890/76)

Lit.: Zils, 1913, S.332; Neu/ Liedke, Denkmäler,1986, S.594; Schober, 1989, S.82,83.
Pläne: Hauspläne von 1890: StaAM München, Baupl. Starnberg/Berg, 1890/76 und 79.

1 s. Kat.Nr.1-3
2 vgl. Kap. V.3.
3 Abb. Schober, 1989, S.83

Nr.5 Villa Siegle, Ammerland a. Starnberger See, Südliche Seestraße 31, 1884, 1892, 1910, mit Teehaus und Gartenanlage, Abb.130-132

Das von Elementen des Schweizerhausstils geprägte Landhaus liegt direkt am Ostufer des Starnberger Sees, umgeben von einem Park. Unterschiedliche Dachformen sowie Turm, Risalit und Erker bilden vielfältige Gliederungselemente. Balkone und große Terrassen stellen Aussichtsplätze mit Blick auf den See dar.

Der Stuttgarter Unternehmer Dr. Gustav von Siegle ließ 1884 das bestehende kleine Landhaus innen und außen von Seidl umgestalten[1]. Für den jungen Architekten, der für die Firma Seitz & Seidl seines Bruders Gabriel arbeitete, bedeutete das eine der frühesten, eigenständigen Arbeiten. Ein Neurenaissanceraum aus dieser Bauperiode ist noch vorhanden. 1892 erfolgte ein weiterer Umbau und 1910 erhielt das Haus nach einer dritten Umbaumaßnahme Seidls seine heutige Gestalt.

130 Villa Siegle, Seeseite (StaAM, Bpl. Wolfratshausen, 1910/220)

Für das Teehaus ließ die Witwe Julie von Siegle 1910 ein bestehendes Wohnhaus auf dem Nachbargrundstück abbrechen und nach Seidls Plänen eine Parkanlage[2] anlegen, die sich bis an den See erstreckte.

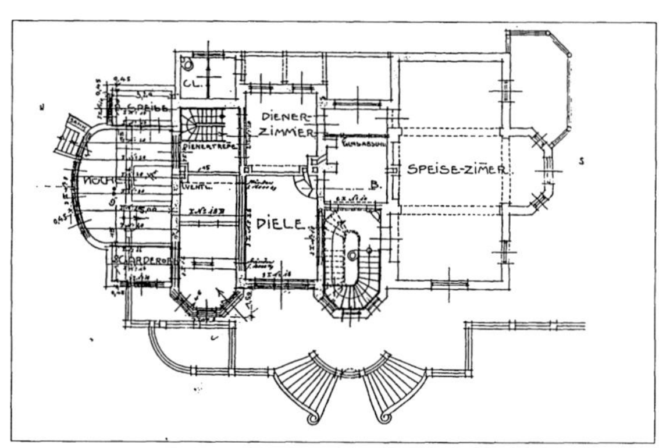

131 Grundriß (StaAM, Bpl. Wolfratshausen, 1910/220)

Die drei Bauphasen lassen sich am Äußeren des großzügigen Landhauses ablesen. Der älteste Teil mit Flachsatteldach liegt zwischen Treppenturm und erdgeschossigem Anbau im Norden. 1892 fügte Seidl an den zweigeschossigen Altbau, den er bereits 1884 umgestaltet hatte, einen dreigeschossigen Anbau mit Treppenturm, der die Nahtstelle besetzt. Schopfwalmgiebel mit Aussägearbeiten und Fachwerk kennzeichnen diesen Bauteil.

Ein erdgeschossiger, konchenförmiger Küchenanbau mit darüberliegender Terrasse wurde 1910 an den Altbau angebaut. Zur gleichen Zeit veränderte Seidl auch die Seeseite, indem er entsprechend zum Treppenturm einen polygonalen Erkerbau als Übergang zum Küchenanbau setzte. An der rückwärtigen Eingangsseite akzentuierte er durch Balkone und Lauben den Eingangsbereich.
Einheitliche Verbretterung des obersten Geschosses faßt die vor- und zurückspringenden Bauteile der Fassade zusammen. Als verbindende Elemente wurden auch Balkon- und Terrassenbrüstungen eingesetzt. Eine breite Terrasse über hohem Sockel mit geschwungener, zweiläufiger Freitreppe ist dem Haus an der Seeseite vorgelegt und bindet die Fassade zusammen.

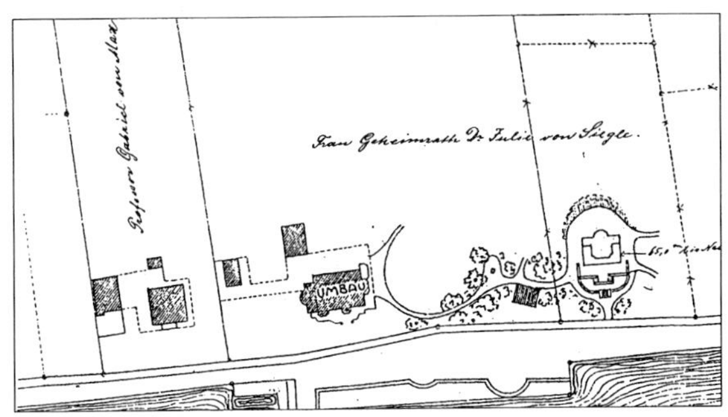

132 Gartenplan (StaAM, Bpl. Wolfratshausen, 1910/220)

Der Eingang an der Ostseite führt durch eine Loggia in einen Vorraum, von dem Diele, Treppenhaus und die zum Park und See gerichteten Gesellschaftsräume abgehen. Diele und Treppenhaus trennen Küche, Wirtschaftsräume und Nebentreppenhaus im Nordteil des Hauses von den Wohnräumen im Süden. Das geräumige Speisezimmer nimmt bei den Gesellschaftsräumen den zentralen Raum ein. Schlafräume und Fremdenzimmer liegen im Obergeschoß.

Das vom Haupthaus über geschwungene Parkwege zu erreichende Teehaus[3] erhebt sich über einem Sockel mit Blick auf den See. Der erdgeschossige Bau mit geschweiftem Walmdach, Laterne und Belvedere orientiert sich an der Architektur barocker Parkschlößchen. Ein von Säulen getragener Wandelgang umgibt den Gartensaal über polygonalem Grundriß. Eine ovale Terrasse mit Freitreppe ist dem Pavillon vorgelegt. Zwei Papageienskulpturen von Josef Wackerle flankieren die Treppe.
Das Innere des gewölbten Gartensaales schmücken farbige Schablonenmalereien, Kachelöfen und Mobiliar in Jugendstilformen.

Haus, Teehaus und Gartenanlage sind weitgehend im Originalzustand überliefert.

Lit.: Zils, 1913, S.332; ID, 30, 1919, S.116, 118; Neu/ Liedke, Denkmäler, 1986, S.107; Dehio, IV, 1990, S.41.

Pläne: Umbau des Landhauses von 1910, Teehaus von 1910: StaAM, Baupl.Wolfratshausen/Münsing, 1910/220, 247 und 1903/166, 1905/278.

1 Zils, 1913, S.332; Angaben des Enkels des Bauherrn
2 Pläne für Teehaus und Parkanlage: StaAM, Baupl. Wolfratshausen/Münsing, 1910/247
3 Abb.: ID, 30, 1910, S.118, Innenraum S.116

Nr.6 Villa Krüzner, Leoni a. Starnberger See, Hangweg 7 und 8, 1892-93, mit Gärtnerhaus, Schiffshütte und Parkanlage, Abb.61,133-135

Der zweigeschossige Villenbau liegt in unmittelbarer Nachbarschaft der von Seidl entworfenen Villa Bischoff (Kat.Nr.23) am östlichen Steilufer des Starnberger Sees. Ein hohes Zeltdach mit Laterne und turmartige Runderker charakterisieren den auf Fernwirkung bedachten Bau.

Victor Krüzner, der Direktor und spätere Aufsichtsratsvorsitzende der Isartalbahn[1], ließ sich 1892-1893 das Landhaus erbauen. Seidl hatte bereits ein Jahr zuvor in Leoni, in der Nachbarschaft des Grundstückes die Villa Sandner (Kat.Nr.4) errichtet.

133 Villa Krüzner, Seeseite (Schober, 1989, S.89)

Symmetrie und klare Gliederung beherrschen den kubischen Baukörper. Die zum See gerichtete Westseite wird von einem Rundturm mit Ringpultdach in der Mittelachse bestimmt, dem auf der Ostseite ein Treppenturm entspricht. Die Nordseite akzentuiert ein flacher Eingangsvorbau mit geschweiftem Segmentgiebel sowie ein Zwerchhaus mit Segmentbogengiebel. Die südliche Gartenseite wird durch einen zweigeschossigen Mittelrisalit gegliedert, an den sich eine Terrasse anschließt[2].

Helle Putzbänder, geputzte Faschen mit geschweiftem oberen Abschluß und ein profiliertes Kranzgesims sowie Putzlisenen bilden weitere Gliederungselemente.

134 Villa Krüzner, Gartenseite (MBF, 4, 1905, S.123)

Fenster und Läden sind farbig gestrichen, die Läden mit weißen Ornamenten verziert. Farbige Schmiedeeisengitter und Pflanzspaliere sowie Hirschkopf und Vasen im Eingangsbereich schmücken den Bau (Abb. 61).

Der Eingang im Norden führt über einen mit Kreuzgratgewölben überfangenen Vorraum in die mittig gelegene Diele, um die sich Treppenhaus und Räume gruppieren. Die Wohnräume sind nach See- und Gartenseite orientiert, Küche und Speisekammer nehmen die Nordostecke ein, Schlafräume liegen im Obergeschoß.

Seidl griff, wie auch bei seinen anderen frühen Villenbauten, auf einen historisierenden Stil zurück. Vorbilder für diese herrschaftliche Sommervilla dürften die barocken Kavaliershäuser am Nymphenburger Schloßrondell gewesen sein.

1893 wurden nach Seidls Plänen eine hölzerne Schiffs- und Badehütte am Seeufer und 1898 ein Gärtnerwohnhaus als erdgeschossiger Bau mit Schopfwalmdach errichtet.

Die Villa ist innen und außen nahezu im Originalzustand erhalten. Bauschmuck und Spaliere sind nicht mehr vorhanden, die Fensterläden sind heute einheitlich braun gestrichen. Die von Seidl entworfene Parkanlage besteht teilweise ebenfalls noch.

Lit.: Lasser, Moriz Otto: Emanuel Seidl und seine Kunst, in: MBF, 4, 1905, S.119-128; Zils, 1913, S.332; Neu/ Liedke, Denkmäler, 1986, S.594; Schober, 1989, S.88,89; Dehio, IV, 1990, S.598.

Pläne: Hauspläne von 1892, StaAM, Baupl. Starnberg, Berg,1892/90; Schiff- und Badehütte, LRA Starnberg, Bauamt, Bauakte; Gärtnerhaus, StaAM, Baupl. Starnberg, Berg, 1898.

1 Hesselmann, 1985, S.160
2 Abb. der Fassaden bei Lasser, MBF, 4, 1905, S.122,123 und Schober, 1989, S.89

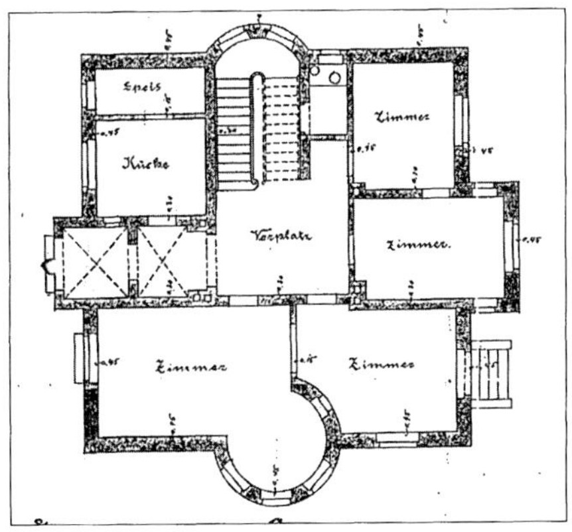

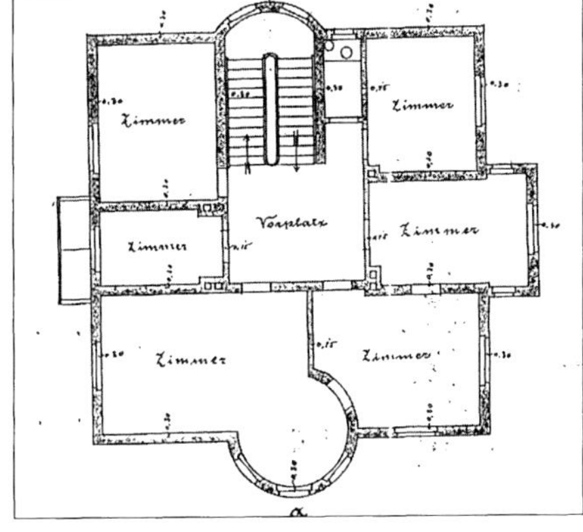

135 Villa Krüzner, Grundrisse (StaAM, Bpl. Starnberg, Berg 1892/90)

Nr.7 Haus Knorr, München, Brienner Straße 18, 1892-1894, 1904, Abb. 49,74,136-137

Zwischen dem Wohnhaus des Verlegers Georg Hirth und dem Palais Schack[1] in unmittelbarer Nachbarschaft der Propyläen und der Lenbachvilla lag die Villa Knorr.

136 Villa Knorr, Gartenseite (Ostini, 1901, S.116)

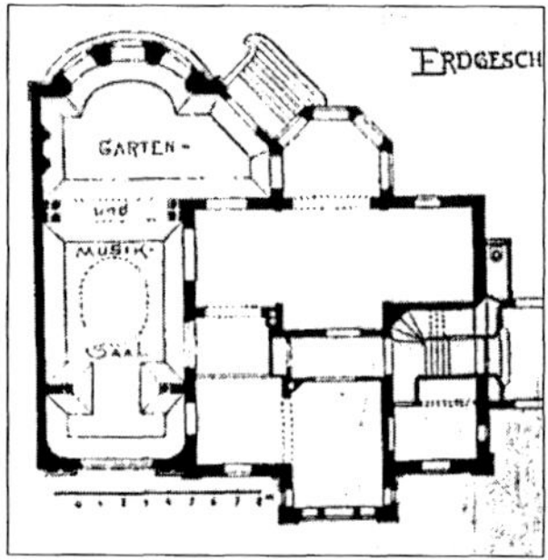

137 Grundriß (AR,14,1898,T.33)

Der Verleger und Kunstsammler Thomas Knorr, der zusammen mit seinem Schwager Georg Hirth seit 1881 die Münchner Neuesten Nachrichten[2] herausgab, ließ das bestehende Wohnhaus seines Vaters Julius Knorr in zwei Etappen von Seidl umbauen[3].
1892-94[4] fügte Seidl an den zweigeschossigen Altbau nach Osten einen Anbau für einen Musik- und Gartensaal. An der Westseite schloß er einen Wirtschaftstrakt an[5].
1904[6] wurde der Wirtschaftstrakt[7] erweitert, um Galerieräume für die umfangreiche Kunstsammlung Knorrs zu schaffen. Der Anbau machte auch im Inneren Umbauten und Renovierungen nötig.

Seidl gestaltete den vornehmen Villenbau in italienischen Barockformen. Frontispiz mit geschweiftem Aufsatz, Pilaster und Attikabalustrade aus hellgelblichen Naturstein[8] gliedern den Putzbau (Abb.49). Erdgeschossige Anbauten flankieren das kubische Gebäude. Die Gartenseite (Abb.136) wird durch einen polygonalen Risalit, an den sich der erdgeschossige, halbrunde Anbau des Gartensaals anschließt, gestaltet. Vasen, grüne Fensterläden[9] und schmiedeeiserne Balkon- und Altangitter in barocken Formen bilden Schmuckelemente.

Das Innere des Musiksaals stattete Seidl in Rokokoformen aus. Den Gartensaal beschreibt Ostini folgendermaßen: „Nach dem Garten zu wandelt man zwischen zwei Säulenpaaren aus täuschend imitiertem 'giallo antico' in den erwähnten hellen

138 Treppenhaus (DKu, 16, 1907, S.103)

139 Vestibül (DKu, 16, 1907, S.104)

Anbau, der halb Wintergarten, halb Billard- und Spielzimmer ist und seinen hautsächlichsten Schmuck durch die frei aufgetragenen Zopfornamente des weissen Stuckplafonds und allerliebstes Puttenvolk mit den Emblemen der Jagd, des Handels, der Musik und der Freude erhält"[10].

Die Ausstattungen von 1904 sind nicht mehr dem Rokoko verpflichtet, sondern zeigen einen vom Jugendstil beeinflußten Stil (Abb.74,138-140).

140 Schlafzimmer (DKu, 16, 1907, S,105)

Seidl greift bei der Gestaltung der Fassade auf Details, wie Frontispiz mit geschweiftem Aufsatz, zurück, die er bei dem Mietwohnhaus an der Zweibrückenstraße 19 (Abb.4) ein Jahr zuvor bereits verwendet hat. Der Aufbau durch einen Mittelrisalit mit niederen Anbauten und Gliederung durch Rundbogen und Attika hatte sein Bruder wenige Jahr zuvor bei der Villa Kaulbach eingesetzt[11].

Die Villa wurde nach Kriegsbeschädigungen in den 50er Jahren abgebrochen[12].

Lit.: Ar, 14, 1898, T.33, 5.Heft; Münchener Bürgerliche Baukunst der Gegenwart, I, T.9, 27; Ostini, Fritz v.: Die Galerie Thomas Knorr in München, München 1901, S.155ff; Ostini, Fritz v.: Emanuel Seidl - München, in: DKu, 16, 1907 S.104, Abb. S.102-108; Zils, 1913, S.332.

Pläne: Bestandspläne von 1943, StAM, LBK 1602.
Quellen: Hausakte Briennerstraße 19, StAM, LBK 1604.

1 Seidl baute 1901 ein Rückgebäude der alten Schackgalerie für den neuen Besitzer Kaiser Wilhelm II. um, Pläne, StAM, LBK 1604; DBZ, 43, 1909, S.549; Zils, 1913, S.332; die alte Schackgalerie wurde Anfang der fünfziger Jahre abgebrochen
2 Knorr und Hirth gaben von 1881-1916 die Münchenr Neuesten Nachrichten heraus, s. Prinz/Krauss, München-Musenstadt, 1988, S.385
3 Ostini, F. v.: Die Galerie Thomas Knorr in München, München 1901, S.155ff
4 Münchener Bürgerliche Baukunst, I, T.9,27
5 AR, 14, 1898, T.33
6 Zils, 1913, S.332; Ostini, DKu, 16, 1907, S.104
7 Grundriß vgl. Grundriß von 1943, StAM, LBK 1602
8 AR, 14, 1898, T.33, 5.Heft
9 AR, 14, 1898, 5.Heft
10 Ostini, 1901, S.162
11 Bößl, 1962, Abb.
12 StAM, LBK 1602

Nr. 8 Villa Riedel, Ambach a. Starnberger See, Seeuferstraße 3, 1894, Abb. 100, 141

Das stattliche, zweigeschossige Landhaus im Heimatstil liegt erhöht in einem ausgedehnten Hanggrundstück am Ostufer des Starnberger Sees.

141 Villa Riedel, Seeseite (Foto: 1991)

Der bayerische Finanzminister Dr. Emil Freiherr von Riedel und dessen Ehefrau Malwine ließen sich von Seidl das Haus als Sommersitz erbauen. Seidl griff bei diesem Bau vor allem Elemente des heimischen Bauernhauses auf, wie er es wenige Jahre zuvor bereits bei der Villa Sandner in Leoni (Kat.Nr.8), getan hatte.
Ein flaches, vorkragendes Satteldach, ein zweigeschossiger, polygonaler Eckerker und ein runder Treppenhauserker kennzeichnen das Wohnhaus. Sockel, profilierte Stockwerkgesimse und Putzbänder sowie Holzbalkone gliedern den blockhaften Bau, dessen Westseite mit Holzschindeln verkleidet ist.

Die nach Süden gerichtete Eingangsseite (Abb.100) akzentuiert eine Arkade mit vorgelegter Terrasse und zweiläufiger Freitreppe. Der Erker wird durch einen Tuffsockel aus Bruchsteinen und geschweifte Putzfelder besonders betont. Eine Madonna in einer Nische über dem Eingang und dekorative Holzspaliere schmücken die Eingangsseite.

Der Eingang liegt zurückgesetzt in einer mit Kreuzgraten überwölbten Loggia. Er führt in die Diele mit Treppenhaus, die die Wohnräume und den nach Osten gerichteten Wirtschaftsbereich trennt. Durch den großen, an der Südwestecke situierten Erker werden die Wohnräume nicht nur optimal belichtet, sondern besitzen auch einen ausgezeichneten Seeblick. Seidl bezieht also schon bei diesem relativ frühen Bau die Umgebung in die Gestaltung mit ein.

Der heute gelb gestrichene Putzbau mit grünen Fensterläden und Spalieren ist außen im Originalzustand erhalten. Im Inneren ist von der Ausstattung nichts mehr erhalten.

Lit.: Zils, 1913, S.332; Neu/Liedke, Denkmäler 1986, S.107;
Dehio, IV, 1990, S.37.

Pläne: Lagepläne 1910, StaAm, Baupl. Wolfratshausen/Holzhausen, 1910/255.

Quellen: Grundsteuerkataster 1894, Privatbesitz.

Nr.9 Wohnhaus Tappeiner, München, Bavariaring 14, 1894-1895, Abb. 142-143

Polygonaler Eckturm und geschweifte Zwerchhausgiebel kennzeichneten diese im Stil der deutschen Renaissance erbaute Villa.

Für den Universitätsprofessor Hermann von Tappeiner entwarf Seidl 1894 die Villa im vornehmen Wohnviertel an der Theresienwiese[1]. Den Baugrund stellte der Schwiegervater Tappeiners, Hugo von Ziemssen, zur Verfügung, dem auch die anschließenden Grundstükke gehörten. Zur gleichen Zeit, als sich Tappeiner von Seidl sein Landhaus in Murnau (Kat.Nr.44) erbauen ließ, wurde 1908 auch die Ostseite des Stadthauses

142 Haus Tappeiner, Straßenseite (Mü. Bauk. S.46)

verändert. Seidl ersetzte den erdgeschossigen Wintergarten durch einen mehrgeschossigen Erkeranbau.
Die Straßenfassade des zweigeschossigen Walmdachbaus wird durch den Eckturm mit Zwiebelhaube und zwei geschweifte Zwerchhausgiebel bestimmt. Ein hohes Sockelgeschoß, umlaufendes Sohlbankgesims und profiliertes Kranzgesims sowie Balkonbrüstungen mit Schmiedeeisengittern gliedern den Baukörper.
An der Ostseite schafft ein polygonaler Wintergartenanbau durch große Fenster und Freitreppe die Verbindung zwischen Garten und Wohnräumen. Besondere Auszeichnung erfahren die zur Straße liegenden Hauptwohnräume des Erdgeschosses durch Rundbogenfenster.

Die Grundrißeinteilung (Abb.143) erfolgt entsprechend dem Muster der vorangegangenen Villen am Bavariaring (Kat.Nr.1-3). Um eine mittige, überwölbte Diele gruppieren sich zur Straßen- und westlichen Gartenseite die repräsentativen Wohnräume, wie Herrenzimmer, Salon, Wohn- und Speisezimmer. Die Küche und Nebenräume liegen in einem rückwärtigen Anbau nach Norden.
Auch am Außenbau bezieht sich Seidl in Stil und Gliederung auf die Häusergruppe am Bavariaring (s. Kat.Nr.2).

Nach Kriegsbeschädigungen wurde das Haus 1963 abgebrochen[2] und durch einen Büroneubau ersetzt.

Lit.: SdBZ, 9, 1899, S.308, Fig.3; Münchener Bürgerliche Baukunst der Gegenwart, II, S.46, T.4.; Zils, 1913, S.332.
Pläne: Hauspläne 1894, Umbau 1908, StAM, LBK 1293.

1 Habel/ Himen, Denkmäler, 1985, S.164ff
2 StAM, LBK 1293

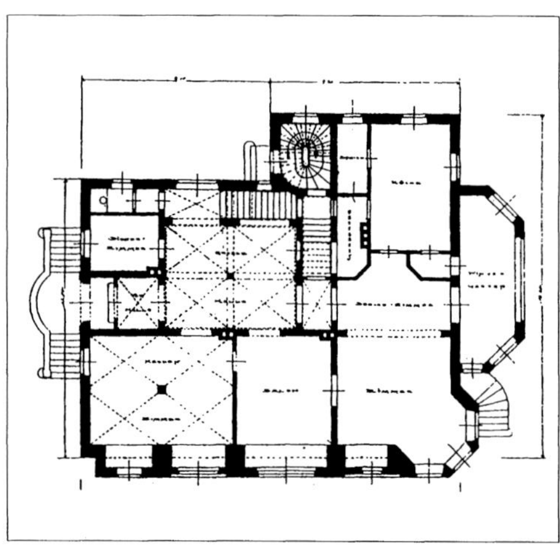

143 Haus Tappeiner, Grundriß (Mü. Bauk. S.70)

Nr. 10 Villa Remy, Konstanz-Hinterhausen, Alpsteinweg 6, 1894-1895, mit Nebengebäuden, Abb. 144-146

Von einem Park umgeben, liegt die Villa direkt am Ufer des Bodensees. Den Eingang zum Grundstück flankieren Kutscherhaus und Ökonomiegebäude. Ein hohes Zeltdach mit Laterne[1], Risalit und Zwerchhäuser prägen den barockisierenden Villenbau.

Der Oberstleutnant a.D. Eduard Remy aus Bendorf am Rhein hatte 1894 das ausgedehnte Wiesengelände in dem herrschaftlichen Villenviertel am See erworben[2]. Im gleichen Jahr beauftragte er Seidl mit der Planung eines Landsitzes[3], der ab 1895 unter der Bauleitung P. Geßweins aus Konstanz ausgeführt wurde.

144 Villa Remy, Seeseite (Foto: 1992)

Der zweigeschossige, kubische Baukörper mit hohem Sockelgeschoß wird nach drei Seiten durch Zwerchhäuser[4] gegliedert. Ein dreigeschossiger, halbrunder Risalit, vor den ein erdgeschossiger Anbau gelegt wurde, bestimmt die vierte Seite, an der der Eingang liegt (Abb.145).
Besonders ausgezeichnet wird die zum See gerichtete Südseite (Abb.144). Ein Polygonalerker mit Altane und ein barock geschweifter Zwerchhausgiebel gliedern symmetrisch die Fassade. Eine übereck geführte, von Säulen getragene Veranda vor der Süd- und Westseite entspricht dem erdgeschossigen Anbau mit Dachterrasse an der Nordseite. Freitreppen führen zum Eingang

145 Villa Remy, Eingang (Rosgartenmuseum Konstanz)

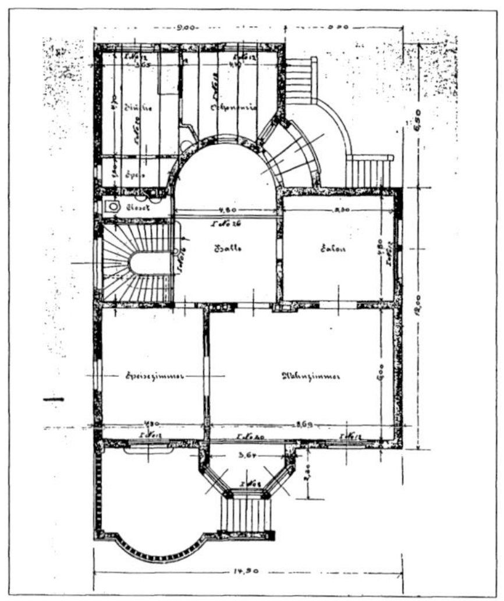

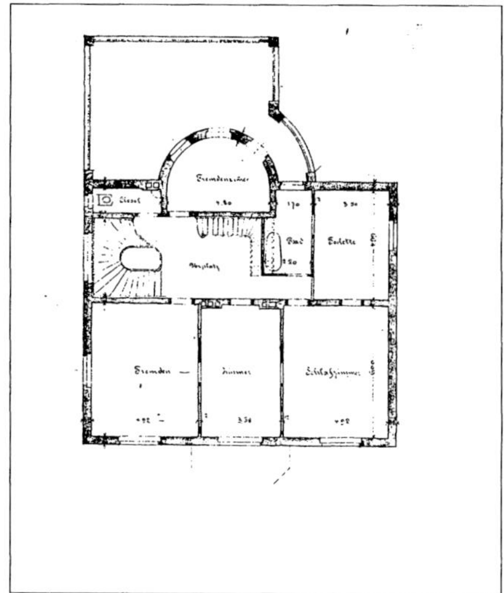

146 Villa Remy, Grundrisse (Rosgartenmuseum, Konstanz)

im Winkel zwischen Risalit und Hauptbau sowie von der Veranda in den Park. Hausteingliederung akzentuiert Fenstergewände und Brüstungen. Kartuschen, Rosetten und eine Statue des hl.Florian an der Südostecke bilden weitere Schmuckelemente.

Der Eingang, der über eine zweiläufige Freitreppenanlage zu erreichen ist, führt in die großzügige Hallendiele. Ein großes Rundbogenfenster in der Westwand des zur Diele hin offenen Treppenhauses belichtet die Halle. Die Gesellschaftsräume an der Süd- und Ostseite werden durch die Diele von der Küche und Nebenräumen im nördlichen, erdgeschossigen Anbau abgetrennt (Abb.146).
Das Obergeschoß nimmt die Schlafräume auf, im Dachgeschoß sind Dienstboten- und Fremdenzimmer untergebracht.

Seidl variiert bei der Gestaltung den Haustyp einer anderen Seevilla. Die Villa Krüzner (Kat.Nr.6) am Starnberger See hatte er drei Jahre zuvor entworfen und auf vergleichbare Weise gegliedert. Auch der Grundriß mit nach zwei Seiten orientierten Gesellschaftsräumen, die durch eine Diele von dem Wirtschaftsbereich abgetrennt werden, war dort schon angelegt. Bei der Villa Remy entwickelt er dieses Grundschema auf großzügige Weise weiter.

Die beiden Torbauten sind als kubische, zweigeschossige Walmdachbauten mit erdgeschossigen Anbauten gestaltet.

Der Villa wurde bei Umbaumaßnahmen 1940 an der Westseite ein Turm mit Zwiebelhaube angefügt und die Säulenveranda abgebrochen. Im Inneren wurden durch

Einbau zweier Wohnungen ebenfalls Umbauten vorgenommen. Der Außenbau ist bis auf Fenstererneuerungen und den Turmanbau in seiner originalen Gestalt erhalten.

Lit.: Langenberger, 1905, S.23; Zils, 1913, S.331; Motz, Paul: Die Villa „Remy" in Hinterhausen, in: Die Kulturgemeinde, 15, H.7, Konstanz 1974, S.2-4, Abb. S.1.

Pläne: Hauspläne und Nebengebäude, 1895, Kopien Rosgartenmuseum Konstanz; Umbaupläne 1939, Bauverwaltungsamt Konstanz

1 Laternenartiger Kamin mit Dachaufsatz
2 Motz, Paul: Die Villa „Remy" in Hinterhausen, in: Die Kulturgemeinde, 15, H.7, Konstanz 1974, S.2
3 Pläne wurden im Frühjahr 1895 eingereicht, Motz, S.2
4 Der Turm an der Westseite stammt vom Umbau von 1940

Nr.11 Villa Baeyer, Starnberg, Possenhofener Straße 89, 1895, Abb.147-148

Die Villa liegt in einem parkähnlichen Seegrundstück am Westufer des Starnberger Sees. Ursprünglich gehörte zu dem Ufergrundstück noch umfangreicher Grundbesitz[1]. Risalite, Loggien und hölzerne Balkone kennzeichnen den Walmdachbau, den Elemente des Schweizerhauses schmücken.

Für den Universitätsprofessor Dr. Adolf von Baeyer vergrößerte Seidl 1895 ein bestehendes Landhaus[2]. Er fügte einen Anbau nach Westen an und verdoppelte damit in etwa die Grundfläche.

147 Villa Bayer, Südseite (StaAM, Bpl. Starnberg 266)

An der Südseite (Abb. 147) faßt eine hölzerne Loggia Alt- und Neubau zusammen. Eine durch Aussägearbeiten geschmückte, hölzerne Loggia mit Altane gliedert auch die Westseite. Auf dem weit überstehenden Dach des Neubaus erhebt sich ein hölzerner Glockenstuhl.
Seidl nimmt auch bei diesem Villenbau, wie ein Jahr zuvor bei der Villa Riedel (Kat.Nr.8) am Ostufer des Starnberger Sees, Elemente des Bauernhauses auf.

Das Haus ist durch Umbauten heute weitgehend verändert.

Lit.: Link, A.: Der Starnberger See, in: Schober, 1982; Schober, 1982, Abb.29, S.100

Pläne: Umbaupläne 1895, StaAM, Baupl. Starnberg, 266/1895

1 Schober, 1982, S.100
2 Abb. des Vorgängerbaus bei Link, A.: Der Starnberger See, Nachdruck Schober, 1982, Abb.29 oben

148 Westseite (StaAM, Bpl. Starnberg 266)

Nr.12 Palais Matuschka, München, Brienner Straße 28 (früher 46), mit Rückgebäude, 1895-1896, Abb. 110, 149-150

Das herrschaftliche, dreigeschossige Wohnhaus steht in der Nähe des Karolinenplatzes umrahmt von anderen vornehmen Palais.

Das Anfang des 19. Jahrhunderts[1] errichtete Haus erhielt nach mehreren Umbauten 1872 die bestehende Größe. 1895-96 ließ Dr. Franz Graf Matuschka das klassizistische Gebäude nach Seidls Entwürfen erneut umbauen und ein Rückgebäude errichten. 1899 erwarb Seidls Vetter Gabriel Sedlmayr das Haus als Wohnsitz und ließ durch Seidl einige kleinere Änderungen[2] vornehmen.
Seidl setzte 1895 dem Bau ein flaches Zeltdach auf und unterstrich somit die kubische Wirkung des Baukörpers. Die drei unteren Geschosse faßte er zusammen, indem er das oberste Geschoß als Attikageschoß ausbildete und durch ein abgeschrägtes Gesims absetzte.

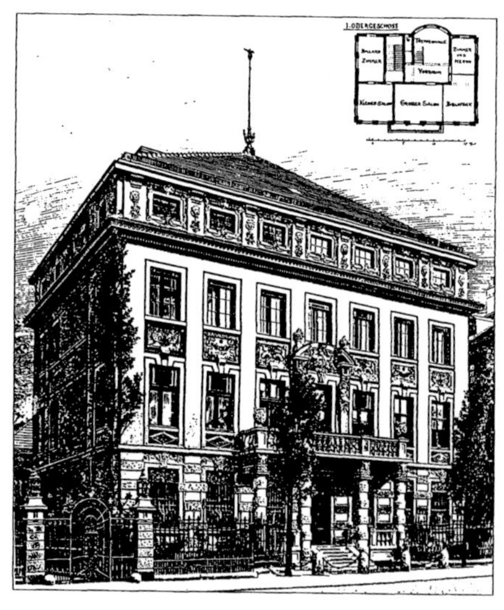

149 Palais Matuschka (AR, 16, 1900, T.8)

Historisierende Elemente wie rustiziertes Erdgeschoß, profiliertes Kranzge-

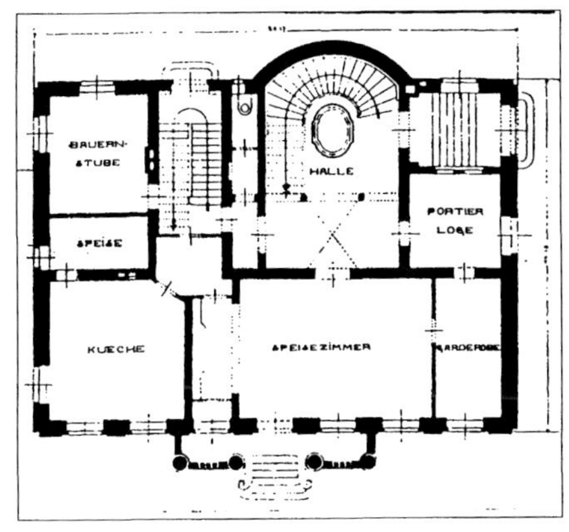

150 Palais Matuschka, Grundriß Erdgeschoß (Mü. Bauk. S.70)

sims mit Zahnschnitt und Konsolengesims gliedern den Bau. Die Mittelachse betont ein von rustizierten Säulen getragener Balkon, eine Ädikula mit gesprengtem Segmentgiebel zeichnet die Beletage aus.

Reicher plastischer Schmuck in Form von Masken, Muscheln und Konsolen ziert vor allem das Attikageschoß. Besonderen Wert legt Seidl auf die farbige Behandlung der Fassade, an der Gelb-Gold, Schwarz und Rot eingesetzt werden. Die Grundfarbe des Putzes über dem mit gelblichem Muschelkalk verblendeten Erdgeschoß besitzt einen graugelben Ton. Hinzu kommen im ersten Obergeschoß schwarze Putzfelder unter den Fenstern, deren Rauten rot und golden abgesetzt sind. Die Putzfelder des zweiten Obergeschosses zeigen schwarze Festons, Vasen und Fische in Sgraffitomanier auf gelbem und schwarzem Grund. Von goldener Farbe sind auch noch andere „dekorative Zierglieder“[3].

Hinsichtlich des Grundrisses (Abb.150) veränderte Seidl 1895 im wesentlichen nur die Diele und das Treppenhaus, für das er nach Norden einen vorgewölbten Erkerbau anfügte. Die kleinteilige Grundrißeinteilung wird zugunsten großzügiger Raumfluchten aufgegeben. Im Erdgeschoß nehmen die zweigeschossige Dielenhalle sowie Haupt- und Nebentreppenhaus die Hofseite ein. Das zur Straße orientierte, großräumige Speisezimmer und eine Bauernstube sowie Küche und Nebenräume sind ebenfalls im Erdgeschoß untergebracht. Die eigentlichen Gesellschaftsräume liegen im Sinne einer Beletage im ersten Obergeschoß. Kleiner und großer Salon und Bibliothek sind zur Straße ausgerichtet. Billard- und Herrenzimmer nehmen die Schmalseiten des Hauses ein. Schlafräume befinden sich im zweiten Obergeschoß, Dienerzimmer im Dachgeschoß.
Die reiche Innenausstattung in historisierenden Stilen entwarf Seidl ebenfalls für das Palais. Säulen und reiche Stuckierung sowie ein Gemälde von Ludwig Herterich schmückten das Treppenhaus. Breite vergoldete Friese und Stuckaturen „in italienischem Charakter“[4] sowie seidene Wandbespannung zierten den großen Salon.

Den Palaisbau im Stil der italienischen Renaissance gestaltet Seidl mit Jugendstilelementen auf farbige Weise.
In Aufbau und Gliederung lehnt er sich an gleichzeitige Stadtpalais seines Bruders an (s. Kapitel VI.1.).

Das zweigeschossige Rückgebäude erstellte Seidl als barockisierenden Walmdachbau, für den im Gegensatz zu dem Vordergebäude hinsichtlich der Ausführung keine besonderen Auflagen gegolten hatten[5]. Mittelrisalit, Arkadenloggia und breite Balkone gliedern im Anklang an Seidlsche Villenbauten den Putzbau.

Das Vordergebäude ist durch Kriegsbeschädigungen und Nutzungsänderungen stark verändert. Das Äußere wurde in vereinfachter Form und mit Veränderungen im Dachbereich wiederhergestellt. Das Rückgebäude wurde im Krieg zerstört.

Lit.: Münchener Bürgerliche Baukunst der Gegenwart, S.42, 47, 48, 70; AR, 16, 1900, T.8, 1.Heft; Langenberger, 1905, S.19, Abb. S.17, T.10; Oehl, Eduard: Denkmalschutz, Brienner Strasse 28, München 1972; Habel, u.a., Münchener Fassaden, 1974, S.279; Habel/ Himen, Denkmäler, 1985, S.186.

Pläne: Pläne 1872, 1895, 1896, 1899, StAM, LBK 1608

1 Oehl, Eduard, Denkmalschutz, Brienner Straße 28, München 1972, Broschüre über Geschichte des Hauses
2 StAM, LBK 1608
3 AR, 16, 1900, 1.Heft
4 Ar, 16, 1900, 1.Heft
5 Oehl, S.5

Nr.13 Villa Mayer, Starnberg, Josef-Fischhaber-Straße 5, 1896-1897, mit Parkanlage, Abb.104, 151-152

Auf einem Hanggrundstück oberhalb der Stadt liegt in einer ausgedehnten Parkanlage die barockisierende Villa mit hohem Zeltdach und aufgesetztem Belvedere. Ein reizvoller Ausblick auf See und Gebirge bot sich einst den Bewohnern.

Die Villa steht an Stelle eines um 1862 erbauten Landhauses, das das erste einer ganzen Reihe herrschaftlicher Wohnhäuser an dieser Hangkante war. 1889 wurde das Haus von Franz Mayer, dem Besitzer der Mayer'schen Hofkunstanstalt in München, gekauft[1] und 1896 durch einen Neubau ersetzt.

151 Villa Mayer, Seeseite (Schober, 1989, S.279)

Bei diesem dreigeschossigen Putzbau variiert Seidl in vergrößerter Form die vier Jahre zuvor entworfene Villa Krüzner in Leoni (Kat.Nr.6). Im Gegensatz zur Villa Krüzner gibt Seidl die strenge, symmetrische Gliederung des Baues auf. Den kubischen

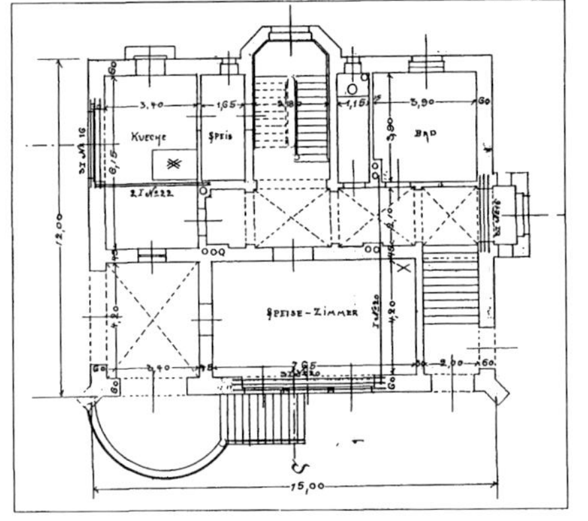

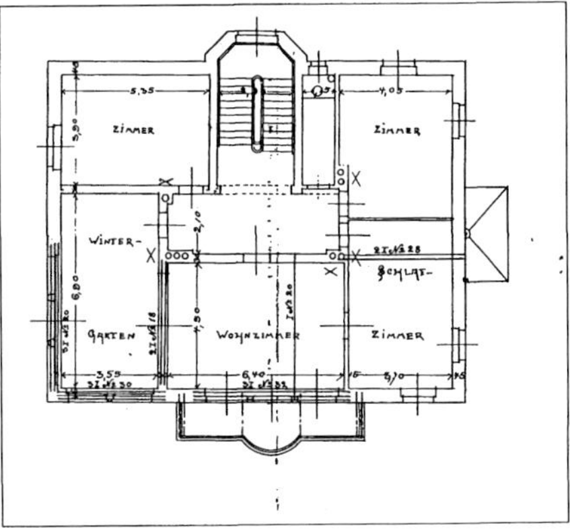

152 Grundrisse (LRA Starnberg)

Baukörper gliedern Treppenturm, Erker und Dachhäuschen in den Mittelachsen. Rechteckfenster verschiedener Größen, Gruppen von Rundbogenfenstern und Loggien bleiben weiterhin axial angeordnet. Ein umlaufendes Fenstergesims setzt die beiden unteren Etagen von dem oberen Stockwerk ab, das in der Art eines Attikageschosses ausgebildet ist.
Vor allem die zur Stadt und zum Park gerichtete Südostseite (Abb. 104, 151) ist durch differenzierte Gliederung hervorgehoben. Die Beletage wird durch ein breites, feinversproßtes Fensterband, Rundbogenarkaden und dekorative Balkon- und Brüstungsgitter auch äußerlich kenntlich gemacht. Hausteinumrahmungen der Bogenöffnungen und Betonung der Hausecken durch Hausteinpfeiler bilden weitere Gliederungselemente. Die einheitlichen Rechteckfenster des zweiten Obergeschosses sind mit zweifarbigen Läden versehen.

Der Eingang an der Ostecke, die von einer Hausmadonna akzentuiert wird, führt über mehrere Stufen in die gangähnliche, von Kreuzgraten überwölbte Diele des Hochparterres, von der Treppenhaus und Speisezimmer abgehen. Das repräsentative Speisezimmer mit anschließender Loggia ist zum Garten orientiert, der über die halbrunde, vorgelegte Terrasse betreten werden kann. Küche und Treppenhaus liegen an der Rückseite des Hauses.
Über dem Speisezimmer liegt der großzügige Salon, an den der Wintergarten mit großen Bogenfenstern grenzt. Der Salon ist mit reichem Stuck in Neurokokoformen ausgestattet[2]. Schlafräume nehmen das zweite Obergeschoß ein. Die Treppe setzt sich im Dachgeschoß als Wendeltreppe fort, die in das laternenartige, kleine Belvedere führt.

Die blockhafte Gestalt und die Gliederung mit Attikageschoß sowie die Grundrißeinteilung besitzt eine große Ähnlichkeit mit dem ein Jahr zuvor geplanten Palais Matuschka in München (Kat.Nr.12). Auch Anklänge an die Lenbachvilla Gabriel Seidls finden sich bei diesem Bau (s. Kapitel VI.1.).

Garagenanbauten an der Nordostseite und die Verlegung des Einganges in den Treppenturm der Nordwestseite haben das Äußere verändert, doch die Substanz ist im wesentlichen erhalten. Im Inneren wurden nach 1945 zahlreiche Umbauten vorgenommen, die ursprüngliche Raumfolge blieb aber unverändert. Der Neurokoko-Salon mit Stuckdecke und Wandverkleidungen sowie einige andere Ausstattungsdetails sind noch vorhanden. 1991 erfolgte eine komplette Renovierung des Äußeren. Die Parkanlage wurde stark verkleinert.

Lit.: Zils, 1913, S.332; Neu/Liedke, Denkmäler, 1986, S.604; Schober, 1989, S.XXIX,278, 279; Dehio, IV, 1990, S.1124.
Pläne: Hauspläne 1896, LRA Starnberg, Bauamt, Bauakte

1 Schober, 1989, S.278
2 Abb. bei Schober, 1989, S.279

Nr.14 Villa Merck, Darmstadt, Annastraße 15, 1896-1898, Abb.48,73,153

Die großzügige Villa liegt in einem vornehmen Villenviertel unweit der Darmstädter Innenstadt. Das nur wenige Meter von der Straße zurückgesetzte Haus steht am Rande, in der Südwestecke, des ehemals ausgedehnten, parkartigen Eckgrundstückes. Giebel in Neurenaissance- und Barockformen, Erkeranbauten, Loggien und ein runder Turm kennzeichnen den Bau.

Der Darmstädter Industrielle Dr. Willy Merck und seine Ehefrau Mathilde ließen sich 1896 das Stadthaus[1] von Seidl entwerfen, das in den folgenden beiden Jahren zur Ausführung kam. Da die Familie Merck regen Anteil am gesellschaftlichen Leben Darmstadts hatte, das „im Einklang stand mit den gehaltvollen Festen des die Kunst fördernden Großherzogs Ernst Ludwig von Hessen“[2], sollte Seidl, der mit der Familie Merck freundschaftliche Beziehungen pflegte[3], ein entsprechendes Haus planen. Hinsichtlich des Stils und der Ausstattung dürften die Vorstellungen der Bauherren ausschlaggebend gewesen sein. Mathilde Merck, die Seidls Eigenständigkeit als Architekt hervorhebt, schreibt: „Dennoch fügte er sich in einfühlender Weise den Wünschen seines Bauherrn und schuf mit schlichter Außenfassade ein Heim, dessen wohldurchdachte Maßverhältnisse und großzügige Anlage behaglichster Gemütlichkeit und weitgreifender Geselligkeit eine gleich bereite Stätte boten“[4].

Der zweigeschossige Villenbau gliedert sich in einen kubischen Baukörper mit hohem Zeltdach und einen nach Nordwesten angefügten Satteldachbau. In dem stumpfen Winkel ist an der nordöstlichen Gartenseite ein dreigeschossiger Rundturm mit Glockendach und Laterne eingestellt, dem eine halbrunde Terrasse vorgelegt ist (Abb.48). An der Westseite entspricht der Terrasse im Winkel eine Freitreppe zum Nebeneingang. Durch den Anbau wird an dieser Seite ein Anfahrtshof ausgegrenzt.

153 Villa Merck
Straßenseite
(ID, 11, 1900,
S.182)

Erkeranbauten und abgetreppte Zwerchhausgiebel mit Vasen- und Volutenschmuck und Erker bestimmen nach zwei Seiten den kubischen Baukörper. Der Haupteingang an der Straßenseite wird durch eine Ädikula mit gesprengtem Dreiecksgiebel gerahmt, im Dachbereich akzentuiert ein Zwerchhaus mit Segmentgiebel die Eingangsseite (Abb.153).
Gelbgrauer Sandstein[5] wird zur Verblendung des Sockelgeschosses und zur Kantenrustizierung des gelblichen Putzbaues[6] eingesetzt. Alle anderen Gliederungselemente wie Fenstergewände, Loggienbrüstungen und Giebelschmuck sind aus gelbem, geflammtem Nesselberger Sandstein. Reicher Skulpturenschmuck in Form von Masken, Muscheln, Vasen und Kartuschen sowie sitzenden Allegorien über der Eingangsädikula zieren den Bau. Hinzu kommen reliefierte Brüstungen in gotisierenden Formen und schmiedeeiserne Gitter an Fenstern und Altanbrüstungen. Eine Steinkartusche am schräg gestellten Pfeiler der Loggia verweist auf Architekt und Bauherren: „Emanuel Seidl erbaute dieses Haus 1897-98 für Willy & Mathilde Merck. Fortiter in re et suaviter in modo“.
Im Bereich des Haupteinganges schmückten zwei vergoldete Hirschskulpturen auf Pfeilern als typisch Seidlsche Attribute die barockisierend nach innen geschwungene Einfriedung. Auch bei der Einfriedung am Münchener Haus Bavariaring 19 (Kat.Nr.1) hatte Seidl zehn Jahre zuvor ähnliche Hirschskulpturen anbringen lassen.

Im Inneren gruppieren sich die Gesellschaftsräume um die zentrale Hallendiele, die als Wohn- und Empfangsraum dient (Abb.73). Die Repräsentationsräume liegen nicht, wie bei städtischen Villen dieser Zeit üblich, nach der Straßenseite zu, sondern sind zum Garten und Anfahrtshof orientiert. Küche und Wirtschaftsräume im Keller besitzen einen eigenen Zugang. Das Obergeschoß nehmen Schlafräume sowie

Wohn- und Damenzimmer ein. Im Dachgeschoß sind Fremden- und Dienstbotenzimmer untergebracht.
Den Mittelpunkt des Erdgeschosses und somit des gesellschaftlichen Lebens bildet die großzügige, durch große Fenster hell belichtete Halle. Sie besitzt im Bereich des Turmes eine Bühne für Musik- und Theaterveranstaltungen[7] und steht über die Loggia bzw. den Wintergarten direkt mit dem Park in Verbindung.
Die Gesellschaftsräume sind in drei Gruppen, die nicht miteinander in Verbindung stehen, um die Halle gelegt. An der Südwestecke der ovale Speisesaal mit angrenzender Anrichte, im Osten der Salon mit Boudoir und Wintergarten und im Anbau im Nordwesten der Bereich des Hausherren: das Herrenzimmer und die auch als Billardzimmer dienende Bibliothek.

Seidl verwendete bei der Gestaltung dieser Villa einen kubischen Haustyp wie er ihn kurz zuvor bei der Villa Remy oder gleichzeitig bei der Villa Mayer angewandt hatte und erweiterte ihn um einen Anbau. Um den Wünschen seiner Bauherren Genüge zu tun, reicherte er den Bau mit zahlreichen eklektischen Elementen an. Das Haus besitzt nicht nur eine Fassade, sondern wegen des gebrochenen Grundrisses fünf Schauseiten. In der Grundrißdisposition brachte Seidl mit der großen Hallendiele, der Orientierung der Gesellschaftsräume zum Garten und der Abgeschlossenheit der einzelnen Räume untereinander ein neues Element ein, das ebenso wie die Mehransichtigkeit des Äußeren dem englischen Wohnhausbau entlehnt war.

Das Gebäude wurde im Krieg stark beschädigt und 1972 in vereinfachter Form wiederhergestellt. Die Raumaufteilung ist im Erdgeschoß noch ersichtlich. Das parkartige Grundstück wurde verkleinert.

Der Bau wird heute als Schulungs- und Institutsgebäude genutzt.

Lit.: AR, 13, 1897, T.73, 10. Heft; Bredt, E.W.: Emanuel Seidl und sein Wohn-Haus, in: ID, 11, 1900, S.175, Abb. S.182, 183; Langenberger, 1905, S.23, Abb. S.19; Zils, 1913, S.331;
Wohnhaus Dr. Willy Merck, Darmstadt, Mappe mit 9 farbigen Zeichnungen von Franz Huth, Weimar, Text Mathilde Merck, 1939.

Quellen: Korrespondenz Seidls mit Mathilde und Willy Merck, Privatbesitz München; Murnauer Gästebücher, Bayer. Staatsbibliothek München, cgm 7927

1 Das etwas früher erbaute Landhaus der Familie Merck lag in Jugenheim bei Darmstadt, lt. Auskunft der Enkelin
2 Mathilde Merck, in: Wohnhaus Dr. Willy Merck, Darmstadt, Mappe mit 9 farbigen Zeichnungen von Franz Huth, Text Mathilde Merck, 1939
3 s. Murnauer Gästebücher, Bayer. Staatsbibliothek München, cgm 7927
4 Wohnhaus Dr. Willy Merck, Darmstadt, Text Mathilde Merck, 1939
5 AR, 13, 1897, 10.Heft, Text zu T.73
6 Farbigkeit auf Zeichnungen von Huth ersichtlich
7 Wohnhaus Dr. Willy Merck, Darmstadt, Text Mathilde Merck, 1939, Abbildung II

Nr.15 Villa v. Miller, sog. Leitenschlößl, Garmisch-Partenkirchen, Wilhelm-von-Miller-Weg 10, Um- und Anbau, Parkanlage, 1896-99, Abb. 154

Die schloßartige Villa liegt an prominenter Stelle auf der Partenkirchener Leiten. Ausgestattet mit markantem Belvedereturm, Loggia, Altanen und Balkonen ist sie auf Fernwirkung angelegt.

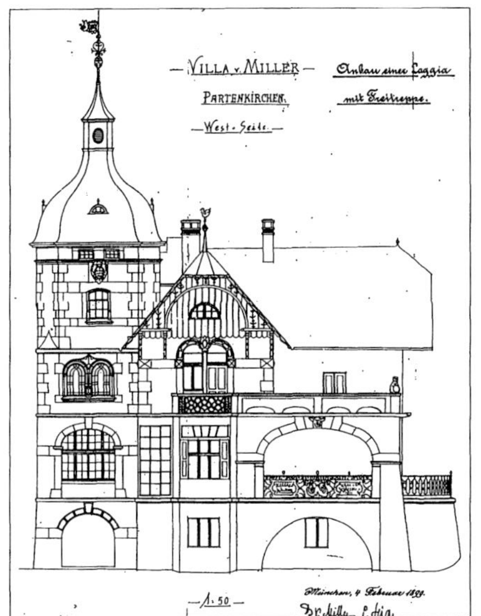

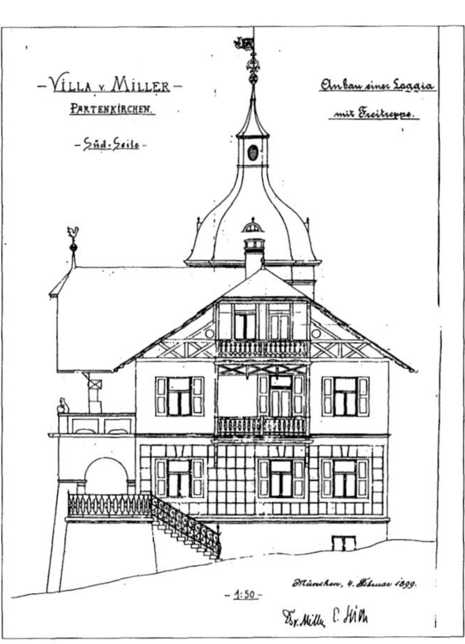

154 Villa von Miller, Westseite, Südseite (Bauamt Garmisch-Partenkirchen)

Seidl baute das 1892 im Schweizerhausstil errichtete Landhaus[1] in zwei Bauphasen für den Chemiker Dr. Wilhelm von Miller um. Für Miller, der zu Seidls Freundeskreis gehörte, hatte er auch die Münchener Wohnung ausgestattet[2].
1896 fügte Seidl an das bestehende Wohnhaus, dessen Bausubstanz er übernahm, im Norden einen quadratischen Turm mit Glockendach und Laterne an. Gleichzeitig bereicherte er den ausgedehnten Park um eine große Weiheranlage. 1899 gestaltete er die Westfront des zweigeschossigen Schweizerhauses neu. Er ersetzte die hölzerne Loggia und Laube durch eine breite, gemauerte Loggia mit korbbogenförmiger Öffnung und Altane. Das Kellergeschoß des am Hang liegenden Hauses wurde freigelegt und durch Bogenöffnungen gegliedert, der Südwestecke lagerte er eine halbrunde Terrasse mit Freitreppe vor (Abb.154).
Seidl unterstrich das malerische Erscheinungsbild, indem er Turm, Loggia und Altanbrüstung mit neugotischen Motiven schmückte, die zu der bogenförmigen Giebelverschalung, Aussägearbeiten und hölzernen Lauben in Kontrast stehen. Kleine

Tierskulpturen am Altan, schmiedeeiserne Gitter in barockisierenden Formen und Holzspaliere ergänzen das Stilkonglomerat.
Der Turm, in dessen Obergeschoß sich eine Kapelle befand, ist durch Hausteingliederung aus Tuff, Nischen mit Skulpturen[3] und Wappenschmuck besonders betont. Eine Metallfahne mit den Initialen Millers schmückt die Spitze.
Durch umlaufende Stockwerkgesimse und Verblendung des Sockelgeschosses mit Tuff werden beide Baukörper zusammengefaßt. Die Verwendung von Hausteingliederung an der Südseite dient ebenfalls der Zusammenbindung der alten und neuen Bauteile.
Im Inneren behielt Seidl im wesentlichen die Grundrißeinteilung des Vorgängerbaus bei. Durch die Ergänzung von Turm, Loggia und Terrasse bezieht er Park und Panorama stärker in den Wohnbereich mit ein.

Aus einem einfachen Landhaus, das durch Schopfwalm und Zwerchhausgiebel bestimmt war, entsteht durch Anfügen des wuchtigen Turmes, der markanten Loggia und Erhöhung des Baues durch Freilegen des Sockelgeschosses ein herrschaftlicher, pittoresker Villenbau. Elemente des Schweizerhauses treten in den 90er Jahren auch bei anderen Landhäusern Seidls auf (s. Kapitel V.3.).

Nach den 1964 erfolgten Umbauten ist im Inneren nichts mehr von der Seidlschen Ausstattung vorhanden. Der Außenbau hat durch Fenstererneuerungen, Entfernung von Spalieren und Bauskulpturen viel von dem malerischen Gesamteindruck verloren. Der Park wurde parzelliert und mit Wohnhäusern bebaut.

Lit.: Zils,1913, S.332; Neu/Liedke, Denkmäler, 1986, S.335.
Pläne: Hauspläne 1892, Bauamt Garmisch-Partenkirchen; Umbau 1899, Bauamt Garmisch-Partenkirchen.

1 Pläne im Bauamt Garmisch-Partenkirchen
2 Abb. Münchener Bürgerliche Baukunst der Gegenwart, S.265, T. 1
3 Skulptur des hl. Georg an der Ostseite noch vorhanden

Nr.16 Villa Mayr-Graz, Murnau, Mayr-Graz-Weg, 1898, Abb.155-157

Das kleine Landhaus lag in einem ausgedehnten Obstgarten mit Blick auf das Murnauer Moos und die Berge. Ein weit herabgezogenes Mansardwalmdach mit Schopfwalmgiebeln kennzeichnete den barockisierenden Bau.

Da Seidls Schwestern Therese Roeckl und Amalie Mayr-Graz gerne den Sommer in Murnau verbrachten[1], ließ der Kunstmaler Carl Mayr-Graz von seinem Schwager das Landhaus erbauen. Die kleine Villa war der erste Landhausbau Seidls in Murnau. Sechs weitere Villen sollten im Laufe der nächsten fünfzehn Jahre folgen[2].

Den erdgeschossigen, rechteckigen Putzbau gliedern Erker, ein halbrunder Treppenturm und Altane. Dachgauben mit Dreiecksgiebeln und ein Dacherker werden zur

155 Villa Mayr-Graz, Eingangsseite (SdBZ, 13, 1903, S.137)

Gliederung der Steilflächen des Daches eingesetzt, eine halbkreisförmige Dachschalung akzentuiert die Schmalseiten. Rechteck- oder Rundbogenfenster mit hellgrünen Läden[3], farbige Altangitter und Holzspaliere bilden weitere Gliederungselemente.
Nach Norden wurde dem Haus im rechten Winkel ein niederer Waschküchenanbau angefügt (Abb.156).

Über eine schmale Terrasse und Loggia erreicht man den im Süden gelegenen Haupteingang, der sich zur Diele mit halbgewendelter Treppe öffnete (Abb.157). Nach Süden liegen rechts und links der Diele die beiden Wohnräume. Die Nordwestecke nimmt das Atelier des Hausherrn ein, dessen großes Nordfenster den Raum auch von außen kennzeichnet. Im nordöstlichen Teil sind Küche und Wirtschaftsräume untergebracht. Schlafzimmer, zwei Fremdenzimmer und Bad befinden sich im Obergeschoß.

156 Villa Mayr-Graz, Westseite (StaAM, Bpl. Weilheim 1898/115)

Das Haus besitzt im Gegensatz zu anderen Seidl-Villen keine Elektrifizierung, da dies der Hausherr nicht wünschte. Die Ausstattung der Räume besteht aus einfachen Stuckdekorationen, Naturholzböden und farbigen Kachelöfen[4].
Auch bei diesem kleinen Landhaus schuf Seidl eine Verbindung zwischen Raum und Natur, indem er durch reizvolle Aussichtsplätze wie Balkone, Terrassen oder Erker die Natur in den Wohnbereich miteinbezog. Einflüsse des Schweizerstils machen sich, wie oft

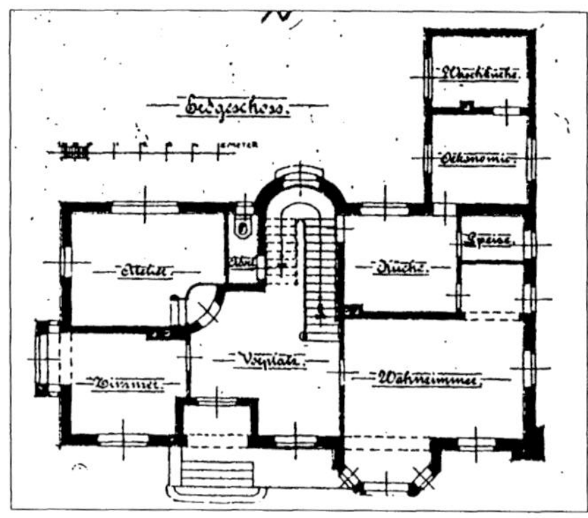

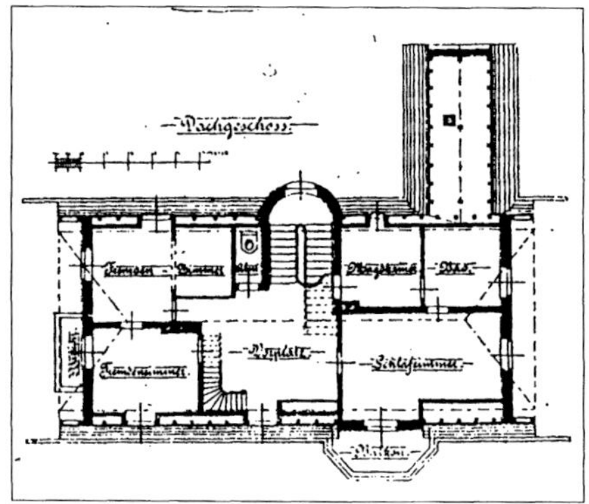

157 Villa Mayr-Graz, Grundrisse (SdBZ, 13, 1903, S.137)

in den 90er Jahren, bei diesem Haus, das sich durch einen geschlossenen Umriß auszeichnet, bemerkbar.

Um 1970 wurde der Bau abgebrochen.

Lit.: Lasser, Moriz Otto: Das Landhaus Mayr-Graz in Murnau, in: SdBZ, 13, München 1903, S.137-139; Zils, 1913, S.332; Wolf, Georg Jacob: Emanuel von Seidls Murnauer Bauten, in: DKu, 9, 1918, S.164-176; Wolf, 1929, S.221-224.

Pläne: Hauspläne 1898, StaAM, Baupl. Weilheim 1898/115.

1 Wolf, 1929, S.221
2 Villa Seidl 1901, Villa Brey 1903, Schloß Seeleiten 1903, Villa Tappeiner 1909, Haus Ysselstein 1912, Haus Feuchtmayr 1913 (Kat.Nr.24, 32, 33, 44, 49, 55)
3 Farbigkeit beschrieben bei Lasser, Moriz Otto: Das Landhaus Mayr-Graz in Murnau, in: SdBZ, 13, 1903, S.138
4 Lasser, 1903, S.138

Nr.17 Haus Falkenhausen, München, Möhlstraße 18, mit Nebengebäude, 1898, Abb.158-160

Die Villa mit Vorgarten steht in einem relativ schmalen Grundstück in dem erst um 1890 geplanten, repräsentativen Villenviertel[1] am Isarhochufer. Geschweifte Giebel und reiche Putzgliederung bestimmen den Bau (Abb.158).

Für Alexander Freiherr von Falkenhausen entwarf Seidl 1898 die zweigeschossige Villa.
Dem giebelständig zur Straße gerichteten Satteldachbau ist eine Fassade mit gesprengtem Volutengiebel vorgeblendet. Symmetrische Pilaster im Giebelfeld, stuckierte Eckrustizierung, Eckerker mit Altan und Treppenturm gliedern den Bau.

158 Haus Falkenhausen, Straßenseite (Foto: 1991)

159 Eingangsseite (LBK Hausakte)

Sockelgeschoß und umlaufendes Kranzgesims betonen die Horizontale.

Bildhauerarbeiten in Form von Masken, Wappenkartusche und Muscheln bilden den Bauschmuck. Auf der Straßenseite zeigen zwei Reliefs figürliche Darstellungen. Das Muschelmotiv des Wohnhauses kehrt am geschweiften Schmiedeeisentor der Einfriedung wieder.

Die repräsentativen Wohnräume des Erdgeschosses, die durch einen kleinen, mittigen Dielenraum erschlossen werden, liegen zur Straßen- und zur Gartenseite, Küche und Wirtschaftsräume befinden sich im Souterrain. Schlaf- und Fremdenzimmer nehmen Ober- und Dachgeschoß ein. Terrassen oder direkte Verbindungstüren zum Garten sind nicht vorhanden (Abb.160).

Der blockhafte Bau über rechteckigem, geschlossenem Grundriß zeigt in seinem an der Renaissance orientierten Baustil und in der Gliederung der Fassade Übereinstimmungen mit Seidls zur gleichen Zeit errichtetem Wohnhaus am Bavariaring (Abb.20). Auch Einflüsse von Gabriel Seidls Atelierbau der Villa Lenbach[2] lassen sich im Giebelaufbau und in dem Reliefschmuck erkennen.

Das rückwärts im Garten gelegene Nebengebäude für Stallung, Remise und Kutscherwohnung nimmt in vereinfachter Form den Schweifgiebel des Wohnhauses auf.

Die Villa, in der heute ein Diakonissen-Wohnheim untergebracht ist, wurde 1959 durch einen Verbindungsbau mit dem Nebenhaus Möhlstraße 20, Fenstererneuerungen und Entfernung der Läden und Gitter stark verändert. Im Inneren ist durch Umbauten die Raumfolge verändert und nichts mehr von der originalen Ausstattung vorhanden.Das Nebengebäude besteht nicht mehr.

Lit.: Zils, 1913, S.332.

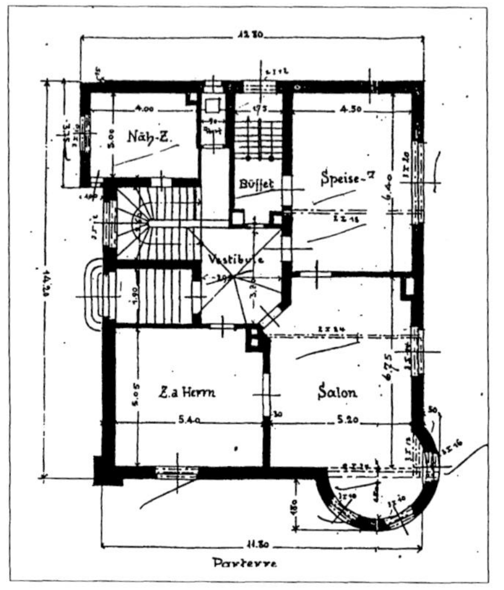

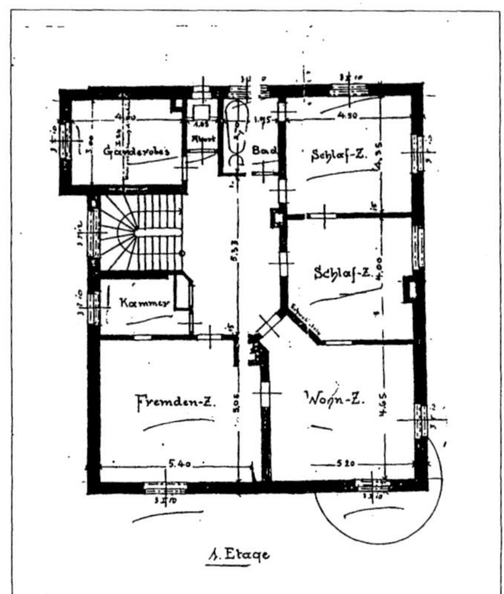

160 Haus Falkenhausen, Grundrisse (LBK Hausakte)

Pläne: Haus, Nebengebäude und Einfriedung 1898, LBK München, Hausakte.

1 Habel/ Himen, Denkmäler, 1985, S.33
2 Vgl. die zum Königsplatz gerichtete Fassade des Atelierbaus

Nr.18 Landhaus Faber, Tegernsee, Prinz-Karl-Allee 2 und 10, 1898, mit Pförtnerhaus und Parkanlage, Abb. 60, 161-164

Auf dem sogenannten Hochfeld, einer Terrasse direkt oberhalb des Tegernsees, liegt in einem weiten Park das Landhaus der Familie Faber. Eine geschweifte Giebelverschalung des Schopfwalmdaches, große Balkone, Aussägearbeiten und farbige Bemalung ergeben ein malerisches Erscheinungsbild. Der von Seidl gestaltete Park[1] und die umgebende Kulisse von See und Bergen tragen wesentlich zum Gesamteindruck bei. An der seitlichen Einfahrt steht ein erdgeschossiges Pförtnerhaus, das die Dachform des Haupthauses aufnimmt.

Der Nürnberger Bleistiftfabrikant Ernst Faber ließ sich 1898 von Seidl das herrschaftliche Landhaus entwerfen. Im gleichen Jahr stattete Seidl für Ernst Faber auch dessen Nürnberger Stadthaus[2] aus. 1906 bekam Seidl von Faber einen weiteren Auftrag[3] zur Errichtung von zwei Mietwohnhäusern am Kontumazgarten in Nürnberg. Faber hatte 1895 die ebene, unbepflanzte Bauernwiese am Tegernsee gekauft[4], und Seidl gestaltete durch Anlegen von Hügeln, Terrassen und Wegen einen reizvollen Park. Jahrzehnte alte Bäume wurden angepflanzt, Hecken gesetzt und Blumenrabatten angelegt, Wiesenflächen wechselten mit großen Baumgruppen.

161 Haus Faber, Eingangsseite (StaAM, Bpl. Tegernsee, 1898/15)

Die zweigeschossige Villa über nahezu quadratischem Grundriß wird durch das weit überstehende und leicht nach außen geknickte Dach bestimmt (Abb.60). Erker besetzen die beiden Ecken der Seeseite, eine Loggia mit weitem Korbbogen und halbrund vorgelegter Terrasse akzentuiert die Gartenseite. Ein hohes Sockelgeschoß mit Natursteinverblendung, umlaufende Balkone und ein gelb gemalter Mäanderfries in Höhe der Traufe gliedern den Bau. Die beiden mit Aussägearbeiten geschmückten Balkone fassen die Fassaden zusammen und schaffen durch Ausbauchungen nicht nur Sitzplätze mit Panoramablick, sondern nehmen auch den Schwung von Erkern und Terrasse wieder auf.

Die Farbigkeit des Putzbaues wird durch viele malerische Details erreicht. Das Grün einzelner Fensterläden und Spaliere kontrastiert mit dem Gelb der Eckquader, des Mäanderfrieses und der Kassettenbemalung an der Unterseite des Dachüberstandes. Weiß-grün gestreifte Fensterläden und farbige Gesimsbänder der Eckerker stehen im Gegensatz zu den in Grisaillemanier ausgeführten Jagdszenen an den verschindelten Frontseiten der Giebelverschalung (Abb.60). Auf die Jagdbegeisterung des Hausherrn weisen auch die Hirschköpfe und Geweihe am Außenbau und im Inneren hin. Symbole der Freimaurerloge[5], der der Bauherr angehörte,

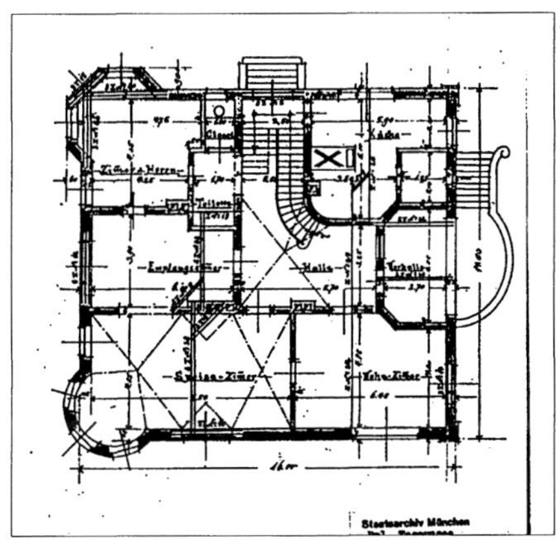

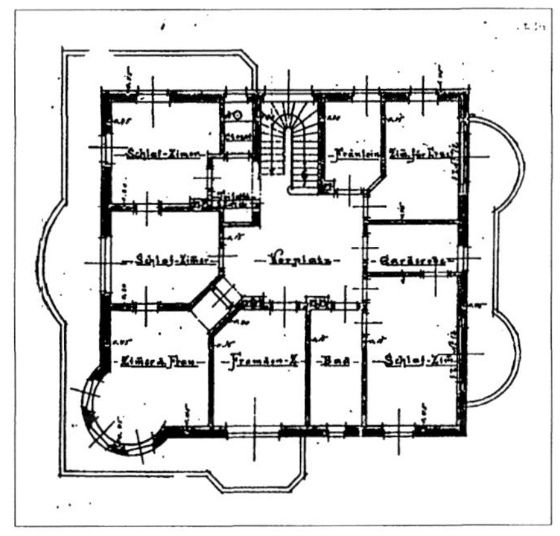

162 Haus Faber, Grundrisse (StaAM, Bpl. Tegernsee, 1898/15)

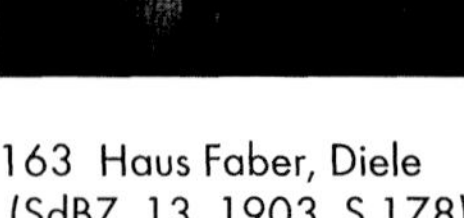

163 Haus Faber, Diele
(SdBZ, 13, 1903, S.178)

164 Haus Faber, Empfangszimmer
(SdBZ, 13, 1903, S.180)

schmücken die Bogenscheitel der Giebelverschalung und die Giebel der Dachhäuschen. Seidl selbst brachte sein Monogramm in einem Dreieck in der Mitte an der Ostseite an.

Das Innere des Hauses betritt man über die Loggia an der Gartenseite (Abb.161). Die mit farbigen Wandmalereien ausgemalte Loggia dient wie schon bei dem 1891 von Seidl errichteten Landhaus Sandner (Kat.Nr.4) sowohl als Freisitz, als auch als Eingangsvorhalle. Um die von einem Kreuzgratgewölbe überfangene Dielenhalle (Abb.163) im Zentrum des Hauses gruppieren sich im Erdgeschoß die vier repräsentativen Wohnräume des Hauses. Kamin, dunkle Holzvertäfelung und Jagdtrophäen geben dem Raum Wohnatmosphäre. Der vornehmste Raum ist das große Speisezimmer. Ein Gewölbe mit Stichkappen und reicher, barockisierender Stuck ziert diesen Raum, der durch die Fenster des Erkeranbaus den Blick auf den See freigibt. Ein weiß-blauer Kachelofen ist von der ursprünglichen Ausstattung noch vorhanden. Die zum Garten orientierte Bauernstube wird als Wohnzimmer genutzt und ist mit grüner Wandvertäfelung und Eckbank versehen. Türen, Türgewände und Deckenbalken sind mit farbigen Blüten und Blumengirlanden bemalt (Abb.95). Die von Engeln getragene Rose über einer Türe weist wieder auf die Freimaurer hin. Im zum See gerichteten Musik- oder Empfangszimmer zieren Gitter- und Rankenstuckierung in Grün- und Goldtönen die Decke (Abb.164). Spiegel und grünliche Wandbespannung gaben diesem Musikzimmer einst eine heitere Note. Das Herrenzimmer mit dem Polygonalerker ist im Gegensatz zum Musikzimmer gediegen mit dunkler Eichenvertäfelung und Kassettendecke ausgestattet. Ein gemalter, grüner Eichlaubfries, in den Tierkreiszeichen eingebunden sind, bildet den oberen Wandabschluß. Die in der Nordostecke liegende Küche mit eigenem Eingang wird durch Diele und Treppenhaus von den Wohnräumen separiert. Die Schlafräume des Ober-

geschosses sind schlichter ausgeführt. Nur der Damensalon, der an ausgezeichneter Stelle im Südwesten liegt und durch den Runderker ein herrliches Panorama genießt, war aufwendiger gestaltet. Stuckverzierung in Form einer Strahlensonne schmücken die Decke, blaue Seidentapeten bedeckten die Wände. Durch die beiden großen Balkone ist auch im Obergeschoß eine enge Verbindung von Raum und Natur hergestellt.
Die Fremdenzimmer im Dachgeschoß sind mit schablonierten Wandmalereien in Jugendstilformen geschmückt. Jugendstilornamente finden sich auch bei dem farbigen Kachelschmuck der kleinen Toilettenräume im Erd- und Obergeschoß.

Seidl orientierte sich bei dem Stil des Hauses an Bauernhäusern des Berner Oberlandes. Dieser Baustil tritt kurz vor der Jahrhundertwende bei mehreren seiner Villen auf (vgl. Kat.Nr.20).

Das Landhaus Faber, das noch im Familienbesitz ist, war bis 1991 innen und außen im Originalzustand erhalten. Durch Umbauten wurde es 1991 im Treppenhausbereich etwas verändert. Doch das Äußere und die Erdgeschoßräume zeigen noch immer das von Seidl gestaltete Aussehen.

Lit.: Lasser, Moriz Otto: Das Landhaus Ernst Faber, Tegernsee, in: SdBZ, 13, 1903, S.177-180; Langenberger, 1905, S.22; Muthesius, 1905, S.17f; Zils, 1913, S.332; Neu/Liedke, Denkmäler, 1986, S.397; Kratzsch, K., Denkmäler, 1987, S.380, 381.

Pläne: Hauspläne, 1898, und Pförtnerhaus, 1899, StaAM, Baupl. Tegernsee, 1898/15 und 1899/30.

1 SdBZ, 13, 1903, S.178
2 Nürnberg, Spittlertorgraben 49, Seidl richtete das Stadthaus mit schlichten Jugendstilmöbeln ein, die die „Vereinigten Werkstätten“ in München nach seinen Entwürfen fertigten, Abb. Lasser, Moriz Otto: Interieurs aus dem Faber-Hause, in: ID, 17, Darmstadt 1906, S.72-74
3 Kontumazgarten 9,11; BlAK, 19, 1906, S.25, T.31, 32; SdBZ, 17, 1907, S.217f
4 Kratzsch, K., Denkmäler, 1987, S.380; Fotos von vor 1898, Familienbesitz
5 Dargestellt sind Rosen, Auge Gottes in Dreieck

Nr.19 Haus Klöpfer, Krottenmühl a. Simsee, Lkr. Rosenheim, Seestraße 50, 1899-1900, mit Parkanlage, Stallgebäude und Pavillon, Abb. 51, 165-166

Auf einem weitläufigen Parkgrundstück zwischen See und Eisenbahngleisen gelegen, ist die herrschaftliche Walmdachvilla mit rundem Belvedereturm auf Fernwirkung angelegt. Die Lage auf einer breiten Terrasse oberhalb des Seeufers erlaubt einen imposanten Fernblick auf See und Gebirge.

Der Münchener Holzhändler Johann Christian Klöpfer besaß seit Jahren ein Landhaus am Simsee, als er sich 1899 von Seidl den großzügigen Sommersitz entwerfen ließ. Wie aus den Gästebüchern[1] hervorgeht, war die Villa ein Zentrum des gesellschaftlichen Lebens der Gegend. Die Lage an der Eisenbahn, in der Nähe des Bahnhofs, gestattete eine schnelle Verbindung zur Stadt.

165 Haus Klöpfer, Anfahrtsseite(Foto: Privatbesitz,um 1900)

Seidl verwendete bei diesem Bau das erste Mal den stumpfwinkeligen Grundriß mit zwei gleich hohen Gebäudeflügeln, den er im Laufe der Jahre immer wieder bei repräsentativen Villenbauten einsetzte[2]. Sohlbankgesims und umlaufendes Kranzgesims gliedern den zweigeschossigen Bau und fassen die einzelnen Baukörper zusammen. Die nach Süden orientierte Seeseite ist durch den wuchtigen, dreigeschossigen Belvederetum, dem ein halbrunder Treppenturm an der Nordseite entspricht, große Rechteck- und hohe Rundbogenfenster bestimmt (Abb.51). Eine säulengeschmückte Loggia mit Holzbalkon über geschnitzten Konsolen ist dem östlichen Flügel vorgelegt. Die schmiedeeiserne Terrassenbrüstung des Erdgeschosses führt um den Turm herum und bindet beide Baukörper zusammen. An der Nordseite, an der Eingang, Küche und Nebenräume liegen, grenzen die beiden Gebäudeflügel und das erdgeschossige Stallgebäude im Westen einen Anfahrtshof aus (Abb.165).

Weiß gestrichene Fenstergitter in barockisierenden Formen, grün-weiß gestreifte Fensterläden und farbige Pflanzspaliere bilden farbliche Akzente am hellen Putzbau. Vermutlich waren die profilierten Gesimse und der Holzbalkon der Südseite auch farbig abgesetzt[3]. Hirschköpfe schmücken den Turmbau im Süden.

Der über eine schmale Freitreppe zu erreichende Eingang führt zunächst in eine kleine, überwölbte Vorhalle. Rundbogenarkaden mit Natursteinsäulen, wie sie auch den Balkon an der Südfront tragen, grenzen den Vorraum von der Dielenhalle ab, die durch große Treppenhausfenster hell belichtet wird. Die vier repräsentativen Wohnräume liegen aneinander gereiht an der Südseite. Die Mitte nimmt der halbrund abschließende Salon ein, der durch hohe Fenstertüren einen beeindruckenden Panoramablick bietet. Das Spiegelgewölbe dieses Raumes ziert im Zentrum eine stuckierte Strahlensonne, wie sie Seidl bei der gleichzeitigen Villa Faber (Kat.Nr.18) im Damensalon anbringen ließ. Das sich nach Westen anschließende Speisezimmer ist mit einer kassettierten Holzdecke ausgestattet, eine Tafel im barockisierenden Sprenggiebel über der Türe besagt: „Dies Haus hab ich hierher gestellt als man 1900 zellt J. C. Klöpfer“. Nach Osten schließt sich an den Salon das neugotische, holzvertäfelte Herrenzimmer an, dessen kielbogenförmige, mit gotischen Mustern verzierte Türgewände heute noch erhalten sind. Das letzte Zimmer im Ostflügel ist als Damenzimmer mit schlichten weißen Jugendstilmöbeln geschmückt, die teilweise ebenfalls noch vorhanden sind.

Die Küche liegt nächst dem Speisezimmer an der Nordseite des Westflügels. Im Obergeschoß sind im zentralen Turmzimmer ein weiterer Gesellschaftsraum (Bil-

166 Haus Klöpfer, Nebengebäude (Foto: 1991)

lardzimmer) untergebracht, ansonsten liegen Schlaf- und Gästezimmer in dieser Etage.
Dieser Bau ist in seiner Anlage mit den beiden gleich langen Flügeln, der axialen Gliederung und den zentralen Rundtürmen der neubarocken Architektur verpflichtet. Die Wandbehandlung dagegen ist ohne historistische Elemente sehr sachlich gestaltet.

Das Stall- und Remisengebäude (Abb.166) paßt sich mit Schopfwalmgiebeln, Gliederung durch Putzbänder und einem Wandbrunnen in geschweiften Formen[4] dem neubarocken Stil des Haupthauses an. Ein Pferdekopf über dem Eingang weist auf die Funktion hin.

Den Park ließ Seidl terrassenförmig zum See abfallen und durch serpentinenförmige Wege erschließen. An einem reizvollen Aussichtspunkt des Parkes steht ein quadratischer Pavillon mit geschweiftem Zeltdach.

Das Dach des Wohnhauses wurde bei einem Brand in den 40er Jahren schwer beschädigt, aber im wesentlichen in der ursprünglichen Form wieder aufgebaut. Der Einbau sprossenloser Fenster und die Erneuerung des Holzbalkons an der Südseite haben das Erscheingungsbild stark versachlicht. Modernisierungsarbeiten im Inneren Anfang der 60er Jahre betrafen Küche und Bäder, die Raumabfolgen, Stuckierungen und baulichen Ausstattungen blieben erhalten.

Lit.: Zils, 1913, S.332.

Pläne: Nebengebäude, Umbau 1934, StaAM, Baupl. Rosenheim, A, 7390.
Fotos: Privatbesitz Familie Kloepfer

1 In Familienbesitz
2 Kat.Nr.47, 48, 53, 56
3 Entsprechend dem Haus Faber, Kat.Nr.18
4 Ansichten im StaAM, Baupl. Rosenheim, A, Söchtenau 7390

Nr.20 Landhaus Brücke, Thumersbach b. Zell a. See, Seeuferstraße 26, Salzburger Land, Österreich, 1899-1900, mit Parkanlage und Nebengebäude, Abb.59,167

Das zweigeschossige Landhaus mit geschweiftem Mansardwalmdach liegt nur wenige Meter vom Ufer des Zeller Sees entfernt in einem ausgedehnten, ebenen Gartengrundstück. Große Baumgruppen und Hecken, die Seidl hinter dem Haus anordnete, lassen einen ungehinderten Blick auf den See und das Gebirge frei.

Für den Wiener Landgerichtsrat Dr. von Brücke entwarf Seidl 1899 diese Villa. Ohne elektrische Beleuchtung und Badezimmer, nur mit Kachelöfen beheizbar, war sie als reines Sommer- und Jagdhaus konzipiert.

Das hohe, weit überstehende Dach, das den kompakten Bau charakterisiert (Abb.59), erhält durch Vor- und Zurückspringen des Baukörpers eine relativ bewegte Silhouette, die durch Kamine mit dekorativen Aufsätzen und Knaufstangen verstärkt wird. Bogenförmige Giebelverschalung, Schopfwalmgiebel und dreieckiger Zwerchhausgiebel akzentuieren den Bau. An der zum See orientierten Westseite wird mit einem zweigeschossigen, polygonalen Erkeranbau und einer Eckloggia sowie Terrasse der Aussicht und dem umgebenden Park Rechnung getragen.
Eine große Rolle spielt bei diesem hellen Putzbau die farbige Behandlung einzelner Gliederungselemente, die auf den Einfluß des Jugendstils zurückgeht. So werden Sohlbankgesimse und Kastengesims farbig abgesetzt[1], die Giebelverschalung und die Unterseite des hölzernen Kranzgesimses mit farbigen Malereien verziert. Sie zeigen Jagdmotive, Rosengirlanden und im Bogenscheitel das Symbol des Heiligen Geistes, das an der gleichen Stelle ebenfalls beim Hause Faber angebracht ist. Rotbraun gestrichene Fenster[2] kontrastieren mit grün-weißen Fensterläden, die Rauten

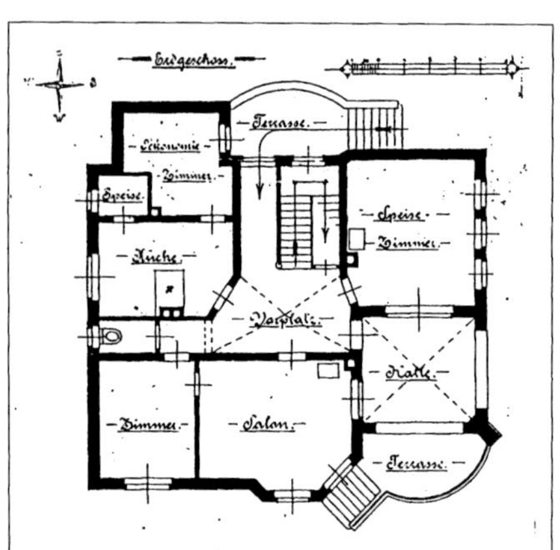

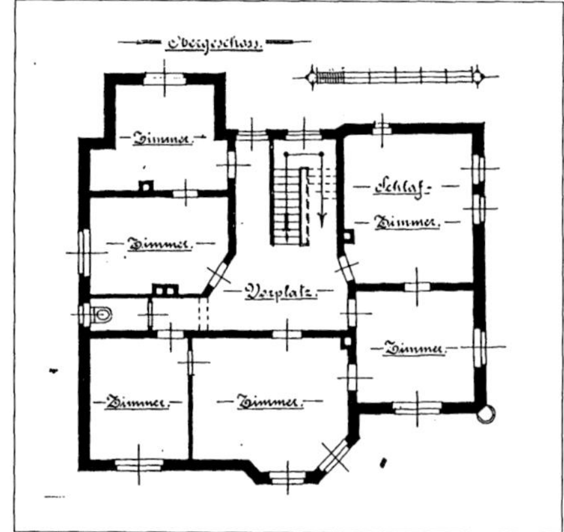

167 Haus Brücke, Grundrisse (SdBZ, 13, 1903, S.402)

und Rosettenmotive schmücken. Als weiteres Schmuckelement kommen weiß lackierte Fenster- und Brüstungsgitter hinzu, deren Blüten-, Blumen- und Rankenmotive ebenfalls vom Jugendstil inspiriert sind. Hirschköpfe und eine farbig gefaßte Figur des hl. Florian über dem Eckpfeiler der Südwestecke ergänzen die malerische Behandlung.

An der Ostseite führt eine schmale Freitreppe über eine Terrasse zum Eingang. Die im Zentrum gelegene Diele mit sechsteiligem, unregelmäßigem Gewölbe erschließt Treppe, Küche und Wohnräume. Speisezimmer und Salon beziehen durch Fenstergruppen, Erker und Loggia die Landschaft mit ein.
Die Seidlsche Ausstattung ist bei dem holzvertäfelten Speisezimmer, das von einem flachen, mehrteiligen Gewölbe mit Stichkappen überwölbt wird, noch vorhanden. Ebenso wie bei der erhaltenen Einrichtung des Salons schmücken geometrisierende Jugendstilornamente in Kleeblatt- und Sternformen Vertäfelungen, Türen, Eckbänke und Schränke. Im Souterrain liegt eine Hausmeisterwohnung, das Obergeschoß nehmen Schlaf- und Gästezimmer ein.

Die vom Stil des Berner Oberlandes entlehnte bogenförmige Giebelverschalung mit verzierten Pfettenköpfen und die farbige Behandlung des Baus hatte Seidl ähnlich bei dem ein Jahr früher errichteten Landhaus Faber am Tegernsee (Kat.Nr.18) verwendet.

Das Haus ist innen und außen nahezu im Originalzustand erhalten. Verändert wurde in den letzten Jahren lediglich das Material der Dachdeckung.

Lit.: Lasser, Moriz Otto: Landhaus in Thumersbach bei Zell am See, in: SdBZ, 13, 1903, S.401-402; Langenberger, 1905, S.23, Abb. S.21; Langenberger, 1906, S.584; Zils, 1913, S.332.

1 Die originale Farbigkeit kann nicht mehr genau nachvollzogen werden; heute gelbes Sohlbankgesims und blau-graues Kastengesims, was original sein könnte, da auch an der zeitgleichen Villa Faber eine ähnliche Farbgebung nachgewiesen wurde.
2 Originale Farbreste an einigen Fenstern und Spalieren zu erkennen

Nr.21 Villa Erhard, Meran, Winkelweg 69, Italien, 1900, Abb.168-170

Im Villenviertel von Obermais liegt zurückgesetzt in einem nach Südwesten abfallenden Gartengrundstück das Haus Erhard. Volutengiebel, Risalite und Loggien charakterisieren den vom Frühbarock beeinflußten Bau. Zur Straße hin ist das Grundstück durch ein reich verziertes, schmiedeeisernes Tor abgeschlossen.

Für den Apotheker Georg Erhard hatte Emanuel Seidls Bruder Gabriel bereits 1888-89 in München am Bavariaring 24[1] ein Wohnhaus im neubarocken Stil erbaut. 1900 ließ Erhard für seine Familie von Emanuel Seidl in Meran eine kleine Ferienvilla entwerfen, die von der Meraner Baumeisterfirma J. Musch & Lun[2] ausgeführt wurde.

168 Haus Erhard, Eingangsseite (Pixner-Pertoll, 1990, S.264)

Das Gebäude besteht aus zwei sich durchdringenden Baukörpern: Senkrecht zu einem zweigeschossigen Satteldachbau mit Volutengiebeln ist ein dreigeschossiger, risalitartig vorspringender Bauteil gesetzt, den ein Zeltdach mit Laterne bekrönt (Abb.168).
Die zur Straße gerichtete Südfassade bestimmt der turmartige Risalit, von dem man einen Weitblick aufs Tal genießen kann. Eine Loggia mit breiter Korbbogenöffnung und Altane sowie eine etwas zurückgesetzte, zweigeschossige Rundbogenloggia flankieren den Risalit und vermitteln zwischen den Baukörpern.
Die beiden Giebelseiten mit großen Voluten und Sprenggiebeln werden nahezu symmetrisch durch Pilaster und Fensterachsen gegliedert. Die nördliche Gartenseite zeichnet ein halbrunder Treppenturm mit Kegeldach aus (Abb.169).
Horizontale Gliederungselemente, wie hohes Sockelgeschoß aus Bruchsteinmauerwerk, Stockwerkgesims und ein markantes, umlaufendes Kranzgesims sowie Terrassenbrüstung, fassen die vor- und zurückspringenden Bauteile zusammen. Die Vertikale wird an den Giebelseiten durch Eckrustizierung betont.
Bauschmuck bildet eine Skulptur des hl. Florian am westlichen Sprenggiebel, dem

169 Haus Erhard, Nordseite und Ostseite (Pixner-Pertoll, 1990, S.272, 270)

ein Blumenkorb an der Ostseite entspricht. Hirschgeweih und Kartusche sind weitere Schmuckelemente. Pflanzspaliere überzogen ehemals die freien Wandflächen des Erdgeschosses[3].

Der Haupteingang an der Westseite führt über einige Stufen in eine schmale, überwölbte Diele, von der das offene Teppenhaus nach Norden abgeht (Abb.170). Die durch die Diele von den Gesellschaftsräumen abgetrennte Küche und Nebenräume liegen an der Nord- und Ostseite, Wohn- und Speisezimmer sind nach Süden orientiert. Von beiden Gesellschaftsräumen sind die angrenzenden Loggien und Terrassen zugänglich.
Im Obergeschoß entspricht die Grundrißeinteilung dem Erdgeschoß. Da es außer einem Zimmer des Fräuleins nur zwei Schlafzimmer gibt und das Zimmer im Risalit offenbar dem Hausherrn zustand, mußten sich Frau und Tochter ein Zimmer teilen[4]. Im Dachgeschoß liegt im Risalit das Schlafzimmer des Sohnes sowie Nebenräume. Im Keller befindet sich die Wohnung des Hausmeisters.
Was die Gliederung der Giebelseiten betrifft, so bezog sich Seidl auf das 1898 entworfene Haus Falkenhausen in München (Kat.Nr.17). Das kunstvolle Tor der Einfriedung entspricht in den Formen Schmiedeeisenarbeiten am Haus Bavariaring 10[5].

Das Äußere der Villa Erhard ist nahezu unverändert überliefert.

Lit.: Zils, 1913, S.332; Pixner-Pertoll, Meraner Villenbau, 1990, S.144-146, 221, Abb.265-272.

Pläne: Hauspläne 1900, Bauamt Meran, 1658.

1 Habel, u.a.,Münchener Fassaden, 1974, S.276
2 Pixner-Pertoll, Meraner Villenbau, 1990, S.144
3 Aufrißplan von 1900, Bauamt Meran, 1658
4 Grundrißpläne, Bauamt Meran, 1658
5 s. Abb. Münchener Bürgerliche Baukunst, S.132

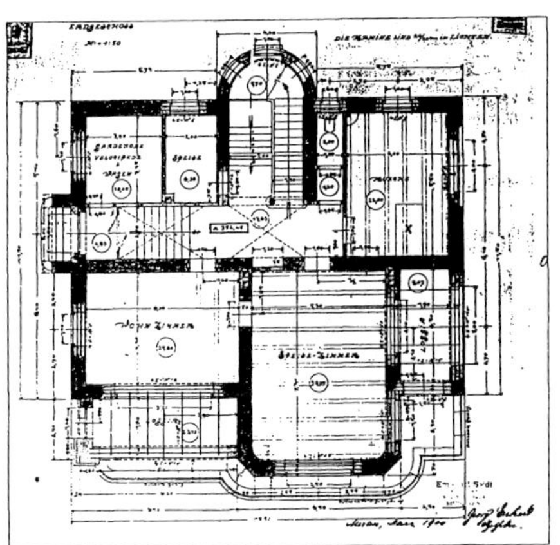

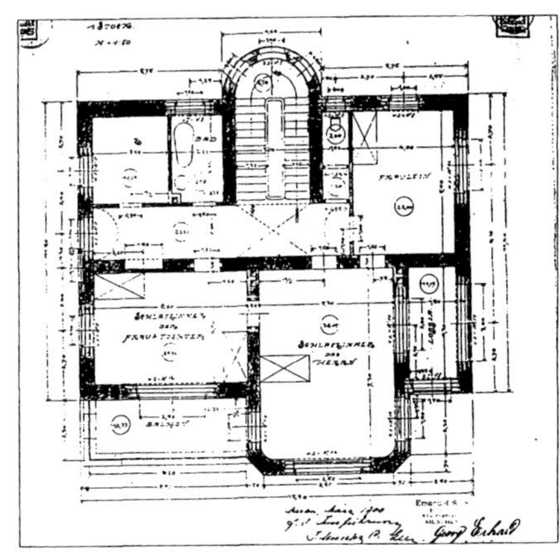

170 Haus Erhard, Grundrisse (Pixner-Pertoll, 1990, S.266, 267)

Nr.22 Villa Feilitzsch, München, Romanstraße 23, 1900-1901, mit Stallgebäude, Abb.55,171-172

Die zweigeschossige Villa mit hohem Walmdach stand nur wenig von der Straße eingerückt auf einem langgestreckten Grundstück zwischen Roman- und Prinzenstraße, unweit der von Seidl errichteten St.Marien-Ludwig-Ferdinand-Anstalt[1].

171
Villa Feilitzsch, Straßenseite
(Mü. Bauk. S.429)

Seidl erbaute das Wohnhaus 1900-1901 für Otto Freiherrn von Feilitzsch, kgl. Oberleutnant a.D., ein Verwandter des Innenministers Max von Feilitzsch.

Der Putzbau gliedert sich in einen kubischen Baukörper mit Walmdach, an den an der Nordwestecke ein kurzer Seitenflügel angeschoben wurde, so daß ein winkelförmiger Grundriß entstand.
Die Straßenseite (Abb.171) weist symmetrische Gliederung auf, indem die Mittelachse von einem halbkreisförmigen Erker mit Balkon und einem markanten Zwerchhaus mit Walmdach eingenommen wird. Ein über das Traufgesims reichender Treppenhausturm mit Ringpultdach bestimmt die Eingangsseite im Westen.
Durch die gestaffelten Höhen der einzelnen Baukörper, die durch Wetterfahnen, Knaufe, Stangen und Kamine bereichert sind, entsteht eine bewegte Dachlandschaft, die vor allem an der Gartenseite zur Wirkung kommt (Abb.55). Ein Sockelgeschoß und ein breites Kastengesims gliedern den Hauptbau, dessen große Flächen weitgehend ungestaltet bleiben.
Farbige Akzente setzen das grün und weiß bemalte, hölzerne Kastengesims[2], grünweiße Fensterläden, weiße Fenster- und Brüstungsgitter sowie grüne Pflanzspaliere. Die Vorgartengitter sind rot getönt. Ein Hirschkopf schmückt die Mittelachse der Straßenseite, eine Katzenskulptur sitzt auf einer Kaminabdeckung.

Zu dem Eingang an der Westseite gelangt man über eine viertelgewendelte Freitreppe, die zu einer schmalen Vorhalle mit Treppenhaus führt. Die eigentliche Dielen-

halle liegt im Zentrum des Hauses. Sie vermittelt zwischen den repräsentativen Wohnräumen der Straßenseite, den rückwärts gelegenen Wirtschaftsräumen und dem Garten. Eine große Korbbogenöffnung führt von der Halle auf die halbrunde, vorgelegt Terrasse, über die der Garten zu erreichen ist. Eine Dielenhalle, um die sich Schlafzimmer, Damenzimmer, Kinderzimmer und Bad gruppieren, besitzt auch das Obergeschoß (Abb.172).
Alle Räume sind farbig gestrichen und teilweise mit Schablonenmalereien geschmückt[3].

Der Haustyp über winkelförmigem Grundriß, den Seidl ab der Jahrhundertwende häufig verwendet[4], wird erstmalig bei dieser Villa eingesetzt.

Gleichzeitig mit dem Haus entstand rückwärts im Garten ein Stallgebäude. Der zweigeschossige Bau nimmt Dachformen und Gliederungselemente des Vordergebäudes auf. Im Erdgeschoß sind Pferdestall und Remise untergebracht, im Obergeschoß liegt die Kutscherwohnung.

Nach Kriegsbeschädigungen wurde die Villa 1947, das Rückgebäude 1973 abgebrochen.

Lit.: Lasser, Moriz Otto: Das Wohnhaus des Herrn Otto Freiherrn v. Feilitzsch in München, in: SdBZ, 13, 1903, S.297-299; Münchener Bürgerliche Baukunst der Gegenwart, S.428, T.25, S.448; Langenberger, S.: Emanuel Seidl, 1905, S.13-24; Langenberger, 1906, S.584; Zils, 1913, S.332.

Pläne: Hauspläne 1900, Stallgebäude 1900, Einfriedungsplan 1903, StAM, LBK 16098.

1 Romanstraße 12, 1885-1891 erbaut. Abb. in: AR, 10, 1894, T.76 und Lipp, Joseph: Die Vorstadt Neuhausen, München 1909, S.39-41
2 Beschreibung der Farbigkeit in SdBZ,, 13, 1903, S.299
3 Lasser, SdBZ, 1903, S.299
4 s. Haustyp 3.1, Kap.III.2.

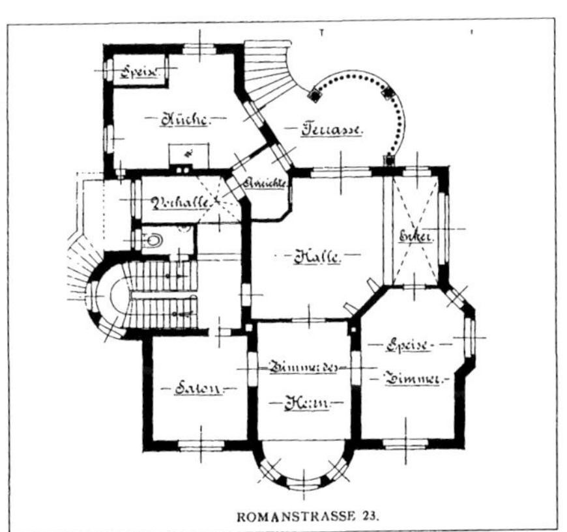

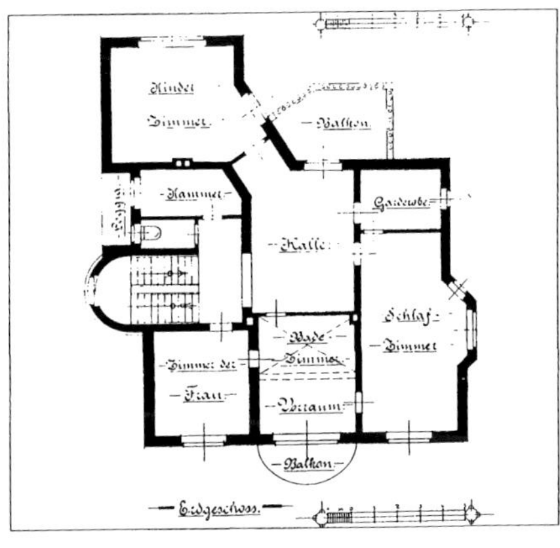

172 Villa Feilitzsch, Grundrisse (Mü. Bauk. S.448)

Nr.23 Villa Bischoff, Leoni a. Starnberger See, Hangweg 6, 1901, Villa mit Innenausstattung und Gartenanlage, Abb. 173-175

Die zweigeschossige Villa liegt am steilen Ostuferhang des Starnberger Sees inmitten eines parkähnlichen Gartens in unmittelbarer Nähe der von Seidl 1893 erbauten Villa Krüzner (Kat.Nr.6).

173 Villa Bischoff, Gartenseite (MBF, 4, 1905, S.127

174 Eingangsseite (Schober, 1989, S.89)

Für die Münchener Landwirtswitwe Ernestine Bischoff entwarf Seidl 1901 die Villa mit Gartenanlage als Sommerhaus. Die Bauherrin war eine Verwandte des Arztes Sandner, für den Seidl 1891 in der Nachbarschaft ein Haus (Kat.Nr.4) errichtet hatte.

Das Äußere des Landhauses über winkelförmigem Grundriß wird durch zwei Baukörper von unterschiedlichen Höhen und Dachformen bestimmt (Abb.174). Ein hohes Zeltdach prägt den kubischen Baukörper des Hauptbaus, an den ein kurzer Flügel mit Walmdach angefügt ist. Auf der rückwärtigen Südostseite ragt ein zweieinhalbgeschossiger Treppenrisalit mit seinem Zeltdach über das Dachgesims hinaus. Im abgeschrägten Gebäudewinkel der Seeseite befindet sich der Haupteingang, zu dem eine Freitreppe emporführt. Ein hohes Sockelgeschoß und Sohlbankgesims gliedern den Hauptbau, ein kräftiges, umlaufendes Kastengesims mit grün-weißer Dekorbemalung faßt beide Baukörper zusammen.
Der repräsentative Wohnbereich nach Süden und Westen ist durch große, feinversproßte Fenster von unterschiedlichen Formen und durch einen Polygonalerker aus-

gezeichnet. Kleinere Fenster bestimmen die nach Norden und Osten gerichteten Nebenräume.

Schmiedeeiserne Terrassen- und Balkongeländer sowie grün und weiß gestrichene Fensterläden und Pflanzspaliere setzen farbliche Akzente. Über dem Eingang befindet sich eine Kartusche mit der Inschrift: „Dem Hause Friede/ Dem Gaste Freude/ Und Gruss dem Wanderer,/ der vorübergeht“.

Der Eingang im Norden führt in die von einem Schirmgewölbe überfangene Dielenhalle mit Treppenhaus. Diele und Treppenhaus trennen Wohn- und Wirtschaftsbereich, der im nordöstlichen Flügel untergebracht ist. Der Wohnbereich, der im Erdgeschoß von drei Räumen gebildet wird, orientiert sich dagegen zur See- und Gartenseite. Die neugotische Ausstattung des Wohnzimmers mit Schirmgewölbe weist mit Schnitzereien verzierte Wandschränke und Paneele[1] auf. Für den Salon entwarf Seidl eine Jugendstileinrichtung, die Wände schmücken farbige Schablonenmalereien und die Stuckdekoration besteht aus Blüten- und Blattranken. Das sich anschließende Speisezimmer ist mit schwerem Neurenaissance-Mobiliar ausgestattet, ein Kachelofen mit turmartigem Aufsatz[2] und Profilstuck steht in diesem Raum. Die Schlafräume im Obergeschoß sind weniger aufwendig gestaltet. Im Dachgeschoß befindet sich ein Bügelzimmer, im Keller die Wohnung des Hausmeisters.

Zu einer ganz ähnlichen Hausform und Grundrißlösung war Seidl schon bei der ein Jahr früher entworfenen Villa Feilitzsch (Kat.Nr.22) gelangt.

Die Villa zeigt außen und innen nahezu vollständig den Originalzustand. Lediglich der Salon wurde verändert und das Dachgeschoß ausgebaut.

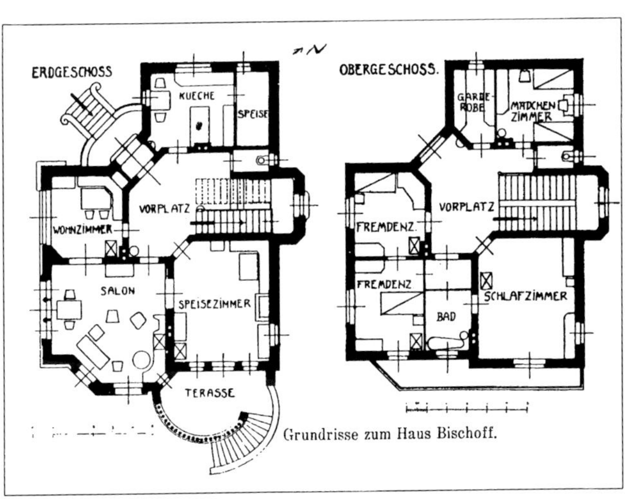

175 Villa Bischoff, Grundrisse (SdBZ, 17, 1907, S.217)

Lit.: Lasser, Moriz Otto: Emanuel Seidl und seine Kunst, in: MBF, 4, 1905, S.126, 127; SdBZ, 17, 1907, Neue Bauten von Professor Emanuel von Seidl, München, S.217-219; Zils, 1913, S.332; Neu/Liedke, Denkmäler, 1986, S.594; Schober, 1989, S.88-89; Dehio, IV, 1990, S.98.

Pläne: Hauspläne von 1901, Privatbesitz, Leoni.

1 Abb. Schober, 1989, S.88

2 Abb. Schober, 1989, S.89

Nr.24 Villa Seidl, Murnau, Seidlpark 4, (früher Seidlstraße), 1901-1916, mit Innenausstattung, Nebengebäuden und Park, Abb.52,84,92,124,176-182

Das Landhaus Seidls lag am südlichen Ortsrand von Murnau in einem ausgedehnten Park, umgeben von Kavaliershäusern, Gärtnerhaus und anderen Nebengebäuden. An das zweigeschossige Wohnhaus mit leicht geschweiftem Mansardwalmdach schloß sich nach Norden rechtwinkelig ein ebenfalls zweigeschossiger Walmdachbau an. Zusammen mit einem erdgeschossigen Nebengebäude im Norden grenzten die beiden Baukörper einen Anfahrtshof im Westen aus.

176 Villa Seidl, Südseite (Schloßmuseum Murnau)

177 Villa Seidl, Westseite (Seidl, 1910, S.1)

Als Seidl 1899 für seinen Schwager Mayr-Graz in Murnau ein kleines Landhaus (Kat.Nr.16) erbaute, war er von dem Ort und der Umgebung so angetan, daß er sich am Kapferberg einen Obstgarten kaufte[1]. Im Laufe der nächsten Jahre erwarb er das angrenzende Land, so daß sein Besitz schließlich 50 Tagwerk Grund umfaßte. 1901 begann er mit der Planung für das Landhaus und der gartenarchitektonischen Gestaltung des Parks. Am Rande dieses Parks, auf einer ebenen Wiesenfläche mit Blick auf die Berge, errichtete er sein Landhaus. Zunächst genügte dem Junggesellen Seidl ein zweigeschossiger Bau mit hohem Mansardwalmdach und Anbau für Wirtschaftsräume, der 1902 fertiggestellt war und von den Murnauer Bauunternehmen Reiser ausgeführt wurde. Seidls Ziel war, ein Haus zu schaffen, „das schließlich allenfalls auch zu Kniehosen passen und in dem Komfort mit bodenständiger Behaglichkeit zusammenkommen könnte"[2]. Im folgenden Jahr (1903) fügte er dem Wohnhaus im Osten einen Musiksaalanbau hinzu (Abb.180), da er als Vorstand des Münchener Orchester-Vereins häufig das Vereinsorchester zu Gast hatte. In den darauf folgenden Jahren entstanden nördlich der Villa Gästehäuser, Wirtschaftsgebäude, Ställe, Gewächs- und Geflügelhäuser (Abb. 178). 1916, nach seiner Heirat, stockte er den Musiksaalanbau auf und baute daran einen Wirtschaftstrakt an (Abb.181). Auch der Park wurde bis zu seinem Tod, 1919, ständig durch neue Terrassen, Plätze und Skulpturen bereichert.

178 Gärtnerei (Seidl, 1919, S.58)

Der Wohnbau (Abb.176) von 1901/02 ist durch das hohe Dach mit spitzgiebeligen Dachhäuschen bestimmt. Ausbauchende, zweigeschossige Erkerbauten, die unter das weit überstehende Dach gezogen werden, heben die Süd- und Westseite hervor. Eine nach Süden offene Loggia mit breiten Korbbogenöffnungen nimmt die Ecke zwischen den Erkern ein. Im Winkel an der nordwestlichen Eingangsseite verbindet eine geschweifte Terrasse optisch Wohnhaus und Wirtschaftsbau.

Ein Zusammenbinden der beiden Baukörper wird durch den umlaufenden Tuffsockel und Sohlbankgesimse erreicht. Hausteinverblendung an Loggienbögen, Eckpfeiler und Terrassenbrüstung akzentuiert besonders die beiden Gartenseiten. Längsrechteckige Fenster mit feinteilig versproßten Oberlichten gliedern den Runderker, Rundbogenfenster den Polygonalerker. Durch Verwendung von der Erkerform entgegengesetzten Fensterformen entsteht eine spannungsreiche Gliederung (Rundbogenfenster im Eckerker und Rechteckfenster im Runderker).

Die Farbigkeit des hellen Putzbaues wird durch die grünen Fensterläden und Pflanzspaliere gegeben. Eine Hausmadonna schmückt die Südwestecke des Hauses.

Der Eingang im nordwestlichen Winkel ist über eine geschwungene Freitreppe zu erreichen. Eine mit Girlanden verzierte Tafel über dem Rundbogentor besagt: „Dies Haus hab' ich hieher gestellt als man 1901 zelt, E. S."
Die Eingangstüre führt in die von einem sternförmigen Gewölbe überfangene Diele, die sich zwischen Wohnteil und Wirtschaftstrakt erstreckt (Abb.179). Sie erschließt die beiden übereck liegenden Wohnräume des Erdgeschosses und das offene Treppenhaus. Das von einem unregelmäßigen, sternförmigen Gewölbe überfangene

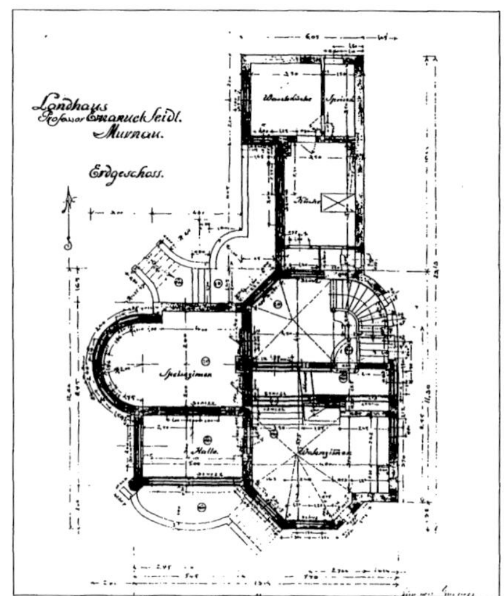

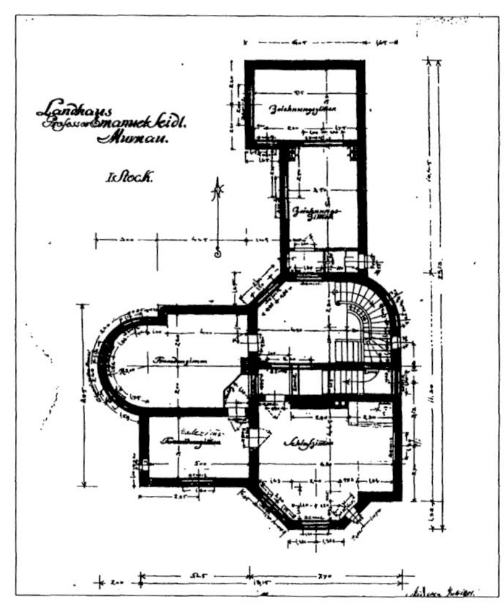

179 Grundrisse, 1901 (StaAM, Bpl. Weilheim, 1901/136)

Wohnzimmer (Abb.92) besitzt durch die hohen, rundbogigen Erkerfenster einen freien Blick auf Park und Berge. Ein mit Natursteinen verblendeter Kamin und Polstermöbel im englischen Stil sowie zahlreich Hirschgeweihe geben diesem Raum wohnlichen Charakter. Eine schmale Türe stellt die Verbindung zur ebenfalls überwölbten Loggia her.

Im Stile eines biedermeierlichen Jugendstils ist das Speisezimmer eingerichtet, das durch die Erkerfenster hell belichtet wird. Ein Buffet mit Säulen (Abb.84), wie es in zahlreichen Villen Seidls auftaucht[3], ist entlang der Nordwand eingebaut. Eine halbrunde Bank und ein runder Tisch entsprechen der Rundung des Erkers. An der Stirnwand steht ein hoher, runder Kachelofen mit Vasenaufsatz, der den Schmuck des Girlandenfrieses der Wände aufnimmt.

Die halbgewendelte Treppe zum Obergeschoß schmückt ein Anfängerpfosten mit einem S-förmigen Aufsatz. Diesen sich auf seine Initialen beziehenden Treppenschmuck hat Seidl oft bei Bauten angewendet. Das im Biedermeierstil eingerichtete Schlafzimmer des Hausherrn liegt ebenso wie das Badezimmer

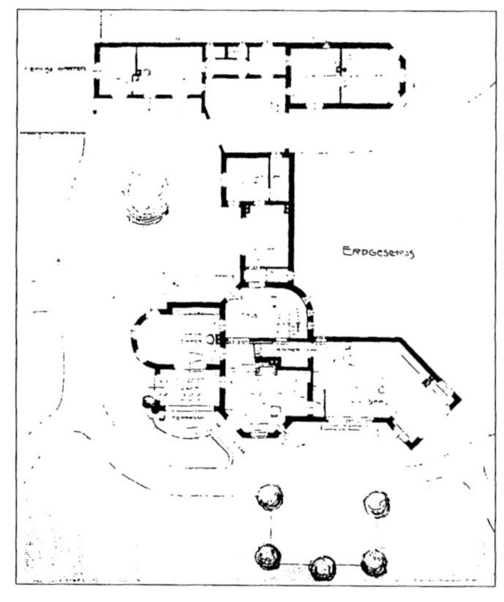

180 Grundriß Umbau 1902 (Seidl 1910, S.32)

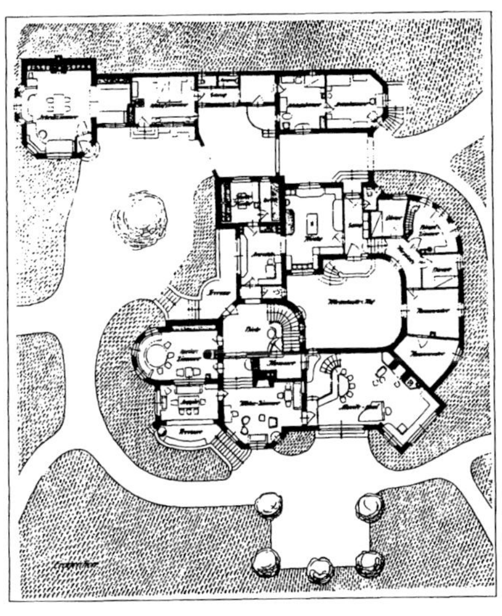

181 Grundriß Umbau 1916 (Seidl, 1919, S.65)

nach Süden. Den zweiten Wohnraum des Obergeschosses nimmt ein Fremdenzimmer ein. Im Anbau über der Küche und Waschhaus richtete sich Seidl sein „Sommeratelier“[4] ein.
Weitere Fremdenzimmer befinden sich im Dachgeschoß und später in den umgebenden Gästehäusern. Die Fremdenzimmer sind im Gegensatz zu Seidls eigenen Wohnräumen in vom Jugendstil beeinflußten Formen gestaltet. So zeigt beispielsweise das „rote Fremdenzimmer“ einen Wandfries in geometrisierenden Jugendstilformen, der sich an den Bettvorhängen wiederholt. Weiße Rattanmöbel schmücken diesen Raum .
Der Musiksaal[5], der 1903 an das Wohnzimmer angebaut wurde (Abb. 182), erhielt holzvertäfelte Wände und war mit Möbeln in biedermeierlichen Formen und im englischen Stil ausgestattet. Ein monumentales Ölgemälde[6] von Ludwig von Herterich, das Seidl im Kreise seiner Freunde zeigt, schmückte ab 1906 den Raum.
Das 1916 über dem Musiksaal errichtete Schlafzimmer der Hausfrau besticht weniger durch die Form seiner Möbel als durch die lebhafte Farbigkeit des Raumes. Weiß gestrichene, mit Mahagonileisten abgesetzte Möbel, wie Seidl sie für die Villa Knorr in Garmisch (Kat.Nr. 50; Abb. 274) wenige Jahre zuvor entworfen hatte, kontrastieren zur Wandbespannung mit rosafarbenem Girlandenmuster. „Sofa und Stühle sind mit schwarz und braun gestreiftem Rips bezogen; die Plüschsessel haben schwarzen Bezug, wozu die Stoffampel und die Fußbodenschemel mit ihrem hellen Grün einen guten Kontrast bilden ... Den Fußboden ziert ein lila Teppich mit grauen Rosetten“[7].

Trotz umfangreicher Anbauten im Nordosten (Abb.181) behielt das Wohnhaus an den Gartenseiten seine ursprüngliche Gestalt bei. Auch im Inneren fanden in den eigentlichen Wohnräumen keine Veränderungen statt. Umgestaltet und wesentlich vergrößert wurde 1916 vor allem der Wirtschaftstrakt, der um einen Innenhof herum einen U-förmigen, erdgeschossigen Anbau nach Osten erhielt.

Dieses eigene Wohnhaus besaß für viele spätere oder auch gleichzeitige Bauten Seidls sowohl hinsichtlich des Baues, als auch der Ausstattung und der Parkanlage Vorbildcharakter[8].
Große Bedeutung hatte für Seidl die Gestaltung seines Parkes, die von dem Gärtner Müssig ausgeführt wurde. In seiner 1910 erschienen Publikation des Landhauses[9] wird der Beschreibung des Parkes der größte Teil gewidmet[10] (Abb.52). Abgesehen von einigen alten Eichen standen auf dem nach Süden abfallenden Wiesenareal, das

182 Musiksaal (Seidl, 1919, S.92)

von einer Schlucht durchzogenen wird, keine Bäume[11]. Hügel wurden aufgeschüttet, Terrassen angelegt, alte Bäume gepflanzt und große Weiher gegraben. Die Landschaft wurde nach Seidls Entwürfen neu gestaltet. Geschwungene Wege führen durch hügeliges Gelände zu Terrassen, die durch Pavillons, Hirschskulpturen oder Hermen geschmückt sind. Am Weiher wurde ein gemauerter Pavillon mit Zeltdach, das „Gloriettl", umgeben von einem Ziergarten errichtet. In der Mitte des Geländes erhebt sich ein Hügel, der durch eine steile Treppe erreichbar ist und den Namen „Freundschaftshügel" erhielt. Auf der Hügelkuppe steht ein volutengeschmückter Sockel, auf dessen Vorderseite Goethes Worte „Uns gaben die Götter auf Erden Elysium" und auf der Rückseite „Ach, warum nur Elysium?" eingemeißelt sind. Das steinerne Buch auf dem Sockel enthält Namen der Freunde Seidls.
In dem nördlich des Hauses gelegenen Gemüse- und Blumengarten steht ein runder Pavillon mit hölzernen Säulen. Regelmäßige Blumenrabatten mit einem Brunnen im Zentrum und farbige Papageienskulpturen von Joseph Wackerle[12] ergeben ein weiteres „Landschaftsbild".

Die öffentlich zugängliche Parkanlage besteht im wesentlichen heute noch. Doch ohne die Pavillons, schmückenden Skulpturen und Blumenrabatten, die zerstört wurden, ist nur ein reduzierter Eindruck von Seidls Schaffen zu gewinnen.
Das Wohnhaus und alle Nebengebäude wurden 1972 abgebrochen[13], da ein Sanatorium gebaut werden sollte, das aber nicht realisiert wurde.

Lit.: Langenberger, 1905, S.24; Ostini, 1907 S.104f; Seidl, 1910; Michel, Wilhelm: Emanuel von Seidl-München, in: ID, 21, 1910, S.11ff; SdBZ, 20, 1910, Abb. S.95; Ein Damenschlafzimmer von Prof. E. von Seidl, in: ID, 28, 1917, S.71, Abb. S.68-71 und in: DKD, 40, 1917, S.72, Abb. S.72-84; Wolf, 1918, S.171ff; Muthesius, 1919, Abb. S.67; Seidl, 1919, S.28ff; Hofmann, Albert: Emanuel von Seidl, in: DBZ, 54, Berlin 1920, Abb S.47, 48, 49, 51; Wolf, Künstlerfeste, 1925, S.222-228; Wolf, 1929, S.222f; Fuchs, 1936, S.246ff; Schlagintweit, 1967, S.188ff; Feuchtmayr, Eckhart: Das Monumentalbild, in: Schriften des Historischen Vereins Murnau, Jahresbericht 1980, Murnau 1980, S.13-29; Voigtländer, Dorle: Historische Wohnhaustypen des Staffelseegebietes, in: Schriften des Historischen Vereins Murnau, Freundesgabe 1982, Murnau 1982, S.64, 65.

Pläne: Hauspläne 1901, Bauamt Murnau, Hausakte;
Haus und Nebengebäude 1901-1916, StaAM, Baupl. Weilheim 1901/136, 1902/12, 1902/137, 1905/228, 1916/58.

Quellen: Bauamt Murnau, Hausakte.

1 Wolf, 1929, S.221, 222
2 Seidl, 1910, S.46, 47
3 Kat.Nr.40, 43
4 Seidl, 1919, S.29, weitere Abb. von Fremdenzimmern S.46, 48, 49, 52
5 Abb. Seidl, 1919, S.91, 92
6 Heute im Besitz des Murnauer Schloßmuseums; s. Feuchtmayr, Eckhart: Das Monumentalbild, in: Schriften des Historischen Vereins Murnau, Jahresbericht 1980, Murnau 1980, S. 13-29
7 ID, 28, 1917, S.71, Abb. S.68-73; weitere Beschreibung und Abb. des Schlafzimmers in: DKD, 40, 1917, S.72-84
8 Vgl. Haustyp 3.1, Kap.III
9 Seidl, 1910
10 Seidl, 1910, S.49ff
11 Seidl, 1910, S.49ff, Beschreibung von Haus und Park S.45-53
12 Heute im Kurhaus von Murnau
13 Fricke, Irene: Der Landsitz eines berühmten Mannes wird abgerissen, in: Weilheimer Tagblatt, 10./11.9.1971

Nr.25 Haus Sedlmayr, Walchsee in Tirol, Dorfstraße 26, Österreich, 1901, Abb. 183-185

Am Eingang des kleinen Gebirgsortes Walchsee steht direkt oberhalb der Dorfstraße die stattliche Villa Sedlmayr, die durch ein leicht geschweiftes und weit überstehendes Mansardwalmdach mit geschweiften Gauben charakterisiert wird. Hinter dem Haus steigt im Norden steil der bewaldete Berg auf, im Süden des stark abfallenden Grundstückes liegt Dorf und See.

Kommerzienrat Karl Sedlmayr, ein Mitglied der Brauereifamilie (Spatenbrauerei) Sedlmayr und ein Vetter Seidls, besaß auf dem Grundstück schon 1898 ein zweigeschossiges Jagdhaus. Es wurde abgebrochen und an der gleichen Stelle entstand nach Seidls Plänen ein repräsentatives Landhaus mit Anbau. Seidl variierte hierzu den Entwurf seines eigenen Hauses in Murnau, das im gleichen Jahr geplant wurde. Ein hohes Mansardwalmdach, Erkeranbauten und eine große Eckloggia sowie die Grundrißeinteilung sind beiden Bauten gemeinsam[1]. Der hauptsächliche Unterschied zur Villa Seidl, nämlich der nach Osten und nicht nach Norden gerichtete Anbau, ergab sich aus der Lage des Hauses auf einem relativ schmalen Grundstück zwischen Berg und Straße[2].

183 Haus Sedlmayr, Straßenseite (SdBZ, 14, 1904, S.105)

184
Haus Sedlmayr, Eingangsseite (BM, 3, 1904/05, S.32)

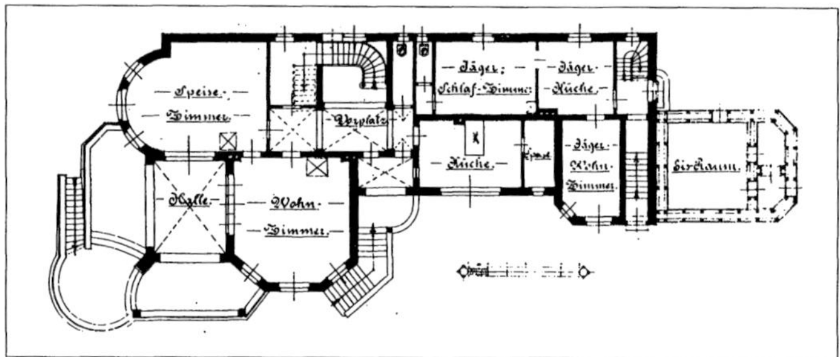

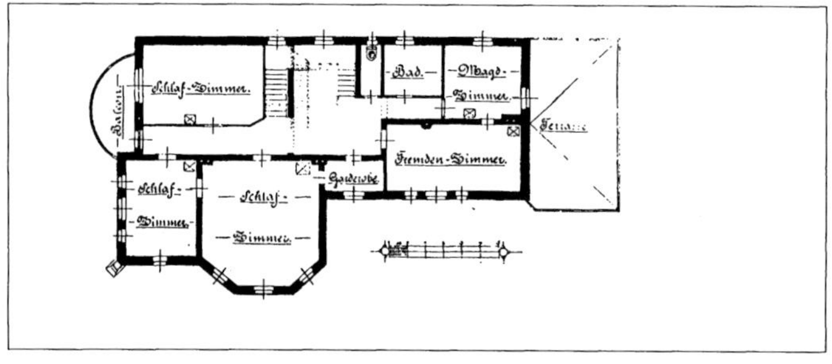

185 Grundrisse (SdBZ, 14, 1904, S.106)

Dagegen entsprach die von dem Murnauer Haus nahezu identisch übernommene Grundrißeinteilung des Wohntraktes durchaus den gestellten Forderungen, die Wohnräume „nach Himmelsrichtung und Aussicht" anzulegen und „darauf zu sehen, daß vorgelegte Hallen und Terrassen in tunlichst bequemer und dekorativer Verbindung angelegt wurden"[3].

An den zweigeschossigen Baukörper des Wohnhauses ist im rechten Winkel ein Satteldachbau für Wirtschaftsräume und Jägerwohnung angefügt. Die beiden zum Tal gerichteten Seiten des Wohnhauses werden durch ausladende Rund- bzw. Polygonalerker gegliedert. Eine Loggia mit breiten Korbbogenöffnungen, der eine

Säulenpergola (Abb.184) vorgelagert ist, besetzt die Ecke zwischen den Erkern. Große Terrassen vor der Loggia, die die Schwünge der Erker aufnehmen, sind durch eine Freitreppe mit dem Garten verbunden. Der zweigeschossige Wirtschaftsanbau mit anschließendem Eiskeller ist schlichter gestaltet und wird durch einfache Rechteckfenster gegliedert.
Ein umlaufendes Sockelgeschoß aus Nagelfluhverblendung, das auch die Terrassen mit einbindet, Sohlbankgesims und Dachgesims fassen die beiden Baukörper zusammen.
Der in den Alpen beheimatete Nagelfluh wird auch zur Umrahmung der Loggienbögen, Betonung der Hauskante durch einen Pfeiler und als Säulenmaterial verwendet. Über dem Hausteinpfeiler der Südwestecke ist eine Hausmadonna angebracht.

Eine der polygonalen Form des Erkers angepaßte Freitreppe führt zu dem im Winkel liegenden Eingang. Durch eine schmale, von einem Kreuzgratgewölbe überfangene Loggia gelangt man in den ebenfalls überwölbten Dielenraum. Die Diele mit der geschwungenen Treppe, die durch große Treppenhausfenster hell belichtet wird, trennt die beiden Wohnräume von der im Anbau liegenden Küche. Das mit einem Spiegelgewölbe überfangene Wohnzimmer an der Südseite ist mit vertäfelten Wänden aus Zirbelkiefernholz, Eckbank und Kachelofen an die Gestaltung regionaler Wohnräume angelehnt.
Im Obergeschoß liegen drei Schlafräume und Fremdenzimmer, im Dachgeschoß sind weitere Fremdenzimmer und Bedienstetenräume untergebracht.
Durch Zusetzen der Loggia, Einbau neuer Fenster und Veränderungen im Eingangsbereich wurde bei einer Renovierung 1980 das äußere Erscheinungsbild etwas beeinträchtigt. Im Inneren wurde im Zuge der Modernisierung die Ausstattung bis auf die Zirbelstube entfernt.

Lit.: Lasser, Moriz Otto: Jagdhaus Sedlmayr in Walchsee, in: SdBZ, 14, München 1904, S.105-106, Grundrisse S.106; Langenberger, 1905, S.23, Abb. S.21; Muthesius, 1905, Abb. S.17; Langenberger, 1906, S.584, Abb. S.585; Zils, 1913, S.332.

1 s. Kat.Nr.24
2 Lasser, Moriz Otto: Jagdhaus Sedlmayr in Walchsee, in: SdBZ, 14, München 1904, S.106
3 Lasser, 1904, S.106

Nr.26 Villa Maffei, Feldafing a. Starnberger See, Seestraße 2 und 6, 1901-1902, Villa mit Innenausstattung, Gärtnerhaus und Gartenanlage, Abb.68,186-188

Der repräsentative, zweiflügelige Herrensitz liegt inmitten einer weitläufigen Parkanlage auf einer Anhöhe am Westufer des Starnberger Sees. Hohe, teils leicht geknickte Dächer, ein Rundturm mit spitzem Ringpultdach, Erker, Balkone und halbkreisförmige Terrassen ergeben ein malerisches Bild. Durch die beiden Gebäudeflügel wird nach Nordwesten ein Anfahrtshof ausgegrenzt.

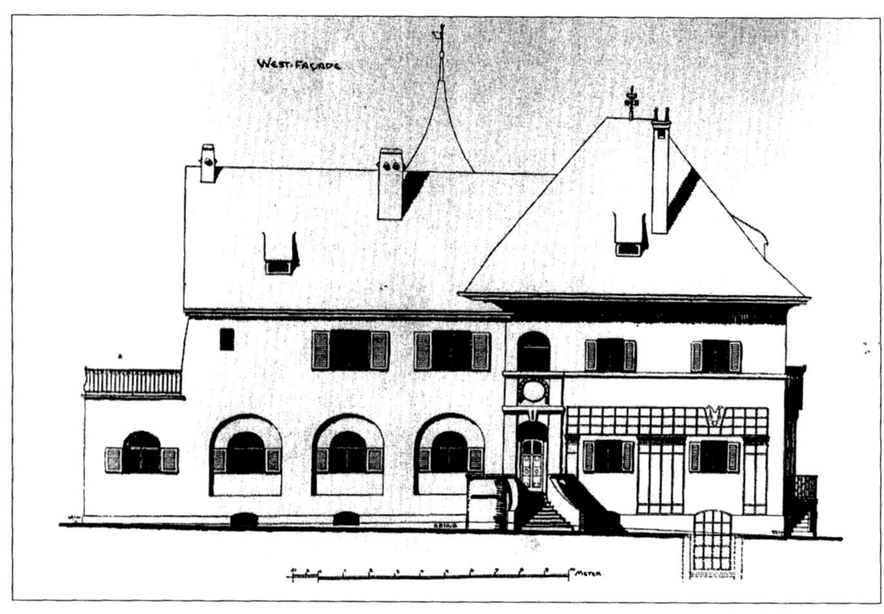

186 Villa Maffei, Anfahrtsseite (BM, 3, 1904/06, T.16)

Der Fabrik- und Gutsbesitzer Reichsrat Hugo von Maffei ließ 1901 ein um 1840 erbautes Landhaus abbrechen[1] und nach Seidls Plänen die schloßartige Anlage mit Nebengebäuden und Parkanlage errichten. Seidl, der sowohl der Aussicht auf den See als auch dem alten Baumbestand Rechnung tragen sollte, entwarf eine zweigeschossige Walmdachvilla, an die sich ein etwas niederer Anbau mit Satteldach im stumpfen Winkel anfügte. An der Nahtstelle der beiden Baukörper stellte er an der Seeseite einen Rundturm im Sinne eines Belvedere in den Gebäudewinkel ein.

Der Zeltdachflügel, der die Wohnräume aufnimmt, ist durch Erker und Korbbogenfenster sowie spitzgiebelige Dachhäuschen aufwendiger gestaltet als der axial gegliederte, nordöstliche Flügel für die Schlafräume. Ein nach Süden wegen der Hanglage stark ausgeprägtes Sockelgeschoß aus Tuffstein, ein Sohlbankgesims und ein umlaufendes, reich profiliertes Kranzgesims gliedern den Wohnbau.
Die nach Süden gerichtete Seeseite (Abb.68) wird durch einen farbigen, mit Schnitzereien verzierten Holzbalkon, der der Rundung des Turmes folgt, zusammengefaßt. Sprossenfenster von unterschiedlichen Formen, mit Tuff verblendete Erker und zweifarbig gestrichene Fensterläden sowie farbige Pflanzenspaliere beleben den Bau. Schmiedeeiserne Fenstergitter mit den für Seidl typischen Blattranken[2], Girlandendekor und Hirschgeweihe sind weitere Schmuckelemente.

Über dem Eingang im Winkel der Nordwestseite befindet sich eine Kartusche (Abb.186), die ehemals die Inschrift trug: „Dies Haus/ hab ich hieher gestellt/ als

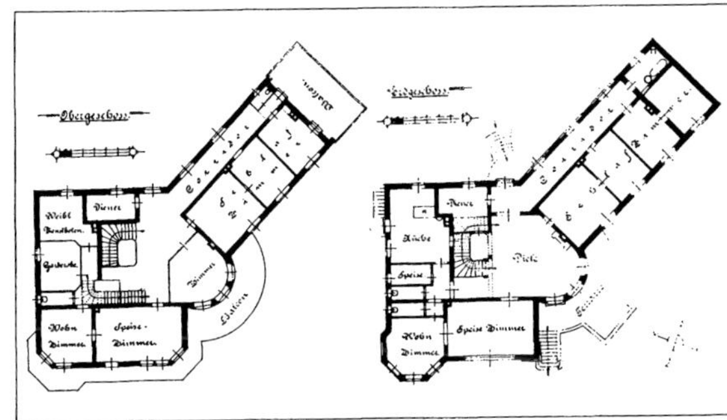

187 Grundrisse (MBF, 4, 1905, S.124)

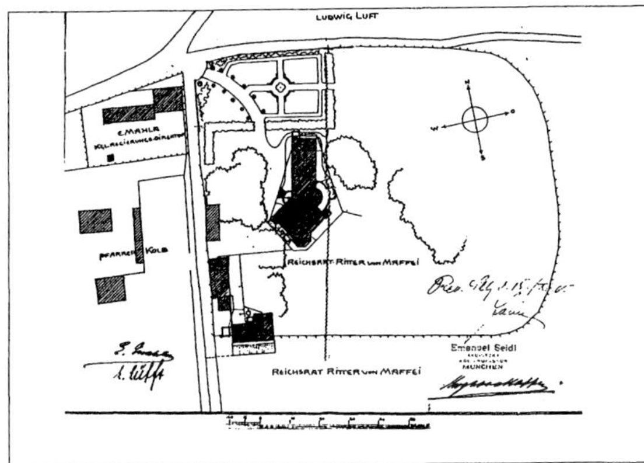

188 Lageplan (StaAM,Bpl.Starnberg-Feldafing,1905/331)

man 1902 gezählt/ Hugo von Maffei". Eine weitere Kartusche im Giebelfeld des Schlaftraktes zeigt das Maffeische Wappen.
Der Eingang (Abb.187) führt in die große Dielenhalle mit Treppe, die im Zentrum des Hauses liegt und Wohn- und Schlaftrakt trennt. Um die Diele sind zur Seeseite Wohn- und Speisezimmer, zur Hofseite Wirtschafts- und die Dienstbotenräume gruppiert. Kamin, dunkelbraune Wandvertäfelung und schlichter Rosettenstuck sind in der Halle von der ursprünglichen Seidlschen Ausstattung[3] noch erhalten. Den Anfängerpfosten der ins Obergeschoß führenden Treppe schmückt Seidls Schwanen-S[4].

Aus dem heimatlichen Barock entlehnte Architektur vermischte Seidl mit farbigen Jugendstilelementen zu einem harmonischen Bau. Er variierte und monumentalisierte den etwa gleichzeitig entstandenen Plan der Villa Bischoff (Kat.Nr.23).
Das über L-förmigem Grundriß errichtete, erdgeschossige Gärtnerhaus[5] nimmt die Form des hohen Zeltdaches mit niederem Anbau des Haupthauses auf. Ehemals enthielt es Gärtnerwohnung, Wagenremise und Gewächshaus. Heute durch Umbauten sehr vereinfacht.

Auch die von Seidl entworfene Parkanlage (Abb.188), die sich durch regelmäßige Beetanlagen mit einem kleeblattförmigen Brunnen im Zentrum, umgeben von hölzernen Laubengängen auszeichnete, ist in den 60er Jahren stark vereinfacht worden.

Der Bau ist äußerlich weitgehend original überliefert. Im Inneren sind außer Zimmertüren, Wandverkleidungen, einer Kassettendecke und dem Kamin der Dielenhalle von der originalen Ausstattung kaum mehr etwas erhalten. Der Bau wird heute als Verwaltungsgebäude genutzt.

Lit.: BM, 3, 1905, T. 16,17; Lasser, 1905, S.124ff.; Muthesius, 1905, Abb. S.18; SdBZ, 17, 1907, S.209, 210; AR, 23, 1907, T.4, S.8; Zils, 1913, S.332; Hornung, Norbert: Die Maffei-Villa in Feldafing, in: Starnberger Neueste Nachrichten, Beilage der Süddeutschen Zeitung, 62, 3.8.73, S.17; Neu/Liedke, Denkmäler, 1986, S.596; Schober, 1989, S.114-115; Dehio, IV, 1990, S.282.

Pläne: Gartenpläne und Gärtnerhaus von 1902: StaAM, Baupl. Starnberg/Feldafing, 1902/310 und 1902/316;
BM, 3, 1904/05, T.16,17.

1 Hornung, Norbert: Die Maffei-Villa in Feldafing, in: Starnberger Neueste Nachrichten, Beilage der Süddeutschen Zeitung, 62, 3.8.73, S.17
2 Vgl. sein Wohnhaus Bavariaring 10 in München
3 Abb. bei Schober, 1989, S.115 und Lasser, MBF, 4, 1905, S.128
4 s. Kat.Nr.24
5 Pläne im StaAM, Baupl. Starnberg/Feldafing, 1902/310

Nr.27 Haus Meisenbach, München, Bavariaring 12, 1902-1903, Nebengebäude 1912, Abb.99,189-191

In unmittelbarer Nähe von Seidls Stadtwohnhaus am Bavariaring 10, flankiert von zwei weiteren Wohnbauten Seidls (Bavariaring 11 und 14), stand die Villa Meisenbach. Entsprechend den früheren Villen am Bavariaring (Kat.Nr.1-3,9) klingt auch bei diesem Haus der Stil der deutschen Renaissance an. Geschweifter Giebel, Risalite und Erker bestimmen das Aussehen der Villa.

Der Kunstanstaltsbesitzer August Meisenbach beauftragte Seidl 1902 mit der Planung[1] eines repräsentativen Wohnhauses, das 1903 ausgeführt wurde. Um das Haus herum legte Seidl einen Garten mit regelmäßigen Blumenrabatten, Wegen und Sitzplätzen an.

189 Villa Meisenbach, Gartenseite (ID, 15, 1904, S.192)

Den zweigeschossigen Bau mit Walmdach zeichnet zur Straßenseite (Abb.99) ein zweiachsiger Risalit mit reich verziertem Renaissancegiebel und ein Erker mit Altane aus. Ein spitzgiebeliger Risalit, Rundturm, Loggia und Balkone gliedern die nach Nordosten gerichtete Gartenseite (Abb. 189).Natursteinverblendungen, Säulen- und reicher Skulpturenschmuck zieren besonders die Straßenfassade und die Eingangsseite im Südosten. Seidl mischte an

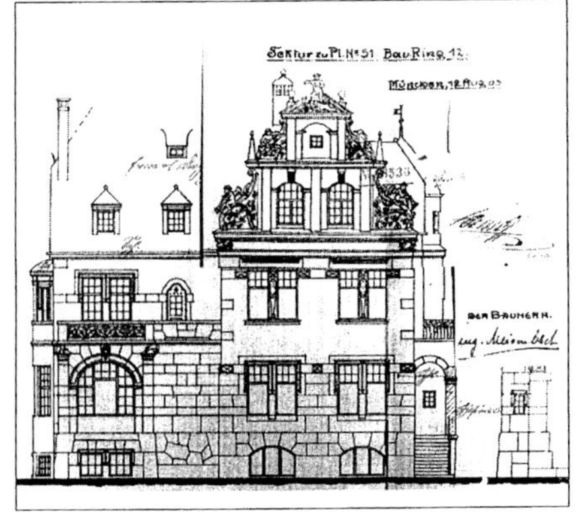

190 Straßenseite (StAM, LBK 1232)

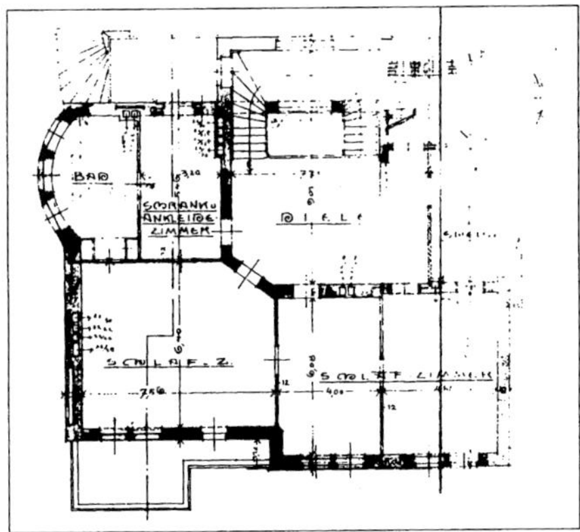

191 Grundriß 1.Stock (StAM, LBK 1232)

diesem Bau Formen der Neurenaissance mit Elementen der Gotik und des Jugendstils. Vor allem beim plastischen Dekor griff er Jugendstilformen auf: So tummeln sich zwischen den Blattranken am Risalitgiebel Affen, Vögel und musizierende Putten[2]. Die Gartenseite zeigt im Gegensatz zur geschmückten Straßenseite eine schlichtere Gestaltung ohne historistische Anklänge. Ungegliederte Mauerflächen und additiv aneinandergereihte Architekturmotive entsprechen einem Haustyp, den Seidl nach 1900 vermehrt anwandte[3].

Ins Innere gelangt man über eine Treppe an der Südostseite, die in die große, mittige Diele führt. Da die Küche im Souterrain liegt, nehmen das Erdgeschoß ausschließlich repräsentative Wohnräume, wie Salon, Wohnzimmer, Speisezimmer und Herrenzimmer, ein. Das bis in den ersten Stock geführte großzügige Haupttreppenhaus befindet sich an der rückwärtigen Gartenseite, eine Nebentreppe im Rundturm erschließt Keller und Dachgeschoß. Im Obergeschoß (Abb.191) liegen die Schlafräume zur Theresienwiese hin, die Nebenräume dagegen zum Garten. Ein Atelier mit Dunkelkammer, Fremden- und Dienstbotenzimmer ist im Dachgeschoß untergebracht.

Wie schon bei seinen früheren Villenbauten an der Theresienwiese (Kat.Nr.1-3, 9) ging Seidl auch bei diesem Haus nicht von der traditionellen Grundrißeinteilung ab, die die Wohnräume immer zur Straßenseite orientierte. Eine Verbindung zwischen Wohnräumen und Garten besteht nur in der vom Treppenhaus zugänglichen Loggia im Nordwesten. Die zahlreichen, zum Teil recht schmalen Balkone hatten wohl mehr dekorative Bedeutung.

Das 1912 errichtet Garagengebäude nimmt die Bogendachform eines Kavaliershauses in Schloß Seeleiten (Kat.Nr.33) auf.

Nach Kriegsbeschädigungen wurde das Haus in den 50er Jahren abgebrochen und ein Bürohaus erbaut.

Lit.: Schulze, Otto: Neuere Bauten von Prof. Emanuel Seidl-München, in: ID, 15, Darmstadt 1904, S.191-194, Abb. S.192; Zils, 1913, S.332.

Pläne: Hauspläne 1902 und Tektur 1903, StAM, LBK 1232.

1 StAM, LBK 1232
2 Planzeichnung der Fassade, StAM, LBK 1232
3 s. Kapitel III.2.2

Nr.28 Haus Kloepfer, München, Kaulbachstraße 4, 1902-1903, mit Pavillon und Stallgebäude, Abb.62,192-194

Die Stadtvilla stand direkt an der Straße auf einem schmalen Grundstück, das sich, von drei Seiten von Häusern umgeben, entlang der Kaulbachstraße erstreckte. Turmartiger Eckerker und Spitzgiebel charakterisierten den Bau.

Für den Holzhändler Hermann Kloepfer entwarf Seidl 1902 das Familienhaus mit kleinem Garten. Zwei Jahre zuvor hatte Seidl für den Vater von Hermann Kloepfer, Johann Christian Klöpfer, ein repräsentatives Landhaus am Simsee errichtet (Kat.Nr.19).

In der Kaulbachstraße schuf er einen asymmetrisch gegliederten Bau (Abb.62) mit polygonaler Eckturmlösung und großen ungegliederten Flächen ohne eklektische Formen. Der Putzbau über quadratischem Grundriß zeigt nach allen vier Seiten Dreiecksgiebel unterschiedlicher Größen. Unregelmäßige Hausteinverblendung am Sockelgeschoß und Fenster in differenzierten Formen und Größen gliedern den Bau. Besonders ausgezeichnet sind das Herrenzimmer und der zum Garten orientierte Salon durch Rundbogenfenster, das Speisezimmer ist durch ein dreiteiliges Fensterband und Erker hervorgehoben. Eine halbrunde Terrasse im Erdgeschoß und ein polygonaler Balkon im Obergeschoß schaffen die Verbindung zum Garten.

192 Haus Kloepfer, Gartenseite (LBK Hausakte)

Der Eingang (Abb.193) an der Nordseite führt über eine Treppe in die poygonale, von einem Schirmgewölbe überfangene Diele. Sie erschließt die repräsentativen Räume und das abgetrennte Treppenhaus.

193 Eingangsseite (LBK Hausakte)

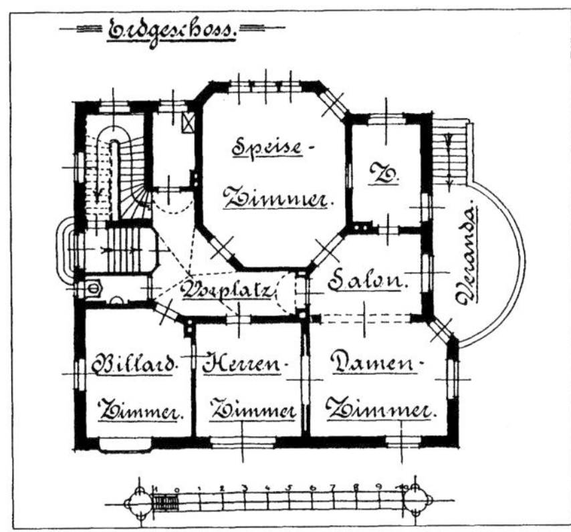

194 Grundriß (Mü. Bauk. S.448)

Der größte Raum, das polygonale Speisezimmer, ist durch einen Aufzug in der angrenzenden Anrichte mit der im Keller liegenden Küche verbunden. Speisezimmer, Salon, Damenzimmer, Herrenzimmer und Billardzimmer besitzen untereinander Verbindungstüren. Der Salon dient als Durchgangszimmer zu Terrasse und Garten.
Im Obergeschoß gehen Schlafzimmer, vier Kinderzimmer und Bad von der geräumigen, zentralen Diele ab, die als Kinderspielplatz gedacht war. Das Dachgeschoß nehmen Dienstboten- und ein Fremdenzimmer ein.

Englischer Einfluß zeigt sich bei dem kompakten Baukörper in der durch Dreiecksgiebel bewegten Dachform oder der schlichten, materialgerechten Wandbehandlung. Einzelne Fensterformen weisen ebenfalls auf englische Häuser hin, allerdings werden sie im Gegensatz zu England hier axial verwendet.

Das polygonale „Salettl“ ist in die Südecke des Gartens gerückt und aus Platzmangel an das Nachbarhaus angebaut, Laubengänge und Spaliere verschönern die Trennungsmauern zu den angrenzenden Häusern. Regelmäßige Blumenbeete liegen zwischen Haus und Laubengängen.

1907 erbaute Seidl noch ein, bereits 1902 projektiertes Stallgebäude in die Nordostecke, das direkt vor dem Speisezimmerfenster lag. Historisierende Elemente, wie Voluten und Vasen, zieren den Giebel.

Mitte der 60er Jahre wurden Vorder- und Rückgebäude abgebrochen, um Platz für ein Bürohaus zu schaffen.

Lit.: Münchener Bürgerliche Baukunst der Gegenwart, S.428, 448, T.24, 44; Zils, 1913, S.332.

Pläne: Hauspläne 1902, Tekturpläne 1903, Salettl 1903, Pferdestall 1907, LBK Hausakte.

Nr.29 Haus Keetmann, Wuppertal-Elberfeld, Briller Höhe 6, 1902-03, Abb.50,195-197

Der in dem großbürgerlichen Briller Villenviertel am Osthang des Nützelbergs gelegene Satteldachbau war durch spitze Giebel, Risalite und Schieferverkleidung gekennzeichnet. Zu dem Haus, das oberhalb der Straße lag, führte ein schräg ansteigender Anfahrtsweg. Nach Osten und Süden besaß das Wohnhaus einen Weitblick auf die Stadt Elberfeld und Umgebung. Im Westen zog sich ein parkähnlicher Garten den Hang hinauf.

Der Bankier Alfred Keetmann, Mitinhaber der Wichelhausbank[1], ließ sich 1902 die stadtnahe Villa von Seidl entwerfen, die im darauffolgenden Jahr ausgeführt wurde. Gleichzeitig errichtete Seidl auf dem Nachbargrundstück ein Wohnhaus für die mit Keetmanns befreundete Familie Engländer (Kat. Nr.30).

195 Haus Keetmann, Rückseite (DK, 1907, S.99)

Der Bau besitzt einen bewegten Umriß, der durch Vor- und Rücksprünge, Risalite, Terrassen und unterschiedlich hohe Dachkörper entsteht. Nach drei Seiten gliedern Dreiecksgiebel das erdgeschossige Wohnhaus.
Die zur Straße gerichtete Ostseite (Abb.50) mit dem Eingang an der Nordostecke akzentuieren drei spitze Giebel: neben einem verschieferten Zwillingsgiebel markiert risalitartig ein niederer Dreiecksgiebel die Eckloggia. Die teilweise zweigeschossig angelegte Gartenseite (Abb.195) ist durch einen dreigeschossigen, turmartigen Risalit mit Zeltdach geprägt. Korbbogige Loggien an der Ost- und Westseite sowie halbrund vorspringende Terrassen stellen den Bezug zum

196 Haus Keetmann, Seitenansicht (DK, 1907, S.99)

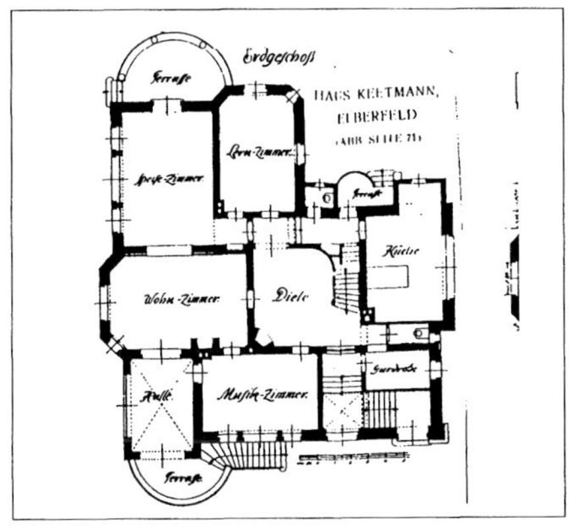

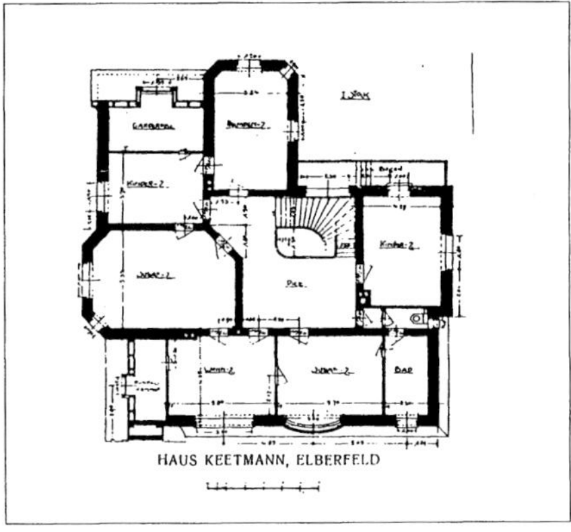

197 Grundrisse (BM, 8, 1910, T.71)

Garten her. Die Natursteinverblendung des aufgrund der Hanglage unterschiedlich hohen Sockelgeschosses wird zur Akzentuierung von Ostloggia und Terrasse bis unter die Traufe hochgezogen. An der Straßenseite faßt ein markantes Kastengesims die verschieferten Zwillingsgiebel zusammen.

Der winkelförmige Grundriß (Abb.197) zeigt Verwandtschaft mit anderen Villen (vgl. Kat.Nr. 22, 23, 38). Durch eine zentrale Diele mit offenem Treppenhaus werden die Gesellschaftsräume von der im Norden liegenden Küche und Nebenräumen abgetrennt. Eine Anordnung, die als vorbildlich galt, wie in Meyers Konversations-Lexikon von 1912, in dem das Haus Keetmann unter dem Stichwort „Einfamilienhäuser" beschrieben wird, zu lesen ist[2].
Die Gesellschaftsräume sind bis auf das Musikzimmer nach dem Garten orientiert. Schlafräume und Kinderzimmer nehmen das Obergeschoß ein.

Seidl greift bei diesem additiv zusammengesetzten Bau Elemente der regionalen Bauweise des Bergischen Landes auf[3]. Steiles Schieferdach, hohe, verschieferte Dreiecksgiebel mit weißem Ortganggesims dazu weiß verputzte Mauern und weiß gestrichene Fenster mit grünen Läden sind typische Kennzeichen des Bergischen Hauses[4]. Betrachtet man die Gartenseiten, so fallen Gemeinsamkeiten mit dem zeitgleichen Haus Kloepfer (Kat. 28) in München auf. Ein Risalit mit Zeltdach und spitze Dreiecksgiebel gliedern auch diesen Bau.
Zudem machen sich bei der Grundrißdisposition, dem „Bay-Window" an der Ostseite oder dem ebenerdigen Gartenzugang im Westen Einflüsse englischer Landhausbauten bemerkbar.
Wie auch bei Haus Kloepfer wurden keine eklektischen Formen mehr zur Gestaltung herangezogen. Große, ungegliederte Flächen dominieren den Bau. Das weit herabgezogene Dach, das auch die östliche Loggia miteinbezog, ist ebenfalls ein sehr fortschrittliches Gestaltungselement, das sich häufig bei amerikanischen Landhäusern der Zeit findet.

Die Villa wurde 1981 abgebrochen und durch eine Wohnanlage ersetzt[5].

Lit.: Ostini, 1907, S.98,99; Muthesius, 1907, Abb. S.34,35; DKD, 35, 1909/10, Abb. S.36; Heilmeyer, 1910, S.64, Abb. S.71, T.43,44; Schoenfelder/Lehmann: Die Wiederbelebung der alten Bauformen in unserer Zeit, in: Mitteilungen des Rheinischen Vereins für Denkmalpflege und Heimatschutz, 4, Düsseldorf 1910, S.133ff; Meyers großes Konversations-Lexikon, Jahressupplement 1911/12, S.249; Zils, 1913, S.331; Bauert-Keetmann, Ingrid: Abriß wäre eine Kulturschande, in: Wuppertaler Zeitung, 28.4.81, A 16; Wuppertaler Zeitung, General-Anzeiger, 12.5.81; Braun, Gerd: Die architektonische und städtebauliche Entwicklung von der Jahrhundertwende bis zum Ende des Kaiserreiches, in: Von der Heydt-Museum Wuppertal: Der westdeutsche Impuls 1900-1914, Wuppertal 1984, S.46, Abb. S.44.

1 Bauert-Keetmann, I., 1981, A 16
2 Meyers Konversations-Lexikon, 1911/12, S.249
3 Schoenfelder/Lehmann, 1910, s.139, Abb. S.133
4 Vgl. Metschies, Michael (Hrsg.): Wuppertal wiederentdeckt, Beiträge zur Denkmalpflege- und Stadtbildpflege des Wuppertals, Bd. 5, Wuppertal 1986, Abb. 159ff.
5 Wuppertaler Zeitung, 12.5.81, General-Anzeiger

Nr.30 Haus Engländer, Wuppertal-Elberfeld, Briller Höhe 8, 1903, Abb.115,198-199

Spitze Dreiecksgiebel, Rundturmmotive und eine bewegte Dachlandschaft charakterisierten den in dem vornehmen Briller Villenviertel gelegenen Bau. Das Wohnhaus, zu dem ein steiler Anfahrtsweg hochführte, lag oberhalb der Straße am Osthang des Nützelbergs. Nach drei Seiten besaß die breitgelagerte Villa ein reizvolles Panorama. Hinter dem Haus erstreckte sich ein parkähnlicher Garten den Hang hinauf.

Die Familie des Textilfabrikanten Rudolf Engländer war mit Seidls Nichte Lina Obermayer[1] eng befreundet und so bekam Seidl 1903 den Auftrag, eine Vorortvilla für Engländer zu entwerfen. Zur gleichen Zeit erbaute Seidl auch auf dem Nebengrundstück das Haus Keetmann (Kat.Nr.29).

198 Haus Engländer, Südostseite (DK, 16 1907, S.101)

Den im Aufriß teils ein-, zwei- und dreigeschossigen Baukörper über additiv zusammengesetztem Grundriß bedeckt ein verschiefertes Walmdach (Abb. 115). Halbrunde Anbauten gliedern den Bau nach drei Seiten. Zu den turm- bzw. erkerartigen Rundbauten kommt noch das Motiv des spitzen Dreiecksgiebels hinzu: an den Breitseiten als Risalite mit Spitzgiebeln, an

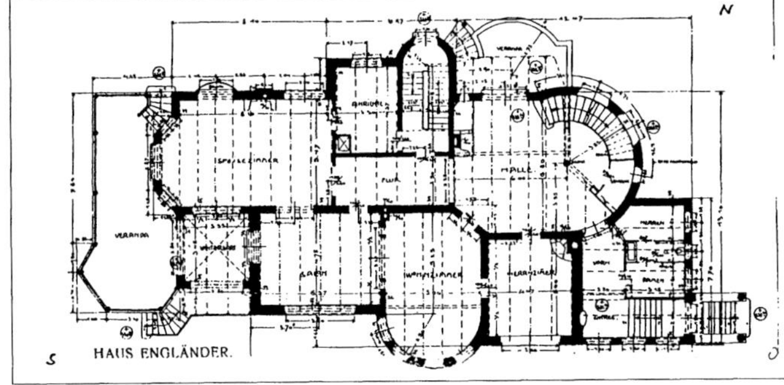

199 Grundriß (BM, 8, 1910, T.43/44)

dem massiven Rundbau der Schmalseite als Dachhäuschen mit Dreiecksgiebeln. Einem würfelförmigen, erdgeschossigen Anbau mit Altane, der die beiden runden Baukörper an der Ostecke verbindet, entspricht die Säulenveranda mit dem tief herabgezogenen Dach an der Südwestseite.
Sockelgeschoß aus Bruchsteinen, Dachgesims, Würfelfries, teilweise Verschieferung des Obergeschosses und Altanbrüstung unterstrichen die Breitenwirkung des Baus. Diese Wirkung erhält ein harmonisches Gegengewicht durch vertikale Elemente wie Turm und Risalite oder stufenweises Hochziehen der Sockelverblendung.
Besonders hervorgehoben ist die Südostseite (Abb.198), deren repräsentative Gesellschaftsräume Fernblick genießen. Große, differenziert gestaltete Fenster und Bauschmuck in Form von schlichtem Rosettenreliefs sowie Fenstergitter in vegetabilen Jugendstilformen zeichnen die Fassade aus.

Der Grundriß wird von der großen Halle mit halbrundem Treppenhaus bestimmt, die Wohnzimmer, Herrenzimmer und über einen Flur Salon und Speisezimmer erschließt (Abb.199).
Durch einen schmalen Vorraum mit Garderoberäumen im erdgeschossigen Anbau gelangt man in die durch Treppenhausfenster hell belichtete Wohnhalle mit Kamin. Die Halle ist über eine Veranda direkt mit dem Garten verbunden. Dem großzügigen Speisezimmer an der Gartenseite entspricht der ausgedehnte Raum des ineinander übergehenden Salons und Wohnzimmers an der Straßenseite. Von beiden Räumlichkeiten hat man Zutritt zu dem Wintergarten und somit zu Veranda und Garten.
Die fünf Schlafräume liegen im Obergeschoß. Vom Frühstückzimmer im Osten kann die breite Altane, die einen reizvollen Blick auf den Ort zuläßt, betreten werden. In den Dachschrägen sind Schrankräume untergebracht.

Seidl legte dem Bau eine erweiterte Grundrißdisposition seiner eigenen Murnauer Villa (Kat.Nr.24) zugrunde. Der Grundriß wurde in die Breite gezogen, wobei der Wirtschaftsanbau des Murnauer Hauses durch ein zweites Treppenhaus, das Küche und Nebenräume im Keller zugänglich machte, nur angedeutet wurde.
Auch bei der Gestaltung des Außenbaus kamen Elemente eines anderen Seidl-Baus hinzu. Der Spitzgiebel in Verbindung mit einem Rundturm und anschließendem

würfelförmigen Anbau gliederte auch die Gartenseite der gleichzeitig oder kurz vorher entstandenen Villa Meisenbach in München (Kat.Nr.27, Abb.189).

Weniger als bei dem benachbarten Haus Keetmann ging Seidl hier auf den regionalen Baustil des Bergischen Landes ein. Lediglich die Verschieferung des Daches und einzelner Wandflächen sowie die steile Dachform und spitze Dreiecksgiebel ließen diesen Stil anklingen.
Englischer Einfluß macht sich bei der additiven Gestaltung des Baukörpers, der Flächigkeit des Mauerwerkes und dem materialgerechten Einsatz von Stein und Schiefer geltend. Die Einbeziehung der Veranda unter das Hausdach ist ein Element, das auch das Haus Keetmann (Kat.Nr.29) aufweist und das im amerikanischen Villenbau verwendet wurde.

Die Villa wurde 1980 trotz einwandfreiem Zustand abgebrochen und eine Wohnanlage errichtet.

Lit.: Ostini, 1907 S.100,101; Muthesius, 1907, Abb. S.33,35; Heilmeyer, 1910, Abb. S.71, T.43,44; Zils, 1913, S.331; Wuppertaler Zeitung, General-Anzeiger, 16.4.81; Braun, Gerd: Die architektonische und städtebauliche Entwicklung von der Jahrhundertwende bis zum Ende des Kaiserreiches, in: Von der Heydt-Museum Wuppertal: Der westdeutsche Impuls 1900-1914, Wuppertal 1984, S.46.

1 Nach Angaben der Enkelin Engländers

Nr.31 Villa Nauhardt, Leipzig, Karl-Tauchnitz-Straße 2, 1903-1904, Abb.200-202

Die Stadtvilla mit geschweiftem, von einer Laterne bekröntem Mansardwalmdach und Schopfwalmrisaliten liegt in einem Eckgrundstück an der Kreuzung Karl-Tauchnitz-Straße Martin-Luther-Ring. Sie steht an einer städtebaulich bedeutsamen Stelle vis-à-vis dem Neuen Rathaus und dem Reichsgerichtsgebäude. Im Osten, zum Rathaus zu, begrenzte ehemals der Pleisse-Mühlgraben[1] das Grundstück, nach Süden bildete ein Park[2] die Grenze zu dem monumentalen Neubarockbau des Reichsgerichts von 1895[3].

Seidl entwarf den biedermeierlichen Bau 1903 für den Buchhändler Paul Otto Nauhardt, der ausdrücklich ein bürgerliches Wohnhaus wünschte, das „eine etwas altväterliche Tonart anschlagen“[4] sollte. Ausgeführt wurde das Haus 1903-04 unter Bauleitung des Leipziger Architekten Otto Peter[5]. Zu diesem Zeitpunkt war der gegenüberliegende Gebäudekomplex des Neuen Rathauses, der Formen der Neurenaissance und des Neubarock aufweist, gerade im Bau[6].

Das zweigeschossige Wohnhaus mit hohem Sockelgeschoß über quadratischem Grundriß wird durch das weit vorkragende Dach geprägt. Dachhäuschen mit leicht geschweiften Segmentbogengiebeln, die von Knaufen bekrönt werden, gliedern das Dach (Abb.200).

200 Villa Nauhardt (BlAK, 19, 1906, T.1)

Wohnhaus des Kommerzienrates Otto Nauhardt in Leipzig

201 Seitenansicht (Neudeutsche Bauzeitung 6, 1910)

Die Mitte der symmetrisch angelegten Straßenseite wird durch einen vorbauchenden Erkeranbau mit Altane, dem ein Anbau an der nördlichen Gartenseite entspricht, und einen dreieckigen Zwerchhausgiebel akzentuiert. Eckrisalite mit Schopfwalmgiebel gestalten die beiden Gartenseiten (Abb.201).

Die Wandflächen des kubischen Baukörpers werden reich durch Hausteinverblendung gegliedert. Breite, gequaderte Lisenen aus gelblichem Sandstein[7] bestimmem bis in den Zwerchhausgiebel die Vertikale des Putzbaus. Hinzu kommt eine Betonung der Achsen durch gelbliche Hausteingewände, die Erdgeschoß- und Obergeschoßfenster zusammenbinden. Einen Ausgleich bildet das sehr hohe Sockelgeschoß aus grauem Kalkbruchsteinen[8], Fenster- und Altanbrüstungen sowie ein profiliertes Kranzgesims mit kräftigen Konsolen und die horizontale Brechung des Mansardwalmdach.
Bauschmuck aus der Louis-Seize-Zeit, wie Festons und Vasen, und eine fein gerippte Binnenstruktur der Hausteinverblendung beleben die Mauerflächen. Weiße, schmiedeeiserne Brüstungen mit Festonschmuck und Fenstervergitterungen mit Ranken- und Palmwedelmustern bilden weitere Akzente. Zu dem Gelbton der Mauern[9] kommen grün-weiße[10] Fensterläden und die Farbe der roten Dachziegel hinzu.

Der Haupteingang an der Seitenfassade führt über einen schmalen Treppenaufgang mit rotbraun gefliesten Wänden in die gewölbte, zentrale Halle mit wuchtigem Kamin und Treppenhaus. Nach zwei Seiten gruppieren sich die Gesellschaftsräume um die Dielenhalle. Garderobe, Nebentreppenhaus und Anrichte dagegen liegen durch Treppenhaus und Eingang separiert in der Nordwestecke des Hauses. Küche und Wirtschaftsräume sind im Souterrain untergebracht und mit einer Treppe und Speiseaufzug mit der Anrichte verbunden (Abb.202).
Gesellschaftsräume wie Salon, Damensalon und Herrenzimmer sind in einer Flucht entlang der Straßenseite angeordnet. Das Speisezimmer, durch ein großes, dreiteili-

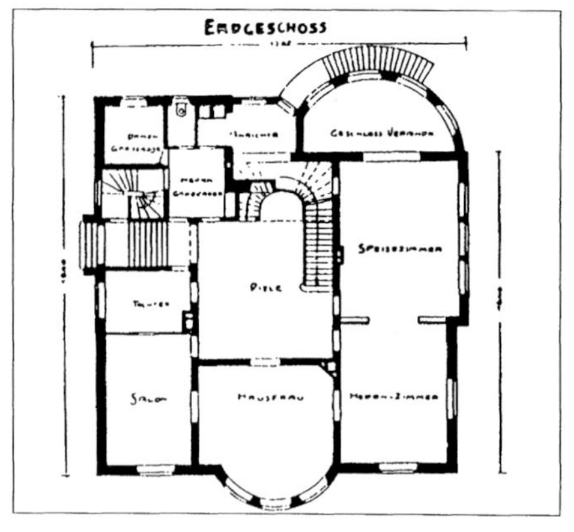

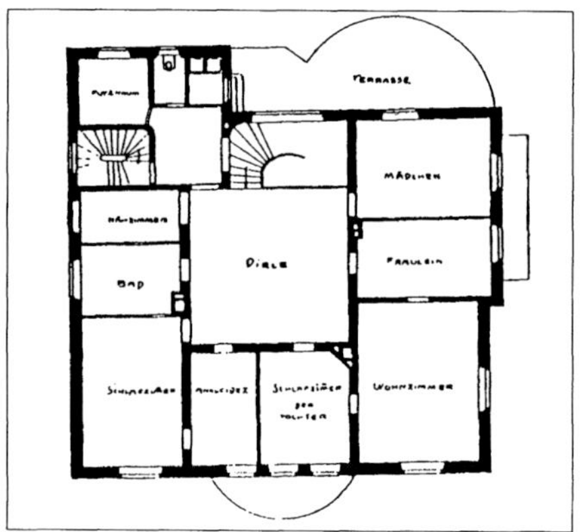

202 Grundrisse (Neudeutsche Bauzeitung, 6, 1910)

ges Fenster ausgezeichnet, ist zum Garten orientiert und steht in Verbindung mit der geschlossenen Veranda, von der eine Freitreppe in den Garten führt. Ein großer, von blauen Kacheln umrahmter Kamin dominiert den Raum.
Die Wände des Damenzimmers sind in Streifenform, die des Salons an der Südwestecke mit einem Rosenmuster in Rosa- und Weißtönen schabloniert[11]. Die Decke des Salons ziert vergoldeter Girlandenstuck, in den Glühbirnchen eingelassen sind.
Im Obergeschoß wird die Aufteilung mit einer geräumigen Wohndiele, um die sich die Räume gruppieren, beibehalten. Die Schlafräume und Wohnzimmer liegen an der Straßenseite, Mädchen- und Fräuleinzimmer an der Gartenseite. Bad und Nebenräume nehmen die Nordwestecke ein. Das Wohnzimmer an der Südostecke ist mit reich profiliertem Stuck und Spiegeltüren versehen. Die anderen Räume sind mit schlichterem Stuck ausgestattet. In der Mansarde des Dachgeschosses sind Fremdenzimmer untergebracht.

Seidl schuf an dieser städtebaulich markanten Stelle ein schlichtes, bürgerliches Wohnhaus als ruhigen Ausgleich zu den monumentalen Gebäudekomplexen der Nachbarschaft, deren neubarocken Stil er anklingen läßt, aber in einfacheren Formen wiedergibt.

Das Gebäude, das heute von einer Musikschule genutzt wird, wurde 1982-84 komplett renoviert. Es ist außen im Originalzustand überliefert, im Innern sind die Gesellschaftsräume des Erdgeschosses weitgehend erhalten bzw. rekonstruiert. Das Gebäude ist durch Straßenverbreiterung direkt an die Straße gerückt, da der Mühlbach um 1950 unterirdisch gelegt wurde.

Lit.: BlAK, 19, 1906, S.1, T.1; AR, 22, 1906, S.16, T.14;
Leipziger Kalender, Illustriertes Jahrbuch und Chronik, Ausgabe 1906, Leipzig 1907, S.59, Abb. Titelblatt; R.: Neue Bauten von Professor Emanuel von Seidl, München,in: SdBZ, 17, 1907, S.201-202; St.: Das Wohnhaus des Kommerzienrates Otto Nauhardt an der Karl-Tauchnitzstraße in Leipzig, in: Neudeutsche Bauzeitung, 6, Leipzig 1910, H.38 mit Abb.; Zils, 1913, S.332.

Pläne: Hauspläne 1903, Kopien Privatbesitz Musikschule „Ottmar Gerster", Leipzig.

1 Ab den 1950er Jahren unterirdisch geführt
2 Heute etwa Bereich des Dimitroff-Platzes
3 1888-95 von Ludwig Hoffmann und P.Dybwad erbaut
4 Neudeutsche Bauzeitung, 6, 1910, H.38
5 BlAK, 19, S.1, Pläne von 1903
6 1898-1907 von Hugo Licht errichtet
7 Portaer Sandstein, BlAK, 19, S.1 .
8 Kalkstein aus Gegend von Würzburg, BlAK, 19, S.1
9 Leipziger Kalender, 1907, S.59
10 AR, 22, 1906, S.16
11 Reste der Schablonenmalerei befanden sich hinter einer Spiegelverkleidung und wurden 1982/84 rekonstruiert

Nr.32 Landhaus Brey, Haus Riedwies, Murnau-Seeleiten, Oberried 2, 1903-1905, mit Parkanlage und Nebengebäuden, Abb.58,203-205

Auf einem Höhenzug zwischen Staffelsee und Murnauer Moos inmitten einer umfangreichen Parkanlage gelegen, besitzt das Landhaus nach zwei Seiten einen reizvollen Fernblick. Hohe Walmdächer mit Dachhäuschen, Polygonalerker und runder Treppenturm mit Kegeldach kennzeichnen den Bau.
Durch einen Anbau und Nebengebäude wird ein Anfahrtshof im Westen ausgegrenzt (Abb.203).

Rittmeister Ludwig Brey, der Vorbesitzer der Löwenbrauerei[1], besaß umfangreichen Grundbesitz zwischen Kohlgruber Straße und Staffelsee im Bereich Seeleiten. 1903 entwarf Seidl für den Sohn Friedrich Brey im nördlichen Teil des Areals das Schloß Seeleiten (Kat.Nr.33). Gleichzeitig ließ sich Brey selbst im südlichen Teil an der höchsten Stelle von Seidl ein Jagdhaus erbauen. Zwei Jahre später, 1905, wurde das Landhaus um einen Anbau nach Seidls Plänen erweitert und ein Remisen- und Garagengebäude errichtet.

203 Jagdhaus Brey, Hofseite (BM, 8, 1910, S.68)

Das hohe, vorkragende Zeltdach des zweigeschossigen Putzbaus (Abb.58) über winkelförmigem Grundriß wird von einem dachreiterähnlichen Kamin und vier Dachhäuschen mit Dreiecksgiebeln gegliedert.

204 Gartenseite (BM, 8, 1910, S.68)

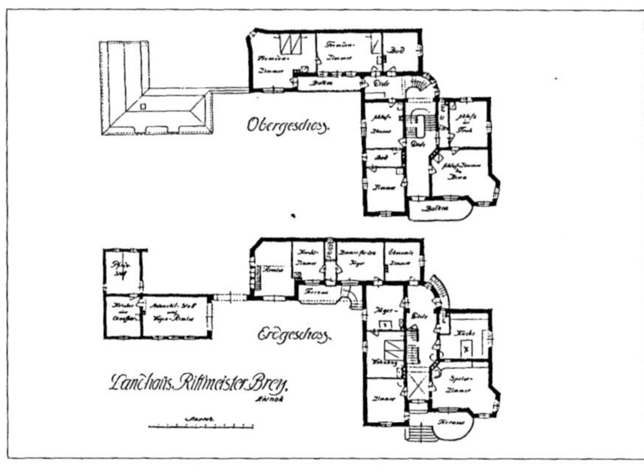

205 Grundrisse (Muthesius, 1910, S.5)

Ein Treppenturm mit spitzem Dach vermittelt seit dem Umbau von 1905 an der Nahtstelle zwischen Alt- und Neubau (Abb. 204).
Balkon und Terrasse bestimmen die nach Murnau und dem Gebirge orientierten Eingangsseiten bei beiden Baukörpern. Ein umlaufendes Kastengesims und Spaliere binden die Bauteile zusammen.
Farbig abgesetzte Putzgliederungen in Form von Rauten und Putzbändern, geschweifte Faschen und unterschiedlich gestaltete Läden ergeben ein heiteres Erscheinungsbild. Einige Fenster weisen Gitter mit Jugendstilranken- und Blütenmotiven auf. Die Farbigkeit beschreibt Muthesius[2] folgendermaßen: „Der Bau ist ein einfacher, schlichter Putzbau in Rieselwurf mit grün-weißen, auf den Giebeln mit blau geweckelten Rautenläden und grünen Spalieren“. Weiter schmükken zahlreiche Hirschgeweihe das Jagdhaus.
Die Eingänge liegen bei beiden Bauteilen zurückgesetzt in einer Loggia. Der Haupteingang öffnet sich auf eine schmale Diele, die eine Jägerwohnung im westlichen Teil des Hauses von Küche und Speisezimmer im Südosten trennt. Im Obergeschoß liegen die vier Schlafräume. Über der Jägerwohnung im Anbau befinden sich Fremdenzimmer und ein zweites Bad (Abb.205).
Die Innenräume sind ländlich gestaltet. Wie Muthesius schreibt[3], ist „die Hauptstube in Zirbelholz mit teilweise alten Möbeln ausgestattet, die Schlafzimmer sind teils modern, teils im Bauerncharakter gehalten“.

Seidl setzte bei diesem Bau ähnliche Gliederungselemente wie beim gleichzeitigen Hauptbau von Schloß Seeleiten ein (Kat.Nr.33), indem er die Eingangsseite durch Balkon, Eckerker und Dachgiebel betont. Andere Elemente wie das hohe, durch

Dachreiter und Dachhäuschen gegliederte Dach kamen schon bei seinem eigenem Murnauer Landhaus (Kat.Nr.24) zur Anwendung.
Bei der Gliederung der Eingangsseiten, besonders beim Anbau, griff Seidl mit der Korbogenloggia und dem Balkon Elemente eines von seinem Bruder erbauten Hauses in Tölz auf[4].

Ein „Automobil-Stall"[5] mit Mansardwalmdach wurde durch einen Torbogen, der in den Park führte, mit dem Anbau verbunden.

Das ausgedehnte Grundstück gestaltete Seidl als Landschaftspark mit malerischen Baumgruppen, freien Wiesenflächen, Obstbäumen, Aussichtsplätzen und Wegen. In der Nähe des Hauses liegen Blumenrabatten, Beete und Brunnen.

Das Landhaus wurde um 1990 originalgetreu renoviert und hat außen und innen sein Erscheinungsbild gewahrt. Auch der Park ist weitgehend erhalten.

Lit.: Muthesius, 1910, S.XLVII; DK, 17, 1909, Abb. S.161-165; Heilmeyer, 1910, S.65, Abb. S.68, 69, T.43, 44; Zils, 1913, S.332; Wolf, 1918, S.174, Abb. S.172-173; Voitländer, Dorle: Historische Wohnhaustypen des Staffelseegebietes, in: Schriften des Historischen Vereins Murnau am Staffelsee, Freundesgabe 1982, Murnau 1982, S.60-70; Neu/ Liedke, Denkmäler, 1986, S.320.

Pläne: Haus und Nebengebäude 1905, StaAM, Baupl. Weilheim 1905/220.

1 Martin, 1914, S.7f.,72
2 Muthesius, 1910, S.XLVII
3 Muthesius, 1910, S.XLVII
4 Haus Oberhof,1901; SdBZ, 13, 1903, S,161ff
5 Grundrißplan von 1905, Abb.

Nr.33 Schloß Seeleiten, Seehausen a. Staffelsee/ Obb., Seeleiten, mit Pförtnerhaus und Torbau, Ökonomiegebäuden, Kavaliershaus, 1903-1909, Abb.54,65,66,206-209

Oberhalb des bewaldeten Steilufers des Staffelsees steht in einsamer Lage der schloßähnliche Herrensitz mit Blick auf den See. Das Wohnhaus mit hohem Eckturm bildet zusammen mit einem Torbau und Wirtschaftsgebäuden einen nach Südosten offenen Hof.

Für den Sohn des ehemaligen Besitzers der Löwenbrauerei in München, Oberleutnant Friedrich Brey, entwarf Seidl den großzügigen Landsitz. Gleichzeitig erbaute er im angrenzenden Areal, am Oberried, für den Vater Ludwig Brey ein Jagdhaus (Kat.Nr.32). Nach Friedrich Breys Tod verkaufte die Witwe 1906 das Anwesen an Rittmeister Max von Seubert, der die Anlage von Seidl 1909 um ein Kavaliershaus erweitern ließ[1].

206 Schloß Seeleiten, Eingang (Schloßmuseum Murnau, Reiser)

Das Schloßgebäude besteht aus einem kubischen Baukörper mit hohem Zeltdach, an den ein Längsbau (Abb.65) mit Walmdach angefügt ist. Durch Zurücksetzen des untergeordneten Anbaues erhielt Seidl wieder den der L-Form angenäherten Grundriß. Ein hoher Rundturm mit geschweifter Haube an der Nordostecke betont den Schloßcharakter. Zwerchhaus und Dachhäuschen mit geschweiften Giebeln in Jugendstilformen gliedern die Dächer. Beide Gebäudeteile werden durch ein umlaufendes Sockelgeschoß aus Natursteinverblendung, Sohlbankgesims und Kranzgesims zusammengefaßt.
Die Eingangsseite im Süden (Abb.206) akzentuieren eine Vorhalle mit Rundbogenarkaden aus Natursteinen, über der ein breiter Balkon vorspringt, und ein zweigeschossiger Polygonalerker. Die Garten- bzw. Seeseite gliedert ein schildartig hervortretender, polygonaler Risalit mit mehrfach geschweiftem Giebel, der an der Nahtstelle zwischen den beiden Baukörpern sitzt. Eine halbrunde, vorgelegte Terrasse vermittelt zwischen Risalit und Eckturm (Abb.208).
Große Bogenfenster mit feinversproßten Oberlichten kennzeichnen die zum Garten gelegenen Repräsentationräume, Rechteckfenster mit farbigen Läden gliedern den untergeordneten Längsbau. Seidl schmückte die Erdgeschoßfenster des Wohnbereiches noch zusätzlich mit Gittern mit Blumen und Rankenwerk in Jugendstilformen.

Der Haupteingang führt durch die Vorhalle und Loggia in die großzügige Halle mit dem offenen Treppenhaus. Die Dielenhalle, die die Wohnräume erschließt, ist durch eine Türe von dem langen Gang des Wirtschaftstraktes abgetrennt, in dem Küche und Nebenräume liegen (Abb.66).
Billard-, Musik- und Speisezimmer orientieren sich zum Park und See. Musik- und Speisezimmer besitzen dabei direkte Verbindung zu Terrasse und Garten. Durch die großen Fenster der Gartenseite und der Erker kann man den reizvollen Fernblick auf Staffelsee und Umgebung genießen.
Im Obergeschoß nehmen die Zimmer der Dame die bevorzugte Lage zur Seeseite ein, das Herrenschlafzimmer liegt durch das Bad getrennt an der Südostecke. Frühstücks- und vier Fremdenzimmer sind in den anderen Räumen untergebracht.

Der Schloßbau bezieht sich in seiner Anlage auf früher erbaute Villen, wie die Villa Seidl oder das Haus Sedlmayr (Kat.Nr.24, 25). Stilistisch zeigt er Elemente des Münchener Jugendstils wie ihn Theodor Fischer beispielsweise an Münchener Schulen[2] realisierte.

Ein Wandelgang mit Korbbogenarkaden, der rechtwinkelig an eine Kegelbahn grenzt, stellt die Verbindung zwischen Herrenhaus und Ökonomiegebäuden her und schließt den Anfahrtshof nach Nordwesten ab. Die südliche Begrenzung des Hofes wird durch einen Torbau gebildet (Abb.54).

Die parallel zueinander angeordneten Ökonomiegebäude (Abb.54) greifen Formen des Hauptbaus auf. Die Anlage des nördlichen Gebäudes wiederholt geradezu den Aufbau des Schlosses: An ein kubisches Wohngebäude mit hohem Walmdach fügt sich ein länglicher Stallbau an. Der zweigeschossige Walmdachbau als Gäste- und Kutscherhaus grenzt dabei optisch Schloß und Wirtschaftsgebäude ab.
Das gegenüberliegende Remisengebäude kennzeichnen Zwerchhäuser mit Dreiecksgiebeln.
Der Torbau ist als zweigeschossiges Walmdachgebäude, das von einem Uhrtürmchen bekrönt wird, ausgebildet. Im Erdgeschoß öffnet sich die Schloßeinfahrt mit hohem Korbbogen, im Obergeschoß liegt die Wohnung des Pförtners.

1909 erbaute Seidl südwestlich der Ökonomiegebäude ein eingeschossiges Kavaliershaus (Abb.209), das als eigenständiges Wohnhaus für Besucher und Jagdgäste gedacht war. Dieses Haus prägt ein weit herabgezogenes Bogendach, wie es Seidl auch bei Villen anwandte (Kat.Nr.47). Die Giebelseite mit Schopfwalm trägt eine große bogenförmige Dachverschalung. Erker und ein breiter Holzbalkon gliedern den Bau. Nach einem Brand wurde durch Gustav Reutter das Dach in anderer Form errichtet.

Herrenhaus und Ökonomiegebäude wurden 1984-1989 vollständig renoviert und

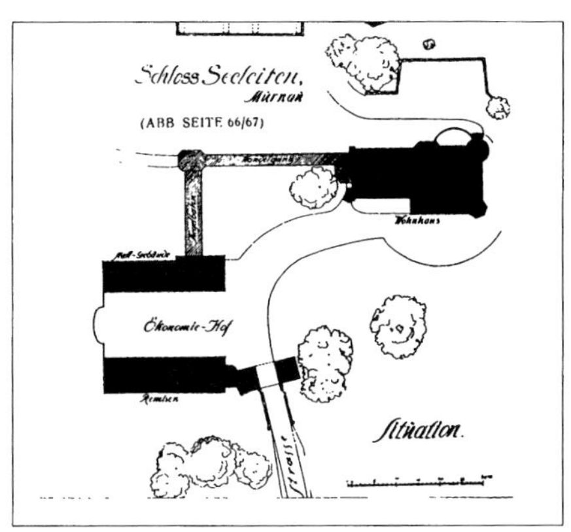

207 Lageplan (BM, 8, 1910, T.43/44)

208 Seeseite (Neudeutsche Bauzeitung, 6, 1910, S.449)

zu Eigentumswohnungen umgebaut. Äußerlich ist das Gesamtbild weitgehend erhalten geblieben, obschon das Fehlen der dekorativen Fenstergitter und Spaliere den ursprünglichen Eindruck beeinträchtigt. Das Innere ist durch Umbauten komplett verändert.

Lit.: Langenberger, 1905, S.23, T.13-15; MBF, 8, Stuttgart 1909, Abb. S.105-109; Heilmeyer, 1910, S.64-65; St.: Schloß Seeleiten bei Murnau, in: Neudeutsche Bauzeitung, 6, Leipzig 1910, H.37, S.445ff; Zils, 1913, S.331; Wolf, 1918, S.174, Abb. S.168,171; Wasmuths Monatshefte, 5, 1920/21, Berlin 1921, Illustrierte Bau-Chronik, Abb. S.232-236; Neu/ Liedke, Denkmäler, 1986, S.325.

Pläne: Schloßbau u. Wirtschaftsgebäude 1903, StaAM, Baupl. Weilheim 1903/263, 1903/193; Kavaliershaus 1909, StaAM, Baupl. Weilheim 1909/306.

209 Kavaliershaus zu Schloß Seeleiten (DKu, 39, 1918, S.171)

1 StaAM, Baupl. Weilheim 1903/193, 1903/263, 1909/306
2 Vgl. Giebelformen der Schule am Elisabethplatz, dort findet sich auch eine ähnliche Form der Turmhaube

Nr.34 Haus Lacher, München, Romanstraße 26a (früher 28), 1904, Abb.210-212

Der kleine Villenbau steht in einem Eckgrundstück an der Südwestseite des Rondells Neuwittelsbach. Es gehört zur Villenkolonie Neuwittelsbach, die sich nach einer Planung von 1870-90 entlang der sternförmig vom Rondell ausgehenden Straßen[1] erstreckt. Seidl hatte vier Jahre zuvor schräg gegenüber die Villa Feilitzsch (Kat.Nr.22) errichtet.

Seidl erbaute 1904 das Wohnhaus für die Regierungsratswitwe Franziska Lacher. 1910 fügte er für den neuen Besitzer Paul Hillmann einen halbrunden Balkon der Fassade an und setzte die rückwärtige Veranda zu. Der 1912 errichtete polygonale Gartenpavillon dürfte ebenfalls von Seidl sein[2].

210 Haus Lacher, Eingangsseite (LBK, Hausakte)

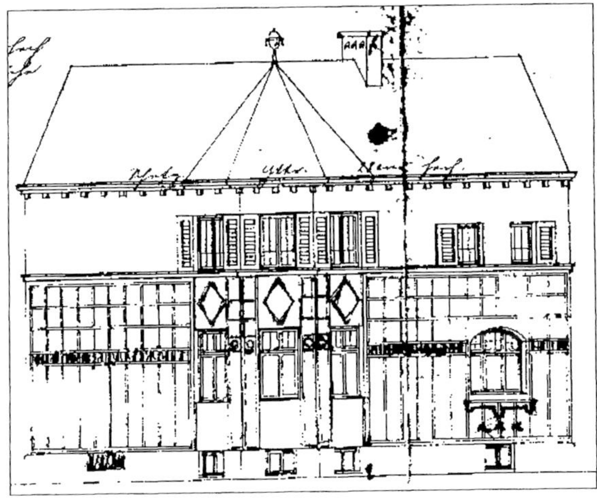

211 Fassade (LBK Hausakte)

Der zweigeschossige Walmdachbau nimmt mit polygonalem Grundriß und abgeschrägter Hausecke Bezug auf die Ecksituation. Den schlichten Putzbau kennzeichnen große, freie Flächen, die teilweise durch Holzspaliere gegliedert werden. Ein halbrunder Treppenturm mit Ringpultdach, Schopfwalmgiebel und Veranda bestimmen die Rückseite. Sockelgeschoß, Sohlbankgesims und ein kräftiges Kastengesims mit Konsolen bilden horizontale Gliederungselemente.

Die zum Rondell gerichtete, erkerartig abgeschrägte Ecke akzentuieren drei Wandfelder mit geputzten Rauten zwischen den Fenstern (Abb.211) Seidl ersetzte das mittlere Rautenfeld 1910 durch einen kleinen halbrunden Balkon, dessen Gitterwerk die Blütenmotive der Fenstergitter variiert. Farbige Metallgitter in Jugendstilblütenform zieren auch die Eingangstreppe im Westen und den rückwärtigen Balkon.

Der Eingang an der seitlichen Westseite (Abb.210) öffnet sich auf die von Kreuzgratgewölben überfangene Diele, von der die drei Räume des Erdgeschosses und die halbgewendelte Treppe abgehen. Das von der Küche und einem Wohnraum flankierte große Speisezimmer ist zum Rondell orientiert. Zwei Schlafräume, Magdkammer und Bad liegen im Obergeschoß.
Den kleinen, kompakten Bau schmückte Seidl mit dekorativen Jugendstilelementen.

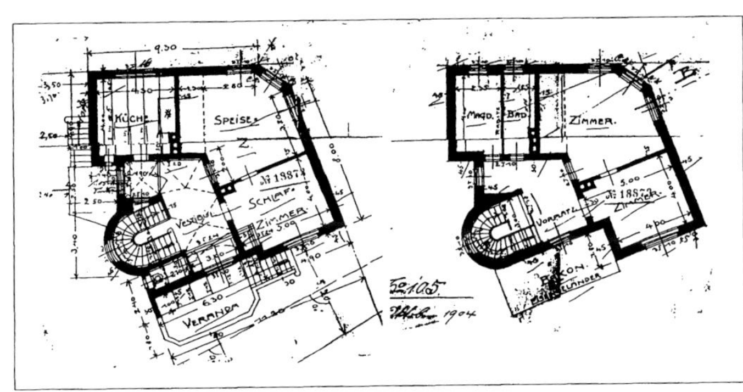

212 Grundrisse (LBK Hausakte)

Die Villa hat trotz kleinerer Umbauten an der Rückseite äußerlich ihren ursprünglichen Charakter bewahrt. Im Inneren erfolgten 1991 größere Umbauten.

Lit.: Zils, 1913, S.332; Habel/ Himen, Denkmäler, 1985, S.275.

Pläne: Hauspläne 1904, Umbaupläne 1910, Pavillon 1912, LBK, Hausakte.

1 Dehio, IV, München 1990, S.826
2 Plan ohne Architektenangabe, aber Seidl hat im gleichen Jahr kleinere Umbauten für diesen Bauherrn ausgeführt, z.B. Dachgeschoßausbau

Nr.35 Villa Lautenbacher, München-Schwabing, Nikolaiplatz 1, 1904-1906, Abb.57,213-217

Die Villa erhält durch die Gruppierung und Durchdringung verschiedener Baukörper sowie Türme und Giebel ein schloßartiges Aussehen.
Zu dem Anwesen gehören das direkt an der Nikolaistraße gelegene Hauptgebäude und ein sich entlang der Maria-Josepha-Straße erstreckender Pförtner- und Stallbau. Durch die Anordung der Gebäude entstand im Osten des Grundstücks ein Wirtschaftshof mit Durchfahrt, der obstbaumbestandene Garten dagegen erstreckt sich nach Westen gegen den Nikolaiplatz. Eine Gartenmauer mit vasenbekrönten Pfeilern und barockisierend geschweiftem Tor umgibt das Anwesen.

Seidl erbaute die herrschaftliche Villa für eine Verwandte aus der Brauereifamilie Sedlmayr, Franziska Lautenbacher[1], und deren Ehemann, Gutsbesitzer Paul Lautenbacher. Für Neubau und Gartenanlage mußten mehrere kleinere Häuser abgebrochen werden.

Das zweigeschossige Hauptgebäude (Abb.57) besteht aus einem Walmdachbau, an den im rechten Winkel zwei erdgeschossige, kubische Anbauten angeschoben wurden. Der wuchtige Rundturm mit spitzem Kegeldach im Winkel vermittelt zwischen

213 Villa Lautenbacher, Straßenseite (Mü. Bauk. S.504)

den Anbauten. Ihm entspricht an der rückwärtigen Wirtschaftshofseite ein runder Treppenturm mit konvex gebogenem Kegeldach (Abb.214).

214 Rückseite (MBF, 6, 1907, S.45)

Zur Gliederung der großen Wandflächen des grau-braunen Putzbaues verwendete Seidl rötlich-graue Hausteinverblendung in differenzierten Formen. Am hohen Sockelgeschoß und an der halbrund vorgelegten Terrasse sind die Hausteine bossiert. Die abgeschrägten Sohlbänke, das Sohlbankgesims, der Würfelfries und die Verblendung des westlichen Anbaus dagegen sind als Gegensatz zu dem rauhen Verputz in glatter Form und in Fugenschnittmanier ausgeführt.
Ein wichtiges Gliederungselement bei diesem an Details reichen Bau sind die Fenster, die durch Form und Größe die Innenräume charakterisieren. Repräsentative Wohnräume zeichnen sich durch große Korbbogenfenster oder Fenstergruppen mit variierender Versprossung aus, untergeordnete Räume dagegen besitzen einfache Rechteckfenster mit Fensterläden. Der zweifarbige Anstrich der Fenster kehrt in den ebenfalls zweifarbig gestrichenen Läden[2] wieder. Farbige Akzente setzen Balkongitter sowie das Gitterwerk einzelner Fenster. Die verwendeten Formen wie Weinblattranken, Girlanden und Vögel mit Blütenranken sind dem Jugendstil entlehnt.

215 Ansicht Nikolaistraße (MBF, 6, 1907, S.43)

Skulpturenschmuck aus rötlich-grauem Naturstein ziert vor allem die dem Nikolaiplatz zugewandte Westseite (Abb.215). Akroterienartig sitzen Hähne, Putten und ein Elchkopf an Giebelfirst und Giebelecken. Eine Kartusche am westlichen Terrassenanbau zeigt die ineinander verschlungenen Initialen der Bauherren: „F P L“ und „Ich wurde erbaut AD 1905“.

Das Hauptgebäude ist durch einen Torbau mit hoher Korbbogenöffnung, der als Eingangs- und Anfahrtshalle dient, mit dem Remisengebäude verbunden. Das Satteldach der Anfahrtshalle und des Remisenbaus wird bis zum im rechten Winkel stehenden Stallgebäude durchgezogen. Der zur Straße symmetrisch durch Blendbogenarkaden und Dachhäuschen gegliederte Stallbau trägt ein Mansardwalmdach mit Schopfwalmgiebeln. Laterne und Pferdekopfskulptur schmücken das Stallgebäude.

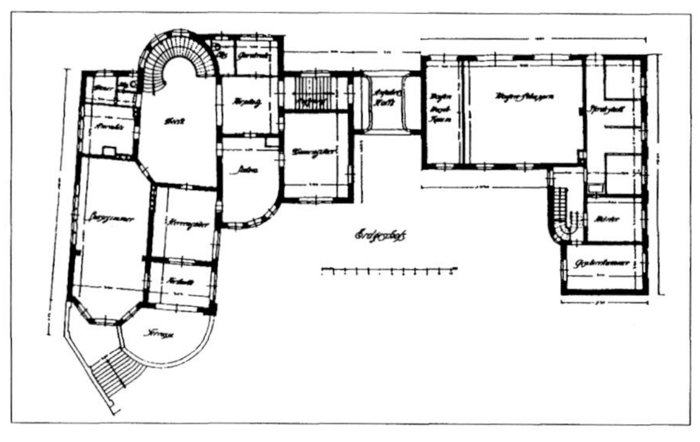

216 Grundriß Erdgeschoß (Mü. Bauk. S.526)

Der Eingang in der Anfahrtshalle des Hauptbaus führt über eine Treppe in einen Vorplatz mit Garderobe und weiter in die großzügige, überwölbte Dielenhalle. Die im Zentrum des Hauses liegende Diele, von der nach Osten das halbkreisförmige Treppenhaus abgeht, erschließt Gesellschaftsräume, wie Herrenzimmer und Speisezimmer, Salon und Damenzimmer hingegen gehen vom Vorplatz ab. Abgetrennt durch eine Türe führt das Treppenhaus auch zu der im Souterrain liegenden Küche und den Nebenräumen (Abb.216).
Im Obergeschoß sind ein Schlaf- und ein Fremdenzimmer sowie zwei Garderoberäume und Bad untergebracht. Die über dem Speise- und Herrenzimmer liegende große Terrasse ist vom Schlafzimmer aus zugänglich. Das Dachgeschoß mit einem Fremdenzimmer im ovalen Turmzimmer dient als Speicher und Dienstbotenwohnung.

Die Wände der Halle sind teilweise mit Kassettierungen aus dunkler Eiche verkleidet, ein monumentaler Kamin mit Würfelfries und anschließender Eckbank bestimmt diesen Raum. Das Geländer der Wendeltreppe trägt typische Merkmale Seidlscher Gestaltung: Der Antrittspfosten wird von einem Schwanen-S bekrönt und die Rundstäbe des Geländers sind in der Mitte keulenartig verdickt.
Den größten Raum im Hochparterre nimmt das Speisezimmer ein. Brüstungshohe Holzvertäfelung mit Kassetten- und Rundbogenmustern verkleiden die Wände, die Decke mit funktionalen Trägern ziert reicher Stuck aus geometrisierenden Formen, gepaart mit Jugendstilranken. Entsprechend der Funktion des Raumes zeigen Stuckvignetten Weinlaub und Reben. Der Durchgang zum Herrenzimmer wird von hölzernen Säulen flankiert, die einen Architrav mit barocksierendem, geschweiftem Giebel (Abb.217) tragen.
Vom Herrenzimmer mit einem Eckkamin, der mit graubraunen, schillernden Kacheln verkleidet ist, führt eine wintergartenähnliche Vorhalle auf die Terrasse mit Treppe zum Garten. Der Konsolenschmuck des Kaminfrieses kehrt an der Decke als Stuck wieder.
Der ebenfalls reich stuckierte Salon liegt im Turm zwischen Herren- und Damenzimmer.
Alle Räume sind mit Parkettfußböden ausgestattet und besaßen ehemals schablonierte Wände, „deren Kontraste sich in hellen, grauen, braunen Tönen und in satten Abstufungen“[3] bewegten.
Die im Obergeschoß liegenden Räume sind mit schlichteren Stuckdecken geschmückt und waren ebenfalls mit schablonierten Wänden versehen.

Dieser additiv zusammengesetzte Bau zählt mit seiner malerischen Gruppierung der Baumassen und der Liebe zum Detail zu den eindruckvollsten Villenbauten Seidls.
In der Anlage des Grundrisses und in Detailformen des Außenbaus besitzt er Verwandtschaft mit dem ein Jahr früher erbauten Haus Engländer (Kat.Nr.30).

217 Speisezimmer (Foto: 1991)

Die Villa Lautenbacher ist in ihrer Substanz noch weitgehend original überliefert. Wandverkleidungen, Stuckierung und Fußböden sowie einige Ausstattungsstücke, wie Schränke, sind ebenfalls erhalten. Nachdem sie nach unterschiedlicher Nutzung durch verschiedene Institutionen 1971 abgebrochen werden sollte, konnte sie durch die Initiative von Bürgern gerettet werden und dient heute als städtisches Bürgerhaus. Bei einer umfassenden Renovierung von 1989 bis 1991 wurden teilweise Fenster erneuert, Skulpturen ergänzt sowie im Inneren Fußböden, Wandverkleidungen und Stuck wiederhergestellt. Im Keller- und Dachgeschoß sowie im Nebengebäude wurden Umbauten vorgenommen.

Lit.: Unsere Bilder, in: MBF, 6, 1907, S.48, Abb S.41-45; Münchener Bürgerliche Baukunst der Gegenwart, S.504, 505, 526, T.18,19,40; A20J, 7, 1907, S.4, T.11-13; Bayer. Architekten- und Ingenieur-Verein, München 1912, S.392; Zils, 1913, S.332; Habel/ Himen, Denkmäler, 1985, S.244; Baureferat der Landeshauptstadt München: Bürgerhaus Seidl Villa, München 1991; Breyer, Heinrich: Die Seidl-Villa - ein Triumph des Bürgerwillens, in: Süddeutsche Zeitung, Nr.128, 6.6.91, S.15.

Pläne: Pläne von 1904-1906, LBK München, Bauakte.

1 Franziska Lautenbacher war in erster Ehe mit Seidls Vetter Johann Sedlmayr verheiratet gewesen
2 Grün und weiß, wie Untersuchungen bei der Renovierung 1990/91 ergaben
3 MBF, 6, 1907, Unsere Bilder, S.48

Nr. 36 Haus Lampe, Leipzig, Pestalozzistraße 3, 1905-1906, Abb. 109, 218

Die breitgelagerte Vorortvilla stand an dominierender Stelle an der Kreuzung Pestalozzi-, Ferdinand-Rohde-Straße auf einem relativ schmalen Eckgrundstück. Hausteingliederung und ruhiger Umriß bestimmten den mit Ziegeln verblendeten Bau. Umgeben von herrschaftlichen Wohnhäusern lag die Villa im sogenannten Konzertviertel Leipzigs, südwestlich der Altstadt. Das Konzert- oder Musikviertel hatte seinen Namen nach dem 1884 eingeweihten Gewandhaus[1] sowie dem Konservatorium erhalten und entwickelte sich in der Folgezeit zu einem großbürgerlichen Wohngebiet.

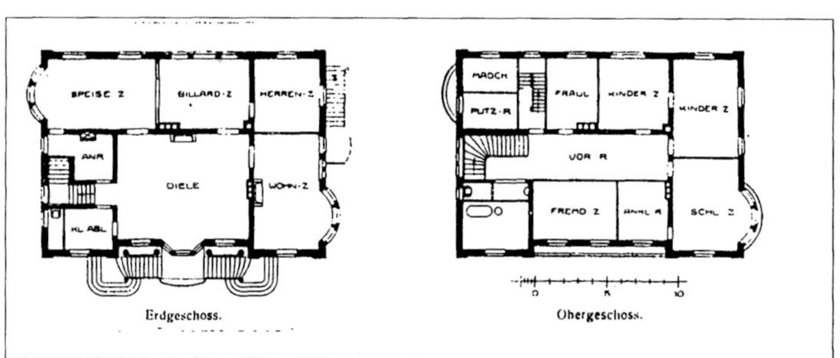

218 Villa Lampe, Grundrisse (BlAK, 21, 1908, S.2)

Seidl entwarf das repräsentative Wohnhaus für den Verlagsbuchhändler Dr. Friedrich Lampe. Die Bauleitung lag in Händen des Leipziger Architekten E.Fr.Schade. Bereits 1904 hatte Seidl in Leipzig, in der nahegelegenen Karl-Tauchnitz-Straße für einen anderen Buchhändler, Paul Otto Nauhardt, eine Stadtvilla (Kat.Nr.31) gebaut.

Der zweigeschossige Villenbau (Abb.109) über hohem Sockelgeschoß fällt durch schlichte, axiale Gliederung und Ziegelverblendung auf. Ein vorkragendes, schiefergedecktes Walmdach wird durch breite Fledermausgauben in der Mittelachse gegliedert. Symmetrisch ist die breite Nordfassade an der Pestalozzistraße mit dem Eingang in der Mitte angelegt. Die drei mittleren, leicht zurückgesetzten Achsen sind im Hochparterre durch Natursteinsäulen akzentuiert. Im Türbereich schwingt die zurückgesetzte Mauer polygonal nach vorne, so daß die Strenge der Säulengliederung durch die Bewegung und die zweischalige Wandgliederung ausgeglichen wird. Eine zweiläufige Freitreppenanlage, die den konvexen Schwung der Wand aufnimmt, hebt den Eingangsbereich zusätzlich hervor. Flache, segmentbogige Erkeranbauten mit Natursteinverblendung gliedern die schlichter gestalteten Schmalseiten.
Die Horizontale ist bei dem kubischen Baukörper durch einen Steinsockel, Sockelgeschoß, kräftiges Stockwerkgesims und ausladendes Kastengesims aus hellem Haustein[2] sowie Brüstungsgitter betont. Einen Ausgleich schaffen breite Pilaster aus Blendziegeln, die von den hellen Gesimsen unterbrochen werden, und Fenstergewände aus Naturstein. Ionische Säulen und helle Türgewände bestimmen besonders im Eingangsbereich die Vertikale.
Die Farbigkeit an dem Bau ist vor allem durch das Material gegeben: dunkelrote,

weiß verfugte Ziegel[3] und hellgrauer Kalkstein für die Verblendung sowie grauer Schiefer für die Dachdeckung. Hinzu kommen farbige, vermutlich grüne, Läden und Brüstungsgitter.
Im Erdgeschoß dominiert die riesige Dielenhalle, die am Außenbau durch die Säulengliederung ausgezeichnet ist, die Grundrißeinteilung (Abb.218). Die mit einem Kamin und Marmorfußboden[4] ausgestattete Halle dient auch als Empfangs- und Wohnraum. Speise-, Billard- und Herrenzimmer nehmen die südliche Gartenseite ein, das Wohnzimmer liegt nach Westen ebenfalls zum Garten hin. An die Garderobe neben dem Eingang schließen sich Treppenhaus und Anrichte mit Speiseaufzug an. Die große Küche und Wirtschaftsräume sind im Souterrain untergebracht.
Das Obergeschoß ist durch einen schmalen Gang erschlossen. Hier nehmen Schlaf- und Kinderzimmer die Gartenseiten ein. Fremdenzimmer und Ankleideraum sind zur Pestalozzistraße gerichtet, ebenso das große Badezimmer.

Dieser blockhafte Bau ist ein für Seidl frühes Beispiel für die Tendenz zu einem schlichten, vom Klassizismus beeinflußten Stil, den er ab 1910 häufig anwendete.

Das Wohnhaus wurde im Zweiten Weltkrieg zerstört. Heute steht an seiner Stelle eine Schule.

Lit.: SdBZ, 16, 1906, S.232; BlAK, 21, 1908, S.1, Abb. S.2, T.1; Heilmeyer, 1910, S.63, T.42; DKD, 25, 1909/10, Abb. S.37; Zils, 1913, S.332.

1 Zerstört 1944
2 Hellgrauer, fränkischer Muschelkalk und Elbsandstein, BlAK, 21, 1908, S.1
3 An der Oberfläche gesandete Eilenburger Ziegel, BlAK, 21, 1908, S.1 und BM, 8, 1910, S.63
4 BlAK, 21, 1908, S.1

Nr.37 Haus Martius, Stauffenhof, Nonn b. Reichenhall, Nonn 70, 1906, Abb.111,121,219-220

Die wuchtige, blockhafte Villa lag, umgeben von einem ausgedehnten Park, am Südhang des Staufen.

Der Berliner Chemiker und Unternehmer Dr. Carl Alexander von Martius ließ sich 1905-1906 den Sommersitz erbauen. Ein Bauernhaus, das der Familie bis dahin als Sommerwohnung gedient hatte, wurde teilweise abgebrochen[1], teilweise in den Neubau integriert.

Der zweigeschossige Bau über nahezu quadratischem Grundriß wird von einem hohen Mansardwalmdach mit markantem Belvedere bestimmt (Abb.111). Der quadratische Belvedereaufsatz mit geschweiftem Zeltdach nimmt die Mitte des Daches ein, das eine bogenförmige Dachverschalung, Zwerchhausgiebel, dreieckige Dachhäuschen und Fledermausgauben gliedern. Ein kräftiges Konsolgesims betont den

Dachansatz. Zahlreiche Balkone, Loggien und Terrassen schaffen nach allen vier Seiten eine enge Verbindung von Wohnräumen und umgebender Bergwelt. Da das Haus kein Sockelgeschoß besitzt, sind die Zugänge zum Garten ebenerdig angelegt.

219 Villa Martius, Nordwestseite (DKD, 25,1909/10,S.38)

Die Eingangsseite (Abb. 121) im Nordosten akzentuiert in der Mitte eine breite Säulenloggia mit Balkon, eine gewölbte Loggienhalle mit Korbbogenöffnung nimmt die Ecke ein. Der Nordwestseite ist eine halbrunde Arkadenloggia mit Altane vorgeblendet (Abb.219). Säulen an Balkonen und an Fensterpfosten sowie Hirschgeweihe und Hirschskulpturen sind häufige Gliederungs- und Schmuckformen. Farbige Akzente setzen die zweifarbigen Fensterläden und Balkonbrüstungen sowie Pflanzspaliere.

Im Innern gruppieren sich alle Räume um die im Zentrum liegende Hallendiele. Das Erdgeschoß wird außer von zwei Empfangszimmern nur von Küche und Wirtschaftsräumen eingenommen, die in dem vom Vorgängerbau übernommenen südwestlichen Teil des Hauses liegen. Die eigentlichen Wohnräume, im Sinne einer Beletage, befinden sich bei dieser Villa im Obergeschoß. Großes Speisezimmer, zwei Wohnzimmer, Billardzimmer und vier Schlafzimmer sowie Garderobe und Bad sind in diesem Geschoß untergebracht. Weitere Schlafzimmer und Dienstbotenräume liegen im ausgebauten Dachgeschoß.

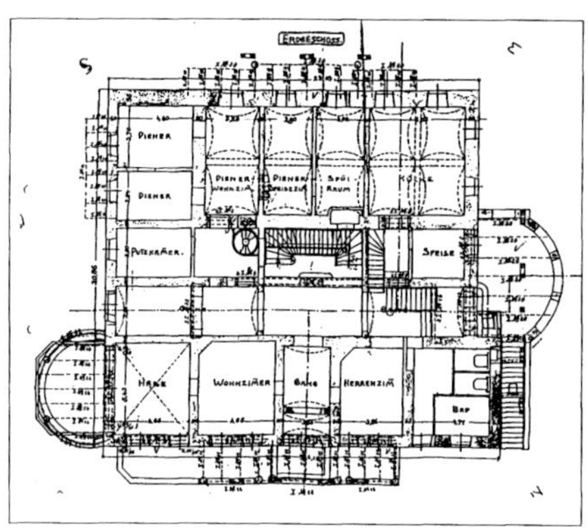

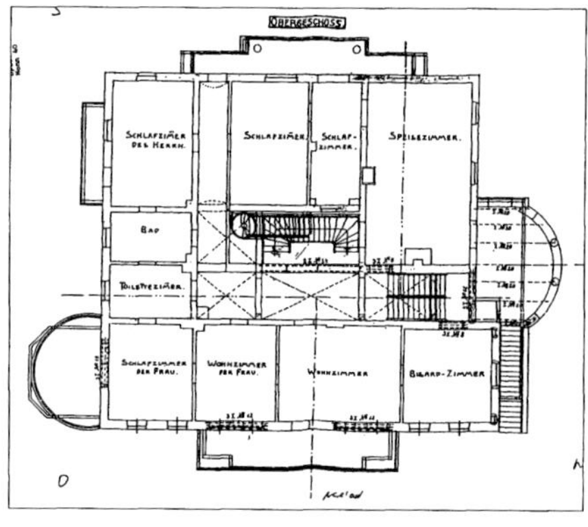

220 Villa Martius, Grundrisse (StaAM, Bpl. Reichenhall/Nonn 40)

Der kompakte, von Elementen des Schweizer Hauses beeinflußte Bau greift einen Haustyp auf, den Seidl bei Villen am Starnberger See dreizehn Jahre früher entwickelt hatte (Kat.Nr.6, 13).

Die Villa wurde 1977 bei einem Brand zerstört.

Lit.: DKD, 25, 1909/10, Abb. S.38; Zils, 1913, S.332; Stauffenhof, Broschüre, München o. Jg.

Pläne: Hauspläne 1905, StaAM, Baupl. Reichenhall/Nonn, 40.

1 Abbruchanzeige vom 12.10.1905, StaAM, Baupl. Reichenhall/Nonn, 40

Nr.38 Villa Strauss, Garmisch-Partenkirchen, Zoeppritzstraße 42, 1906-1908, mit Innenausstattung und Parkanlage, Abb.91,221-226

Das Wohnhaus liegt am Ortsrand von Garmisch am Fuße des bewaldeten Grasberges. Ein ausgedehnter Park umgibt die durch einen barockisierenden Turm, Zwerchhäuser, Loggien und Terrassen charakterisierte Villa.

1907 erwarb der damals in Berlin lebende „kgl. Kapellmeister“[1] Richard Strauss ein Grundstück am Ende der Zoeppritzstraße. Nach umfangreichen Planungen, die bereits 1906 begonnen hatten[2], erbaute Seidl darauf 1907-08 eine repräsentative Villa mit Nebengebäuden.
Seidl, der mit der Familie Strauss gesellschaftlichen Kontakt hatte[3], war mit Strauss' Gattin, der Sängerin Pauline de Ahna, durch gemeinsame Arbeit im Münchener Orchesterverein[4] bekannt. Zudem war Strauss' Mutter eine geborene Pschorr, und die Familie Pschorr stand mit der Familie Seidl in enger Beziehung[5].

221 Villa Strauss, Südseite (Muthesius, 1910, S.9)

Der Baukörper mit hohem Zeltdach wird nach zwei Seiten durch Risalite mit dreieckigen Zwerchgiebeln gegliedert. Die zum Ort gerichtete Front (Abb.221) akzentuiert ein eingestellter Polygonalturm mit Zwiebelhaube und Loggien. Nach rückwärts bestimmten ein halbrunder, eingestellter Treppenturm, der 1928 einem Anbau weichen mußte, und eine Veranda das

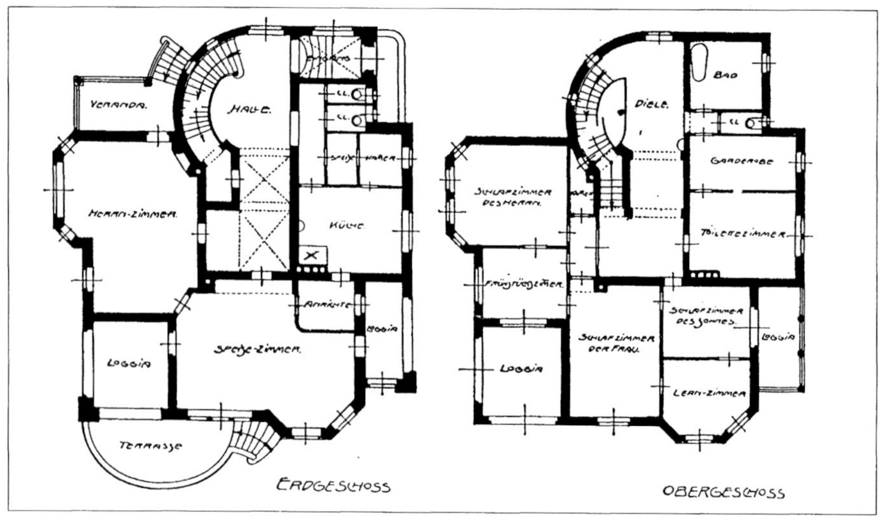

222 Grundrisse (Muthesius, 1910, S.8)

Wohnhaus. Zahlreiche Loggien, steinerne Terrassenbrüstungen und unterschiedliche Fensterformen unterstreichen den reichen Gesamteindruck.

223 Hausmodell der Villa Strauss (BM, 8, 1910, S.66)

Die dem Besucher zugewandte Seite im Südosten ist durch den wuchtigen Turm besonders hervorgehoben. Putzgliederung in Form von Blendbögen und Rauten sowie kleine Dreiecksgiebel im Bereich des Dachansatzes gliedern den Turm. Ein übereck geführtes und bis zum Turm gezogenes Pultdach in Höhe des Stockwerkgesimses bindet die Fassade zusammen. Beide Hausecken werden von zweigeschossigen Loggien mit Korbbogenöffnungen eingenommen. Tuffsteinverblendungen markieren die Ecken und die Brüstung der halbrund vorgelegten Terrasse.
Im Inneren ist dieser Teil des Hauses dem allgemeinen Wohnbereich zugeordnet. So liegt im Erdgeschoß, flankiert von den beiden Loggien, das große Speise- und Wohnzimmer, im Obergeschoß das Damenschlafzimmer, Lesezimmer und Zimmer des Sohnes. Der Bereich des Hausherrn befand sich an der Südwestseite mit dem polygonalen Risalit. Das Musik- und Arbeitszimmer von Richard Strauss nahm das Erdgeschoß ein, sein Schlaf- und das Frühstückszimmer lagen im Obergeschoß. Bei

beiden Wohnbereichen ist durch Erker und große Fenster ein optimaler Sonnenlichteinfall gegeben, zudem bietet sich ein reizvoller Ausblick auf das Zugspitzmassiv. Loggien, Terrasse und Veranda schaffen die direkte Verbindung zum Park. Erschlossen werden die beiden Wohnbereiche durch eine Dielenhalle im Nordwesten, die halbrund von der gewendelten Treppe begrenzt wird. Der Wirtschaftsbereich mit Küche, Nebenräumen, Bad und Garderobe liegen in beiden Geschossen in der Nordostecke des Hauses (Abb.222).

Seidl entwarf für Richard Strauss die gesamte Innenausstattung. Selbst der Ibach-Flügel[6], der zum Stil des Musikzimmers harmonierte, wurde nach seinen Entwürfen gefertigt. Bei der Inneneinrichtung griff Seidl Dekorformen des Außenbaus, wie Rauten und Quadrate, auf und gestaltete ein dem geometrisierenden Jugendstil angelehntes Interieur (Abb.91, 224,225).

Bei der Grundrißgestaltung entwickelte Seidl den Grundriß seiner Murnauer Villa weiter (Kat.Nr.24). Am Außenbau wird durch die Häufung von architektonischen Motiven und durch Staffelung der Firsthöhe eine bewegte Silhouette erzielt.

224 Wohnzimmer (ID, 21, 1910, S.15)

Das wohl von Seidl zeitgleich errichtete erdgeschossige Nebengebäude für Eiskeller und Remise zeigt mit Mansardwalmdach barockisierende Formen.
Der original erhaltene Park (Abb.226) ist im Bereich des Hauses durch regelmäßige Blumenrabatten, die durch geschwungene Hecken abgegrenzt sind, gegliedert. Gewundene Wege führen an freien Plätzen mit Bänken und am Obstgarten vorbei in den rückwärts gelegenen Wald. Skulpturen, Brunnen und Tuffmäuerchen schmücken den Park.

225 Speisezimmer (ID, 21, 1910, S.15)

Der größte Teil der Inneneinrichtung ist noch in dem Haus erhalten, das bis heute in Familienbesitz ist. Auch der Außenbau zeigt bis auf die 1928 erfolgten rückwärtigen Anbauten weitgehend den Originalzustand.

Lit.: Heilmeyer, 1910, S.64, Abb. S.66; Michel, 1910, S.13, Abb. S.11-15; Zils, 1913, S.332; Neu/Liedke, Denkmäler, 1986, S.335.

Pläne: Gartenplan 1906, Umbaupläne 1928, Bauamt Garmisch-Partenkirchen, Hausakte.

1 Kaufvertrag im Bauamt Garmisch-Partenkirchen, Hausakte
2 Gartenplan von 1906, Bauamt Garmisch-Partenkirchen
3 Murnauer Gästebücher, Bayer. Staatsbibliothek München, cgm 7927
4 Schlagintweit, 1967, S.104
5 Die Familien waren weitläufig miteinander verwandt, frdl. Hinweis Frau Obermayer, Großnichte Seidls
6 Abb. ID, 22, 1911, S. 403

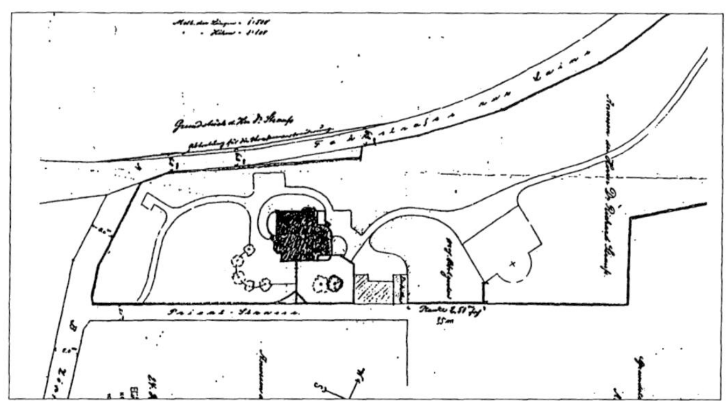

226 Villa Strauss Lage- und Gartenplan (Bauamt Garmisch)

Nr.39 Villa Pschorr, München, Möhlstraße 23, 1907-1908, mit Garagengebäude 1909, Abb. 106, 227-231

Die stattliche Vorortvilla kennzeichnet ein hohes geschweiftes Dach (Abb.106), Rundtürme und eine bewegte Dachsilhouette. Umgeben von einem nicht allzu großen Garten liegt sie in dem vornehmen Villenviertel zwischen Maria-Theresia- und Ismaninger Straße.
Nach 1890 entstand auf dem Isarhochufer nach Planungen von Oberhofgärteninspektor Jakob Möhl und Staatsbauassistent Strecken[1] dieses Viertel mit hochherrschaftlichen Villen. Schon 1898 hatte Seidl in der gleichen Straße die Villa Falkenhausen (Kat.Nr.17) errichtet.

Der Brauereibesitzer und Vorstand des bayerischen Industriellen-Verbandes Georg Theodor Pschorr ließ sich 1907 die großzügige, moderne Villa entwerfen. Pschorr

227 Villa Pschorr, Seitenfassade (StAM, LBK 6665)

228 Villa Pschorr, Eingangsseite (StAM 6665)

war sowohl mit Seidl als auch mit Richard Strauss verwandt[2], der sich etwa zur gleichen Zeit eine Villa von Seidl errichten ließ.

Seidl gliedert das zweigeschossige Haus in zwei Baukörper, die leicht gegeneinander verschoben sind und deren Dächer unterschiedliche Höhen besitzen (Abb.227). An den Nahtstellen der beiden Baukörper sind Rundtürme mit unterschiedlichen Turmhauben eingestellt. Den zur Straße gerichteten Bauteil, in dem die Gesellschaftsräume untergebracht sind, prägt ein hoher, geschweifter Spitzgiebel (Abb.106). Roter Sandstein verkleidet das Erdgeschoß und wird zudem zur asymmetrischen Gliederung der Giebelfront eingesetzt, eine breite Hohlkehle betont den Dachansatz. Die großen Flächen der Straßenfassade erhalten durch zwei Elemente Spannung: in der linken Achse wird der zweigeschossige, segmentbogige Flacherker giebelartig von einem Sandsteingesims bekrönt und in der rechten Achse greift der Korbbogen des Erdgeschoßfensters auf das Obergeschoß über, ein horizontales Sandsteingesims faßt diesen Fassadenteil zusammen. Durch den nach oben geschobenen Fensterbogen und den nach vorne gewölbten Flacherker entsteht quasi eine Verschränkung der beiden, durch Dreiergruppen bestimmten Gliederungselemente.

Die zum Garten gerichteten Seiten des rückwärtigen Baukörpers mit den Wirtschaftsräumen in der Nordwestecke sind ebenfalls durch Sandsteinverblendung gegliedert. Eine Loggia mit polygonalem Erker führt von dem im rückwärtigen Teil gelegenen Speisezimmer in den Garten.

Jugendstilformen werden bei Fensterpfosten und Altanbrüstung aus Sandstein sowie Fenster- und Balkongittern angewandt. Die Rautenmotive der Fensterläden kehren

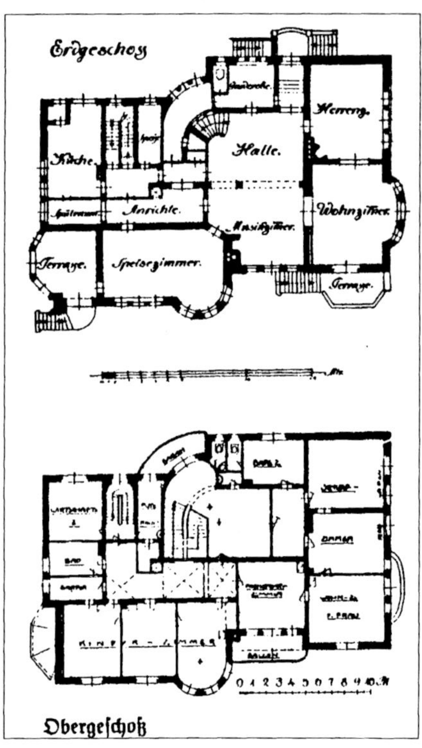

229 Villa Pschorr, Grundrisse
(München und seine Bauten, 1912, S.403)

als Putzdekor am südlichen Rundturm wieder. An der Eingangsseite brachte Seidl das Wappen der Familie Pschorr mit einem Löwen und seine eigenen Initialen mit Dreieck an.

Im Inneren ist die große Dielenhalle, die gleichzeitig als Musikzimmer genutzt wurde (Abb.230), der dominierende Raum im Haus. Sie trennt die Wohnräume von den mit eigenem Eingang und Treppenhaus versehenen Wirtschaftsräumen. Breite Treppenhausfenster und ein großes Bogenfenster an der Südseite belichten die Wohnhalle. Den Anfängerpfosten des Treppengeländers schmückt wieder das Seidlsche Schwanen-S. Auch bei der Ausstattung der Innenräume hat sich Seidl vom Jugendstil inspirieren lassen. So zeigen zeitgenössische Fotos[3] Porphyrsäulen mit Kapitellen in geometrisierenden Jugendstilformen, eine brüstungshohe Kachelverkleidung mit Würfelfries und einen tonnengewölbten Erker mit Kassetten- und Rosettenstuckierung. Die zum Speisezimmer führende Türe ist von einem geschweiften Porphyrgewände umrahmt. Der zur Straße gelegene Salon oder Wohnzimmer mit dem Flacherker besticht durch seine Farbgebung: „Die Wände tragen Hell-Lila mit Blau; dagegen stehen rosafarbene Vorhänge....Die Farbe des Bodenbelages ist Lichtgrau, die der Möbel zum Teil weiß, zum Teil dunkler Holzton“[4]. Eine stuckgeschmückte Decke überfängt den Raum. Das Speisezimmer (Abb.231) mit Vertäfelung aus Natureiche besitzt tiefblaue Wände mit silbergrauem Muster[5].

Im Obergeschoß liegen die Schlafräume und das Damenzimmer zur Straßenseite, die durch das Frühstückszimmer getrennten Kinderzimmer an der Süd- und Westseite und in der Nordwestecke Bad und Nebenräume. Fremdenzimmer, Dienstbotenräume und Waschküche sowie Bügelzimmer nehmen das Dachgeschoß ein.

Elemente des Münchener Jugendstils vermischen sich bei diesem Bau mit Formen des Barock. Seidl griff in Turm- und Schmuckformen Motive des zeitgleich erbauten Hauses (Kat.Nr.38) von Richard Strauss auf. Wie schon die Villa Strauss war auch dieses Haus durch sich durchdringende Baukörper und einen bewegten Umriß gekennzeichnet.

230 Dielenhalle (ID, 22, 1911, S.387)

231 Speisezimmer (ID, 22, 1911, S.390)

Bei dem kleinen Garagengebäude hat Seidl 1909 mit einem gebogenen Satteldach die Form des Haupthausgiebels paraphrasiert. Die gleiche Dachform verwendete er auch bei dem zeitgleich errichteten Kavaliershaus von Schloß Seeleiten (Kat.Nr.33,Abb.209).

Im schmalen Garten nahm ein „Lawn-Tennis-Platz“[6] die ganze Breite des rückwärtigen Grundstückes ein.

Das äußere Erscheinungsbild ist trotz einiger Fensterveränderungen erhalten geblieben. Im Inneren wurden durch Einbauten von zusätzlichen Wohnungen seit den zwanziger Jahren wesentliche Veränderungen vorgenommen, wobei auch das Haupttreppenhaus verändert wurde. Das Treppenhaus des ehemaligen Wirtschaftsteiles ist noch original erhalten.

Lit.: Michel, 1911, S.383-392; Bayer. Architekten- und Ingenieur-Verein, München 1912, S.403; Zils, 1913, S.332; Habel/Himen, Denkmäler, 1985, S.251.

Pläne: Hauspläne 1907, Garagengebäude 1909, STAM, LBK 6665.

1 Die Prinzregentenzeit, Katalog, 1989, S.221
2 Frdl. Hinweis Frau Obermayer, Großnichte Seidls
3 Abb. Michel, 1911, S.386, 387, 389
4 ID, 22, S.385, Abb. S.391
5 ID, 22, S.385, Abb. S.390
6 Situationsplan von 1907, StAM, LBK 6665

Nr. 40 Villa Kestranek, St. Gilgen a. Wolfgangsee, Gunzenbachstraße 1, Österreich, 1907-1908, mit Inneneinrichtung, Parkanlage und Pförtnerhaus, Abb.64,232-237

An einem zum Wolfgangsee abfallenden Osthang liegt inmitten eines ca. 45 000 m² großen Parkes die schloßähnliche Villa. Türme, Risalite, Erkeranbauten, Loggien und Terrassen charakterisieren den auf Fernwirkung berechneten Bau, hinter dem im Westen steil das bewaldete Zwölferhorn aufragt.

Seidl entwarf die großzügige Villa 1907 für den Generaldirektor der Prager Eisenbahngesellschaft Wilhelm Kestranek. Der in Wien wohnende Bauherr ließ das als Sommersitz errichtete Haus mit mehreren Bädern, elektrischer Beleuchtung und Zentralheizung komfortabel ausstatten.
Seidl verkehrte freundschaftlich mit der Familie Kestranek, die wiederholt im Murnauer Landhaus zu Gast war[1].

232 Villa Kestranek, (Seeseite Oberhammer, S.87)

Der aus mehreren sich durchdringenden Baukörpern zusammengesetzte Bau wird durch ein hohes Walmdach mit risalitartigem Schopfwalmgiebel nach Osten bestimmt. Vor- und zurückspringende Bauteile, zwei Ecktürme und verschieden hohe Dachansätze lassen eine bewegte Dachsilhouette entstehen, die durch Kamine mit dekorativen Aufsätzen, Wetterfahne und Knaufstangen verstärkt wird. Loggien und Terrassen vermitteln an drei Seiten zwischen den einzelnen Bauteilen. Ein hohes Sockelgeschoß aus Bruchsteinen und ein profiliertes Dachgesims gliedern den Bau. Von den vier unterschiedlich gestalteten Seiten ist keine als Hauptfassade ausgebildet (Abb.64).

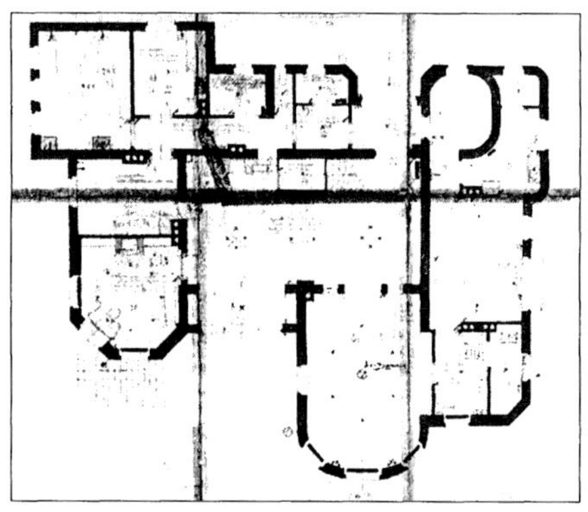

233 Grundriß, Erdgeschoß (Oberhammer, S.87)

234 Kamin in der Diele (Foto: 1991)

Die Farbigkeit des hellen Putzbaues wird nicht nur durch die grün und weiß gestrichenen Fensterläden und die grünen Pflanzspaliere geprägt, sondern auch durch die Verwendung von unterschiedlichen Baumaterialen. Graubraune Dachschindeln, hellgraue[2], hölzerne Schuppenschindeln am quadratischen Eckturm, roter Untersberger Marmor am Polygonalturm, den Terrassen- und Altanbrüstungen sowie grauer Granit am Sockelgeschoß und grau-weißes Konglomerat an Fenstergewänden der Nordseite tragen ebenfalls zur Farbigkeit bei. Weiß gestrichene Fenster- und Brüstungsgitter in vegetabilen Jugendstilformen ergänzen die malerische Behandlung. Die bei Seidl häufig auftretenden Hirschköpfe und eine rötliche Marmorkartusche an der östlichen Loggiawand mit der Inschrift: „Marie u. Wilhelm Kestranek liessen dies Haus erbauen durch Meister Emanuel v. Seidl im Jahre 1908“ sind weitere schmückende Elemente.

235 Buffet im Speisezimmer (Foto: 1991)

Über die Eingangsloggia an der Westseite gelangt man in die zentrale Dielenhalle, von der Treppe und Gesellschaftsräume abgehen. Küche, Wirtschaftsteil und Personalwohnräume sind durch einen separaten Eingang an der Nordseite und das im quadratischen Treppenturm gelegene Nebentreppenhaus erschlossen.

Die überwölbte Diele ist mit einem großen Kamin (Abb.234), den ein Würfelfries schmückt, Holzvertäfelung und Eckbank mit Säulenverzierung als Empfangs- und Wohnraum gestaltet. Die breite Korbbogenöffnung der Ostloggia gestattet den freien Blick auf den See und stellt die Verbindung zum Park dar.

An prominenter Stelle ist das große Speisezimmer im Ostrisalit untergebracht. Das eingebaute Buffet (Abb.235), das Säulen und Triglyphenfries zieren, erinnert an

236 Türe in der Bibliothek
(Foto: 1991)

237 Kamin in der Bibliothek
(Foto: 1991)

Biedermeierformen. Seidl hatte einen ähnlichen Wandschrank auch für das Speisezimmer seiner Murnauer Villa entworfen (Kat.Nr.24). Ganz im Jugendstil ist die Bibliothek (Abb.236,237) im Polygonalturm ausgestattet. Verglaste Wandschränke mit geometrischen Ornamenten aus rötlichem Holz nehmen die Wände ein. Die Türe mit oberem, dreipaßförmigem Abschluß und Steingewände wird von vegetabilen Reliefornamenten umrahmt.

Von der Ausstattung der im Obergeschoß gelegenen Wohn- und Schlafräume ist nichts mehr erhalten. Ein großer Dielenraum mit Spiegelgewölbe und Stichkappen bildet auch hier das Zentrum, um das sich die Räume gruppieren. Die mit Holzsäulen geschmückte Loggia im Osten wurde zugesetzt, ebenso die von der Diele aus zugängliche Westloggia über dem Eingang. Im Dachgeschoß, das über die Nebentreppe zu erreichen ist, befanden sich mehrere Gästezimmer und Dienstbotenräume.

Seidl bediente sich bei diesem Villenbau neben regionalen Architekturformen, wie Schopfwalmdach, barockisierender Elemente, die er mit Jugendstilschmuck anreicherte. Bei der Inneneinrichtung kamen biedermeierliche Jugendstilformen zur Ausführung.

Wie die im gleichen Jahr entstandenen Villen Strauss und Pschorr (Kat.Nr.38, 39) prägt eine additiv zusammengesetzte Bauweise dieses Haus.

Das 1976 abgebrochene Pförtnerhaus am östlichen Eingang zum Park war als erdgeschossiger Bau mit Krüppelwalmdach errichtet.

Die von Seidl gestaltete Parkanlage, die in ihrer Grundsubstanz erhalten ist, gliedern verschlungene Wege, die zu Terrassen und Aussichtsplätzen mit Lauben führen. Blumenrabatten und Buchshecken nehmen den Bereich rund um das Haus ein.

Bei einer umfassenden Renovierungsmaßnahme wurde 1991/92 versucht, die äußere und innere Gestalt wieder möglichst originalgetreu herzustellen. Die Einrichtung von Diele, Speisezimmer und Bibliothek ist original überliefert. Heute ist in dem Haus ein Heim für behinderte Kinder untergebracht.

Lit.: Heilmeyer, 1910, S.64, Abb. S.66; Zils, 1913, S.331; Achleitner, Friedrich: Österreichische Architektur im 20. Jahrundert, Bd.1, Wien 1980, S.236; Oberhammer, Monika: Sommervillen im Salzkammergut, Salzburg 1983, S.86-88; Dehio, Die Kunstdenkmäler Österreichs, Salzburg, Wien 1986, S.352.

Pläne: Hauspläne 1907, Privatbesitz Verein „Rettet das Kind", St. Gilgen

1 Murnauer Gästebücher, Bayer. Staatsbibliothek München, cgm 7927
2 Hellgraue Farbe wurde bei Renovierungsarbeiten 1991 als ursprüngliche Farbschicht gefunden

Nr.41 Haus Mittelsten Scheid, Wuppertal-Barmen, Hohenstaufenstraße 22, 1907-08, Abb. 67,118, 238-240

Das auf den südöstlichen Höhen von Barmen gelegene Wohnhaus besaß einen umfassenden Weitblick auf die Ebene und den Barmer Wald. Von der Straße zurückgesetzt, lag die Villa an einem Südhang in einem parkähnlichen Grundstück. Vier geknickte Giebel kennzeichneten die zweiflügelige Anlage.

In dem vornehmen Villenviertel am Toelleturm ließ sich der Barmer Industrielle August Mittelsten Scheid, Besitzer der Vorwerk-Werke, von Seidl das großzügige Wohnhaus errichten. Seidl erhielt den Auftrag vermutlich auf Vermittlung der Familie Keetmann aus Elberfeld, für die er 1903 eine Villa erbaute hatte und die mit der Familie Mittelsten Scheid befreundet war[1]. Gleichzeitig entwarf und errichtete Seidl auch im nicht weit entfernten Bonn ein Wohnhaus für Hermann von Rath (Kat.Nr.43).

238 Haus Mittelsten Scheid, Straßenseite (Foto: vor 1940)

Das Haus besteht aus einem zweigeschossigen, breitge-

lagerten Satteldachbau, an den im rechten Winkel ein erdgeschossiger Baukörper gefügt wurde. Ein kräftiger Rundturm mit Ringpultdach im Winkel vermittelt zwischen den beiden Baukörpern (Abb.67).
Die nach Norden gerichtete Eingangsseite ist durch einen breiten, geschweiften Giebel geprägt, der symmetrisch durch einen schmalen Vorbau und Rechteckfenster gegliedert ist. Differenzierter ist die ebenfalls symmetrische Südseite gestaltet. Ein hoher Zwerchhausgiebel, der die geknickte Form der beiden Seitengiebel aufnimmt, akzentuiert die Mitte. Weit ausbauchende Erkeranbauten, zwischen die eine Säulenloggia eingespannt ist, besetzen die äußeren Achsen. Vor die Loggia ist eine ebenfalls ausbauchende Terrasse mit zweiläufiger Freitreppe gelegt, die den Schwung der Erker wiederholt. Zusammengefaßt wird die Fassade durch das durchlaufende Geländer der Altane (Abb.118).

239 Haus Bernhard, Berlin, von H. Muthesius erbaut (Muthesius, 1910, S.22)

Eine zusammenbindende Wirkung besitzen auch das umlaufende Sockelgeschoß aus bossierten Natursteinen, ein markantes Stockwerkgesims und ein kräftiges Kastengesims. Zwei breite Ziegelbänder über dem Sockelgeschoß und in der Fensterzone des Erdgeschosses betonen weiterhin die Horizontale. Durch die ausgeprägte Horizontalgliederung und die Verschieferung des Obergeschosses wird bei diesem sehr hohen Bau eine Ausgewogenheit der Proportionen erreicht.
Eine interessante Farbigkeit[2] wird vor allem durch die Verwendung von unterschiedlichen Materialien erreicht. Der graue Schiefer des Daches und des Obergeschosses kontrastiert mit dem blauroten, weiß verfugten Ziegelmauerwerk des Erdgeschosses. Zwischen die Ziegelbänder sind breite Putzbänder eingeschoben, so daß eine Streifenstruktur erzielt wird. Die Mittelzone der Gartenseite mit Natursteinsäulen und Loggia ist von der Ziegelverblendung ausgenommen und so kommt die Streifenstruktur der Erkeranbauten besonders zur Geltung. Die kräftig grünen Läden, die am gräulichen Putz der Eingangsseite mit weißen Rauten und Streifen abgesetzt sind, und die weiß gestrichene Altanbrüstung sowie weiße Fenstergitter ergänzen die Farbigkeit. Eine weiß gestrichene Zauneinfriedung rundet das Bild harmonisch ab.

Im Inneren werden die Gesellschaftsräume im Süden durch eine zentrale Hallendiele[3] erschlossen[4], von der das im Rundturm liegende Treppenhaus abgeht. Der Sockel aus Ziegelsteinen kehrt auch im Haus wieder. Ebenso verwendet Seidl den Naturstein des Außensockels im Inneren bei der Gestaltung des Dielenkamins wieder.

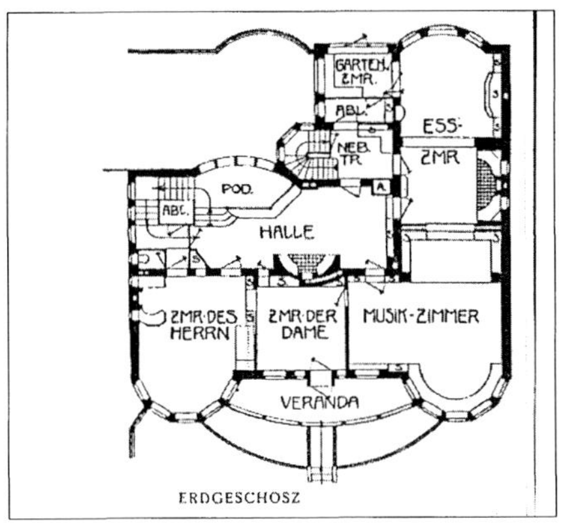

240 Haus Bernhard, Grundriß, erbaut von Muthesius (Muthesius, Katalog 1977, S.61)

Durch die Verwendung von gleichen Materialien wird ein Bezug zwischen außen und innen hergestellt.

Seidl hat bei diesem Bau, wie schon bei den Häusern Keetmann und Engländer (Kat.Nr.29, 30), Elemente der regionalen Bauweise mit modernen Bauformen verbunden. Die Gliederung durch ein steiles Dach, Dreiecksgiebel und Schieferverblendung in Verbindung mit kräftig grünen Fensterläden und weißen Fassadendetails entlehnte er dem traditionellen Baustil des Bergischen Landes. Süddeutsche Motive kommen beim Eingangsbau hinzu, wie ein Vergleich mit dem gleichzeitigen Haus Pschorr (Kat. Nr.39) in München zeigt.

Seidl dürfte sich bei diesem Bau ein Landhaus von Hermann Muthesius zum Vorbild genommen haben. Das 1905 entstandene Haus Bernhard[5] weist sowohl hinsichtlich des winkelförmigen Grundrisses als auch des äußeren Aufbaus gemeinsame Merkmale auf (Abb.119,239,240).

Das Haus wurde im Krieg schwer beschädigt und nach 1945 in vereinfachten Formen wieder aufgebaut. In den 70er Jahren wurde es abgebrochen und eine Wohnanlage errichtet.

Lit.: Michel, 1911, S.382-385; Zils, 1913, S.331; Röhrig, E.W.: Familiengeschichte Mittelsten Scheid Wuppertal, 1928.

1 Nach Auskunft des Sohnes des Bauherrn, Dr. Erich Mittelsten Scheid
2 Farbigkeit bei Michel, 1911, S.383
3 Abb. ID, 22, 1911, S.385
4 Aussage Dr.Erich Mittelsten Scheid, Pläne sind in den Archiven nicht mehr vorhanden
5 Muthesius, 1910, S.22, 23; Posener, Ausstellungskatalog 1977, S.60f.

Nr.42 Villa Benker, Marktredwitz/Obfr., Ortsteil Dörflas, Dörflaser Hauptstraße 18, mit Gartenpavillon und Innenausstattung, 1907-1909, Abb. 241-242

Das breitgelagerte Wohnhaus steht mit der Ostfassade direkt an der schmalen Hauptstraße des kleinen Ortes Dörflas. Ein Garten mit Pavillon erstreckt sich nach Süden und Westen. Schopfwalmgiebel, Dachhäuschen und Risalite kennzeichnen den grau-braunen Putzbau mit grün-weißen Fensterläden.

Der Textilfabrikant Kommerzienrat Carl Benker ließ sich 1907 von Seidl Pläne[1] für den Umbau seines bestehenden Wohnhauses anfertigen. Seidl erhielt auch den Auftrag, die Innenräume zu gestalten.
Die bauliche Situation war nicht einfach, da auf dem Grundstück, an das im Westen die Fabrikanlagen Benkers grenzten, außer dem 1852 errichteten Wohnhaus[2] noch ein weiteres Haus stand, das integriert werden sollte. Seidl verband das unmittelbar an der Straße stehende Wohnhaus durch einen Zwischenbau mit dem vorhandenen, kleineren Haus im Süden.

241 Haus Benker, Südseite (Foto: 1991)

242 Wintergarten (Foto:1991)

Ein hohes Mansardwalmdach überdeckt die aneinandergefügten Baukörper. Durch den Anbau im Süden, den ein geschweifter Schopfwalmgiebel prägt, entstand ein rechter Winkel, der einen Vorgarten ausgrenzt. Die rückwärtige westliche Gartenseite wird durch einen halbrunden Treppenturm mit Kegeldach und einen Risalit mit Dreiecksgiebel bestimmt.
Profilierte Sohlbankgesimse und ein umlaufendes Kastengesims über Konsolen binden den Bau zusammen. Besonders durch Bauschmuck akzentuiert ist der Eingangsbereich an der Straßenseite. Festonreliefs und Kartusche mit den Initialen des Bauherrn „C.B." schmücken den Haupteingang. Im Dachbereich bekrönt eine Vase das Zwerchhaus mit Dreiecksgiebel.

Der Eingang an der Nahtstelle zwischen Alt- und Neubau führt durch einen schmalen Vorbau mit Altane in die geräumige Diele. Über das Treppenhaus im Turmanbau gelangt man in die Beletage mit den Gesellschaftsräumen und Küche. Schlafräume und Bad befinden sich im Dachgeschoß. Nebenräume sowie Hausmeister- und Dienstbotenräume sind im Erdgeschoß untergebracht.
Die von Seidl prächtig ausgestatteten Gesellschaftsräume liegen in einer Flucht entlang der Straßenseite. Das Speisezimmer im Verbindungsbau ist durch große, drei-

teilige Fenster ausgezeichnet. Der mit biedermeierlichen Jugendstilmöbel ausgestattete Salon ist durch eine zweiflügelige Türe mit dem Musikzimmer verbunden. Eine große Orgel und marmorverkleidete Wände zieren diesen Raum. Hier hat Seidl, der ein ausgezeichneter Violinspieler war, des öfteren mit dem Orgel spielenden Hausherrn musiziert[3]. Den Eckraum im Norden nimmt das Kneip- oder Jagdzimmer ein, das in einen zum Garten orientierten Wintergarten (Abb.242) übergeht. Den mit Korbstühlen möblierten Wintergarten schmückt farbige Deckenmalerei. Zum Garten ist auch ein Bibliotheksraum gerichtet.
Die Leistung Seidls liegt bei diesem von Louis-Seize-Formen geprägten Villenbau in der Zusammenfassung zweier bestehender Bauten zu einem harmonischen Ganzen. Die Akzentuierung eines Bauteils durch einen geschweiften Giebel findet sich auch bei den gleichzeitigen Häusern Pschorr und Mittelsten Scheid (Kat.Nr.39, 41).

Die Villa ist außen und innen im Originalzustand überliefert.

Lit.: Zils, 1913, S.331.

Pläne: Hauspläne 1852 und 1907 (unvollständig), Besitz Familie Benker, Dörflas.

1 In Besitz der Familie Benker, Dörflas
2 Pläne von 1852, Besitz Familie Benker, Dörflas
3 Nach Aussage von Herrn Benker, Enkel des Bauherrn

Nr. 43 Villa Rath, Bonn, Konrad-Adenauer-Allee 42 (früher Koblenzer Straße 42), 1907-09, Abb. 63, 93, 243-246

Die Stadtvilla der Familie von Rath lag südlich der Bonner Altstadt in der Nähe des Rheinufers. Die nur wenig in das schmale Grundstück eingerückte Villa befand sich in einem Straßenabschnitt, der ansonsten nur geschlossene Bauweise aufwies. Das größtenteils freistehende Gebäude war an der Südwestecke durch einen Anbau mit dem Nachbarhaus verbunden. Turmhohe Risalite, Erkeranbauten, Bay-Window, Altane und Terrassen zeichneten den zweigeschossigen Bau aus.

Der Rentier Hermann von Rath erwarb 1907 das Grundstück[1] an der Koblenzer Straße und beauftragte im gleichen Jahr Seidl mit der Planung für ein Wohnhaus. Seidl war Rath wohl von den Elberfelder Familien Keetmann und Engländer empfohlen worden[2], für die er vier Jahre zuvor Villen erbaut hatte (Kat.Nr.29, 30). Zu den Plänen fertigte Seidl ein Modell des Baues an[3]. Die Rohbauausführung und örtliche Bauleitung übernahm das Bonner Baugeschäft Joh. Böhm, für das Seidl eine genaue Baubeschreibung erstellte. Seidl selbst sowie sein Ingenieur reisten zur Begutachtung des Baus etwa alle drei bis vier Monate mit der Bahn nach Bonn[4]. Die Innenausstattung erfolgte ab 1908[5] nach Seidls Entwürfen nahezu ausschließlich durch Münchener Firmen[6]. 1909 konnte das Haus eingeweiht werden, wie eine Inschrift besagte: „Am 15. Juni 1909 sind Hermann und Adele von Rath mit ihren Töchtern Edith und Ingeborg in dieses von Meister Emanuel von Seidl erdachte Haus eingezogen. Möge Gottes Segen darauf ruhen“[7].

243 Haus Rath, Gartenseite (ID, 22, 1911, S.50)

Der kubische Baukörper über quadratischem Grundriß wird durch ein geschweiftes Mansardwalmdach geprägt. Gauben der unterschiedlichsten Formen, wie Fledermausgauben und Dachhäuschen mit dreieckigen, geschweiften oder segmentbogigen Giebeln, gliedern den hohen Dachkörper. Während die Straßenfassade (Abb.63) durch einen turmartigen Zeltdachrisalit ruhig und nahezu symmetrisch angelegt ist, zeichnet sich die Gartenseite (Abb.242) durch vielfältige Gliederungselemente aus. Eine halbrund hervortretende Veranda ist zwischen zwei risalitartige Bauteile eingespannt. Der westliche Eckrisalit mit Glockendach geht dabei turmartig über die Traufe hinaus. An der seitlichen Eingangsseite im Süden ist eine Säulenhalle, die den ganzen Zwischenraum zwischen Villa und Nachbarhaus einnimmt, dem Eingang vorgelagert. Natursteinverblendung faßt Sockel- und Erdgeschoß zusammen und betont in Verbindung mit Sohlbank- und kräftigem Kastengesims stark die Horizontale.

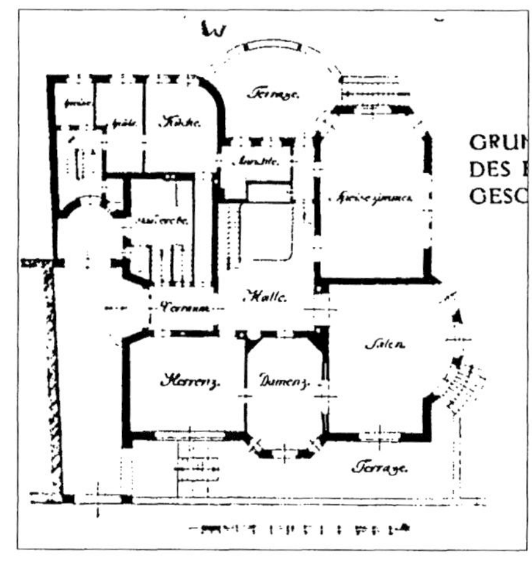

244 Grundriß (ID, 22, 1911,S.51)

Die Farbigkeit des Baus ist durch die gelbliche Sandsteinverkleidung, den hellen Putz und das mit grauen Ziegeln gedeckte Dach bestimmt. Hinzu kommen noch die blau-grün zweifarbig gestrichenen Läden mit weißen Streifen[8].
Der Bauschmuck in Form von Kartuschen und Hermen an den Pfeilern der Veranda stammt von dem Münchener Bildhauer Julius Seidler[9]. Vasenschmuck bekrönt die Dächer der Risalite.

245 Herrenzimmer (ID, 22, 1911, S.55)

246 Salon (ID, 22, 1911, S. 56)

Das Zentrum des Hauses bildet die große Dielenhalle mit dem offenen Treppenhaus, die die Gesellschaftsräume an der Ost- und Nordseite erschließt. Garderobe, Nebentreppe, Küche und Wirtschaftsräume liegen durch Diele und Treppenhaus abgetrennt an der Südwestecke. Zum Garten orientiert ist Speisezimmer, Anrichte und Küche. Im Obergeschoß nehmen Kinder-, Fremden- und Damenzimmer die Straßenseite ein, das Schlafzimmer ist zum Garten hin gerichtet. Dienstbotenzimmer mit eigenem Bad und Fremdenzimmer sind im Dachgeschoß untergebracht.
Das neben dem Damenzimmer auf der Straßenseite liegende Herrenzimmer (Abb.245) stattete Seidl mit ähnlichen Schränken wie die Bibliothek in der gleichzeitig erbauten Villa Kestranek (Kat. Nr. 40, Abb. 237) aus. Der große Salon an der Nordostecke besitzt, ebenso wie das Damenzimmer, über die breite Terrasse, die der Fassade vorgelegt ist, Zugang zum Garten. Für ausreichende Belichtung des eleganten Salons (Abb.246) sorgt das große Bay-Window an der Nordseite. „Tiefblaue Möbelbezüge, hellblaue Vorhänge mit sehr hellrosa Untergardinen ... und ein reich geblümter Teppich in hellrosa und violett mit blauen Bandmotiven“[10] geben dem Salon eine lebhafte Farbigkeit. Zudem ziert reiche Stuckdekoration den Salon, wie auch die anderen Räume. Vom größten Gesellschaftsraum, dem Speisezimmer (Abb.93), gelangt man über die Veranda in den Garten.
Bereits 1904 hatte Seidl mit dem Haus Nauhardt in Leipzig (Kat.Nr.31) einen ganz ähnlichen Haustyp hinsichtlich Grund- und Aufriß geschaffen.
Das Haus wurde im Krieg stark beschädigt. Um 1960 mußte es Universitätsbauten weichen.

Lit.: Michel, 1911, S.48, Abb. S.50-59; Zils, 1913, S.331; A20J, 14, 1914, S.3, T.7.

Pläne: Hauspläne 1907, Stadtarchiv Bonn, Pr 24/2391, Bd.I

Quellen: Stadtarchiv Bonn, Pr 24/2391, Bd.II; Alt-Bonn 343, Bd.1.

1 Stadtarchiv Bonn, Pr 24/2391, Bd.I
2 In Korrespondenz Seidl-Rath erwähnt, Stadtarchiv Bonn, Alt-Bonn 343, Bd.1
3 Baurechnungen, Stadtarchiv Bonn, Alt-Bonn 343, Bd.1
4 Baurechnungen, Fahrtkostenabrechnung, Stadtarchiv Bonn, Alt-Bonn 343, Bd.1
5 Stadtarchiv Bonn, Pr 24/2391, Bd.II, Rohbauabnahme Juli 1908
6 Malerarbeiten: Fa. Hans Urbanisch, Tapezierer: Fa. Marin Mayer, Möbelschreiner: Fa. Wenzel Till, Keramik und Brunnen: Nymphenburger Porzellan-Manufaktur etc., Stadtarchiv Bonn, Alt-Bonn 343, Bd.1
7 Malerrechnung, Stadtarchiv Bonn, Alt-Bonn 343, Bd.1, wo die Inschrift angebracht war, ist nicht bekannt
8 A20J, 14, 1914, S.3, Beschreibung der Farbigkeit
9 Heilmeyer, Alexander: Architekturplastik von Julius Seidler, in: KuHa, 59, 1909, Abb. S.310, 314
10 ID, 22, 1911, S.48

Nr.44 Landhaus Tappeiner, Murnau, Kohlgruber Straße 43, 1908-1909, Abb.247-249

Das unmittelbar an die Hangkante gerückte, barokkisierende Landhaus besitzt einen reizvollen Fernblick auf das Murnauer Moos und Gebirge. Ein herabgezogenes Mansardwalmdach, Treppenturm, Loggia, Erker und Laube charakterisieren den Bau.

247 Haus Tappeiner, Gartenseite (DKu, 9, 1918, S.175)

1908 entwarf Seidl für den Universitätsprofessor Hermann von Tappeiner das kleine Sommerhaus. Bereits 1894 hatte er für Tappeiner in München eine Villa (Kat.Nr.9) im Neurenaissancestil errichtet.

Die Südseite (Abb.248) des erdgeschossigen Putzbaus über quadratischem Grundriß akzentuieren Polygonalerker, Bogenfenster und eine durchgehende Laube mit hölzernen dorischen Säulen. Die Eingangsseite (Abb.248) wird durch einen runden Treppenturm bestimmt.

248 Südseite, und Eingangsseite (StaAM, Bpl. Weilheim 1909/8)

Der Eingang zu der Villa führt durch den Treppenturm in die mittig gelegene Diele, um die sich die drei Wohnräume und die Küche im Nordwestwinkel gruppieren. Das Wohn- und Speisezimmer sowie das Lesezimmer liegen nach Süden. Herrenzimmer und Loggia sind an der Ostseite untergebracht. Die von der Diele zugängliche Loggia mit sternförmigem Gewölbe führt über eine halbrunde Terrasse in den Garten. Erker und große Fenster geben den Blick auf das eindrucksvolle Panorama frei. Im Obergeschoß nehmen die Zimmer der Eltern und der Tochter die Südseite ein. Das Zimmer des Sohnes und ein Fremdenzimmer sind nach Norden gerichtet. Auch im Obergeschoß wird mit der breiten Laube bezug auf die Landschaft genommen.

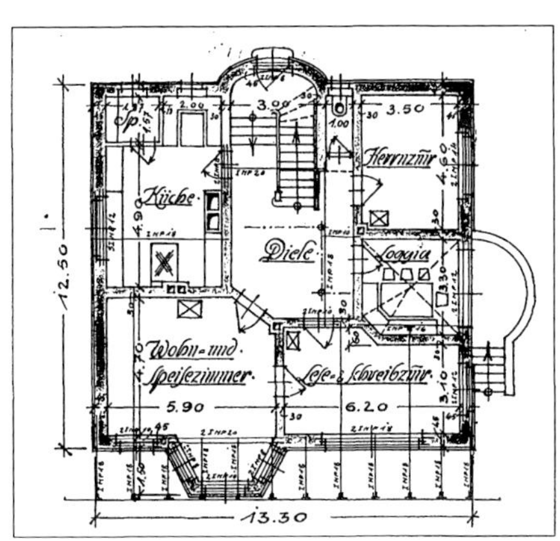

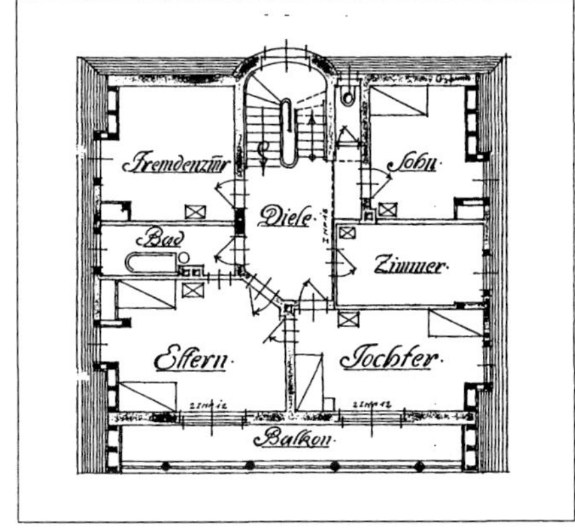

249 Grundrisse (StaAM, Bpl. Weilheim 1909/8)

Seidl griff bei der Gestaltung auf einen schlichten Haustyp zurück, den er zehn Jahre zuvor bei dem Murnauer Landhaus Mayr-Graz (Kat.Nr.16) verwendet hatte.

Das Haus behielt trotz eines erdgeschossigen Anbaus nach Osten und Fenstererneuerungen im wesentlichen sein originales Aussehen bei. Das Innere wurde 1962 durch den Einbau von Wohnungen verändert.

Lit.: Wolf, 1918, S.174, Abb. S.175; Zils, 1913, S. 332; Neu/ Liedke, Denkmäler, 1986, S.319.

Pläne: Hauspläne 1908, StaAM, Baupl. Weilheim 1909/8; Umbaupläne 1930, Bauamt Murnau.

Nr.45 Jagdschloß Skoda, Gaaden bei Mödling, Niederösterreich, 1908-1909, mit Innenausstattung, Pförtnerhaus, Remise und Försterhaus, Abb. 69, 80, 250-254

Auf einer bewaldeten Anhöhe oberhalb der Ortschaft Gaaden liegt das schloßartige Jagdhaus. Der ehemals freie Panoramablick auf den Ort und die Berge des Wienerwaldes ist heute durch Bäume verdeckt. Hohe Walmdächer mit unterschiedlichen Firsthöhen und ein eingestellter Rundturm kennzeichnen den herrschaftlichen Bau.

Für den Generaldirektor Karl Ritter von Skoda aus Wien errichtete Seidl 1908-09 das großzügige Jagdhaus. Der Maschinen- und Waffenfabrikant Skoda, Eigentümer der Skodawerke in Pilsen, ließ sich die Anlage in der Nähe von Wien als Sommersitz erbauen. Bereits ein Jahr zuvor hatte Seidl für einen anderen Wiener Industriellen, den Generaldirektor Kestranek, im Salzkammergut ein herrschaftliches Sommerhaus (Kat.Nr.40) erstellt.

250 Schloß Skoda, Anfahrtsseite (Foto: 1912)

Wie bei anderen großen Villen[1] griff Seidl auch bei diesem Bau auf eine stumpfwinkelige Grundrißform zurück. An einen dominierenden, zweigeschossigen Baukörper, den ein breiter polygonaler Risalit mit Zeltdach gliedert, wurde schräg ein etwas niederer Wirtschaftstrakt angeschoben. Die Nahtstelle zwischen beiden Baukörpern besetzt ein ovaler Turm mit Kegeldach (Abb.250). Ein langgestreckter, erdgeschossiger Wintergarten ist dem Haupthaus nach Westen angeschlossen (Abb.69). Weit-

251 Gartenseite (Foto: 1955, Postkarte)

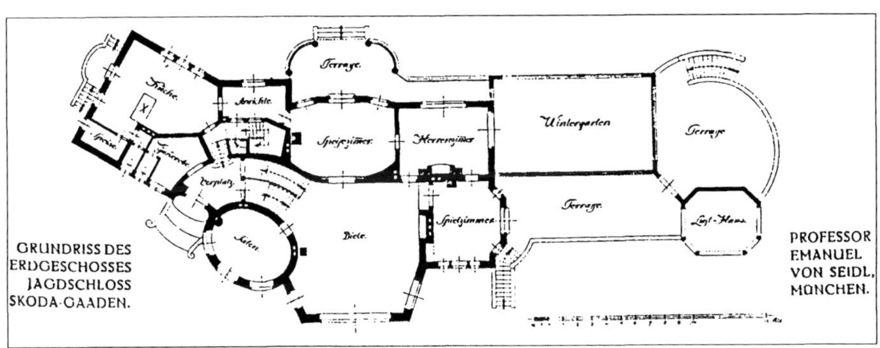

252 Grundriß, Erdgeschoß (ID, 22, 1911, S.41)

läufige Aussichtsterrassen, die teilweise überdacht sind, umziehen den Bau entlang dem Wintergarten. An der südlichen Gartenfront bildet eine Säulenloggia mit Altane einen geschützten Sitzplatz (Abb.251).
Natursteinsockel, Hausteinverblendung und Verschindelung des Obergeschosses an den Wetterseiten gliedern den Bau. Hirschköpfe und schmiedeeiserne Brüstungsgitter schmücken Haupthaus und Turm.

Vom Haupteingang im nördlichen Winkel gelangt man über eine Treppe in die große Dielenhalle, die durch ein breites Rundbogenfenster im Risalit hell belichtet wird. Um die Halle gruppieren sich Salon, Speisezimmer, Herren- und Spielzimmer. Der ovale, im Turm gelegene Salon besaß ehemals einen weiten Rundblick. Küche, Anrichte und Nebenräume befinden sich, durch das Treppenhaus getrennt, im Anbau. Im Obergeschoß liegen Schlafräume und Fremdenzimmer (Abb.252).

Das Zentrum der Dielenhalle bildet ein mit Naturstein verblendeter Kamin. Holzvertäfelung umzieht die Wände und ein geschweifter Türbogen führt zum Speisezimmer. Ein momumentaler Kamin mit Würfelfries, wie ihn Seidl auch bei anderen Villen (Kat.Nr.35, 43) realisierte, schmückt das Herrenzimmer (Abb.80).
Die auf Abbildungen dargestellte Ausstattung[2] (Abb. 253) in geometrisierenden bisweilen auch biedermeierlichen Jugendstilformen entspricht der in den beiden anderen österreichischen Villen in Thumersbach und St. Gilgen (Kat. Nr. 20, 40) heute noch vorhandenen Ausstattung.

253 Speisezimmer (ID, 22, 1911, S.47)

254 Torbauten (ID, 22, 1911, S.48)

Zum Herrenhaus gehören noch erdgeschossige Torbauten (Abb.254), deren Mansardwalmdächer durch Zwerchhäuser mit Dreiecksgiebeln und Uhrtürmchen gegliedert werden. Nebengebäude dieser Art hatte Seidl schon 1903 in Schloß Seeleiten (Kat.Nr.33) auf ähnliche Weise gestaltet.

Haupthaus und Nebengebäude sind noch erhalten. Da das Schloß von 1945-55 als Polizeierholungsheim diente, dürften im Inneren Umbauten erfolgt sein[3].

Lit.: Michel,1911, S.40-48; Zils, 1913, S.331.

Pläne: Hauspläne 1908, Gemeindebauamt Gaaden.

1 s. Haustyp 3.2., Kapitel III.2.
2 Abb. ID, 22, 1911, S.44, 45, 47
3 Nebengebäude sind im Originalzustand. Das versteckt im Wald liegende Herrenhaus konnte nicht besichtigt werden.

Nr.46 Landhaus Schmidt-Gerstung, Holzkirchen/Obb., Haidstraße 7, mit Nebengebäude und Pavillon, 1910, Abb. 85, 255-257

Bei dem schlichten Satteldachbau in einem parkähnlichen Garten, das in der Nähe des Holzkirchner Bahnhofs liegt, handelt es sich um einen der wenigen kleineren Villenbauten[1] Seidls.

Er errichtete das Haus für den „Dampfsäge- u. Hebelwerkbesitzer"[2] Wilhelm Schmidt-Gerstung und dessen Ehefrau Paula, die zu seinem Freundeskreis gehörten[3]. Ein runder Teepavillon mit hölzernen, dorischen Säulen und ein eingeschossiges Stall- und Wohngebäude wurden gleichzeitig erbaut.

Senkrecht zu dem Satteldachbau wurde ein zweiter Baukörper mit Schopfwalmgiebel gesetzt. An der Eingangsseite stellte Seidl einen halbrunden Treppenturm in den zurückspringenden Winkel ein. Die durch freie, ungegliederte Flächen auffallende Südwestseite besetzt ein Polygonalerker mit Altane (Abb.255). Terrassen mit Freitreppen vermitteln in den Gebäudewinkeln. Korbbogenfenster und dreiteilige Fenster kennzeichnen die Hauptwohnräume.

255 Haus Schmidt-Gerstung mit Nebengebäude (DKD, 32, 1913, S.187)

Der Eingang im Nordwesten führt über einen kleinen Garderoberaum in die Diele mit der halbgewendelten Treppe. Ein Tonnengewölbe mit Stichkappen überfängt den mit einem Kamin ausgestatteten Raum. Die übereck zueinander gesetzten Speise- und Wohnzimmer, die durch große Fenster hell belichtet werden, sind zum Garten orientiert. Küche und Nebenraum liegen an der nordwestlichen Straßenseite. Die beiden Schlafräume des Obergeschosses sind ebenfalls zum Garten gerichtet. Das Obergeschoß nehmen Fremdenzimmer und Magdkammer ein (Abb.257).

256 Gartenseite (DKD, 32, 1913, S.185)

Kontrastierende Farbigkeit prägt die Wohnräume[4]. Das Wohnzimmer ist in tiefblauen Tönen mit Mahagonimöbeln ausgestaltet, die Wände des Speisezimmers (Abb.85) ziert weißes Kochelleinen mit schwarzen Borten. Einige der biedermeierlichen Möbel, wie Stühle und Standuhr, entwarf Seidl für die „Vereinigten Werkstätten"[5].

Seidl schuf mit diesem Haus einen sehr schlichten und sachlichen Bau mit großen, ungegliederten Wandflächen ohne historistische Anklänge. Der Grundriß stellt eine Verkleinerung und Vereinfachung seines Murnauer Landhauses dar (Kat.Nr.24).

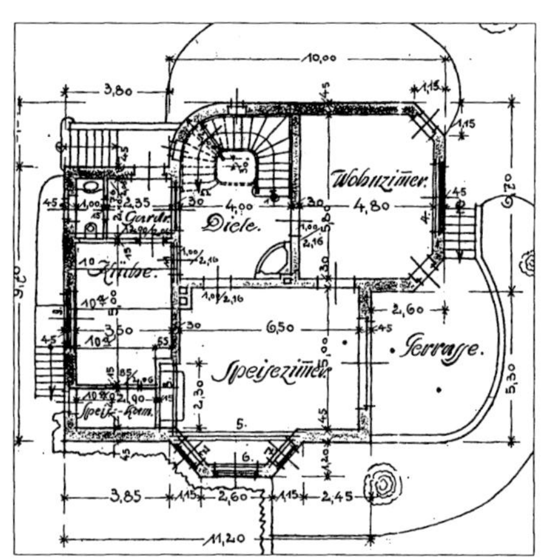

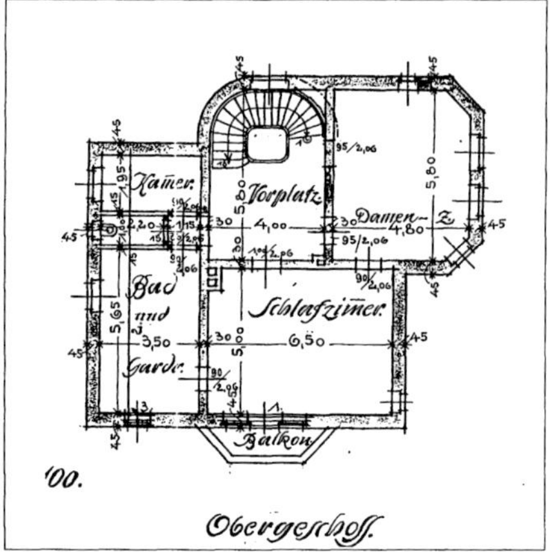

257 Grundrisse (StaAM, Bpl. Miesbach/Holzkirchen, 1910/25)

Das Nebengebäude (Abb.255) legte Seidl über stumpfwinkeligem Grundriß an. Ein Mansardwalmdach mit Schopfwalmgiebeln und ein Rundturm im äußeren Winkel läßt es wie eine verkleinerte Kopie großer Villenbauten Seidl erscheinen[6].

Dem Haus wurde 1914 ein zweigeschossiger Anbau nach Nordosten angefügt. Das kleine Landhaus wurde durch den Anbau, den möglicherweiser auch Seidl entwarf[7], vor allem an der Eingangsseite sehr verändert. Fenstererneuerungen und Entfernung von Läden versachlichen zusätzlich den Bau. Im Innern ist die bauliche Ausstattung sowie vereinzelte Möbelstücke erhalten.

Lit.: Zils, 1913, S.331; Michel, 1913, S. 185ff.

Pläne: Hauspläne 1909, StaAM, Baupl. Miesbach/Holzkirchen, 1910/25 und 1910/148.

1 Vgl. Haus Lacher, München, Kat.Nr.34
2 StaAM, Baupl. Miesbach/Holzkirchen, 1910/25
3 Murnauer Gästebücher, Bayer. Staatsbibliothek München, cgm 7927
4 Farbigkeit beschrieben bei Michel, 1913, S.188
5 Archiv der „Vereinigten Werkstätten“ München, Sig. 9881
6 Vgl. Kat.Nr.45
7 Pläne nicht auffindbar

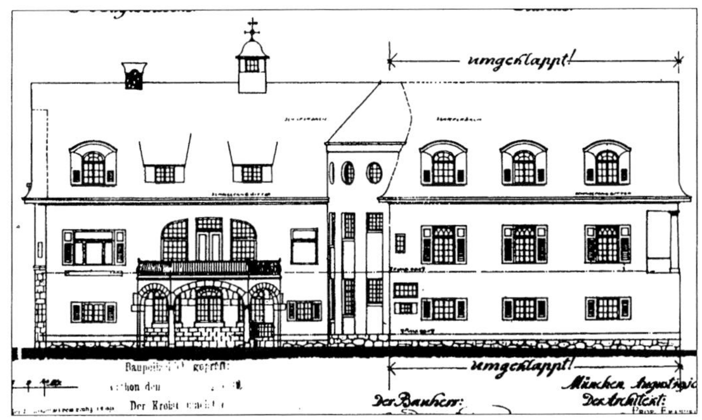

258 Haus Prym, Anfahrtsseite (Planungsamt Stolberg)

Nr.47 Haus Prym, Villa Waldfriede, Stolberg b. Aachen, Waldfriede, 1910-11, Abb.70,83,258-262

Die schloßartige Villa steht auf einer Anhöhe oberhalb des aus dem 19. Jahrhundert stammenden Fabrikgebietes von Stolberg. Die erhöhte Lage gestattet nach Süden einen Fernblick auf die Landschaft des Stolberger Waldes. Eine Kastanienallee führt in Serpentinen den heute bewaldeten Hügel hinauf zu dem zweiflügeligen Herrensitz, den ein ausgedehnter Park umgibt. Die beiden Gebäudeflügel grenzen nach Süden zur Parkeinfahrt hin einen Anfahrtshof aus.

259 Eingangsseite im Nordwesten (Planungsamt Stolberg)

Der Stolberger Industrielle August Prym besaß umweit seiner Fabrikanlagen ausgedehnten Grundbesitz, auf dem auch sein Wohnhaus, die Villa Waldfriede[1], stand. 1907 ließ er sich von dem Leipziger Architekten Hermann Knaus ein noch bestehendes, großes Wirtschaftsgebäude, ein Gartenhaus und ein großzügiges Palmenhaus[2] in einiger Distanz zur Villa erbauen. 1910 beauftragte er Seidl mit der Planung für eine neue Villa Waldfriede, die direkt neben dem älteren Wohnhaus errichtet werden sollte. Nach Abbruch der Villa wurde auf dem Hang südlich des alten Hauses der Neubau aufgeführt. Bei der Innenausstattung des großzügigen Baus wurden namhafte Münchener Künstler wie Josef Wackerle[3] und Julius Seidler zur Gestaltung herangezogen. Die Nymphenburger Porzellanmanufaktur[4] lieferte nach Seidls und Wackerles Entwürfen die Brunnen und Keramikfliesen.

260 Ostseite
(Planungsamt Stolberg)

Das zweigeschossige Gebäude setzt sich aus zwei im stumpfen Winkel zueinander gestellten Baukörpern (Abb.70) zusammen, die von gleich hohen, verschieferten Bogendächern[5] bedeckt werden. An der Südseite vermittelt ein eingestellter Treppenturm im inneren Winkel zwischen den Flügeln. Im äußeren Winkel entspricht ein Runderker mit vorgelegter Veranda dem Rundturm. Der in den Hang gebaute Südwestflügel ist durch eine polygonale Säulenhalle mit Altane und ein dreiteiliges Segmentbogenfenster als repräsentativer Trakt mit einer Beletage im Obergeschoß gekennzeichnet. Der schlichter gehaltene Ostflügel hingegen wird nur durch regelmäßige Fensterachsen (Abb. 258) gegliedert. Axial sind auch die segmentbogigen Dachhäuschen bei beiden Flügeln angeordnet. Die Stirnseiten der Flügelbauten besetzen Balkone bzw. im Osten eine Säulenloggia (Abb. 260). Natursteinverblendung und rote Steinsäulen akzentuieren Anfahrtshalle, Erker, Loggien und Teile des Unter- bzw. Sockelgeschosses. Reliefschmuck aus rotem Naturstein ziert auch das Fenstergewände des Bogenfensters im Obergeschoß. Eine Steinkartusche an der Anfahrtshalle zeigt das Prymsche Wappen.

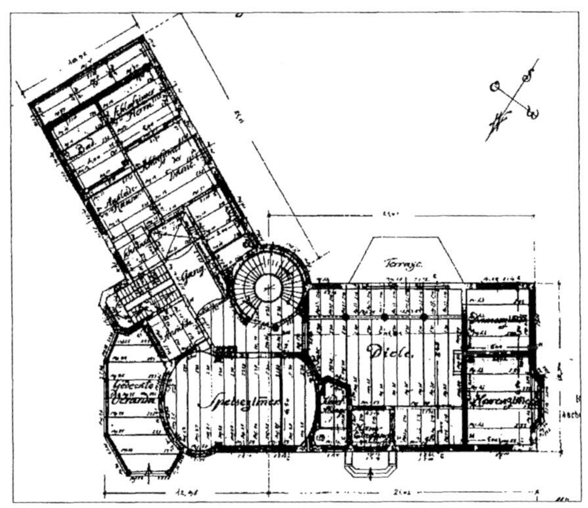

261 Grundriß Erdgeschoß
(Planungsamt Stolberg)

Das Gebäude besitzt drei Eingänge: die Anfahrtshalle im Süden, den aufgrund der Hanglage ebenerdig zu betretenden Haupteingang an der Nordseite (Abb. 259) und einen Wirtschaftseingang im Nordosten. Der Haupteingang führt über einen schmalen Vorraum in die großzügige Dielenhalle, die etwa ein Drittel des Südwestflügels einnimmt. An der Stirnseite schließen sich das Herren- und das Damenzimmer an. Von der Diele öffnen sich zwei Flügeltüren zu dem im Winkel liegenden Treppenhaus und dem Speisezimmer. Ein schmaler Gang mit Nebentreppenhaus stellt die Verbindung zu den Schlafräumen im Ostflügel her. Das Herrenschlafzimmer und das große Bad besitzen einen eigenen Zugang zur Säulenloggia mit Fernblick.

262 Speisezimmer
(ID, 24, 1913, S.49)

Über das kreisrunde Treppenhaus (Abb.261) gelangt man sowohl in das Dachgeschoß mit sechs Fremdenzimmern und zwei Bädern als auch in das Untergeschoß mit der Anfahrtshalle. Das ebenerdige Untergeschoß ist im wesentlichen den Wirt-

schafts- und Dienstbotenräumen vorbehalten. Eine großangelegte, hell belichtete Küche, Vorratsräume, Waschküche und Kinderspielzimmer finden sich hier. Persönliche Bedienstete, wie Haushälterin, Diener und Mädchen, sind ebenfalls im Untergeschoß untergebracht[6].
Der bemerkenswerteste Raum des noblen Hauses ist die als Wohn- und Empfangsraum genutzte Diele. Der nahezu rechteckige Raum wird in Längsrichtung durch drei Polygonalpfeiler unterteilt, die eine schmale, hell belichtete Fensterzone von dem eigentlichen Hauptraum optisch abtrennen (Abb.83). Der ganze Raum wird durch die Farbigkeit der keramischen Wandverkleidungen und Türgewände bestimmt. Schachbrettartig umziehen über schwarzem Sockel türkisgrüne und graulila Wandfliesen die Wände, unterbrochen von graulila Türbogengewänden mit grünlichen Masken und vegetabilen Ornamenten[7] von Josef Wackerle. Die Pfeiler sind ebenfalls mit graulila Kacheln verkleidet und besitzen grün und lila Kapitellschmuck. Zwischen den Türgewänden der Westseite gestaltete Wackerle einen halbrund vorgewölbten Kamin mit farbigem Hermenschmuck. In der hell belichteten Fensterzone, die durch wechselnde Lichteinstrahlung ein zusätzliches Farbenspiel hervorruft, bilden an beiden Stirnwänden zwei grüne Froschskulpturen dekorative Brunnen. Das zweifarbige, schachbrettförmig verlegte Parkett und Türen mit schwarzen, ovalen Einlegearbeiten bzw. Verglasung mit ovalen Mustern steigern den malerischen Aspekt. Zu dieser vom Jugendstil beeinflußten Gestaltung kommen schlichte Polstermöbel in „erdbeerrotem Ton“[8] im englischen Clubstil. Auch im Treppenhaus bestimmt lila Keramikschmuck die Wände.
Im Herrenzimmer zieren die Schränke Schnitzereien von Julius Seidler. Das durch eine breite, geschweifte Öffnung (Abb.262) unterteilte Speisezimmer ist konventioneller mit hellgrünem Damast gestaltet.

Seidl schuf bei diesem einheitlich durchkomponierten Bau eines seiner reichsten Werke. Er orientierte sich bei Aufbau und Gliederung am barocken Schloßbau, wie Zweiflügelanlage mit Ehrenhof, Anfahrtshalle und axiale Gliederung zeigen. Ihm gelingt hier eine Verbindung von Repräsentationsarchitektur mit schlichter Landhausarchitektur. Hinsichtlich des Grundrisses verbindet er die Beletage eines Palais mit den Annehmlichkeiten eines englischen Landhauses. Dabei liegt dem Bau eine moderne Grundrißdisposition zugrunde, wie die nach Osten gerichteten Schlafräume, Bäder und helle Küche zeigen.
Die Form des geschwungenen Bogendaches hatte er 1909 bei einem Kavaliershaus für Schloß Seeleiten (Abb.209) schon verwendet. Die farbige Dekoration mit grünlila Fliesen schmückt bei einem anderen, zur gleichen Zeit entstandenen Repräsentationsbau, Schloß Wolfsbrunn, den Eingangsbereich[9].

Das Haus wurde bei Einquartierungen nach dem Kriege sehr beschädigt. Bis Ende der 70er Jahre war es in Besitz der Familie Prym. Durch die behutsame Renovierung des jetzigen Eigentümers konnte der Außenbau im Originalzustand wiederhergestellt werden. Auch im Inneren teilweise originalgetreu erhalten bzw. rekonstruiert.

Lit.: Michel, Wilhelm: Das Haus Prym-Stolberg i. Rheinland, in: ID, 24, 1913, S.32-52 mit farbigen Abbildungen; Zils, 1913, S.331; Vortrag Seidls bei Versammlung des Münchener Architekten- und Ingenieur-Vereins am 10.4.1913, SdBZ, 23, 1913, S.126.

Pläne: Lagepläne 1905-1909, Hauspläne 1910, Planungsamt der Stadt Stolberg

1 s. Lagepläne v. 1907 und 1910, Stadtplanungsamt Stolberg
2 Abgebrochen vor 1980, Pläne des Palmenhauses, Gartenhaus und Wirtschaftsgebäudes im Stadtplanungsamt Stolberg
3 Michel, Wilhelm: Das Haus Prym-Stolberg i. Rheinland, in: ID, 24, 1913, S.34
4 ID, 24, 1913, S.34
5 Eine sehr ähnliche Giebelgestaltung hatte Seidl ein Jahr zuvor bei dem Kavaliershaus des Schlosses Seeleiten in Murnau realisiert, Kat.Nr.33, Abb., DKu, 9, 1918, S.171
6 Das übrige Personal wohnte im entfernteren Wirtschaftsgebäude
7 ID, 24, 1913, S.34; der Kachelschmuck ist erhalten
8 ID, 24, 1913, S.34
9 s. Kapitel I.7.2

Nr.48 Haus Hasenclever, Gut Merberich, Langerwehe bei Düren/Rhld., Merbericher Weg, 1911-12, mit Inneneinrichtung, Parkanlage und Pavillon, Abb.81,105,263-267

Auf einer Höhe der auslaufenden Eifelberge liegt der ehemalige Gutshof Merberich. Die barockisierende Anlage umfaßt das zweiflügelige Wohnhaus, an das sich im rechten Winkel um einen Anfahrtshof Stallungen, Remisen und Gesindehaus anfügen. Zu dem Anwesen gehört ein ausgedehnter Park mit großem Weiher und Pavillon. Die erhöhte Lage läßt einen Fernblick sowohl auf die Ebene der Jülicher Börde als auch auf den hinter dem Höhenrücken gelegenen Ort Langerwehe zu.

263 Haus Hasenclever, Anfahrtsseite (DKD, 35, 1914/15, S.50)

Um 1890 erwarb die Aachener Familie Hasenclever[1] das bestehende Hofgut Merberich. Es handelte sich dabei um ein zweigeschossiges Wohnhaus mit Remisen, Stallanlagen und Gesindehaus. Edwin Hasenclever, ein Stolberger Industriellensohn[2], und seine Ehefrau Irma, eine geborene Prym aus Stolberg, ließen sich 1911-12 von Seidl unter teilweiser Einbeziehung der alten Gebäude den schloßähnlichen Herrensitz erbauen. Bereits ein Jahr zuvor hatte Seidl mit Planungen für ein großzügiges Wohnhaus der Familie Prym in Stolberg begonnen (Kat.Nr.47). Vermutlich nach dem Vorbild der Stolberger Pläne wurde das Langerweher Herrenhaus im gleichen Typ ebenfalls als zweiflügelige Anlage mit eingestelltem Rundturm über stumpfwinkeligem Grundriß errichtet.

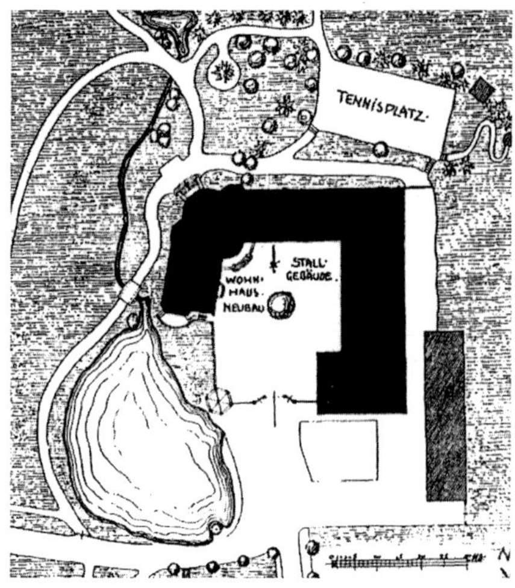

264 Lageplan
(DKD, 35, 1914/15, S.53)

265 Parkseite
(Sielmann, S.275)

Das Haus Hasenclever war ein Zentrum kulturellen und gesellschaftlichen Lebens im Stolberger-Dürener Raum. „Konzerte, Balettabende und Theateraufführungen zogen illustre Gäste und namhafte Künstler nach Langerwehe“[3]. Entsprechend großzügig mußten dann auch die Räumlichkeiten von Seidl gestaltet werden.

Seidl integrierte den Wohnhausneubau in den vorhandenen Baubestand[4], indem er die Flucht des bestehenden zweigeschossigen Satteldachbaus[5] aufnahm, verlängerte und nach Südosten einen zweiten Flügel anfügte. Auch in der Wahl des Baumaterials, geschlemmte, unverputzte Backsteine, lehnte sich Seidl an die vorhandenen Gebäude an.

266 Speisezimmer (ID, 27, 1916, S.11)

Der zweigeschossige Neubau (Abb.263) gliedert sich in zwei unterschiedlich lange Flügel mit hohen Walmdächern, die durch Schlepp- und Dreiecksgauben belebt werden. Die dominierende Wirkung der Dächer wird durch die Verschindelung des Obergeschosses noch verstärkt. Im inneren Winkel zwischen den beiden Flügelbauten wird die Anfahrtsseite durch einen massiven Rundturm mit Ringpultdach und Fahnenstange akzentuiert. An der Gartenseite schwingt der Baukörper an der Nahtstelle konvex vor und wird von zwei polygonalen, dreigeschossigen Risaliten mit Zeltdächern flankiert. Eine Säulenloggia nimmt die Wölbung des Baukörpers auf und verbindet beide Risalite miteinander. Auf der Anfahrtsseite kommt dem Pultdach über dem Eingang ebenfalls eine betonende und verbindende Funktion zu. Gebogene Freitreppen wiederholen an beiden Fronten die Wölbungen des Baus.
Seidl gestaltet im Gegensatz zu anderen Häusern dieses Typs[6] die Mittelzonen sowohl der Anfahrts- als auch der Gartenseite (Abb. 265) symmetrisch und hebt sie dadurch besonders hervor.
Hausteingliederung wird nur sparsam am Sockel, an Sohlbänken und einigen Tür- und Fenstergewänden eingesetzt. Reliefschmuck taucht in Form einer Wappenkartusche mit dem Hasencleverschen Wappen am Treppenturm auf. Über der Nebeneingangstür am Ostflügel ist eine Kartusche mit der Jahreszahl „1912“ angebracht; Vasen zieren die gemauerten Pfosten der Toreinfahrt. Die Initialen von Irma und Edwin Hasenclever sind als Fensterschmuck, der von innen und außen gleicher-

maßen gelesen werden konnte, in den Oberlichten des Gartensaales angebracht (Abb.267).
Bei der Gestaltung des Treppenturmes greift Seidl Motive eines Ausstellungsbaus der Brüsseler Weltausstellung von 1910 auf (Abb. 14). Der Turm des ebenfalls über stumpfwinkeligem Grundriß errichteten Restaurantbaus „Münchener Haus" wird durch ein mit Ziegeln bedecktes Schräggesims gegliedert. Auch die Rundbogengliederung tritt am Haus Hasenclever auf.

267 Gartensaal (Sielmann, S.277)

Das Zentrum des Grundrisses bildet das runde Treppenhaus, das offen in den Gartensaal übergeht. Symmetrisch flankieren Musik- und Speisezimmer den Gartensaal. Weitere Gesellschaftsräume, wie Salon und Herrenzimmer, liegen im Westflügel. An das Speisezimmer im Ostflügel schließt sich die Anrichte an. Weiterhin sind in diesem Flügel mit separatem Eingang Büroräume des Hausherrn und Gutsbesitzers untergebracht. Die im Souterrain liegende Küche steht durch einen Aufzug mit der Anrichte in Verbindung. Schlafräume nehmen das Obergeschoß ein, Fremdenzimmer liegen im Dachgeschoß.
Der Eingang im Treppenturm führt über einige Stufen in die Treppenhalle, die Speise-, Musik- und Herrenzimmer erschließt. Über eine breite, geschweifte Öffnung, die sich auch im Speisezimmer des Prymschen Hauses findet, steht die Diele mit dem Gartensaal oder Wintergarten in Verbindung. Der „Oval-Gartenraum" (Abb.267) gibt „mit seinem kecken bunten Blumenteppich, den schwarz-weißen Korbmöbeln und blau abgenähten Fauteuils sowie den gelben Vorhängen ein heiteres, frisches Bild"[7]. Fenstertüren, die vom Boden bis zur Decke reichen, belichten das Südzimmer hell und beziehen den Park direkt mit in den Wohnraum ein. Das im südöstlichen Risalit untergebrachte Speisezimmer (Abb.266) wird im Gegensatz zu dem der Villa Prym rustikaler gestaltet. Rote Backsteinplatten bedecken den Boden, das weiße Büffet ist mit weißer Täfelung und altniederländischen Kacheln geschmückt. Hellgelbe Vorhänge mit orangen Rüschen ergänzen die Farbigkeit. Salon und Herrenzimmer (Abb.81) sind mit gestreiften Tapeten und vom Biedermeier inspirierten Möbeln konventioneller eingerichtet.

Seidl nimmt bei der Gestaltung des Außenbaus Elemente des barocken Schloßbaus auf. Der kräftige Rundturm und die symmetrische Gestaltung der Gartenseite mit turmhohen Risaliten und Säulengliederung machen das deutlich. Außerdem gliedert er den Trakt des alten Wohnhauses mit einem barockisierenden Schweifgiebel.

Gleichzeitig kommen in der Schrägstellung der Flügel und in der Grundrißdisposition mit einer zentralen Eingangs- und Gartenhalle wieder Elemente des englischen Landhause hinzu. Auch Muthesius' Haus Freudenberg in Nikolasee wäre als Vorbild denkbar.

In dem Park hinter dem Haus, der in verkleinerter Form noch erhalten ist, lag ein Tennisplatz. Verschlungene Wege, Teiche und malerische Baumgruppen gliedern das hügelige Gelände (Abb.264).

Der Zustand des Anwesens entspricht im wesentlichen den Abbildungen von 1914[8]. Nach Kriegsschäden wurden an der Gartenseite einige Veränderungen im Bereich der Loggia vorgenommen. Der Eingangspavillon wurde abgebrochen. Von der Seidlschen Innenausstattung ist das Ankleidezimmer, die Garderobe und das WC unter der Treppe erhalten, sowie einige Möbelstücke.

Lit.: Zils, 1913, S.331; Emanuel von Seidl-Ausstellung, in: SdBZ, 24, 1914, S.127; R.: Ein Gutshof von Emanuel von Seidl, in: DKD, 35, 1914/15, S.48-68; ID, 27, 1916, Abb. S.2 u. S.136; Sielmann, Burchard: Langerwehe in alten Bildern, Langerwehe 1989, S.272-284.

Pläne: Bestandspläne 1961, Privatbesitz Langerwehe

1 Sielmann, B., Langerwehe, 1989, S.272
2 Edwins Vater Robert Hasenclever war Generaldirektor der Chemischen Fabrik Rhenania AG, s. Sielmann S.272
3 Sielmann, Langerwehe, S.272
4 Da Pläne aus dieser Bauzeit fehlen, konnte nicht festgestellt werden, inwieweit Seidl Stallgebäude und Gesindehaus umgebaut bzw. erneuert hat
5 Abb. des Hauses vor dem Umbau, Sielmann, Langerwehe, S.284
6 Kat.Nr.47, 19
7 DKD, 35, 1914/15, S.50
8 DKD, 35, 1914/15, S.48-68 und Sielmann, Langerwehe, S.273-284

Nr.49 Haus Ysselstein, Murnau, Am Eichholz 22, 1912, Abb. 268-271

Das herrschaftliche Landhaus kennzeichnen hohe Walmdächer unterschiedlicher Höhe, Runderker und Loggien. Durch seine Lage am Rande der Hangkante besitzt der zweigeschossige Bau einen weiten Panoramablick.

Für den Regierungsrat Paul von Ysselstein und seine Ehefrau Mary erbaute Seidl 1912 das Wohnhaus am Rande von Murnau.

An einen dominierenden, kubischen Zeltdachbau schob Seidl schräg einen untergeordneten Wirtschaftsbau an. Die Nahtstellen zwischen den Baukörpern werden von einem Rundturm und einer Eingangsterrasse besetzt. Ein halbrunder, zweigeschossiger Erkerbau mit Ringpultdach akzentuiert die Ostseite (Abb.269). Anstelle eines Stockwerkgesimses umfaßt ein markantes Pultdachgesims die Baukörper. Loggien

268 Haus Ysselstein, Südseite (DKu, 9, 1918, S.176)

und große Fenster gliedern den Bau und stellen die Verbindung von Raum und umgebender Natur her.

Die Läden der feinversproßten Fenster sind nach Seidl-Manier grün mit weißen Querstreifen, farbige Markisen beschatten die Loggien. Der Südseite (Abb.268) ist eine große Terrasse vorgelegt, über die der parkähnliche Garten zu erreichen ist.

269 Ostseite (Schloßmuseum Murnau,Reiser)

Einige Stufen führen zu dem Haupteingang an der Nordseite, der die Wohnräume erschließt. Der Wirtschaftstrakt ist durch einen Eingang im Treppenturm zu erreichen (Abb.271). Vom Haupteingang gelangt man durch einen Garderoberaum in die große, mittig gelegene Diele mit dem offenen Treppenhaus. Das Speisezimmer, dem die Loggia im Erkerbau vorgelagert ist, liegt in der Nordostecke nächst dem Wirtschaftstrakt mit der Küche. Die Südfront wird von einer Raumflucht, die aus Schlaf- und Wohnzimmer

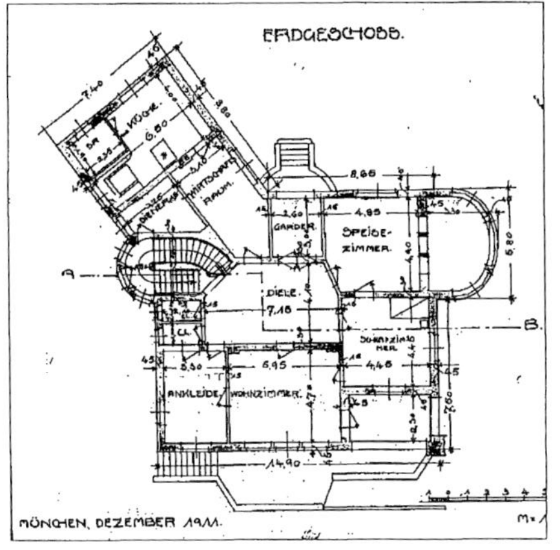

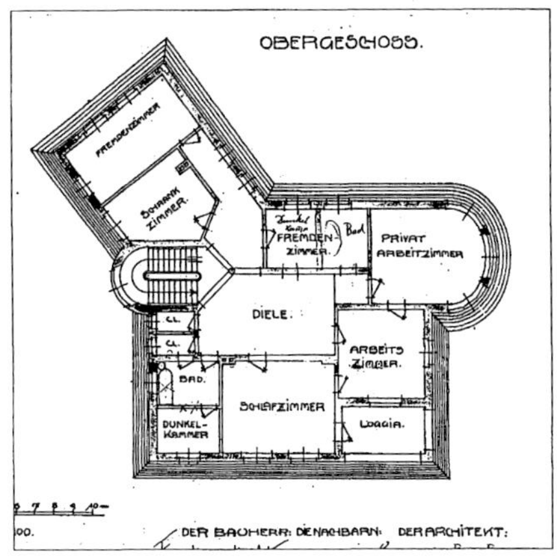

270 Grundrisse (StaAM, Bpl. Weilheim 1912/11)

271 Westseite (Bauamt Murnau)

sowie Ankleide besteht, eingenommen. Im Obergeschoß sind als Bereich des Hausherrn zwei Arbeitszimmer nach Osten ausgerichtet. Schlafzimmer und Dunkelkammer liegen nach Süden. Im Wirtschaftstrakt befinden sich Gästezimmer, das Personal ist im Dachgeschoß untergebracht (Abb.270).
Alle Wohn- und Schlafräume sind so angelegt, daß jeder Raum einen besonderen Fernblick besitzt.

Seidl variierte bei dieser Villa einen Haustyp, den er auch bei seinem eigenen Murnauer Landhaus oder bei der Villa Maffei (Kat.Nr.26) verwendet hatte. Doch im Gegensatz zu der etwa zehn Jahre älteren Villa Maffei verwendet Seidl hier keine historisierende Elemente mehr. Die freien Wandflächen bleiben weitgehend ungegliedert.

Das Landhaus wurde 1960 durch Einbau neuer Fenster, Zusetzen der Loggien, Anfügen von Holzbalkonen und Entfernung des markanten Stockwerkgesimses stark verändert. Auch das Innere ist durch den Einbau neuer Wohnung nicht mehr im Originalzustand.

Lit.: Wolf, 1918, S.174, Abb. S.176, 177; Muthesius, 1919, Abb. S.66;

Pläne: Hauspläne 1911, StaAM, Baupl. Weilheim 1912/11; Umbau 1960, Bauamt Murnau.

Nr.50 Villa Knorr, Garmisch-Partenkirchen, Thomas-Knorr-Straße 51, 1912-1913, mit Innenausstattung, Parkanlage und Nebengebäuden, Abb. 53, 56, 79, 272-274

Der schloßartige Herrensitz mit eingestelltem Rundturm stand breitgelagert auf dem Sonnenbichl zwischen Pflegersee- und Thomas-Knorr-Straße. Vor dem auf einer Terrasse gelegenen Haus mit umfassendem Panoramablick zog sich ein großer Park den Hang hinab, in dem ein Gewächshaus und ein Garagengebäude lag. Nordöstlich des Wohnhauses befand sich eine Kegelbahn.

Der Verleger Thomas Knorr hatte sich bereits 1892 und 1904 von Seidl seine Münchener Villa (Kat.Nr.7) an der Brienner Straße 19 umbauen und einrichten lassen. In Garmisch erwarb Knorr um 1907 von dem Kunstmaler Winfried von Miller ein 1900 erbautes Landhaus[1]. 1911 beauftragte er den Architekten Edward von Leistner mit der Planung eines aufwendigen Landhauses im alpenländischen Stil[2]. Aufgrund des Todes von Thomas Knorr 1911[3] wurden die Pläne aber nicht ausgeführt. Seine Witwe Eugenie ließ Anfang 1912 dann von Seidl neue Pläne für eine Landvilla ausarbeiten. Unter Mitarbeit Leistners entstand anstelle des älteren Hauses der großzügige Landsitz. Er sollte nach Seidls eigenen Angaben „durch die Materialen:

272 Villa Knorr, Einggangsseite (ID, 26, 1915, S.4)

273 Dielenhalle (ID, 26, 1915, S.7)

Schindelverkleidung, Putzflächen, Tuffmauerwerk" einen „behaglichen Landhauscharakter"[4] erhalten.
Bei dem zweigeschossigen Bau über stumpfwinkeligem Grundriß griff Seidl sowohl in der Gestaltung des Außenbaus als auch in der Grundrißdisposition die Entwürfe für das vier Jahre zuvor in Gaaden entstandene Jagdschloß Skoda (Kat.Nr.45) auf. Der Grund für die Anwendung der stumpfwinkeligen Grundrißform bestand, nach Seidls Aussage[5], beim Garmischer Haus in der Notwendigkeit, dem Terrain zu folgen.

Wie bei dem Haus Skoda wird an einen hohen Baukörper mit Zeltdach ein etwas niederer Walmdachflügel angeschoben. Ein runder Turm mit Ringpultdach ist bei beiden Bauten im Winkel eingestellt. An den Zeltdachbau ist nach Westen ein kleiner, zweigeschossiger Pavillon, das Salettl, angefügt, der in Aufbau und Dachform eine Miniaturausgabe des Hauptbaus darstellt (Abb.56). Ein schmaler Loggienbau mit Altane verbindet das Salettl mit den Wohnräumen. Die Verbindung eines ansonsten freistehenden Gartenpavillons mit dem Wohngebäude zeugt hier von der engen Beziehung zwischen Wohnraum und Natur und ist in ähnlicher Form auch bei dem Gaadener Haus Skoda zu finden (Abb.69).
Ein mit Tuff verblendetes Sockelgeschoß und ein umlaufendes, vorkragendes Pultdach anstelle des Stockwerkgesimses, das Seidl auch bei dem kurz vorher errichteten Landhaus Ysselstein (Kat.Nr.49) verwendete, fassen die Baukörper zusammen. Der Hauptbau mit dem Zeltdach, in dem die Wohnräume der Familie liegen, zeichnet sich durch Erker, besondere Fensterformen und Tuffgliederung aus. Das dreiteilige Fensterband des Speisezimmers ist durch Pfosten akzentuiert, die der Bildhauer Julius Seidler mit Jagdmotiven[6], wie Diana mit Hund, schmückte. Die Darstellung der Diana ist eine Anspielung auf die Jagdleidenschaft der Hausherrin Eugenie Knorr[7] (Abb.56). Der Walmdachflügel ist weniger aufwendig gestaltet. Dort sind Küche, Wirtschaftsräume, Hausmeisterwohnung und Wohnräume für Sekretär und Gesellschafterin sowie Gästezimmer untergebracht.

Zu dem Haupteingang im Winkel der Südostseite führt ein Weg von dem Garagengebäude durch den Garten. Der Eingang[8] öffnet sich auf eine Dielenhalle, die rückwärts von der gewendelten Treppe begrenzt wird. Die im Zentrum liegende, großzügige Diele trennt die privaten Räume des linken Flügels von dem Wirtschaftsflügel, der mit eigenem Eingang und Treppenhaus ausgestattet ist. Die Halle (Abb.273) dient nicht nur als repräsentativer Empfangsraum, sondern ist mit Polstermöbeln

274 Schlafzimmer (ID, 26, 1915, S.15)

und Kamin auch als Wohndiele gedacht. Durch einen geschweiften Torbogen, der bei Seidls Innenausstattungen häufiger wiederkehrt[9], gelangt man in das im Turm gelegene Musikzimmer. Schwarz bezogene Möbel mit rosa Stickereien kontrastieren zu der lilafarbenen Wandbespannung und dem hellgrün gemusterten Teppich. Durch die Lage im Rundturm ergibt sich zusätzlich das Bergpanorama als Kulisse.
Der offene Durchgang in das Wohnzimmer ist von mit Reliefschnitzerei verzierten Säulen flankiert (Abb.79). Dunkle Eichentäfelung und ein Teppich mit schwarzen Ornamenten prägen diesem Raum, dessen Mobiliar im Stil des Biedermeier gehalten ist. Auch hier gestattet ein Erker mit großem Rundbogenfenster den ungehinderten Ausblick auf die Berge. „Als Höhepunkt raffinierter moderner Innen-Architektur“[10] bezeichnet Burger das Speisezimmer, das durch die Loggia mit Salettl und Garten in Verbindung steht. Die weißlackierten Einbauschränke werden von lila Kacheln umrahmt, grünschwarzes Efeumuster zieht sich oberhalb der Schränke um den Raum.
Im Obergeschoß liegt an prominenter Stelle über dem Speisezimmer das Schlafzimmer der Hausherrin (Abb.274), von dem aus über eine Terrasse das Obergeschoß des Salettls zu erreichen ist. Weiße Möbel, die durch dunkle Mahagonileisten abgesetzt sind, und ein weißer, runder Kachelofen heben sich von der dunkelgrün gestreiften Wandbespannung ab.

Seidl zeigt bei der Gestaltung dieser Innenräume eine moderne, kräftige Farbigkeit, die im ganzen Haus aufeinander abgestimmt ist. Dekorative Elemente, wie Kachelverkleidungen, reliefierte Säulen oder geschweiften Türumrahmungen, sind von einem späten Jugendstil beeinflußt. Bei den Möbeln, einigen Teppichen und Wandbespannungen bleibt Seidl aber eher einem biedermeierlichen Stil verhaftet.

Den Haustyp hatte Seidl 1911 in verkleinerter Form auch bei dem etwa ein Jahr zuvor entstandenen Haus Ysselstein (Kat.Nr.49) verwendet.

Der von Wegen durchzogene Park ist als Landschaftspark mit Baumgruppen, freien Wiesenflächen und Aussichtsplätzen gestaltet. In der Nähe des Hause finden sich regelmäßige Blumenrabatten mit einem Glashaus (Abb.53).

Landhaus und Nebengebäude wurden 1977 abgebrochen, der Grund parzelliert und mit Wohnhäusern bebaut.

Lit.: Vortrag Seidls, SdBZ, 23, 1913, S.126; Burger, Willy: Das Haus Knorr bei Garmisch, in: ID, 26, Darmstadt 1915, S.2-16; DKD, 37, 1915/16, Abb. S.79.

Pläne: Hauspläne (unvollständig) 1912, Bauamt Garmisch-Partenkirchen
Quellen: Hausakte, Bauamt Garmisch-Partenkirchen

1 Pläne, Hausakte, Bauamt Garmisch-Partenkirchen
2 Pläne, Hausakte, Bauamt Garmisch-Partenkirchen
3 Kondolenzschreiben Seidls an Eugenie Knorr, Stadtbibliothek München, M 36a
4 SdBZ, 23, 1913, S.126
5 SdBZ, 23, 1913, S.126
6 Dargestellt Diana, die ein Eichhörnchen vor einem hochspringenden Hund schützt.
7 In Garmisch existieren Schützenscheiben, die ihren Namen tragen
8 Detaillierte Beschreibung der Innenräume mit Angabe der Farbigkeit und zahlreiche Abb. in: Burger, Willy: Das Haus Knorr bei Garmisch, in: ID, 26, Darmstadt 1915, S.2-16
9 s. Kat.Nr. 47, 48, Bavariaring 10
10 ID, 26, 1915, S.16, Abb. S.10

Nr.51 Haus Schoeller, Düren/Rhld., Bismarckstraße 5, 1912, Abb.72,78,82,125,275-278

Die palaisartige Villa lag zurückgesetzt in einem Parkgrundstück nahe dem Dürener Stadtzentrum. Das barockisierende, kubische Wohnhaus war durch eine von Säulen getragene Anfahrtshalle mit einem Stall- und Garagengebäude verbunden. Haupt- und Nebenbau bildeten gegen die Straße einen Anfahrtshof aus, der sich hinter der Säulenhalle fortsetzte und gegen den Park mit einer Mauer abschloß.

275 Haus Schoeller, Gartenseite (DKD,37,1915/16,S.52)

Während die Bauarbeiten für das Haus Hasenclever im benachbarten Langerwehe (s. Kat.Nr.48) in vollem Gange waren, entwarf Seidl 1912, zeitgleich mit der Villa Peill (Kat.Nr.52) in Nörvenich, die hochherrschaftliche Villa. Ob die Verbindung zu dem Industriellen Hugo Schoeller, Besitzer einer angesehenen Dürener Papierfabrik, über die Industriellenfamilien Prym, Hasenclever oder Peill zustande kam, ist nicht bekannt. Jedenfalls plante Seidl von 1910 bis 1912 vier weitere Villen für Industrielle im Dürener Raum[1], u.a. auch für den Bruder der Bauherrin, Maria Klara Schoeller, geb. Peill[2], Leopold Peill.

276 Veranda (DKD, 37, 1915/16, S.71)

Der zweigeschossige Putzbau zeichnet sich durch ein hohes Mansardwalmdach aus, das Dachhäuschen mit dreieckigen Giebeln auflockern. Besondere Akzentuierung erfährt die symmetrisch angelegte Straßenseite durch einen konvexen Mittelrisalit, der mit seinem Kegeldach turmartig über die Traufe hinausreicht (Abb.125). Eine geschwungene Terrasse mit Freitreppe betont zusätzlich die Mitte. Segmentbogige Fenstertüren und Rechteckfenster sowie breite Lisenen gliedern die Fassade.
Ein hohes, mit Naturstein verblendetes Sockelgeschoß und schmiedeeiserne Brüstungsgitter an Fenstern und Terrasse fassen die Seite zusammen. Reliefierte Kartuschen anstelle eines Stockwerkgesimses und eine breite Hohlkehle unterhalb des Kastengesimses bildeten weitere horizontale Gliederungselemente. Außer den Kartuschenreliefs sind Girlandenbögen und Masken als Bauschmuck angebracht.
Die sich an die Straßenfassade anschließende, tiefer gelegte Anfahrtshalle ist durch polierte Granitsäulen ausgezeichnet.
Die Parkseite wird asymmetrisch durch eine ovale Säulenveranda mit breiter Freitreppe gegliedert, die weit in den Park ausgreift. Eine offene Pergola schließt sich an die Veranda (Abb.276) entlang der Gartenfront an. Die Überleitung zum Anfahrtshof geschieht durch einen polygonalen Eckrisalit.

Den Mittelpunkt des Inneren bildet eine großzügige Hallendiele. Sie ist von der Anfahrtshalle über eine breite Treppe und ein rundes Vestibül zu erreichen und erschließt Gesellschaftsräume und Treppenhaus (Abb.72). Zur Straßenseite liegen kleiner und großer Salon sowie Damen- und Herrenzimmer. Der große Speisesaal orientiert sich zum Park und ist durch eine breite Öffnung mit dem „Garten-Speisezimmer“[3], der Veranda, verbunden. Garderoberäume und Nebentreppe sind zum Anfahrtshof gerichtet. Küche und Wirtschaftsräume befinden sich im Souterrain, Schlafräume im Obergeschoß.

Die rechteckige Diele (Abb.278), die als Empfangsraum dient, ist mit dunkler Nußbaumtäfelung und Kamin ausgestattet. Nach oben öffnet sie sich auf eine Galerie mit Steinbrüstung, durch die die Halle hell belichtet wird. Quadratische Holzpfeiler trennen optisch den Eingangsbereich zu den Salons ab. Die zweiflügelige Speisesaaltüre zeigt mit geschweiftem Bogen, schuppenförmiger Oberlichtverglasung und Girlandenschmuck Jugendstilformen.

277 Speisezimmer (DKD, 37, 1915/16, S.70)

Im Zentrum der Raumfluchten an der Straßenseite liegt im Risalit der ovale, kleine Damensalon (Abb.82), der auf das eleganteste mit vergoldetem Wand- und Deckenstuck ausgestattet ist. Ein Lüster nach Entwürfen Josef Wackerles ziert diesen Raum.
Auch alle anderen Räume sind reich mit Stuck geschmückt, der teils in Jugendstilformen, teils in historisierenden Mischformen gestaltet ist. Hinzu kommt eine für Seidl typische lebhafte Farbigkeit. Die biedermeierlichen Möbel (Abb.78,277) hatte Seidl teilweise auch schon in anderen Häusern verwendet (vgl. Kat.Nr.46, 48).

Seidl lehnt sich bei der Fassadengestaltung dieses repräsentativen Hauses an barocke Palais an. Er selbst sagt, daß die Fassade vom „französischen Stile beeinflußt“[4] sei.
Die Grundriß- und Aufrißgestaltung ist den Häusern Nauhardt und Rath (Kat.Nr.31, 43), die den gleichen blockhaften Haustyp vertreten, verwandt. Auch die Eingangssituation mit einer Säulenhalle ist mit dem Haus Rath vergleichbar.
Bei der Gliederung des Risalits greift Seidl auf einen Bau, den er 1895 in München, Goethestraße 64, errichtet hat, zurück (Abb.102).
Im Park, der schon bei Baubeginn angelegt war, errichtete Seidl Pavillons und eine Gärtnerei.

Die gesamte Anlage fiel Kriegszerstörungen zum Opfer.

278 Dielenhalle
(DKD, 37, 1915/16, S.57)

Lit.: Zils, 1913, S.331f; Vortrag Seidls, SdBZ, 23, 1913, S.125-126; Emanuel von Seidl-Ausstellung, in: SdBZ, 24, 1914, S.127; SdBZ, 25, 1915, S.98; Seidl, Emanuel: Das Haus Hugo Schöller in Düren, in: DKD, 37, 1915/16, S.51-79 mit Abb.; ID, 27, 1916, farbige Abb. S.376.

1 Haus Prym, Stolberg, 1910-11; Haus Hasenclever, Langerwehe, 1911-12; Haus Alff, Stolberg, 1912; Haus Schoeller, Düren, 1912; Haus Peill, Nörvenich, 1912.
2 Stadtarchiv Düren, Geschichte der Familie Schoeller
3 Seidl, 1915/16, S.71 mit Abb.
4 Seidl, 1915/16, S.54

Nr. 52 Villa Peill, Haus Hardt, Nörvenich b. Düren, 1912-19, mit Park und Nebengebäuden, Abb. 279-280

Der Herrensitz lag auf einer Erhebung außerhalb von Nörvenich mit Blick auf den Ort und das umgebende Land. Zu dem Landhaus, das sich inmitten eines ausgedehnten Parkgeländes befand, gehörte noch ein Gesindehaus und andere Nebengebäude.

Der Bauherr Leopold Peill, Sohn eines Glasfabrikanten aus Düren, war Teilhaber in der väterlichen Firma und gründete 1903 in Düren eine eigene Glashütte[1]. 1910[2] kaufte er in Nörvenich, wo er seit mehr als einem Jahrzehnt die Burg Nörvenich als Landsitz gepachtet hatte[3], das Gelände Hardt. Seidl entwarf für ihn 1912 auf der Hardt ein eigenes Landhaus, mit dessen Bau 1913 begonnen wurde[4]. Wegen des Krieges wurde die Villa aber erst um 1919 in etwas verkleinerter Form fertiggestellt[5]. Im gleichen Jahr, 1912, entwarf Seidl auch für die Schwester Leopold Peills, die mit Hugo Schoeller verheiratet war[6], in Düren eine Villa (Kat.Nr.51).

Die zweigeschossige Villa ist als blockhafter Baukörper über rechteckigem Grundriß angelegt. Ein hohes Mansardwalmdach mit spitzgiebeligen Dachhäuschen kennzeichnet den Putzbau. In Anlehnung an barocke Schloßarchitektur ist die

279 Villa Peill, Hausmodell (DKD, 43, 1918/19, S.59)

Anfahrtsseite (Abb.279) symmetrisch durch zwei Seitenrisalite mit Mansarddächern gegliedert, die pavillonartig den rundbogigen Eingang flankieren. Eine Terrasse mit breiter Freitreppe nimmt die Mitte ein. Die Rückseite akzentuiert ein dreigeschossiger, vorgewölbter Mittelrisalit, der wie bei der Villa Schoeller durch Lisenen, Rundbogen und Okuli gestaltet ist. Ein hohes Sockelgeschoß und ein kräftiges Kastengesims fassen den Bau zusammen. Grün und weiß gestreifte Fensterläden unterstreichen den Landhauscharakter.
Das Innere konnte aufgrund von fehlenden Plänen nicht rekonstruiert werden.

280 Parkseite
(Foto: Privatbesitz)

Auffallend ist die Ähnlichkeit des Baus mit dem Haus Schoeller in Düren, was wohl auf Wunsch der miteinander verschwägerten Bauherren geschah. Wurde bei der stadtnahen Villa Schoeller durch besondere Fenstergestaltung und reichen Bauschmuck das städtisch-elegante Element betont, so lag der Akzent bei der Villa Peill mehr auf dem ländlich-rustikalen Gesamteindruck.

Das erdgeschossige Gesindehaus (Abb.279), das etwas zurückgesetzt zum Herrenhaus lag, nimmt die Form des Haupthauses mit Mansardwalmdach und symmetrischen Seitenrisaliten auf.

Vor dem Herrenhaus war eine Parkanlage mit regelmäßigen Beeten, Laubengängen und Brunnen angelegt.

Das gesamte Gelände nebst Wohn- und Nebengebäuden wurde um 1950 von der Bundeswehr erworben. Um Platz für Kasernenbauten zu schaffen, wurde das Wohnhaus 1972, das Gesindehaus etwa zehn Jahre später abgebrochen.

Lit.: Vortrag Seidls, SdBZ, 23, 1913, S.126; Emanuel von Seidl-Ausstellung, in: SdBZ, 24, 1914, S.127; Hausmodell, DKD, 43, 1918/19, Abb. S.59; Strutz, Edmund: Geschichte der Familie Peill, Görlitz 1927, Abb. S.159.

Quelle: Generalkarte von 1916

1 Strutz, E., 1927, S.158
2 Türk, Karl Heinz: Nörvenich 1890-1990, Düren 1991, S.13
3 Strutz, S.158
4 Emanuel von Seidl-Ausstellung, in: SdBZ, 24, 1914, S.127
5 Nach Aussagen von Familienangehörigen
6 Stadtarchiv Düren, Geschichte der Familie Schoeller

Nr.53 Haus Alff, Stolberg b. Aachen, Lohmühle, 1912, Abb.281

Etwas außerhalb der Stadt Stolberg liegt an einem nach Südwesten abfallenden Hang die erdgeschossige Villa inmitten eines parkähnlichen Gartens. Zwei kurze Flügel werden bei diesem Haus schräg zueinander gesetzt und grenzen einen Anfahrtshof aus. Mansardwalmdach, Rundturm und Zwerchgiebel charakterisieren den Bau. Der Ausblick auf das Tal des Vichtbach ist mitterlerweile durch Fabrikanlagen verstellt.

Das Landhaus entwarf Seidl 1912 für Friederike Alff.

Ein weit herabgezogenes Dach, das Dachhäuschen mit geschweiftem Segmentbogenabschluß symmetrisch gliedern, bestimmt den Winkelbau (Abb.281). Dreiecksgiebel, Polygonalerker, verglaste Eckveranda und halbrunder Treppenturm mit

281 Haus Alff, Eingang (ID, 30, 1919, S.47)

Ringpultdach bilden weitere Gliederungselemente. Die symmetrisch angelegte Ostseite mit dem ebenerdig zu betretenden Eingang im Winkel wird durch einen halbrund vorgewölbten Balkon über dem Eingang akzentuiert.
Ein Sockel aus roter Natursteinverblendung und ein kräftiges, umlaufendes Kastengesims umfassen den Bau. Grün-weiß gestreifte Fensterläden finden sich auch bei diesem barockisierenden Putzbau.

Um eine zentrale Diele mit offenem Treppenhaus gruppieren sich nach Süden und Westen Gesellschaftsräume und Veranda, nach Norden und Osten Küche und Nebenräume. Das Dachgeschoß nehmen Schlafräume ein.

Den winkelförmigen Grundriß, der eine Trennung von Wohntrakt und Wirtschaftsteil erleichtert, hatte Seidl schon um 1900 bei den Villen Feilitzsch und Bischoff (Kat.Nr.22, 23) realisiert. Bei dem Haus Alff sind aber die beiden Flügel von gleicher Höhe und lassen sich damit einem Haustyp (Typ 4) zuordnen, den Seidl ansonsten für große, schloßartige Wohnhäuser verwendete.

Die Villa befindet sich bis auf Fensterveränderungen am Polygonalerker in ihrem urspünglichen Zustand. Der südwestliche Terrassenbereich wurde durch einen Garagenanbau verändert. Im Inneren sind im Eingangsbereich lila Keramikfliesen von der Seidlschen Ausstattung erhalten geblieben.

Lit.: Zils, 1913, S. 331; ID, 30, 1919, Abb. S.47.

Nr.54 Villa Hertle, Feldafing a. Starnberger See, Trendelstraße 7 und 9, 1913-14, Wohnhaus und Nebengebäude, Abb. 282-285

Die barockisierende Villa auf einer Anhöhe am Rande des Lenné-Parks[1] prägen hohe Mansardwalmdächer mit unterschiedlichen Firsthöhen, Erker und Balkone. Das Hanggrundstück mit Blick auf See und Gebirge wurde mittlerweile geteilt, so daß das ehemals zum Anwesen gehörende Gärtner- und Gewächshaus heute eine eigene Wohneinheit bildet.

Seidl erbaute das Landhaus für den Leipziger Fabrikanten Gustav Hertle.

Die erdgeschossige Villa wird durch einen Baukörper mit hohem Dach bestimmt, an den ein im Süden zurückspringender, niederer Anbau gefügt wurde. Zur Straßenseite mit dem Eingang sind beide Baukörper durch einheitliche Fassadengestaltung zusammengefaßt. Ein wuchtiger, zweigeschossiger Polygonalerker mit Zeltdach akzentuiert die Westecke. Eingeschossige Rund- und Polygonalerker sowie Balkone gliedern den breitgelagerten Bau, ädikulaförmige Dachgauben und Fledermausgau-

ben durchbrechen das Dach (Abb.283).
Eine großzügig geschwungene Terrasse, die den Bogen des Runderkers aufnimmt, ist dem Haus an der Seeseite (Abb.282) vorgelagert. Eine weitere geschwungene Terrasse schließt an den Polygonalerker der Nordostseite an. Seidl bezieht auch bei diesem Haus durch die Häufung von Erkern, Balkonen und Terrassen das Panorama und die umgebenden Natur in den Wohnbereich mit ein.

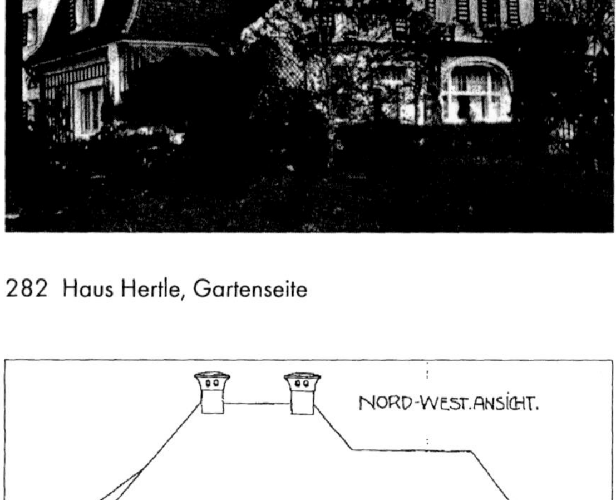

282 Haus Hertle, Gartenseite

Das Innere wird durch eine Diele mit Eingang im Nordwesten erschlossen. Die repräsentativen Wohnräume mit Blick auf den See liegen zur südöstlichen Gartenseite hin. Im Obergeschoß nehmen zwei durch ein Frühstückszimmer getrennte Schlafräume die Seeseite ein. Zwei Fremdenzimmer liegen im seitlichen Anbau, Nebenräume zur Straßenseite.

283 Eingangsseite
(StaAM, Bpl. Starnberg, 1913/386)

Parallelen in Grund- und Aufriß finden sich bei dieser Villa zu dem gleichzeitig entstandenen Haus Feuchtmayr[2] in Murnau (Kat.Nr.55). Stilistisch greift Seidl auf das ein Jahr zuvor errichtete Haus Alff in Stolberg (Kat.Nr.53) zurück.

Die Anlage des Gärtnerhauses mit anschließender Remise und Gewächshaus (Abb.285) entspricht in ihrer Grundrißkonzeption der des Nebengebäudes des Hauses Feuchtmayr: zwischen zwei erhöhte Baukörper wird ein niedriger Verbindungsbau eingespannt. Die Gliederung des zweigeschossigen Gärtnerhauses mit hohem Walmdach und umlaufendem Pultdachgesims zwischen den Stockwerken erinnert an Haus Ysselstein (Kat.Nr.49).

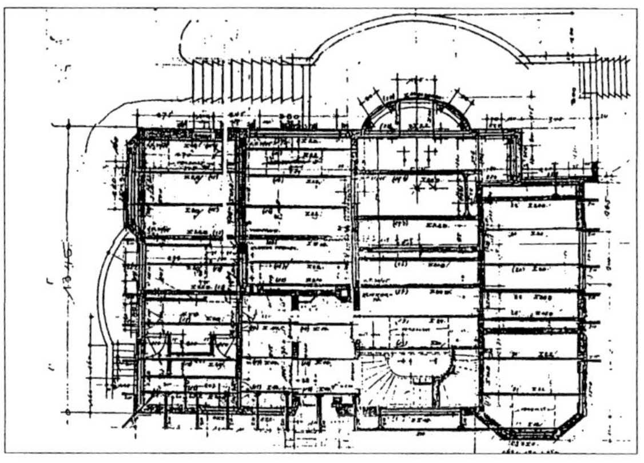

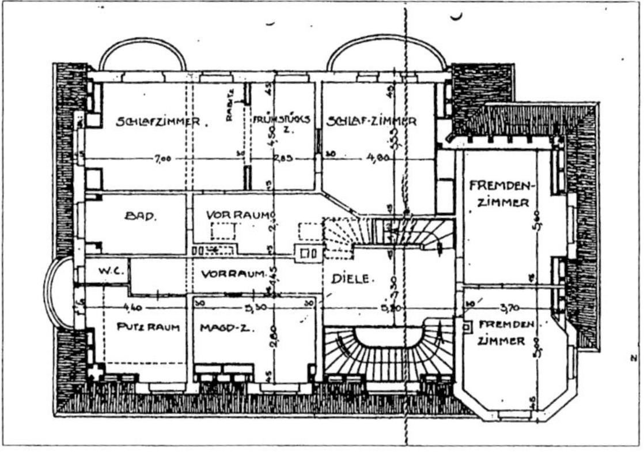

284 Grundrisse (StaAM, Bpl. Starnberg 1913/386)

Durch die Entkernung des Hauptgebäudes 1991 ist von der ursprünglichen Ausstattung nichts mehr erhalten. Auch der Außenbau wurde im Zuge der Renovierungsmaßnahme durch Erneuerung von Fenstern und Entfernung der Spaliere stark verändert und versachlicht.
Das äußerlich unveränderte Gärtnerhaus ist durch Umnutzung im Inneren verändert.

Lit.: ID, 29, 1918, Abb. S.106-109.

Pläne: Wohn- und Nebenhauspläne 1913, StaAM, Baupl. Starnberg/Feldafing, 1913/386 und 1914/421.

1 Landschaftspark nach Entwurf Peter Joseph Lennés von Karl von Effner 1855-1863 ausgeführt, 1898-1914 wurde im westlichen Teil des Parkes eine Villenkolonie errichtet, Dehio, IV, 1990, S.282

2 Die Pläne für beide Häuser datieren vom August 1913

285 Wirtschaftsgebäude (ID, 29, 1918, S.209)

Nr. 55 Landhaus Feuchtmayr, Murnau, Oberried 1, 1913-14, mit Innenausstattung, Parkanlage und „Gloriettl“, Nebengebäude 1915-19, Abb. 101, 286-287

Das erdgeschossige Landhaus mit hohem Mansardwalmdach und Schopfwalmgiebeln liegt breitgelagert auf einer weiten Lichtung in einem ausgedehnten Park. Das Gebirgspanorama ist heute weitgehend durch hohe Bäume verstellt.

Seidl entwarf den Landhausbau 1913 für Franz Feuchtmayr, den Wirt und Besitzer der Murnauer Zacherlbrauerei. Feuchtmayr hatte 1906 im Zuge der Ortsbildverschönerung Murnaus auf Anregung Seidls die Fassade seines Gasthofes[1] am Markt farbig gestalten lassen. Die Anlage des weiten Parkes wurde nach Seidls Entwürfen von dem Gärtner Müssig ausgeführt.
Im benachbarten Anwesen Brey (Kat.Nr.32) hatte Seidl bereits 1903 ein Jagdhaus errichtet.

286 Landhaus Feuchtmayr, Ostseite
(DKu, 9, 1918, S.181)

Bei dem Entwurf lehnte sich Seidl hinsichtlich Haustyp und Gliederung an zwei seiner früheren Murnauer Bauten an: an das 1898 errichtete Haus Mayr-Graz (Kat.Nr.16) und das Haus Tappeiner von 1909 (Kat.Nr.44). Allen drei Häusern ist das weit herabgezogene, durch Gauben gegliederte Mansardwalmdach mit ruhigem Umriß eigen. Der eingestellte, halbrunde Turmerker mit Ringpultdach, der die Mitte der Gartenseite (Abb.101) akzentuiert, entspricht dem Treppenhausturm der Villa Tappeiner. Die Gliederung durch Polygonalerker und große Bogenfenster an der Ostseite (Abb.286) findet sich ebenfalls beim Haus Tappeiner.
In das Innere, das größtenteils noch die originale Ausstattung besitzt, gelangt man durch den Eingang im Norden, der sich auf die große Diele öffnet. Eckbank und Holzvertäfelung geben dem von einem Gewölbe mit Stichkappen überfangenen Dielenraum Wohncharakter. Ein hölzernes Huhn schmückt den Anfängerpfosten der nach oben führenden Treppe und nimmt so Bezug auf die Hühnerzucht der Familie. Das hell belichtete Wohnzimmer mit dem Runderker, den eine halbrunde Bank ausfüllt und der einen weiten Blick auf Garten und ehemals Berge freigibt, liegt an der Südseite. Die Veranda mit großen Bogenfenstern und hölzerner Eckbank stellt die Verbindung zum Garten her.

Bei dem rechteckigen Grundriß (Abb.287) lassen sich Parallelen zu dem ein Jahr zuvor erbauten Haus Alff in Stolberg (Kat.Nr.53) erkennen. Die Raumfolge des Wohntraktes mit der Eckveranda und dem Polygonalerker an der Schmalseite entspricht der Grundrißeinteilung des Hauses Feuchtmayr. Vergleichbar hinsichtlich des Grundrisses ist auch das zeitgleich geplante Haus Hertle in Feldafing (Kat. Nr.54). Die Eingangssituation und Lage des Treppenhauses sowie die nach der Gartenseite gerichteten Wohnräume sind ähnlich angeordnet. Ein Polygonalerker in Verbindung mit einer geschwungenen Terrasse und Runderker zur Gartenseite finden sich bei beiden Bauten. Auch im Äußeren zeigen beide Landhäuser mit herabgezogenen Mansardwalmdächern übereinstimmende Elemente.

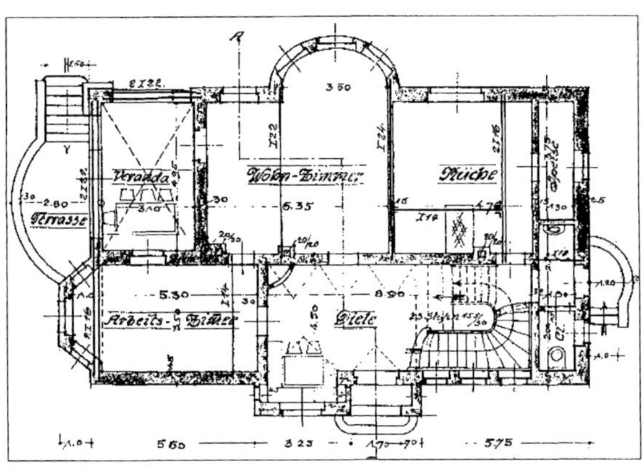

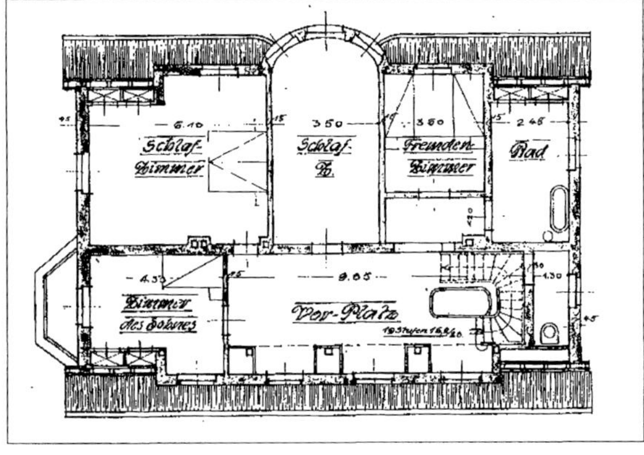

287 Grundrisse
(StaAM, Bpl. Weilheim 1913/186)

Bei dem 1915 errichteten Nebengebäude, das als Geflügelhaus und Dienstbotenwohnung diente, griff Seidl mit dem hohen Zeltdach und Laubengang auf Tiergehegebauten des Münchener Tierparks Hellabrunn[2] zurück. 1919 fügte er dem Geflügelhaus einen Stall- und Remisenanbau an, den er mit hölzernen Säulen gliederte.

Die von Seidl entworfene Parkanlage ist im wesentlichen noch erhalten. So liegen in der Nähe des Hauses barockisierende Blumenrabatten, die in eine freie Wiesenfläche übergehen. Malerische Baumgruppen und Lichtungen gliedern den Landschaftspark. Auf einem Hügel steht das „Gloriettl“, ein kleiner Pavillon mit Blick auf den Ort Murnau.

Bis auf den Bereich der Küche und des Arbeitszimmers ist das Anwesen nahezu im Originalzustand überliefert. Es befindet sich noch immer in Familienbesitz.

Lit.: Wolf, 1918, S.174, Abb. S.179, 181, 184; Muthesius, 1919, Abb. S.64, 65; Neu/Liedke, Denkmäler, 1986, S.320.

Pläne: Hauspläne 1913, StaAm, Baupl. Weilheim 1913/186; Nebengebäude 1915/19, StaAm, Baupl. Weilheim 1915/17 u. 1919/138.

1 Seidl leitete die Aktion zur Verschönerung des Ortes, s. Zell, Franz: Wiederaufnahme der Fassadenmalerei, in: SdBZ, 17, 1907, Abb. S.194; Köhler, Georg: Wanderers Leid und Freud, in: Volkskunst und Volkskunde, 9, 1911, Abb. S.70

2 1912 von Seidl errichtet, vgl. Steinlein, G.: Tierpark Hellabrunn, München, in: SdBZ, 22, 1912, S.397-399, 405-408, Abb. S.398, 399; Kalkschmidt, Eugen: Münchens Tierpark Hellabrunn, in: DKu, 28, 1913, S.1-16, Abb. S.3

Nr.56 Haus Giesecke, Bad Harzburg, Hindenburgring 12a, 1913-1914, mit Torbau, Gartenanlage und Pavillon, Abb. 71, 288-293

Der Herrensitz, ein schlichter Walmdachbau, liegt umgeben von einem Park auf einer Anhöhe oberhalb der Stadt mit ehemals reizvollem Ausblick auf Stadt und Berge[1]. Durch einen Torbau von der Straße abgegrenzt, ist das Wohnhaus über einen Anfahrtshof zu erreichen.

Der Braunschweiger Eisenwarenfabrikant Carl Giesecke ließ sich 1913 das Wohnhaus in einer vornehmen Villengegend des Kurorts entwerfen.

288 Haus Giesecke, Parkseite (DKD, 20, 1916/17, S.52)

Die Villa ist als zweigeschossiger, symmetrisch gegliederter Kubus mit hohem Walmdach gestaltet. Zwei kurze Walmdachflügel sind im stumpfen Winkel an den Hauptbau angeschoben (Abb.71). Rundbogengliederung und ein halbrunder Erker mit Altane und spitzgiebeligem Zwerchhaus akzentuieren die beiden Längsseiten. Eine mehrfach geschweifte Terrasse, die von einer Bogenloggia im Nordwesten begrenzt wird, ist der Gartenseite (Abb.288) vorgelegt. Sockelverblendung aus Naturstein und ein kräftiges Kastengesims unterstreichen die breitgelagerte Form des Hauses, das kein Sockelgeschoß besitzt.
Die Schlichtheit des hellen Putzbaues wird durch große, ungegliederte Wandflächen und einfache, teils unversproßte Rechteckfenster[2] betont. Grauer Muschelkalkstein

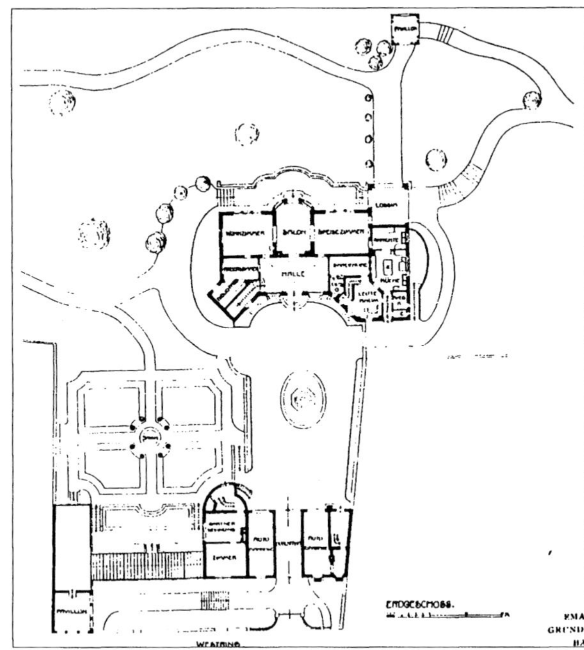

289 Lageplan mit Grundriß des Hauses (DKD, 20, 1916/17, S.49)

am Sockel und als Fenster- und Türumrahmungen wird als Gliederungselement eingesetzt. Einfache, schmiedeeiserne Gitter zieren Fenster und Altane. Skulpturenschmuck von Julius Seidler in Form von Masken über dem Eingang und eine Kartusche an der Parkseite bestehen ebenfalls aus Muschelkalk. Die Kartusche enthält die Inschrift: „Mich hat/ erbaut/ 1913-14/ Carl/ Giesecke".

Der Eingang führt in die rechteckige Halle, die von einem Tonnengewölbe mit Stichkappen überfangen, einen großen Kamin als Blickfang besitzt. Vier verschiedenfarbige Marmorarten finden sich bei der Gestaltung von Kamin, Fußboden und Türumrahmungen. Die Halle erschließt die Räume des Erdgeschosses und die beiden in den Gebäudeflügeln gelegenen Treppenhäuser (Abb.289). Die drei zum Park orientierten Wohnräume mit dem Salon im Zentrum sind in der Art einer Enfilade miteinander verbunden. Küche, Garderobe und Arbeitsraum mit Bibliothek nehmen die Schmalseiten des Baues ein. Das Obergeschoß mit zwei Schlafzimmern und dazwischenliegendem Frühstücksraum wird ebenfalls durch eine rechteckige Diele erschlossen. Dienstbotenräume und Bügelzimmer befinden sich im Dachgeschoß.
Die Ausstattung des Hauses ist durch qualitätvolle Arbeiten und exklusive Materialien geprägt[3]: Tuja-, Zwetschgen- und Mahagonihölzer werden in den Wohnräumen verwendet und Eiche- und Palisanderholz im Arbeitszimmer (Abb.290). Die Fußböden sind mit Marmor, Parkett bzw. Intarsienparkett belegt. Die Decken der drei ebenerdigen Wohnräume weisen reiche Stuckverzierungen in Form von farbig abgesetzten Rosetten, versilberten Blattfriesen und breiten Profilen auf. Die Farbigkeit (s. Speisezimmer, Abb.291) von Wandbespannungen, Vorhängen, Teppichen und Sitzgruppen ist sorgfältig aufeinander abgestimmt: So ist der Salon (Abb.292) in Grüntönen gehalten, die in Wandbespannung und Rüschen der gelben Seidenvorhänge wiederkehren, den hellvioletten Teppich ziert ein Blumenmuster mit einfarbiger Kante, hellgrüne und schwarze Polstermöbel runden das Bild ab.

Bei der Gestaltung und Grundrißform des Wohnhauses orientierte sich Seidl an der englischen Landhausarchitektur. Die regelmäßige Grundrißform kann auch durch Muthesius' Haus Freudenberg angeregt worden sein.
Die zweiflügelige Grundrißform, die Seidl bei mehreren großen Villen (s. Kat.Nr.47, 53) verwirklichte, variierte er hier auf fortschrittliche Weise. In dem schlichten und sachlichen Stil ohne historistische Zutaten nimmt Seidl Bauten der zwanziger Jahre vorweg.

290 Bibliothek
(DKD, 20, 1916/17, S.71)

291 Speisezimmer
(DKD, 20, 1916/17, S.63)

Auch den Durchfahrtsbau (Abb.293), der als Hausmeisterwohnung und Büro für den Hausherrn diente, errichtete Seidl in schlichten Formen. Wenn auch der langgestreckte Putzbau Sprossenfenster und farbige Fensterläden nach Art der süddeutschen Bauten Seidls erhält. Das nach einer Seite abgewalmte Satteldach ist im Mittelteil etwas erhöht. Hohe Korbbogenöffnungen im Erdgeschoß für Garagen und Durchfahrt prägen entsprechend der gegenüberliegenden Wohnhausfassade den Bau. Über eine 1914 angebaute Außentreppe mit Veranda ist der Bürotrakt des Hausherrn zu erreichen, an den sich nach Süden entlang der Straße ein Gewächshaus mit Pavillon anschließt.

An den gepflasterten Eingangshof (Abb.289) mit einem Brunnen von Julius Seidler im Zentrum (Abb.71) schließt sich nach Süden ein tiefer liegender, barockisierender Ziergarten an, der sogenannte „holländische Garten". Dieser Blumengarten geht in den sanft abfallenden Park über. Der kleine, quadratische Pavillon mit Zeltdach im Park wies im Inneren ursprünglich farbige Bemalung in Form von Weinlaub auf.

292 Salon (DKD, 20, 1916/17, S.66)

293 Torbau mit Durchfahrt zum Eingangshof (DKD, 20, 1916/17, S.48)

Eingestellte Säulen und Korbbogenfenster gliedern das Häuschen.

Das Haus ist in seiner Grundsubstanz noch weitgehend im Originalzustand erhalten. Allerdings wurde der Villa in den 60er Jahren ein viergeschossiger Anbau nach Süden und ein ebenerdiger Raum nach Norden angefügt, wobei Bibliothek, Arbeitszimmer und Wirtschaftstrakt umgestaltet wurden. Im Inneren ist die bauliche Ausstattung noch erhalten und 1989 renoviert bzw. rekonstruiert worden.
Auch das Torhaus erhielt einen mehrgeschossigen Anbau nach Süden.
Das Anwesen wird heute von der Akademie für Führungskräfte genutzt.

Lit.: Corwegh, R.: Ein neues Landhaus von Emanuel v. Seidl, in: DKD, 20, 1916/17, S.46-74.

Pläne: Stadtbauamt Bad Harzburg, Pläne von 1913, 1914

1 Heute durch Bäume und Häuser verstellt
2 Auf Fensterläden wurde verzichtet
3 Corwegh,R: Ein neues Landhaus von Emanuel v. Seidl, in: DKD, 20, S.49,59

IX. Chronologisches Verzeichnis der bisher bekannten Bauten, Ausstellungsbeteiligungen und Projekte

1884 Villa Siegle, Ammerland a.Starnberger See,
Südl.Seestr 31, Umbau und Innenausstattung
1887-88 Deutsch-Nationale Kunstgewerbe-Ausstellung,
Ausstellungsbauten am Isarkai
1887-89 Villa Theuer, München, Bavariaring 19
Villa Bodenhausen, München, Uhlandstraße 8
Villa Cederström, München, Bavariaring 18
1889 Kunstausstellung im Glaspalast, Gestaltung des Lenbachsaales
1890-91 Landhaus Sandner, Leoni a.Starnberger See, Assenbucher Straße 29
St.Marien-Ludwig-Ferdinand-Anstalt, München, Romanstraße 12
1891 Projekt für Bebauung der Steinsdorfstraße, München
Schloß Fröschweiler b. Woerth/Elsaß, Um- und Anbau
German Exhibition, London, Dekoration der deutschen Abteilung
1892 Mietwohnhaus Steinsdorfstraße 21(später 22), München
Mietwohnhaus Zweibrückenstraße 19, München
Mietwohnhaus, Ländstraße 5, München
Villa Siegle, Ammerland a. Starnberger See, Umbauten,
1910 Erweiterung und Teehaus
Bauerntheater Schliersee, Xaver-Terofal-Platz 2
Münchener 6. Internationale Kunstausstellung, Interieur
1892-93 Mietwohnhaus Prinzregentenstraße 12
Villa Krüzner, Leoni a.Starnberger See, Hangweg 7, 8
1893 Landhaus Franz, Bischofswiesen b. Berchtesgaden, Pointlehen
Villa für Adolf von Hildebrand, Starnberg, Weilheimer Straße 6, Umbau und Parkanlage
Sommerhaus für Wilhelm Hertz, Ammerland a.Starnberger See, Nördliche Seestraße 10, Innenausstattung
Columbische Weltausstellung, Chicago, Zimmereinrichtung
1893-94 Sengerschloß, Tegernsee, Neureuthstraße 23, für Max Kemmerich, Umbau in Zusammenarbeit mit Gabriel Seidl
Villa Knorr, München Brienner Straße 18, Um- und Anbauten
Luitpoldbrunnen, Traunstein, zusammen mit dem Bildhauer Jakob Stolz
1893-95 Schloß Ramholz, Lks. Schlüchtern/Hessen, Schloßanbau in Zusammenarbeit mit Gabriel Seidl
1894 Villa Riedel, Ambach a.Starnberger See, Seeuferstr.3
1894-95 Umbau der Alten Schackgalerie, München, Brienner Straße 19, ein weiterer Umbau erfolgte 1901
Villa Tappeiner, München, Bavariaring 14
Villa Remy, Konstanz-Hinterhausen, Alpsteinweg
1895 Villa für Adolf von Baeyer, Starnberg, Possenhofener Straße 89,
Mietwohnhaus Kaiser-Ludwig-Platz 5, München
Feier zum 80. Geburtstag Bismarcks, Königsplatz, München, Entwurf der Festdekoration

1895-96 Palais Matuschka, München, Brienner Straße 46 (heute Nr.28), Umbau

Wohnhaus Goethestraße 64, München, für F.J. Brakl

Theresiengymnasium, München, Kaiser-Ludwig-Platz, Fassade

1896 Schloß Chartreuse, Kanton Bern, b. Schadegg, Schweiz, für Freiherr von Zedtwitz, vollendet 1902 nach Plänen von Ch.Mewes

1896-97 Villa Mayer, Starnberg, Josef-Fischhaber-Straße 5

Restaurant Augustinerbräu, München, Neuhauser Straße 16

1896-98 Villa Merck, Darmstadt, Annastraße 15

1896-99 Villa für Wilhelm von Miller, Garmisch-Partenkirchen, Wilhelm-von-Miller-Weg 10, Umbau

1897 Mietwohnhaus Wagmüllerstraße 20, München

7. Internationale Kunstausstellung, München, Hausmodelle

1897-98 Wohnhaus Emanuel Seidl, München, Bavariaring 10

1898 Gärtnerplatztheater, München, Umbau

Villa Mayr-Graz, Murnau, Mayr-Graz-Weg

Villa Falkenhausen, München, Möhlstraße 18

Wohnhaus Faber, Nürnberg, Spittlertorgraben 49, für Ernst Faber, Innenausstattung

Mietwohnhaus Prinzregentenstraße 26, München

Schloß Lilienhof, b. Ihringen im Kaiserstuhl, Umbau für Graf August von Bismarck

Kunstausstellung im Glaspalast, Gestaltung eines Wohnraumes

Fest „In Arkadien“, Nationaltheater, München, Dekoration

1898-99 Villa Faber, Tegernsee, Prinz-Karl-Allee 2, 10

1899 Wohnhaus Cuvilliésstraße 6, München, für Konrad Dreher

Wohn- und Bürohaus Marsstraße 48 (früher 17)

1899-00 Villa Brücke, Thumersbach b. Zell a.See, Seeuferstraße 26

Villa Klöpfer, Krottenmühl b. Rosenheim, Seestraße 50, mit Parkanlage

Stadthaus Bembé, Mainz, Kaiserstraße 65

Stadthaus Bamberger, Mainz, Kaiserstraße 63

1899-06 Schloß Sigmaringen, Sigmaringen, Umbau für Fürst Hohenzollern

1900 Villa Erhard, Meran, Winkelweg 69

Villa Gabriel von Max, Ammerland, Südl. Seestraße 29, Umbau und Gartenhaus

Villa Steinbeis, Brannenburg, Umbau

Café-Restaurant „Kaiser Franz Josef“, München Maximiliansplatz, um 1900

Weltausstellung Paris, Raumausstattung

Projekt für eine Wohnanlage der Terrain-Aktien-Gesellschaft Schwabing, München, Parzivalplatz

1900-01 Villa Feilitzsch, München, Romanstraße 23

1901 Mietwohnhäuser Seidlstraße 7-11, München

Villa Bischoff, Leoni a.Starnberger See, Hangweg 6

Jagdschloß Falkenau, Böhmen, für Graf Nostiz

Schleißheimer Künstlerfest, Inszenierung des Sommerfestes des Bayerischen Kunstgewerbevereins

	8. Internationale Kunstausstellung, München, Hallendekoration
1901-02	Villa Maffei, Feldafing, Seestraße 2, 6
	Villa Seidl, Murnau, Seidlpark
	Villa Sedlmayr, Walchsee, Tirol, Dorfstraße 26
1902-03	Villa Meisenbach, München, Bavariaring 12
	Villa Kloepfer, München, Kaulbachstraße 4
	Villa Keetmann, Wuppertal-Elberfeld, Briller Höhe 6
1903	Mietwohnhaus Bavariaring 11, München, für Emanuel Seidl
	Villa Engländer, Wuppertal-Elberfeld, Briller Höhe 8
	Völkerkundmuseum, München, Maximilianstraße, bauliche Ausstattung des Vortragssaales
1903-04	Villa Nauhardt, Leipzig, Karl-Tauchnitz-Straße 2
	Galerie Heinemann, München, Lenbachplatz 5
1903-05	Jagdhaus Brey, Murnau, Oberried 2
1903-09	Schloß Seeleiten, Murnau, Seeleiten
1904	Villa Lacher, München, Romanstraße 26a
	Mietwohnhäuser, Nürnberg, Kontumazgarten 9-11, für Ernst Faber
	Innenausstattung des Kaufmanns-Kasino im Hotel „Vier Jahreszeiten“, für die Vereinigung der Münchener Kaufleute
	Ausbau der Galerie Thomas Knorr, München, Brienner Straße 18
	Weltausstellung in St.Louis, Entwurfszeichnungen
1904-05	Geschäftshaus für die München-Aachener Versicherungsgesellschaft, München, Lenbachplatz 6
1904-06	Villa Lautenbacher, München, Nikolaiplatz 1
1905	Turnhalle in Murnau, 1912 erweitert
	Verwalterwohnhaus mit Stallung, Grafenaschau, Hansltrad 8
1905-06	Villa Martius, Bad Reichenhall, Nonn 70
	Villa Lampe, Leipzig, Pestalozzistraße 3
1906	Festbauten und Festzug für das XV. Deutsche Bundesschießen, München, Theresienwiese
	Bayerische Landesausstellung in Nürnberg, Interieur
	Grundsteinlegung des Deutschen Museums, München, Festumzug und Festdekoration
1906-07	Mietwohnhaus, Nürnberg, Neutorgraben 15, für Heinrich Loschge
	Hubertus-Apotheke, München-Solln, Diefenbachstraße 2
	Georgsbogen zwischen Kirche Maria Hilf und Nachbarhaus, Murnau
1906-08	Schloß Rehnitz, Mark Brandenburg, für Hugo Oppenheim
	Villa Strauss, Garmisch-Partenkirchen, Zoeppritzstraße 42
1906-10	Ortsbildgestaltung von Murnau
1907	Kavaliershaus zu Schloß Possenhofen, Ammerland a.Starnberger See, Nördliche Seestraße 19
1907-08	Vereinshaus der Colleg-Gesellschaft, Nürnberg, Bucherstraße/Archivstraße
	Villa Kestranek, St.Gilgen, Gunzenbachstraße 1, Österreich
	Villa Pschorr, München, Möhlstraße 23
	Villa Mittelsten Scheid, Wuppertal-Barmen, Hohenstaufenstraße 22

Umbau des Samerhof, Hofgut Leutstetten, für Prinz Ludwig von Bayern, Leutstetten b.Starnberg, Wangener Straße 48

1907-09 Villa Rath, Bonn, Konrad-Adenauer-Allee 42

Villa Benker, Marktredwitz-Dörflas, Dörflaser Hauptstraße 18, Umbau

Schloß Bodman, Bodman a. Bodensee, Umbau des Ost- und Südflügels, für Othmar Graf von Bodman

1908 Hauptrestaurant im Ausstellungspark, „München 1908", Theresienhöhe, München

Haus für Gewerkschaft Deutschland, Oelsnitz/ Erzgebirge

Fest zum 60. Geburtstag von Gabriel Seidl, Künstlerhaus, München, Dekoration

1908-09 Villa Tappeiner, Murnau, Kohlgruber Straße 43

Jagdschloß Skoda, Gaaden b. Wien, Skodaweg, Österreich

1909 Wohnhaus Brakl, München, Lessingstraße 2, für F.J.Brakl

Oktoberfestbauten, München, Theresienwiese, Spatenbräu- und Löwenbräuhalle

Gasthaus Hechendorf, Partenkirchener Straße 10

Projekt für Augustinerstock, Polizeigebäude, München, Ettstraße

Ausgestaltung der Verkaufsräume der Nymphenburger Porzellan-Manufaktur, München, Odeonsplatz/Brienner Straße

Schauräume in Ballins Möbelhaus, München

Feier für Kaiser Wilhelm II. im Alten Rathaus, München, Festinszenierung

1909-10 Bahnhof Hechendorf b. Murnau, Empfangsgebäude

1909-11 Mädchenschule und Lehrerinnenheim, Murnau, Mayr-Graz-Weg

1910 Villa Schmidt-Gerstung, Holzkirchen/Obb., Haidstraße 7

Wohnhäuser, München, Oberföhringer Straße 12, Menzelstraße 1-3

Weltausstellung Brüssel 1910, Bauten der deutschen Abteilung

Pariser Herbstsalon, Paris, Musikzimmer

Ausstellung des Süddeutschen Malerverbandes, München, Augustinerstock, Möbelentwürfe

1910-11 Villa Prym, Stolberg b.Aachen, Waldfriede

1911 Mietwohnhaus Widenmayerstraße 25, 25a, München, für Heinrich Roeckl

Projekt für Festhalle in Hannover, Wettbewerbsbeitrag „Dedicatum arti et voluptati", mit einem 1.Preis ausgezeichnet

Projekt für Kurhaus in Karlsbad, Wettbewerbsbeitrag „Saluti voluptatique humanitatis", mit einem 2.Preis ausgezeichnet

Projekt zu Geschäftsgebäude der Münchener Rückversicherungs-Gesellschaft, München, Kaulbachstraße/Gedonstraße, Wettbewerbsbeitrag „Alea est jacta", mit 2.Preis ausgezeichnet

Projekt Warenhaus Tietz in Köln

1911-12 Villa Ysselstein, Murnau, Am Eichholz 22

Haus Hasenclever, Langerwehe, für Edwin Hasenclever

1911-15 Tierpark Hellabrunn, München, Siebenbrunnerstraße 6, Gesamtanlage, Löwenhaus, Elefantenhaus u.a., Waldrestaurant

1911-19 Schloß Wolfsbrunn, Stein a.d.Mulde/Erzgebirge, für Karl Georg Wolf
1912 Kunsthaus Brakl, München, Beethovenplatz 1, Anbau an das Wohnhaus
Villa Schoeller, Düren/Rhld., Bismarckstraße
Villa Alff, Stolberg b.Aachen, Gut Lohmühle
Wendelsteinhotel für Otto v. Steinbeis
Trauerfeier der Münchner Künstlerschaft für Prinzregent Luitpold, München, vor der Akademie der Bildenden Künste, Dekoration
1912-13 Villa Knorr, Garmisch, Thomas-Knorr-Straße 51
Kurhaus Bad Tölz, Vollendung des Baus nach Plänen Gabriel Seidls
Kurhaus mit Palasthotel, Bad Kreuznach, Kurhausstraße 28
Ausstellung in „Vereinigten Werkstätten", München, Inneneinrichtung
1912-14 Projekt Krankenhaus Murnau
1912-19 Villa Peill, Nörvenich, Haus Hardt
1913 Jahrhundertfeier in der Befreiungshalle Kelheim, Dekoration
Projekt zu Botschaftsgebäude in Washington, Wettbewerbsbeitrag „Arte labore constantia"
1913-14 Villa Giesecke, Bad Harzburg, Hindenburgring 12a
Villa Feuchtmayr, Murnau, Oberried 1
Villa Hertle, Feldafing a. Starnberger See, Trendelstraße 7,9
1913-19 Fortführung des Baus des Deutschen Museums, München, Kohleninsel, nach Gabriel Seidls Plänen und teilweise nach eigenen Plänen (Musiksaal, Ehrensaal, Entwurf Bibliotheksbau)
1914 Villa Clemm, Landau, um 1914
Projekt zu Geschäftshaus für die Deutsche Lebensversicherungsbank „Arminia" A.G., München, Barerstraße, Wettbewerb
1915 Entwurf für Villa Höfler, Bad Tölz, Am Kurpark
Ausstellung der Münchner Ostpreußenhilfe, München, Alte Mauthalle, Inneneinrichtung
Grabmal der Familie Lacher, um 1915
Grabmäler für Kriegsgefallene, Entwürfe
Gedächtniskapelle Hechendorf b. Murnau, Bahnhofsweg
1917 Feier zum 70. Geburtstag von Generalfeldmarschall von Hindenburg, München, Königsplatz, Entwurf der Dekoration zusammen mit Bauamtmann Blössner
1921 Gedächtnisstätte der Familie Neuschotz, München-Harlaching, Harthauser Straße 25, nach einem Entwurf Seidls, Ausführung Julius Seidler

Abkürzungen

A	Der Architekt
A20J	Die Architektur des 20. Jahrhunderts
AR	Architektonische Rundschau
BlAK	Blätter für Architektur und Kunsthandwerk
BM	Der Baumeister
BPL	Baupläne
DBZ	Deutsche Bauzeitung
DBH	Deutsche Bauhütte
DK	Dekorative Kunst
DKD	Deutsche Kunst und Dekoration
DKu	Die Kunst
ID	Innen-Dekoration
Kat.	Katalog
KFA	Kunst für Alle
kgl.	königlich
KuHa	Kunst und Handwerk
LBK	Lokalbaukommission, Stadtbauamt München
LRA	Landratsamt
Mü. Bauk.	Münchener Bürgerliche Baukunst der Gegenwart
MBF	Moderne Bauformen
RK	Die Raumkunst
s.	siehe
SdBZ	Süddeutsche Bauzeitung
StaAM	Staatsarchiv München
StAM	Stadtarchiv München
vgl.	vergleiche
ZB	Zentralblatt der Bauverwaltung

Literatur und Quellen

Lexika und Nachschlagewerke

Müller-Singer: Allgemeines Künstler-Lexikon, Bd. 4, Frankfurt 1921, S.255

Thieme-Becker Künstlerlexikon, hrsg. Vollmer, Hans: Allgem. Lexikon der bildenden Künstler, Bd. 30, Leipzig 1936

Waetzoldt, Stephan: Bibliographie zur Architektur im 19. Jahrhundert, Bd.8, Nendeln 1977

Wichmann, Hans: Bibliographie der Kunst in Bayern, III, Wiesbaden 1967

Literatur

(alphabetisch nach Verfassern geordnet, spezielle Literatur zu einzelnen Objekten ist im Text angegeben)

Achleitner, Friedrich: Österreichische Architektur im 20. Jahrhundert, Bd.1, Wien, Salzburg 1980

Albert, Joseph: Münchner Neubauten, München 1896

Allotria, Ein halbes Jahrhundert Münchner Kulturgeschichte, München 1959

Andersen, A./Falter, R.: „Lebensreform“ und „Heimatschutz“, in: Prinz/ Krauss, München-Musenstadt, München 1988, S.295-300

Bauer, Richard (Hrsg.): Zu Gast im alten München, München 1982

Bauer, Richard: Die Prinzregentenzeit, München 1988

Bayer. Architekten- und Ingenieur-Verein (Hrsg.): München und seine Bauten, München 1912

Bayer. Landesamt für Denkmalpflege (Hrsg.): Bauen in München 1890-1950, München 1980

Biehn, H.: Schloßbauten der Romanik in Hessen und der Historismus, in: Wagner-Rieger, R./Krause, W.: Historismus und Schloßbau, München 1975, S.103-118

Bößl, Hans: Der Architekt Gabriel v. Seidl und seine Münchner Bauten, München 1962

Bößl, Hans: Gabriel von Seidl, München 1966

Bredt, E.W.: Emanuel Seidl und sein Wohn-Haus, in: ID, 11, 1900, S.169-175

Brix, Michael/ Steinhauser, Monika (Hrsg.): Geschichte allein ist zeitgemäss, Historismus in Deutschland, Lahn-Gießen 1978

Brönner, Wolfgang: Schichtenspezifische Wohnkultur - die bürgerliche Wohnung des Historismus, in: Mai, E./ Pohl, H./ Waetzoldt, S.: Kunstpolitik und Kunstförderung im Kaiserreich, Berlin 1982, S.361-378

Brönner, Wolfgang: Die bürgerliche Villa in Deutschland, 1830-1890, unter besonderer Berücksichtigung des Rheinlandes, Düsseldorf 1987

Brönnimann, Rolf: Villen des Historismus in Basel. Ein Jahrhundert großbürgerlicher Wohnkultur, Basel, Stuttgart 1982

Chronik der Deutsch-Nationalen Kunstgewerbe-Ausstellung in München 1888, München 1888

Dauber, Reinhard: Aachener Villenarchitektur. Die Villa als Bauaufgabe des 19. und frühen 20. Jahrhunderts, Recklinghausen 1985

Dehio, Georg: Handbuch der Deutschen Kunstdenkmäler, München und Oberbayern, IV, München 1990

Das geistige Deutschland am Ende des 19. Jahrhunderts, Bd. 1, Leipzig/Berlin 1898

Doering, Oskar v.: Gabriel von Seidl, München 1924

Dohme, Robert: Das englische Haus, in: Westermanns illustrierte Monatshefte, 64, Braunschweig 1888, S.110 ff

Eigler, Gerd: Das Schloß Wolfsbrunn in Stein bei Hartenstein und der Münchner Architekt Emanuel von Seidl, unveröffentl. Dipl.Arbeit, Halle 1991

Emanuel von Seidl, Laudatio zum 60. Geburtstag, in: SdBZ, 26, 1916, S. 101-102

Engels, E.: Gabriel v. Seidl, in: Verhagen & Klasings Monatshefte, 27, 1902/03, II. Bd, S.199-209

Falke, Jacob v.: Zur Cultur und Kunst, Wien 1878, S.4-67

Festschrift zum 100jährigen Bestehen des Orchestervereins, München 1980

Fischer, R.: Gabriel von Seidl, in: Bayerischer Heimatschutz, 12, 1914, S.38-57

Fuchs, Georg: Sturm und Drang in München um die Jahrhundert-wende, München 1936

Gebhard, Helmut: Wohnungbau zwischen Heimatschutz und neuer Sachlichkeit, in: Bayer. Landesamt für Denkmalpflege (Hrsg.): Bauen in München 1890-1950, München 1980, S.65-89

Germersheim, Barbara v.: Unternehmervillen der Kaiserzeit (1871-1914), München 1988

Götz, Norbert: Die traditionellen Kräfte des Kunstgewerbes, in Prinz/ Krauss, München-Musenstadt, München 1988, S.236-239

Grote, L.: Die deutsche Stadt im 19.Jahrhundert, München 1974

Günther, Sonja: Interieurs um 1900, München 1971

Gurlitt, Cornelius: Die deutsche Kunst des 19.Jahrhunderts, Berlin 1907

Habel, Heinrich/ Merten, Klaus/ Petzet, Michael/ v. Quast, Siegfried: Münchener Fassaden, Bürgerhäuser des Historismus und Jugendstils, München 1974

Habel, Heinrich: Späte Phasen und Nachwirken des Historismus, in: Bayer. Landesamt für Denkmalpflege (Hrsg.): Bauen in München 1890-1950, München 1980, S.26-40

Habel, Heinrich/ Himen, Helga: Denkmäler in Bayern, Bd. I,1, München, München 1985

Haenel, E./ Tscharmann, H.: Das Einzelwohnhaus der Neuzeit, 2 Bd., Leipzig 1907-1910

Heilmeyer, Alexander: Neuere Bauten von Eman. v. Seidl, in: BM, 8, 1910, S.61-71

Hennebo, D./ Hoffmann, A.: Geschichte der deutschen Gartenkunst, III.Bd., Der Landschaftsgarten, Hamburg 1963

Hesselmann, Hans: Das Wirtschaftsbürgertum in Bayern, Stuttgart 1985

Himmelheber, Georg: Die Kunst des deutschen Möbels, 3, München 1973

Hirth, Georg: Formenschatz der Renaissance, Leipzig 1877 ff

Hofmann, Albert: Das Haus Emanuel Seidls in München, in: DBZ, 34, 1900, S.1-3, 9-10, 57

Hofmann, Albert: Emanuel von Seidl, in: DBZ, 54, Berlin 1920, S.3ff

Hoh-Slodczyk, Christine: Das Haus des Künstlers im 19. Jahrhundert, München 1985

Jahrbücher des Deutschen Werkbundes, Januar 1912-14

Erster Jahrsbericht des Deutschen Werkbundes, Geschäftsjahr 1908/1909, o.O.

Kalkschmidt, Eugen: Neuere Baukunst in München, in: AR, 1915, S.1-8

Keller, Karl: Farbe im Stadtbild, in: Von Farbe und Farben, Albert Knöpfli zum 70. Geburtstag, Zürich 1980, S.133-137

Kier, Hiltrud: Wie bunt waren die Kölner Fassaden der Gründerzeit, in: Von Farbe und Farben, Albert Knöpfli zum 70. Geburtstag, Zürich 1980, S.171-173

Klein, Dieter: Martin Dülfer, Wegbereiter der deutschen Jugendstilarchitektur, München 1981

Klein, Dieter: Bürgerliches Bauen in der Prinzregentenzeit, in: Prinz/Krauss, München-Musenstadt, München 1988, S.90-97

Kraft, Leonhard: Hausmodelle von Prof. Emanuel v. Seidl, in: DKD, 43, 1918/19, S.59-62

Kratzsch, Gerhard: Kunstwart und Dürerbund, Göttingen 1969

Kratzsch, Klaus: Denkmäler in Bayern, Bd. I, 15, Landkreis Miesbach, München 1987

Landhäuser und Villen, Einzelausgaben der AR, Bd. 1, Stuttgart 1897

Langenberger, Friedrich: Grabmalkunst, Neuere Werke von Prof. Julius Seidler-München, in: BM, 20, 1922, S.37-42

Langenberger, Siegfried: Emanuel Seidl, in: BM, 3, 1905, S.13-24

Langenberger, Siegfried: Die Kunst im Landhausbau, in: ZB, 26, 1906, S.583-585

Lasser, Moriz Otto: Neuere Bauten von Prof. Emanuel Seidl-München, in: ID, 15, 1904, S. 167ff.

Lasser, Moriz Otto: A German Architect: Prof. Emanuel Seidl, in: The Studio, 35, 1905, S.12 ff

Lasser, Moriz Otto: Emanuel Seidl und seine Kunst, in: MBF, 4, 1905, S.119-128

Lasser, Moriz Otto: Farben-Gebung von Interieurs, in: ID, 19, 1908, S.101-103

Ley, Andreas: Die Villa als Burg, Diss. München 1981

Link, A.: Der Starnberger See und seine Umgebung, München 1879/80, Nachdruck Gauting 1982

Mai, Ekkehard: Vom Werkbund zur Kölner Werkschule, in: Nerdinger, Winfried (Hrsg.): Richard Riemerschmid, Ausstellungskatalog, München 1982, S.39-62

Martin, Rudolf: Jahrbuch des Vermögens und Einkommens der Millionäre in Bayern, Berlin 1914

Megele, Max: Baugeschichtlicher Atlas der Landeshauptstadt München, München 1951

Merten, Klaus: Die großbürgerliche Villa im Frankfurter Westend, in: Grote, L.: Die deutsche Stadt im 19.Jahrhundert, München 1974, S.257-272

Merten, Klaus: Schlösser in Baden-Württemberg, München 1987

Messerer, Ernst: Neue Münchner Baukunst, in: DBH, 13, 1909, S.321, 406, 408; DBH, 14, 1919, S.166, 168

Michel, Wilhelm: Emanuel von Seidl-München, in: ID, 21, 1910, S.11-15

Michel, Wilhelm: Neue Bauten von Emanuel von Seidl, in: ID, 22, 1911, S.40-48

Michel, Wilhelm: Neue Wohnhausbauten von Emanuel v. Seidl, in: DKD, 32, 1913, S.185ff

Möller, Susanne v.: Kunsthandel und Kunstexport, in: Prinz/ Krauss, München-Musenstadt, München 1988, S.248-252

Münchener Bürgerliche Baukunst der Gegenwart, München 1898-1909, Nachdruck München 1985

Münchener Jubilare, Professor Emanuel von Seidl, in: Das Bayerland, 27, 1915/16, München 1916, S.366

Muthesius, Hermann: Die englische Baukunst der Gegenwart, Berlin/Leipzig 1900-1902

Muthesius, Hermann: Das englische Haus, Berlin 1904/05

Muthesius, Hermann: Das moderne Landhaus und seine innere Ausstattung, München 1904

Muthesius, Hermann: Das moderne Landhaus und seine innere Ausstattung, München 1905

Muthesius, Hermann: Landhaus und Garten, München 1907

Muthesius, Hermann: Landhaus und Garten, München 1910

Muthesius, Hermann: Landhäuser, München 1912

Muthesius, Hermann: Landhaus und Garten, München 1919

Muthesius, Hermann, 1861-1927, Ausstellungskatalog, 1977

Muthesius, Hermann: The English House, Nachdruck London 1987

Muthesius, Stefan: Das englische Vorbild, München 1974

Nerdinger, Winfried (Hrsg.): Richard Riemerschmid, Ausstellungskatalog, München 1982

Nerdinger, Winfried: Friedrich von Thiersch - der Architekt, in: Friedrich von Thiersch, Ausstellungskatalog, München 1977, S.11-32

Nerdinger, Winfried: Neue Strömungen und Reform zwischen Jugendstil und neuem Bauen, in: Bayer. Landesamt für Denkmalpflege (Hrsg.): Bauen in München 1890-1950, München 1980, S.41-64

Nerdinger, Winfried: Theodor Fischer, Ausstellungskatalog, München 1988

Neu, Wilhelm/ Liedke, Volker: Denkmäler in Bayern, Bd. I,2, Oberbayern, München 1986

Neuere Bauten von Emanuel von Seidl, in: ZB, 36, 1916, S.506ff.

Oberhammer, Monika: Sommervillen im Salzkammergut. Die spezifische Sommerfrischenarchitektur des Salzkammergutes in der Zeit von 1830 bis 1918, Salzburg 1983

Ostini, Fritz v.: Emanuel Seidl-München, in: DKu, 16, 1907, S.97-108

Ostini, Fritz v.: Die Münchner „Allotria", in: Allotria, Ein halbes Jahrhundert Münchner Kulturgeschichte, München 1959, S.12-32

P.: Neuere Bauten von Emanuel von Seidl, in: ZB, 36, 1916, S.506ff.

Pixner-Pertoll, Anna: Meraner Villenbau um die Jahrhundertwende, Ein Beitrag zur Wohnkultur im 19. Jahrhundert, Innsbruck 1990

Posener, Julius: Berliner Gartenvororte, in: Grote, L.: Die deutsche Stadt im 19. Jahrhundert, München 1974, S.66-76

Posener, Julius: Hermann Muthesius, in: Hermann Muthesius, 1861-1927, Ausstellungskatalog, 1977, S.7-16

Prinz, Friedrich/ Krauss, Marita (Hrsg.): München - Musenstadt mit Hinterhöfen, Die Prinzregentenstadt, 1886-1912, München 1988

Die Prinzregentenzeit, Katalog zur Ausstellung im Münchener Stadtmuseum, München 1989

R.: Neue Bauten von Professor Emanuel von Seidl, München, in: SdBZ, 17, 1907, S.201ff.

Reiser, Rudolf: Alte Häuser - Große Namen, München 1988

Rose, H.: München und der Seidl-Stil, in: Zwiebelturm, 5, 1953

Roth, Hermann: Zum Gedächtnis Emanuel von Seidls, in: DKD, 45, 1919/20, S.336-344

Roth, Hermann: Das Münchener Künstlerhaus und der Künstlerhausverein, 1900-1938, München 1938

Rupprecht, Bernhard: Villa. Zur Geschichte eines Ideals, in: Probleme der Kunstwissenschaft, Bd. II, Berlin 1966, S.210-259

Sälzle, Karl: Das Leben im Fest, in: Allotria, Ein halbes Jahrhundert Münchner Kulturgeschichte, München 1959, S.139-195

Schlagintweit, Felix: Ein verliebtes Leben, München 1967

Schleich, Erwin: Das Münchner Stadtbild und die Künstler der Allotria, in: Allotria, Ein halbes Jahrhundert Münchner Kulturgeschichte, München 1959, S.74-90

Schmitt, Michael: Palast-Hotels, Architektur und Anspruch eines Bautyps, 1870-1920, Berlin 1982

Schober, Gerhard: Villen und Landhäuser am Ufer des Starnberger Sees, in: Link, A.: Der Starnberger See und seine Umgebung, München 1879/80, Nachdruck Gauting 1982, S.95-158

Schober, Gerhard: Denkmäler in Bayern, Landkreis Starnberg, München/Zürich 1989

Schottenloher, Karl: Die Bayern in der Fremde, in: Schriftenreihe zur bayerischen Landesgeschichte, Bd. 44, München 1950

Schroeter, Chritina: Fritz Erler, Leben und Werk, Hamburg 1992

Schulze, Otto: Neuere Bauten von Prof. Emanuel Seidl-München, in: ID, 15, 1904, S.191

Schumacher Fritz: Stufen des Lebens, Stuttgart/Berlin 1935

Schumacher, Fritz: Strömungen in deutscher Baukunst seit 1800, Leipzig o.J.

Schuster, Peter-Klaus: München - die Kunststadt, in: Prinz/ Krauss, München-Musenstadt, München 1988, S.226-235

Seidl, Emanuel: Die Zukunft des Ausstellungsplatzes, in: Chronik der Deutsch-Nationalen Kunstgewerbe-Ausstellung in München 1888, München 1888, S.262-265.

Seidl, Emanuel: Vortrag im Münchener Architekten- und Ingenieur-Verein am 2. Januar 1902, in: SdBZ, 12, 1902, S.14-15

Seidl, Emanuel: Mein Landhaus, Darmstadt 1910

Seidl, Emanuel: Vortrag bei Versammlung des Münchener Architekten- und Ingenieur-Vereins am 10.4.1913, SdBZ, 23, 1913, S.125-127

Seidl, Emanuel: Das Haus Hugo Schöller in Düren, in: DKD, 37, 1915/16, S.51-55; SdBZ, 25, 1915, S.98-99

Seidl, Emanuel: Mein Stadt- und Land-Haus, Darmstadt 1919

Seidl, Gabriel: Das Familienhaus, in: Bayer. Architekten- und Ingenieur-Verein (Hrsg.): München und seine Bauten, München 1912, S.375-376

Steinlein, G.: Emanuel von Seidl, in: SdBZ, 30, 1920, S.6-8

Thacker, Christopher: Die Geschichte der Gärten, Zürich 1979

Wagner-Rieger, Renate / Krause, Walter (Hrsg.): Historismus und Schloßbau, München 1975

Werkner, Patrick: Villenarchitektur der Gründerzeit in Innsbruck, Innsbruck 1980

Weyres, Willy / Trier, Eduard: Kunst des 19.Jahrhunderts im Rheinland, Bd 2, Düsseldorf 1980, S.191-202

Wichmann, Siegfried: Franz von Lenbach und seine Zeit, Köln 1973

Wolf, Georg Jacob: Emanuel von Seidls Murnauer Bauten, in: DKu, 38, 1918, S.164-176

Wolf, Georg Jacob: Zu Emanuel von Seidls Gedächtnis, in: München-Augsburger Abendzeitung, 8.1.1920, S.1-3

Wolf, Georg Jacob: Münchner Künstlerfeste, München 1925

Wolf, Georg Jacob: Das Hausbuch eines Künstlers, in: DKu, 51, 1925, S.100-111

Wolf, Georg Jacob: Emanuel von Seidl in Murnau, in: Das Bayerland, 40, München 1929, S.221-224

Wolf, Georg Jacob: Julius Seidler, München o.J.

Wolter, Franz: Das gesellige Leben der Münchener Künstler, in: Das Bayerland, 39, München 1928, S.314-319

Zauner, Franz Paul: München in Kunst und Geschichte, München 1914.

Zell, Franz: Fassadenmalerei in Murnau, in: SdBZ, 20, 1910, S.145-146

Zell, Franz: Das Landhaus von heute, in: Velhagen & Klasings Monatshefte, 26, 1911/12, S.89-100

Ziffer, Alfred (Hrsg.): Bruno Paul, Ausstellungskatalog, München 1992

Zils, W.: Geistiges und künstlerisches München in Selbstbiographien, München 1913

Archivalien

Bayer. Staatsbibliothek München: Gästebücher Seidls cgm 7927
Staatsarchiv München: Testament Nachlaß AG Mü NR, 1919/3321; Baupläne
Stadtarchiv München: LBK, Bauakten, Familien-Bogen, Steuerliste
Stadtbibliothek München: M 36 a
Stadtbauamt München, Lokalbaukommission: Bauakten
Archive der Landratsämter und Bauämter

Zeitschriften

Der Architekt, Wien 1.1895
Architektonische Monatshefte, 1.1895
Die Architektur des 20. Jahrhunderts, Leipzig 1.1901, Nachdruck Tübingen 1989
Architektonische Rundschau, Stuttgart 1.1885
Das Bayerland, München 1.1890
Blätter für Architektur und Kunsthandwerk, Berlin 1.1888
Der Baumeister, Berlin/München 1.1902
Die Bauwelt, Berlin 1.1910
Deutsche Bauzeitung, Berlin 1.1870
Deutsche Bauhütte, Hannover, 1.1897
Deutsche Konkurrenzen, Leipzig 10.1896
Dekorative Kunst, München 1.1898
Deutsche Kunst und Dekoration, Darmstadt 1.1897
Die Kunst, München 5.1902
Innen-Dekoration, Darmstadt 1.1890
Die Kunst für Alle, München 9.1893
Kunst und Handwerk, München 1.1851
Moderne Bauformen, Stuttgart 1.1902
Neudeutsche Bauzeitung, Leipzig 6.1910
Der Profanbau, Leipzig 1.1905
Die Raumkunst, München 1.1908
The Studio, London 35.1905
Süddeutsche Bauzeitung, München 1.1891
Velhagen & Klasings Monatshefte, Bielefeld
Volkskunst und Volkskunde, München 1.1903
Wasmuths Monatshefte für Baukunst, Berlin 1.1914
Zeitschrift des Kunst-Gewerbe-Vereins, München, 29.1879
Zentralblatt der Bauverwaltung, Berlin 1881
Zwiebelturm, Regensburg 5.1953